Das BAG und die Verdachtskündigung

Europäische Hochschulschriften

Publications Universitaires Européennes
European University Studies

Reihe II
Rechtswissenschaft

Série II Series II
Droit
Law

Bd./Vol. 4713

PETER LANG
Frankfurt am Main · Berlin · Bern · Bruxelles · New York · Oxford · Wien

Tino Schlegeit

Das BAG und die Verdachtskündigung

Zugleich ein Beitrag zur Dogmatik des § 626 BGB

PETER LANG
Internationaler Verlag der Wissenschaften

Bibliografische Information der Deutschen Nationalbibliothek
Die Deutsche Nationalbibliothek verzeichnet diese Publikation in der Deutschen Nationalbibliografie; detaillierte bibliografische Daten sind im Internet über <http://www.d-nb.de> abrufbar.

Zugl.: Halle-Wittenberg, Univ., Diss., 2007

Gedruckt auf alterungsbeständigem,
säurefreiem Papier.

3
ISSN 0531-7312
ISBN 978-3-631-57258-0

Printed in Germany 1 2 3 4 5 7

www.peterlang.de

Vorwort

Die Arbeit lag im Sommersemester 2007 dem Juristischen Bereich der Juristischen und Wirtschaftswissenschaftlichen Fakultät der Martin-Luther-Universität Halle-Wittenberg als Dissertation vor.

Mein besonderer Dank gilt Herrn Prof. Dr. Armin Höland für die freundliche Unterstützung und wertvolle Anregungen bei der Betreuung der Arbeit. Danken möchte ich auch Herrn Prof. Dr. Wolfhard Kohte für die Erstellung des Zweitgutachtens.

Ich widme die Arbeit meiner Familie und meiner Angelika.

Karlsruhe/Dresden, im Dezember 2007 — Tino Schlegeit

Inhaltsverzeichnis

Abkürzungsverzeichnis

a. A.	andere Ansicht
Abs.	Absatz
AcP	Archiv für die civilistische Praxis (Zeitschrift)
a. E.	am Ende
a. F.	alte Fassung
AfP	Archiv für Presserecht (Zeitschrift)
AG	Amtsgericht
AiB	Arbeitsrecht im Betrieb (Zeitschrift)
AMBl. BY	Amtsblatt des Bayerischen Staatsministeriums für Arbeit und Sozialordnung
Anm.	Anmerkung
AnwBl.	Anwaltsblatt (Zeitschrift)
AOG	Gesetz zur Ordnung der nationalen Arbeit
AP	Arbeitsrechtliche Praxis, Nachschlagewerk des Bundesarbeitsgerichts (Zeitschrift)
Arbeitgeber	Der Arbeitgeber (Zeitschrift)
ArbG	Arbeitsgericht
ArbGG	Arbeitsgerichtsgesetz
AR-Blattei	Arbeitsrechts-Blattei, Handbuch für die Praxis (Zeitschrift)
ArbPlSchG	Gesetz über den Schutz des Arbeitsplatzes bei Einberufung zum Wehrdienst (Arbeitsplatzschutzgesetz)
ArbuR	Arbeit und Recht (Zeitschrift), siehe auch AuR
ARS	Arbeitsrechts-Sammlung, Entscheidungen des Reichsarbeitsgerichts und der Landesarbeitsgerichte (1928-1944)
ARSt	Arbeitsrecht in Stichworten (Zeitschrift)
Art.	Artikel
ArztR	Arztrecht (Zeitschrift)
AuA	Arbeit und Arbeitsrecht (Zeitschrift)
AuR	Arbeit und Recht (Zeitschrift), siehe auch ArbuR
BAG	Bundesarbeitsgericht
BAGE	Amtliche Entscheidungssammlung des Bundesarbeitsgerichts
BAT	Bundes-Angestellten-Tarifvertrag
BayObLG	Bayerisches Oberstes Landesgericht
BayObLGZ	Amtliche Sammlung von Entscheidungen des Bayerischen Obersten Landesgerichts in Zivilsachen
BB	Der Betriebsberater (Zeitschrift)
BBiG	Berufsbildungsgesetz
Bd.	Band
BDSG	Bundesdatenschutzgesetz

BEG	Bundesgesetz zur Entschädigung für Opfer der nationalsozialistischen Verfolgung (Bundesentschädigungsgesetz)
Beil.	Beilage
BeschFG	Beschäftigungsförderungsgesetz
Beschl. v.	Beschluss vom
BetrVG	Betriebsverfassungsgesetz
BGB	Bürgerliches Gesetzbuch
BGBl.	Bundesgesetzblatt
BGH	Bundesgerichtshof
BGHR	BGHReport (Zeitschrift)
BGHZ	Amtliche Entscheidungssammlung des Bundesgerichtshofes
BlStSozArbR	Blätter für das Steuer-, Sozial- und Arbeitsrecht (Zeitschrift)
BT-Drs.	Bundestags-Drucksache
BuW	Betrieb und Wirtschaft (Zeitschrift)
BVerfG	Bundesverfassungsgericht
BVerfGE	Amtliche Entscheidungssammlung des Bundesverfassungsgerichts
BVerfGG	Gesetz über das Bundesverfassungsgericht
BVerwG	Bundesverwaltungsgericht
BVerwGE	Amtliche Entscheidungssammlung des Bundesverwaltungsgerichts
DB	Der Betrieb (Zeitschrift)
ders.	derselbe
d. h.	das heißt
dies.	dieselbe/n
Diss.	Dissertation
DNotZ	Deutsche Notar-Zeitschrift (Zeitschrift)
DÖV	Die öffentliche Verwaltung (Zeitschrift)
DStZ	Deutsche Steuer-Zeitung (Zeitschrift)
DtZ	Deutsch-deutsche Rechts-Zeitschrift (Zeitschrift)
DuD	Datenschutz und Datensicherheit (Zeitschrift)
DVBl.	Deutsches Verwaltungsblatt (Zeitschrift)
DZWiR	Deutsche Zeitschrift für das Wirtschaftsrecht (Zeitschrift)
E	Entwurf
Einf.	Einführung
EGZPO	Gesetz, betreffend die Einführung der Zivilprozessordnung
EKMR	Europäische Kommission für Menschenrechte
EMRK	Europäische Menschenrechtskonvention
Entsch.	Entscheidung
EuGH	Europäischer Gerichtshof

EuGRZ	Europäische Grundrechte (Zeitschrift)
EuroAS	Informationsdienst Europäisches Arbeits- und Sozialrecht (Zeitschrift)
EWiR	Entscheidungen zum Wirtschaftsrecht (Zeitschrift)
EzA	Entscheidungen zum Arbeitsrecht (Zeitschrift)
EzA-SD	EzA-Schnelldienst (Zeitschrift)
EzBAT	Entscheidungen zum BAT (Zeitschrift)
f., ff.	folgend(e)
FA	Fachanwalt Arbeitsrecht (Zeitschrift)
FamRZ	Zeitschrift für das gesamte Familienrecht
Fn.	Fußnote
GA	Goldthammer´s Archiv für Strafrecht (Zeitschrift)
GenG	Gesetz betreffend die Erwerbs- und Wirtschaftsgenossenschaften (Genossenschaftsgesetz)
GewO	Gewerbeordnung
GG	Grundgesetz
ggf.	gegebenenfalls
GmbH	Gesellschaft mit beschränkter Haftung
GmbHR	GmbH-Rundschau (Zeitschrift)
grds.	grundsätzlich
GRUR	Gewerblicher Rechtsschutz und Urheberrecht (Zeitschrift)
GS	Großer Senat
GWB	Gesetz gegen Wettbewerbsbeschränkungen
Habil.	Habilitation
HGB	Handelsgesetzbuch
h. M.	herrschende Meinung
insbes.	insbesondere
InsO	Insolvenzordnung
i. d. R.	in der Regel
i. R. v.	im Rahmen von
i. S. v.	im Sinne von
i. V. m.	in Verbindung mit
JA	Juristische Arbeitsblätter (Zeitschrift)
JMBl.	Justizministerialblatt
JR	Juristische Rundschau (Zeitschrift)
Jura	Juristische Ausbildung (Zeitschrift)
JurBüro	Das juristisches Büro (Zeitschrift)

JuS	Juristische Schulung (Zeitschrift)
JW	Juristische Wochenschrift (Zeitschrift)
JZ	Juristenzeitung (Zeitschrift)
KG	Kammergericht; Kommanditgesellschaft
KPD	Kommunistische Partei Deutschlands
KSchG	Kündigungsschutzgesetz
KTS	Zeitschrift für Konkurs-, Treuhand- und Schiedsgerichtswesen (Zeitschrift)
LAG	Landesarbeitsgericht
LAGE	Amtliche Entscheidungssammlung der Landesarbeitsgerichte
LG	Landgericht
Lit.	Literatur
LM	Lindenmaier/Möhring, Nachschlagewerk des Bundesgerichtshofs (Zeitschrift)
m. Anm.	mit Anmerkung
MDR	Monatsschrift für Deutsches Recht (Zeitschrift)
MuA	Mensch und Arbeit (Zeitschrift)
MuSchG	Mutterschutzgesetz
m. w. N.	mit weiteren Nachweisen
m. zust. Anm.	mit zustimmender Anmerkung
n. F.	neue Fassung
NJ	Neue Justiz (Zeitschrift)
NJOZ	Neue Juristische Online-Zeitschrift (Zeitschrift)
NJW	Neue Juristische Wochenschrift (Zeitschrift)
NJW-RR	NJW-Rechtsprechungsreport Zivilrecht (Zeitschrift)
NJW-WettbE	NJW-Entscheidungsdienst Wettbewerbsrecht (Zeitschrift)
Nr.	Nummer
NStZ	Neue Zeitschrift für Strafrecht (Zeitschrift)
NVwZ	Neue Zeitschrift für Verwaltungsrecht (Zeitschrift)
NZA	Neue Zeitschrift für Arbeitsrecht (Zeitschrift)
NZA-RR	NZA-Rechtsprechungsreport Arbeitsrecht (Zeitschrift)
NZG	Neue Zeitschrift für Gesellschaftsrecht (Zeitschrift)
NZI	Neue Zeitschrift für das Insolvenzrecht (Zeitschrift)
NZM	Neue Zeitschrift für Mietrecht (Zeitschrift)
OHG	Offene Handelsgesellschaft
OLG	Oberlandesgericht

OLGR	OLG-Report (Zeitschrift)
OLGZ	Entscheidungen der Oberlandesgerichte in Zivilsachen
PersF	Personalführung (Zeitschrift)
PersR	Der Personalrat (Zeitschrift)
PrALR	Allgemeines Landrecht für die Preußischen Staaten von 1794
Quelle	Die Quelle (Zeitschrift)
RAG	Reichsarbeitsgericht
RdA	Recht der Arbeit (Zeitschrift)
RDV	Recht der Datenverarbeitung (Zeitschrift)
RG	Reichsgericht
RGZ	Amtliche Entscheidungssammlung des Reichsgerichts
RiA	Das Recht im Amt (Zeitschrift)
Rn.	Randnummer
Rpfleger	Der Deutsche Rechtspfleger (Zeitschrift)
RRa	Reiserecht aktuell (Zeitschrift)
r+s	Recht und Schaden (Zeitschrift)
RuS	Recht und Schaden (Zeitschrift)
RVO	Reichsversicherungsordnung
RzK	Rechtsprechung zum Kündigungsrecht (Zeitschrift)
S.	Satz; Seite
SAE	Sammlung arbeitsrechtlicher Entscheidungen (Zeitschrift)
SchlHA	Schleswig-Holsteinische Anzeigen
SchwbG	Schwerbehindertengesetz
SGB	Sozialgesetzbuch
SJZ	Süddeutsche Juristen-Zeitung (Zeitschrift)
sog.	sogenannte/r
SpuRt	Zeitschrift für Sport und Recht (Zeitschrift)
StGB	Strafgesetzbuch
StPO	Strafprozessordnung
Streit	Feministische Rechtszeitschrift (Zeitschrift)
st. Rspr.	ständige Rechtsprechung
SuP	Sozialrecht + Praxis (Zeitschrift)
TranspR	Transportrecht (Zeitschrift)
TVG	Tarifvertragsgesetz

u. a.	unter anderem
UFITA	Archiv für Urheber-, Film-, Funk- und Theaterrecht (Zeitschrift)
Urt. v.	Urteil vom
VersR	Versicherungsrecht (Zeitschrift)
vgl.	vergleiche
VuR	Verbraucher und Recht (Zeitschrift)
WA	Westdeutsche Arbeitsrechtsprechung (Zeitschrift)
WEG	Wohnungseigentumsgesetz
WiB	Wirtschaftsrechtliche Beratung (Zeitschrift)
WM	Zeitschrift für Wirtschafts- und Bankrecht, Wertpapiermitteilungen (Zeitschrift)
WRP	Wettbewerb in Recht und Praxis (Zeitschrift)
WRV	Weimaer Reichsverfassung
WuM	Wohnungswirtschaft und Mietrecht (Zeitschrift)
z. B.	zum Beispiel
ZEV	Zeitschrift für Erbrecht und Vermögensnachfolge (Zeitschrift)
ZfA	Zeitschrift für Arbeitsrecht (Zeitschrift)
ZfJ	Zentralblatt für Jugendrecht (Zeitschrift)
ZInsO	Zeitschrift für das gesamte Insolvenzrecht (Zeitschrift)
ZIP	Zeitschrift für Wirtschaftsrecht (Zeitschrift)
ZMR	Zeitschrift für Miet- und Raumrecht (Zeitschrift)
ZMV	Zeitschrift für die Praxis der Mitarbeitervertretung in den Einrichtungen der katholischen und evangelischen Kirche (Zeitschrift)
ZPO	Zivilprozessordnung
ZRP	Zeitschrift für Rechtspolitik (Zeitschrift)
ZTR	Zeitschrift für Tarif-, Arbeits- und Sozialrecht (Zeitschrift)
zust.	zustimmend
ZVG	Zwangsversteigerungsgesetz

Einführung

Eine Verdachtskündigung hat nicht nur eine rein rechtliche, sondern auch eine soziologische und eine psychologische Komponente. Denn bei der Verdachtskündigung wird ein Arbeitnehmer aus der Sozialgemeinschaft ´Betrieb` ausgeschlossen. Damit verbunden sein kann eine – zumindest so empfundene – Diffamierung des Arbeitnehmers mit Einflussmöglichkeit auf dessen Selbstbewusstsein, vor allem aber auch eine Minderung des beruflichen und sozialen Ansehens. Hat diese Auswirkungen eine Verdachtskündigung auch nicht exklusiv, so ist doch zu bedenken, dass eine Verdachtskündigung in ihren Folgen ähnlich diskriminierend sein kann wie eine Strafe. Hier drohen einschneidende Nachteile für das gesamte Berufsschicksal, etwa bei einer neuen Bewerbung. Selbst bei Nachweis der Unschuld existiert das mit *semper aliquid haeret*[1] treffend umschriebene Phänomen, dass psychologisch doch immer ein gewisses Misstrauen bestehen bleibt, was immer dann relevant wird, wenn sich zukünftig vergleichbare Sachverhalte ergeben. Andere formulieren drastischer: „Der Verdacht tötet den Mann!“[2]

Besonders hart trifft die Verdachtskündigung leitende Angestellte, die zumeist schon im fortgeschrittenen Lebensalter sind, sich in der Regel auf eine bestimmte betriebliche Aufgabe spezialisiert haben und eine vergleichbare Stellung in einem anderen Unternehmen neuerlich nur schwer erlangen können. Was im Grundsatz bei allen Kündigungen gilt, verschärft sich illustriert durch diese Ausgangslage bei der Verdachtskündigung noch, so dass Arbeitnehmern in der Konsequenz staatlicher, gerichtlicher Schutz vor unverschuldetem Verlust der Rechtsposition zu gewähren ist. Aus dem Rechtsstaatsprinzip und dem Sozialstaatsprinzip erwachsen Schutzpflichten für den Staat, da eine Verdachtskündigung unter Umständen einen völlig schuldlosen Arbeitnehmer treffen kann. Ohne zu weit vorgreifen zu wollen, sei hier noch darauf verwiesen, dass das Arbeitsgericht bei seiner Beurteilung nicht an die Beweiswürdigung des Strafrichters in gleicher Sache gebunden ist. So kann ein starker Verdacht zwar strafrechtlich noch keine Verurteilung zur Folge haben, wohl aber die Unzumutbarkeit der Weiterbeschäftigung. Durch die unterschiedliche Wertung in Strafverfahren und Arbeitsgerichtsverfahren muss ein unschuldiger Arbeitnehmer das Vertrauen in die Rechtsordnung verlieren, soweit die Verdachtskündi-

---

1 Dieses Phänomen beschrieb als erster *Plutarch*, in dessen Werk „De adulatore et amico“ (um 330 v. Chr.) der Chorführer der Schmeichler im Gefolge Alexanders des Großen den Rat erteilt, andere „kühn mit Verleumdungen zu packen und zu beißen, da, wenn auch der Gebissene seine Wunde heile (indem er die Falschheit der Verleumdung nachweist), doch die Narbe der Verleumdung bleibe.“ Im Anschluss daran formulierte *Sir Francis Bacon* in seiner Schrift „De dignitate et augmentis scientiarium“ (1605): „Audacter calumniare, semper aliquid haeret.“ (Verleumde nur frech! Etwas bleibt immer haften.). In diesem Sinne z. B. auch *Goethe* („Dichtung und Wahrheit“, 10. Buch): „Immer bleibt etwas hängen!“
Eingehend zum Ganzen und mit weiteren Nachweisen *Hofmann*, in: Büchmann, S. 355.

2 *Schwerdtner*, in: MünchKomm-BGB², § 626 Rn. 151.

gung trotzdem wirksam ist. Vor diesem Hintergrund besteht die Hauptaufgabe dieser Arbeit darin, einmal eine dogmatisch möglichst stringente Lösung herauszuarbeiten, die auf der anderen Seite aber auch mit allgemeinen Maßstäben in Bezug auf eine gerechte Risikoverteilung vereinbar ist.

1. TEIL: ZULÄSSIGKEIT DER VERDACHTSKÜNDIGUNG

Grundlage dieser Arbeit ist die Überprüfung der Zulässigkeit einer Verdachtskündigung.

A. Die Behandlung der Verdachtskündigung durch das *BAG*

Der Gang der Untersuchung sieht zu Beginn eine Darstellung des status´ quo in der Rechtsprechung des *BAG* vor. Der status quo soll anhand der Entwicklung der sich in Phasen entwickelnden Rechtsprechung des *BAG* illustriert werden.

I. Rechtsprechung von 1955-1964

In einer ersten Phase befasste sich das *BAG* zunächst grundsätzlich mit der Zulässigkeit der Verdachtskündigung.

1. Urteil vom 12.5.1955

In seiner ersten Entscheidung zur Verdachtskündigung konstatierte das *BAG* im Urteil vom 12.5.1955[3] schlicht, der Verdacht einer strafbaren Handlung könne einen wichtigen Grund für eine fristlose Entlassung bilden. Eine eigene Begründung liefert das *BAG* aber nicht, verweist vielmehr auf die gefestigte Rechtsprechung des *RAG*, welche sich auf einer Linie mit der damals herrschenden Lehre[4] bewegte. Aus diesem Grund ist es unumgänglich, kurz auf die Rechtsprechung des *RAG* einzugehen.

RAG, Urteil vom 23.6.1934[5]:

Der klägerische Arbeitnehmer war Leiter einer selbstständigen Verkaufsabteilung der Beklagten. In dieser Funktion hatte er wiederholt Beträge von einem Dritten zur Weiterleitung an die Beklagte erhalten, diese allerdings nicht abgeführt. Nach Aufforderung zur Aufklärung des Kassenfehlbestandes ließ sich der Kläger nur dahingehend ein, die Buch- und Kassenführung der – von ihm selbst geleiteten – Verkaufsabteilung sei mangelhaft.

Nach Ansicht des RAG genügt ein bloßer Verdacht zwar nicht zur fristlosen Entlassung. Werde der Verdacht jedoch „in durchaus glaubwürdiger Weise" untermauert, könne das Vertrauen der Beklagten derartig erschüttert sein, dass die Fortsetzung des Dienstverhältnisses auch nicht bis zum Ablauf der – hier: verhältnismäßig kurzen – Kündigungsfrist zuzumuten ist.

---

3 *BAG* – 2 AZR 77/53 (LAG Hamm), BAGE 2, 1 = AP § 626 BGB -Verdacht strafbarer Handlung- Nr. 1 (m. Anm. *A. Hueck*). Die Revisionsschrift war beim *BAG* zu einem Zeitpunkt eingegangen, als das Gericht selbst noch nicht mit Richtern besetzt war – das Problem der Verdachtskündigung war also schon vor den Richtern anhängig; vgl. *A. Hueck*, AP § 626 BGB - Verdacht strafbarer Handlung- Nr. 1; *Schütte*, NZA 1991, Beil. 2, 17.

4 *A. Hueck*, ARS Bd. 21, S. 147 f.; *Nikisch*, S. 594.

5 *RAG*, Urt. v. 23.6.1934 – RAG. 318/33 (LAG Köln), ARS Bd. 21, S. 146 (m. Anm. *A. Hueck*).

RAG, Urteil vom 6.5.1939[6]:

Der klägerische Arbeitnehmer war lediglich sonntags in Nebentätigkeit als sog. Einzahler am Totalisator auf der Pferderennbahn (München-Daglfing) beschäftigt. Die Kündigung konnte unter Einhaltung einer nur eintägigen Frist erklärt werden. Durch – im Sachverhalt nicht genau wiedergegebene – Handlungen hatte er bei den Angestellten sowie bei Dritten den Verdacht erregt, Kartenduplikate ausgegeben, den erzielten Erlös hierfür nicht verrechnet und zweite Siegerkarten durch Versehen mit dem Stempel trotz Sperrung der Maschine unter Anwendung von physischer Gewalt nachträglich hergestellt zu haben.

Das RAG vertritt die Auffassung, dass eine fristlose Entlassung schon durch einen begründeten Verdacht des Vertrauensbruchs gerechtfertigt sein kann, sofern infolge dieses Verdachts die für die weitere Fortsetzung des Dienstverhältnisses erforderliche Vertrauensgrundlage zerstört ist. Ein schwerer und dringender Verdacht unredlichen Verhaltens sei grundsätzlich geeignet, den Verwalter einer Totalisatorkasse fristlos zu entlassen.

Das *BAG* hält in seiner ersten Entscheidung fest, dass zum einen die Arbeitsgerichte nicht an die Beurteilung der Schwere des Verdachts durch den Strafrichter gebunden seien, sondern eine eigene Beweiswürdigung vorzunehmen hätten, und zum anderen, dass der Arbeitgeber die Beendigung des staatsanwaltschaftlichen Ermittlungsverfahrens und sogar eine etwaige Hauptverhandlung abwarten könne.

Der klägerische Arbeitnehmer wurde verdächtigt, allein oder gemeinsam mit seiner Ehefrau Ende 1949 eine Baracke abgebrannt zu haben, in der sich ein Teil des Hausrates befand, welchen er kurz zuvor gegen Feuer versichert hatte. Der Arbeitnehmer wurde im Lauf des Ermittlungsverfahrens zunächst für fünf Tage in Untersuchungshaft genommen. Vier Monate später wurde das Ermittlungsverfahren eingestellt. Einige Monate später musste er erneut in Untersuchungshaft, diesmal jedoch sogar für mehr als sechs Monate. Die ihn beschäftigende Kreissparkasse beurlaubte ihn, nachdem er bereits mehr als fünf Monate verbüßt hatte (ab dem 10.6.1952), zahlte aber die Dienstbezüge weiter. Durch rechtskräftiges Urteil vom 27.3.1953 wurde der angeklagte Arbeitnehmer „trotz sehr starken Verdachts" mangels Beweise freigesprochen. Unmittelbar danach kündigte die Sparkasse fristlos, weil wegen des von der Strafkammer festgestellten dringenden Verdachts die Fortsetzung des Arbeitsverhältnisses nicht zumutbar sei.

Neben dem Verweis auf die Rechtsprechung des *RAG* führt das *BAG* aus, das Strafkammerurteil habe keine Rechtskraft für das arbeitsgerichtliche Verfahren geschaffen, so dass die Arbeitsrichter frei in der Beurteilung der Verdachtsmomente seien. Auch bei einem Freispruch mangels Beweises könne ein starker Tatverdacht bestehen, den die Arbeitsgerichte frei zu würdigen hätten. Ein klares und übersichtliches Bild von der zur Aburteilung stehenden Tat könne in vielen Fällen oftmals erst die Hauptverhandlung bringen. Ein vorsichtiges Abwarten der Beweisergebnisse durch den Arbeitgeber könne ihm nicht zum Nachteil gereichen, zumal diese Vorsicht letztlich ja auch dem – verdächtigen – Arbeitnehmer zugute komme.

Ins Leere gehe danach der Einwand, schon aus der Tatsache des Ermittlungsverfahrens, der etwaigen Voruntersuchung, der Inhaftierung und der Anklageerhebung ha-

[6] *RAG*, Urt. v. 6.5.1939 – RAG. 221/38 (LAG München), ARS Bd. 36, S. 260.

be der Arbeitgeber genügend Verdachtsmomente, um eine Kündigung auszusprechen, und dass diese Verdachtsmomente durch die Hauptverhandlung nicht verstärkt worden sein können.

2. Urteil vom 4.8.1955
Bestätigt wurde die erste Entscheidung durch das Urteil vom 4.8.1955[7].

Der Kläger war als „Oberförster" und später „Forstmeister" durch privatrechtlichen Vertrag bei der Beklagten angestellt. Der mit einer besonderen Vertrauensstellung bedachte Kläger hatte einen schriftlichen Kaufvertrag über Langholz mehrere Monate vordatiert, Holz ohne die damals erforderlichen Bezugsrechte verkauft und verbotenerweise selbst über einen Mittelsmann bezogen, die Bücher unordentlich geführt und Einkaufsscheine unordentlich verwahrt. Darüber hinaus verdächtigte ihn die Beklagte, es allgemein mit Bezugsrechten nicht allzu genau genommen zu haben; unter anderem war der Verbleib von 8.000 Litern Benzin nicht nachvollziehbar.
Der Kläger wurde fristlos gekündigt wegen „vorschrifts- und gesetzwidrigen Handelns, Unredlichkeit, Untreue, vorsätzlicher Schädigung des Vermögens".

Das *BAG* moniert in erster Linie fehlende tatsächliche Feststellungen und Würdigungen. Es führt aus, dass unter Umständen schon der Verdacht einer strafbaren Handlung bei der – im entscheidenen Fall gegebenen – besonderen Vertrauensstellung des Klägers zur fristlosen Kündigung ausreichen kann. Der Verdacht der Untreue habe hier nahe gelegen. Im Übrigen habe das *LAG* mehrere mögliche Pflichtverletzungen als Grundlage für eine Tatkündigung übersehen.

3. Urteil vom 3.11.1955
Die grundsätzliche Zulässigkeit einer Verdachtskündigung wird im Urteil vom 3.11.1955[8] bestätigt.

Der Kläger war seit 1946 als Wirtschaftsingenieur bei der Beklagten beschäftigt; die Beklagte ist als Bergbau-Hilfskasse juristische Person. Mit Schreiben vom 24.7.1951 kündigte die Beklagte dem Kläger zum 31.7.1952 und fügte gleichzeitig an, dass sie ihm vom 1.8.1952 an das vereinbarte Ruhegeld zahlen werde. Mit Schreiben vom 2.4.1952 löste die Beklagte das Dienstverhältnis mit sofortiger Wirkung, weil sie dem Kläger Unregelmäßigkeiten im Dienst – insbesondere Anforderung von Reisekosten und Aufwandsentschädigungen für nicht durchgeführte Dienstreisen und Grubenfahrten – vorwarf.

Das *BAG* stellt zunächst fest, dass auch ein hinreichend begründeter Verdacht einer strafbaren Handlung einen wichtigen Grund bilden kann und verweist auf die eigene Rechtsprechung.[9]

---

7 *BAG* – 2 AZR 88/54 (LAG Niedersachsen), AP § 626 BGB Nr. 3 (m. Anm. *Schnorr von Carolsfeld*) = AP § 626 BGB -Verdacht strafbarer Handlung- Nr. 2.

8 *BAG* – 2 AZR 86/54 (LAG Hamm), BAGE 2, 207 = AP § 626 BGB Nr. 5 (m. Anm. *A. Hueck*) = AR-Blattei Kündigung IX Entsch. 7 = AR-Blattei ES 1010.9 Nr. 7.

9 Vgl. *BAG*, Urt. v. 4.8.1955 – 2 AZR 88/54 (LAG Hannover), AP § 626 BGB Nr. 3 (m. Anm. *Schnorr von Carolsfeld*) = AP § 626 BGB -Verdacht strafbarer Handlung- Nr. 2.

Den zugrundeliegenden Verdacht des Betruges im Hinblick auf die tatsächlich nicht angefallenen, trotzdem aber abgerechneten Reisekosten und Spesen erachtet das *BAG* grundsätzlich als ausreichend.

4. Urteil vom 17.4.1956

Im Urteil vom 17.4.1956[10] reichte der Verdacht der Untreue bei Arbeitnehmern mit besonderer Vertrauensstellung. Es werden Ausführungen zur Beweislastverteilung gemacht.

Die beiden Kläger sind Eheleute und wurden jeweils mit gesondertem, schriftlichem Vertrag bei dem Beklagten, welcher ein Filialunternehmen des Süßwaren- und Lebensmitteleinzelhandels betrieb, vom 1.5.1952 ab als Filialleiter angestellt. Bei beiden war die ordentliche Kündigung für die Dauer von zehn Jahren vertraglich ausgeschlossen und solange demgemäß nur die außerordentliche Kündigung möglich. (Der Mann schloss am 1.4.1953 mit dem Beklagten einen Nachtragsvertrag, welcher eine monatliche Kündigungsmöglichkeit vorsah.) Am 9.11.1953 entließ der Beklagte die Frau wegen mehrfacher Fehlbeträge, Untergewicht von abgewogenen Süßwaren und einer Gewichtsverstellung der Normalwaage. Der Mann wurde zunächst weiterbeschäftigt, dann aber wegen eines neuen Fehlbetrages, eines Überschusses und anderer Gründe am 20.3.1954 fristlos entlassen.

Nach Ansicht des *BAG* hat ein Ausschluss der ordentlichen Kündigung besonderes Gewicht im Rahmen der Zumutbarkeitsprüfung. Der Grund für die fristlose Kündigung müsse also so schwerwiegend sein, dass er selbst gegenüber der vertraglichen Zusage der in diesem Fall gegebenen Dauerstellung von zehn Jahren noch durchschlage. Weiter urteilt das *BAG*, das Nichtverschulden des Arbeitnehmers unterliege nicht § 282 BGB a. F., denn diese Vorschrift regele lediglich die Beweislast für Schadensersatzansprüche aus verschuldeter Unmöglichkeit.[11] Eine Klage bzw. Widerklage des Beklagten auf Zahlung der Mankobeträge habe nicht vorgelegen. Für alle die Umstände, auf die ein Vertagsteil die fristlose Entlassung stütze, treffe ihn die volle Beweislast, insbesondere auch für das Verschulden.[12] Der Verdacht einer Unterschlagung rechtfertigt nach Ansicht des *BAG* jedenfalls eine Verdachtskündigung.

5. Urteil des *BGH* vom 13.7.1956

Der *BGH* stellte in seinem Urteil vom 13.7.1956[13] klar, dass nicht jeder Verdacht ausreicht, sondern der Verdacht vielmehr auf Tatsachen gegründet sein und so

---

[10] *BAG* – 2 AZR 340/55 (LAG Hamm), AP § 626 BGB Nr. 8 (m. Anm. *A. Hueck*) = AP § 626 BGB -Verdacht strafbarer Handlung- Nr. 3 = SAE 1957, 45 (m. Anm. *Reckenfelderbäumer*).

[11] Nach *A. Hueck* (AP § 626 BGB Nr. 8) kommt im Fall der Mankohaftung neben Unmöglichkeit die positive Vertragsverletzung in Betracht mit der Folge, dass § 282 BGB a. F. nicht direkt, sondern analog angewendet werden müsste.

[12] Für die Haftung des Arbeitnehmers vgl. die heutige Regelung des § 619a BGB n. F.

[13] *BGH* – VI ZR 88/55 (OLG Schleswig), AP § 611 BGB -Fürsorgepflicht- Nr. 2 (m. Anm. *A. Hueck*) = AP § 626 BGB -Verdacht strafbarer Handlung- Nr. 4 = NJW 1956, 1513 = LM § 626 BGB Nr. 8 = SAE 1957, 1 (m. Anm. *Molitor*).

schwer wiegen muss, dass ein vernünftiger Dienstherr daraus Misstrauen gegen die Zuverlässigkeit des Dienstverpflichteten schöpfen kann. Ist dann infolge eines derart begründeten Verdachts das Vertrauensverhältnis zwischen Dienstherrn und Dienstverpflichtetem erschüttert, sei eine Fortsetzung des Dienstverhältnisses dem Dienstherrn nach Treu und Glauben nicht mehr zumutbar. Zum ersten Mal wird ein Anspruch auf Wiedereinstellung bejaht, wenn der Verdacht später ausgeräumt wird.[14]

Der Kläger war selbstständiger Fuhrunternehmer und hatte seit 1933 für die Beklagte Ton zu deren Zementfabrik gefahren. Außerdem hatte er Zement an Abnehmer der Beklagten im Auftrag der Beklagten geliefert. Am 9.6.1951 fanden sich in der Garage des Klägers 81 aus dem Werk der Beklagten stammende Sack Zement. Im Laufe des Ermittlungsverfahrens entstand der Verdacht, dass der Kläger diesen Zement durch Zuwendungen an die Arbeiter der Zementfabrik unredlich erworben hatte. Ein an der Verladung beteiligter Arbeiter, B., sagte bei seiner polizeilichen Vernehmung aus, gegen Hingabe von Schnaps habe der Kläger dreimal je zehn Sack Zement erhalten. Der Kläger erklärte die Herkunft des bei ihm gefundenen Zements damit, dass er auf seinem Wagen liegengebliebenen Zement aus beschädigten Säcken zusammengefegt, in andere Säcke umgefüllt, an die Lieferanten der Beklagten ausgeliefert und anschließend eine entsprechende Menge für sich behalten habe.
Die Beklagte entzog daraufhin dem Kläger sämtliche Aufträge. Kurze Zeit später erklärte sie sich aber bereit, den Kläger aufgrund dessen Notlage ausschließlich für Ton-Fahrten wieder einzusetzen. Noch vor Beginn des Strafverfahrens vor dem Schöffengericht widerrief der Arbeiter B. seine damalige Aussage; er habe der Polizei damals nur gesagt, was diese hören wollte. Trotzdem wurde der Kläger wegen fortgesetzter Unterschlagung zu einer Geldstrafe von 50 DM verurteilt. Das Berufungsgericht hob dieses Urteil mit der Begründung auf, dem Kläger sei gerade nicht nachweisbar, dass er bei der Aneignung des Zements das Bewusstsein der Rechtswidrigkeit hatte, denn er hatte – unwiderlegt – angenommen, die Eigentümer des Zements seien mit dem Umtausch einverstanden (gewesen), da der zusammengefegte Zement gleichwertig gewesen sei. Die Beklagte schrieb ihm zwar, er werde weiterhin für die Ton-Fahrten eingeteilt. Tatsächlich aber wurde er seitdem überhaupt nicht mehr berücksichtigt.

Der *BGH* hält fest, dass die Beklagte zunächst das Ergebnis der polizeilichen Ermittlungen abwarten durfte, denn der Verdacht einer strafbaren Handlung verdichtete sich erst, als der Arbeiter B. aussagte, der Kläger habe dreimal je zehn Sack Zement für die Hergabe von Schnaps bekommen. Die Kündigung sei somit fristgemäß erklärt worden. Gleichzeitig macht der *BGH* deutlich, dass die Frage, ob die Verdachtsgründe ausreichen und ob der Beklagten die Fortsetzung des Dienstverhältnisses zumutbar war – der Kläger war immerhin seit fast zwanzig Jahren beinahe ausschließlich für die Beklagte tätig – weitgehend tatsächlicher Natur und im Revisionsverfahren nur eingeschränkt nachprüfbar ist. Zur Prüfung stand lediglich, ob grundsätzlich ein schwerer und dringender Verdacht vorlag, der geeignet war, die Entlassung zu rechtfertigen. Ansonsten sei nur noch überprüfbar, ob das Berufungsgericht die besonderen Umstände des Falles erschöpfend und rechtsirrtumsfrei, insbesondere im Einklang mit Treu und Glauben erwogen hat.

[14] Aus diesem Grunde ist es unerlässlich, die Entscheidung des *BGH* in die Darstellung der Rechtsprechungsentwicklung des *BAG* aufzunehmen.

Aufsehen erregten vor allem die Ausführungen des *BGH*, der Dienstberechtigte könne in Nachwirkung des beendeten Dienstvertrages nach den Grundsätzen von Treu und Glauben verpflichtet sein, den durch die Verdachtskündigung entlassenen Dienstverpflichteten wieder zu beschäftigen, wenn der zunächst begründete Verdacht später ausgeräumt wird.[15]

6. Urteil vom 14.12.1956

Den Ausführungen des *BGH* zum Wiedereinstellungsanspruch schloss sich das *BAG* mit seinem Urteil vom 14.12.1956[16] inhaltlich an.

Der klägerische Arbeitnehmer trat Ende Oktober als Angestellter in die Dienste der Beklagten. Er war seit dem 1.5.1933 Mitglied der NSDAP und übte von 1934 bis 1937 das Amt eines „Blockwarts" aus. Während des Krieges wurde er zum Wehrdienst eingezogen. Nach Ende des Krieges wollte er bei der Beklagten seinen Dienst wieder antreten. Mit an die Beklagte gerichtetem Schreiben verlangte die britische Militärregierung die Entlassung des Klägers. Aufgrund dieser Anordnung schrieb die Beklagte an den Kläger, er sei auf Befehl der Militärregierung mit sofortiger Wirkung entlassen. Drei Jahre später – Anfang 1949 – wurde das laufende Entnazifizierungsverfahren per Beschluss eingestellt, da der Kläger lediglich als unbedeutend belastet erscheine und deshalb nicht zu dem im Entnazifizierungsverfahren zu überprüfenden Personenkreis zähle. Der Kläger bot daraufhin der Beklagten wieder seine Dienste an. Die Beklagte lehnte jedoch eine Weiterbeschäftigung oder Wiedereinstellung ab, da der Betriebsrat eine erforderliche Genehmigung [nach § 4 Hamburg. Gesetz zum Abschluss der Entnazifizierung vom 10.5.1950] nicht erteilt habe.

Nach der ständigen Rechtsprechung bildeten Entlassungsbefehle der Militärregierung zur damaligen Zeit einen wichtigen Grund zur fristlosen Entlassung. Dem Arbeitgeber war es angesichts eines Befehls der Militärregierung grundsätzlich unzumutbar, das Arbeitsverhältnis mit einem betroffenen Arbeitnehmer fortzusetzen. Von erheblicher Tragweite ist die Anerkennung eines Wiedereinstellungsanspruchs, der sich nach Ansicht des Senats aus der nachwirkenden Fürsorgepflicht des Arbeitgebers ergibt.

7. Urteil vom 4.11.1957

In seinem Urteil vom 4.11.1957[17] judizierte das *BAG*, der Verdacht brauche vom Arbeitnehmer nicht verschuldet zu sein.

---

[15] Kritisch dazu *A. Hueck*, AP § 611 BGB -Fürsorgepflicht- Nr. 2; *Diekhoff*, DB 1958, 869; *Molitor*, SAE 1957, 5, 6; *Mohnen*, RdA 1957, 405, 407.

[16] *BAG* – 1 AZR 29/55 (LAG Hamburg), BAGE 3, 332 = AP § 611 BGB -Fürsorgepflicht- Nr. 3 (m. Anm. *Larenz*) = DB 1957, 192 = AR-Blattei Arbeitsvertrag-Arbeitsverhältnis X Entsch. 2 (m. Anm. *Molitor*).

[17] *BAG* – 2 AZR 57/56 (LAG Hamburg), AP § 1 KSchG Nr. 39 (m. Anm. *Herschel*) = AP § 626 BGB -Verdacht strafbarer Handlung- Nr. 7 = SAE 1958, 118.

Die Klägerin war Verkäuferin und stand im Verdacht, sich im Ladengeschäft ihres Arbeitgebers ein Paar Damenstrümpfe unrechtmäßigerweise angeeignet zu haben. Dies soll durch Vertauschung passiert sein. Belastet wurde sie von einer Zeugin. Das LAG führte aus, dass trotz des guten Eindrucks, den die Klägerin persönlich auf das Gericht gemacht habe und trotz des „zwielichtigen Eindrucks" der Zeugin, die nach Ansicht des Gerichts für eine böswillige Vertauschung in Betracht kam, ein nachhaltiger Verdacht hängen bleibt.

Das *BAG* schloss sich den Ausführungen des *LAG* an. Der Verdacht allein könne wegen des personalen Wesenszuges des Arbeitsverhältnisses dessen Lösung rechtfertigen. Ein Verschulden des Arbeitnehmers sei bei in seiner Person oder in seinem Verhalten liegenden Gründen an sich nicht erforderlich.
Eine Kündigung sei insbesondere dann berechtigt, wenn das Vertrauen in den Vertragspartner erschüttert ist. Beim Verdacht eines Geschäftsdiebstahls könne das Vertrauen des Arbeitgebers in den Arbeitnehmer sehr leicht erschüttert werden. Allerdings könne nicht eine unbestimmte Vermutung genügen; vielmehr müsse es sich um einen Verdacht handeln, der durch Tatsachen begründet und seinem Grad nach erheblich und gewichtig sei, wobei es entscheidend auf die Umstände des Einzelfalls ankommen soll. Sodann müssten das Interesse des Arbeitgebers an der Auflösung und das Interesse des Arbeitnehmers an der Aufrechterhaltung des Arbeitsverhältnisses derart gegeneinander abgewogen werden, dass die Verdachtsmomente vernünftig und gerecht denkenden Menschen als so große Belastung erscheinen, dass das Vertrauen zerstört ist.
Außerdem spricht das *BAG* erstmals in einer veröffentlichten Entscheidung die Möglichkeit an, eine Verdachtskündigung als ordentliche Kündigung auszusprechen. Ließe man die ordentliche Kündigung nicht zu, würde man gerade die Arbeitgeber, die eine Auslauffrist gewähren, für ihr Entgegenkommen bestrafen.
Für die Beurteilung des Verdachts wird auf den Zeitpunkt der Kündigung abgestellt. Anderenfalls würde dem Arbeitgeber zugemutet, trotz möglicherweise schweren Verdachts das Arbeitsverhältnis fortzuführen. Gerade wenn eine Verkäuferin, von der vor allem Ehrlichkeit verlangt werden müsse, mit einem schweren Verdacht des Geschäftsdiebstahls belastet sei, fiele die Interessenabwägung zuungunsten der Arbeitnehmerin aus.

8. Urteil vom 24.3.1958

Das Urteil vom 24.3.1958[18] brachte Aufschluss darüber, inwieweit der Tatrichter den Kündigungssachverhalt ergründen und etwaigem Entlastungsvorbringen des Verdächtigten nachgehen muss.

Die Klägerin arbeitete seit 34 Jahren als Verkäuferin. Bei der Beklagten entstand aufgrund von Aussagen anderer Angestellter der Verdacht, die Klägerin habe Geld vereinnahmt, dieses Geld aber nicht in die von ihr bediente Registrierkasse gelegt und auch nicht mittels der Kasse regist-

[18] *BAG* – 2 AZR 587/55 (LAG Baden-Württemberg, Kammern Freiburg), AP § 626 BGB - Verdacht strafbarer Handlungen- Nr. 5 (m. Anm. *A. Hueck*).

riert. Die Beklagte wollte die Ehrlichkeit der Klägerin überprüfen und schickte eine der Klägerin bis dahin unbekannte Zeugin als Testkäuferin. Die folgende Kassenprüfung ergab, dass statt 10,50 DM nur 9,50 DM vereinnahmt und registriert waren. Eine Leibesvisitation der Klägerin erbrachte nichts. Diese behauptete, sie müsse bei der Zeugin versehentlich statt 10,50 DM den Betrag von 9,50 DM registriert haben. Die fehlende eine Mark müsse sie versehentlich zu viel an einen anderen Kunden herausgegeben haben. Im Übrigen hätte die Beklagte anderen Verkäuferinnen selbst bei Mankos bis zu 20 DM nicht gekündigt.

Grundsätzlich sei der vorliegende Sachverhalt geeignet, wegen Verdachts einer strafbaren Handlung einen wichtigen Grund anzunehmen. Jedoch sei § 286 ZPO verletzt, wenn der Tatrichter es unterlässt, die von dem Verdächtigten angebotenen Entlastungsbeweise zu erheben und sich damit auseinanderzusetzen, insbesondere nach den Erfahrungen des täglichen Lebens nach anderen plausiblen Fehlerquellen zu suchen. Eine Abwägung sei dergestalt notwendig, wie stark ein etwaiger Verdacht und damit Interesse des Arbeitgebers an der sofortigen Beendigung des Arbeitsverhältnisses im Vergleich zum Interesse des Verdächtigten an der Reinhaltung der Ehre und an der Beibehaltung des Arbeitsplatzes ausfällt.
Zur genaueren Überprüfung des Entlastungsvorbringens wurde der Rechtsstreit zurückverwiesen.

9. Urteil vom 23.2.1961
Im Urteil vom 23.2.1961[19] sprach das *BAG* aus, dass nicht nur der Verdacht, sondern auch die Handlung, derer der Arbeitnehmer verdächtig ist, von einigem Gewicht sein und die Arbeitgeberinteressen entsprechend empfindlich berühren muss. Dabei wird danach unterschieden, ob ein bloßes Vergehen oder etwa ein Verbrechen zugrunde liegt. Bei der Einzelfallbeurteilung komme der Beschäftigung im öffentlichen Dienst besonderes Gewicht zu. Auch eine nur außerdienstliche Betätigung eines Angestellten im öffentlichen Dienst beziehungsweise bereits der Verdacht einer solchen Betätigung berühre grundsätzlich das Interesse einer Körperschaft des öffentlichen Rechts. Relevant für die Beurteilung des Vorliegens eines Verdachts sei die Sachlage bei Ausspruch der Kündigung.

Der Kläger war Altkommunist und hatte 1956 von der KPD eine Ehrenurkunde über 25-jährige Mitgliedschaft erhalten. Seit 1945 war er als sogenannte Karteikraft beim Arbeitsamt Köln angestellt. Durch Urteil des BVerfG vom 17.8.1956[20] *wurde die KPD verboten und aufgelöst.*

Knapp zwei Jahre später wurde der Kläger wegen des Verdachts illegaler Tätigkeit in Untersuchungshaft genommen, worauf ihm die Beklagte fristlos kündigte. In der Folge wurde der Kläger gegen Sicherheitsleistung von der weiteren Untersuchungshaft verschont unter der Auflage, sich

---

19 *BAG* – 2 AZR 187/59 (LAG Düsseldorf), BAGE 11, 6 = AP § 626 BGB -Verdacht strafbarer Handlungen- Nr. 9 (m. Anm. *A. Hueck*) = ArbuR 1961, 315 = NJW 1961, 1133 = EzA § 626 BGB -Verdacht strafbarer Handlungen- Nr. 2 = DB 1961, 680 = MDR 1961, 540 = AR-Blattei ES 1010.9 Nr. 17.

20 *BVerfG*, Urt. v. 17.8.1956 – 1 BvB 2/51, BVerfGE 5, 85 = JZ 1956, 596 = NJW 1956, 1393.

regelmäßig bei der Polizei zu melden. Ein halbes Jahr nach seiner Inhaftierung erfolgte ein Freispruch aus Mangel an Beweisen von der Anklage gemäß den §§ 84 ff. StGB i. V. m. §§ 42, 47 BVerfGG.

Nach Ansicht des *BAG* kann der bloße Verdacht einer strafbaren Handlung nur dann ein wichtiger Kündigungsgrund sein, soweit nicht lediglich der Verdacht schwer ist, sondern auch die strafbare Handlung, derer der Arbeitnehmer verdächtig ist, ihrer Art nach die Interessen des Arbeitgebers derart berührt, dass diesem die Fortsetzung des Arbeitsverhältnisses bis zum Ablauf der ordentlichen Kündigungsfrist nicht zugemutet werden kann. Bei einem bloßen Verdacht sei besonders kritisch zu prüfen, ob er tatsächlich ausreicht, einen verständigen und gerecht abwägenden Arbeitgeber zu der einschneidenden und unter Umständen existenzvernichtenden Maßnahme einer fristlosen Kündigung zu veranlassen. In Anlehnung an im Strafrecht[21] geltende Maßstäbe dürfe ein Arbeitgeber seinen Arbeitnehmer wegen einer bloßen Übertretung in der Regel nicht fristlos entlassen, dies gelte umso weniger als es sich um den bloßen Verdacht einer solchen Übertretung handele.
Bei einem Verbrechen soll danach der Arbeitgeber in der Regel fristlos kündigen können, denn dann sei ein längerer Ausfall der Arbeitskraft und damit verbunden eine Störung des Betriebsfriedens zu befürchten. Für den Verdacht eines Verbrechens gelte das Gleiche, sofern der Verdacht dringend genug sei. Bei einem Vergehen soll es dagegen noch mehr auf die Umstände des Einzelfalls ankommen, insbesondere darauf, inwieweit im Einzelfall das Arbeitsverhältnis berührt werde.

Im zugrundeliegenden Fall wurde der Kläger eines Vergehens beschuldigt und später angeklagt, welches mit Gefängnisstrafe nicht unter sechs Monaten bedroht war. Das *BAG* nennt dies ein „recht schweres Vergehen". Besonderes Gewicht erlange, dass der Kläger im öffentlichen Dienst stand. Es könne nicht zweifelhaft sein, dass der öffentliche Dienst von Arbeitnehmern, die sich für verbotene Parteien – weiter – betätigten, freigehalten werden müsse. Dies liege im öffentlichen Interesse. Anderenfalls wäre die allgemeine Ordnung des Staats- und Gesellschaftslebens einschließlich der allgemeinen Rechtsordnung gefährdet.
Schließlich bestätigt das *BAG* die fehlende Bindung der Arbeitsgerichte an einen Freispruch im Strafverfahren. Als relevanter Zeitpunkt für die Beurteilung der zur fristlosen Entlassung führenden Sachlage wird auf den Tag der fristlosen Kündigungserklärung abgestellt. Das *BAG* moniert hierbei die irrige Annahme der Vorinstanz, nach dem Freispruch habe überhaupt kein Verdacht mehr bestanden. Offen-

---

21 *A. Hueck* (AP § 626 BGB -Verdacht strafbarer Handlungen- Nr. 9) hält die strafrechtliche Einteilung der strafbaren Handlungen in Verbrechen, Vergehen und Übertretungen für wenig hilfreich, da es nicht so sehr auf die strafrechtliche Beurteilung einer Handlung des Arbeitnehmers ankomme, als insbesondere darauf, in welchem Maße dadurch das Vertrauen des Arbeitgebers zum Arbeitnehmer untergraben oder durch eine Weiterbeschäftigung der Betriebsfriede gestört wird. Denn auch der Verdacht einer nicht strafbaren Verfehlung des Arbeitnehmers könne Kündigungsgrund sein.

sichtlich sei der nach Ausspruch der fristlosen Kündigung erfolgte Freispruch bereits in die Beurteilung der Wirksamkeit der Kündigung und nicht zuletzt auch in die Interessenabwägung eingeflossen.

10. Urteil vom 4.6.1964

Eine eingehende dogmatische Auseinandersetzung mit dem Institut der Verdachtskündigung findet erstmals in dem Urteil vom 4.6.1964[22] statt.
Zunächst liege eine Verdachtskündigung nur dann vor, wenn es gerade der Verdacht ist, der das notwendige Vertrauen in den Arbeitnehmer zerstört. Erforderlich sei ein durch objektive Tatsachen begründeter Verdacht gegen den Arbeitnehmer. Der Sachverhalt müsse sodann umfassend aufgeklärt werden, wozu der verdächtigte Arbeitnehmer jedenfalls die Möglichkeit haben sollte, den Vorwurf im Rahmen einer durchzuführenden Anhörung zu entkräften. Soweit sich die Unschuld des Arbeitnehmers erst nach Abschluss des – zu seinen Ungunsten abgeschlossenen – Kündigungsschutzprozesses herausstellt, stünde ihm ein Wiedereinstellungsanspruch zu.

Der Kläger war als Croupier bei einer Spielbank angestellt. In der Gemeinschaftskantine des Casinos wurde die Bezahlung des Kantinenverzehrs so vollzogen, dass der einzelne Arbeitnehmer seinen Verzehr täglich selbst zusammenrechnen und einen bei einer der Kantinenverwalterinnen abzugebenden Bonscheck auszufüllen hatte. Auf dieser Grundlage wurde der monatliche Verzehr auf das Gehalt angerechnet.
Entgegen dieser Regelung überließ der Kläger sein Scheckheft mit von ihm unausgefüllt unterschriebenen Bonschecks der Kantinenangestellten B., welche sich ihm angeboten hatte, für ihn den jeweiligen Betrag auszufüllen. In der Folge trug die B. jeweils weniger ein, als der Kläger tatsächlich verzehrt hatte. Sie steckte ihm täglich Lebensmittel im Wert von 5 DM in eine von ihm jeden Tag mitgebrachte leere Aktentasche. Als die Fehlbeträge in der Monatsabrechnung entdeckt wurden, gab die B. an, der Kläger habe von ihren Machenschaften nichts gewusst. Weiter gab sie an, der Kläger habe sie zweimal zu mehr Vorsicht im Umgang mit der Aktentasche ermahnt, da die Kollegen schon etwas bemerkt hätten. Nach Ansicht der B. hätte dem Kläger die zu niedrige Monatsabrechnung auf jeden Fall auffallen müssen. Zu ihrem Verhalten habe er sie aber nicht aufgefordert; sie habe vielmehr aus Sympathie für den Kläger gehandelt. Daraufhin wurde Strafanzeige gegen den Kläger erstattet und die fristlose Kündigung erklärt.
Die B. wurde rechtskräftig wegen fortgesetztem Diebstahl und Untreue verurteilt, der Kläger dagegen vom Vorwurf der Sachhehlerei aus Mangel an Beweisen freigesprochen.

Das *BAG* geht in den Urteilsgründen zunächst auf die grundsätzliche Zulässigkeit einer Verdachtskündigung ein, beschäftigt sich dabei in erster Linie mit der Kritik von *Joachim*[23] und bestätigt seine bisherige ständige Rechtsprechung. Die Verdachtskündigung sei lediglich ein Anwendungsfall des Rechtssatzes, dass ein wich-

---

[22] *BAG*, Urt. v. 4.6.1964 – 2 AZR 310/63 (LAG München), BAGE 16, 72, 81 = AP § 626 BGB - Verdacht strafbarer Handlung- Nr. 13 (m. Anm. *A. Hueck*) = SAE 1965, 65 (m. Anm. *Nikisch*) = ArbuR 1965, 91 (m. Anm. *Herschel*) = EzA § 626 BGB Nr. 5 = NJW 1964, 1918 = DB 1964, 1229 = JuS 1964, 500 = BB 1964, 1045.

[23] *Joachim*, ArbuR 1964, 33 ff., siehe unten (1. Teil, B).

tiger Grund zur außerordentlichen Kündigung immer dann vorliegt, wenn die Fortsetzung des Arbeitsverhältnisses auch nur für eine vorübergehende Zeit dem einen Vertragsteil unter Berücksichtigung der Interessen des anderen Vertragsteiles nicht zuzumuten ist. Es gebe vor allem Fallgestaltungen, in denen die den Verdacht begründenden Tatsachen ohne Einbeziehung des Verdachts nicht erschöpfend gewürdigt werden können. Hier sei es gerade der Verdacht, der das notwendige Vertrauen zerstört.

Da bei der Verdachtskündigung immer die Gefahr bestehe, dass sie einen Unschuldigen trifft, müssten strenge Anforderungen gestellt werden. Zum einen müsse der Verdacht durch objektive Tatsachen begründet und geeignet sein, einen verständigen und gerecht abwägenden Arbeitgeber zur Kündigung zu veranlassen. Bei der Beurteilung der Tatsachen komme es auf die subjektive Wertung des Arbeitgebers nicht an. Der Verdacht müsse ferner dringend sein, das heißt es muss eine große Wahrscheinlichkeit für die Tat gerade dieses Arbeitnehmers bestehen. Wichtig sei hierbei, ob der verdächtige Arbeitnehmer durch schuldhaftes Verhalten erhebliche Gründe für den Verdacht gegeben und sich nicht um die Sachverhaltsaufklärung bemüht hat. Nicht nur der Verdacht, sondern auch die strafbare Handlung selbst müsse schwerwiegend sein. Grundsätzlich bestehe keine Bindungswirkung an ein Urteil des Strafrichters. Jedoch habe das Arbeitsgericht bei einem Freispruch wegen erwiesener Unschuld von einem von Anfang an unbegründeten Verdacht auszugehen, soweit nicht neue Tatsachen vorliegen.

Für die Beurteilung der Wirksamkeit sei grundsätzlich auf den Zeitpunkt der Kündigungserklärung beziehungsweise deren Zugang abzustellen. Später bekannt gewordene Entlastungstatsachen müssten aber berücksichtigt werden. Denn wenn diese Entlastungstatsachen den Verdacht ausräumten, habe objektiv gesehen bereits im Zeitpunkt der Kündigung Unschuld des Arbeitnehmers vorgelegen und der Verdacht sei dann von Anfang an objektiv unbegründet gewesen. Die Zulassung nach der Kündigungserklärung bekannt gewordener Tatsachen sei im Kündigungsschutzprozess als sogenanntes Nachschieben von Kündigungsgründen anerkannt. Das *BAG* geht aber noch weiter und lässt ausnahmsweise sogar erst nach der Kündigung entstandene Tatsachen mit berücksichtigen, soweit die übrigen Kündigungsgründe dadurch in einem „anderen Licht" erscheinen. Dies sei zur Verstärkung von Kündigungsgründen möglich, so dass es nur „recht und billig" sei, wenn die Verdachtskündigung bei nachträglich festgestellter Unschuld trotz im Zeitpunkt des Ausspruchs der Kündigung bestehenden dringenden Verdachts entkräftet werde. Stellt sich die Unschuld erst später heraus, stehe dem Arbeitnehmer ein Wiedereinstellungsanspruch zu.

Der Arbeitgeber müsse alles ihm Zumutbare zur Sachverhaltsaufklärung tun.[24] Dies erfordere in der Regel die Gelegenheit zur Stellungnahme durch den verdächtigen

---

[24] Bestätigt durch *BAG*, Urt. v. 8.8.1968 – 2 AZR 348/67 (LAG Hamm), AP § 626 BGB Nr. 57 (m. Anm. *Herschel*) = BB 1968, 1201 = DB 1968, 1816 = ArbuR 1969, 61 (m. Anm. *Frey*) = SAE 1969, 50 (m. Anm. *Thiele*) = EzA § 13 KSchG Nr. 1.

Arbeitnehmer. Die Tatbegehung durch andere Arbeitnehmer müsse insbesondere eingehend geprüft werden. Soweit der Arbeitgeber die Schwere des Verdachts nicht zuverlässig beurteilen kann, könne er mit der Kündigung bis zum Abschluss eines Strafverfahrens warten. Nach Feststellung eines dringenden Verdachts müsse wie üblich im Rahmen von § 626 BGB eine Zumutbarkeitsprüfung vorgenommen werden. Dabei seien Persönlichkeit und Stellung des Arbeitnehmers im Betrieb, eine besondere Vertrauensstellung oder andere Besonderheiten genau zu untersuchen. Die schweren Auswirkungen, die eine Verdachtskündigung haben kann, solle sich das Gericht bei der Prüfung immer genau vor Augen halten.

II. Rechtsprechung von 1968-1984

In einer zweiten Phase befasste sich das *BAG* vorrangig mit den Voraussetzungen einer Verdachtskündigung.

1. Urteil vom 27.1.1972

Das Urteil vom 27.1.1972[25] bestätigte, dass die Frist des § 626 Abs. 2 BGB erst zu laufen beginnt, wenn sich der Arbeitgeber über den Verdacht und seine Tragweite ein eigenes Urteil bilden könne. Notwendig erscheinende Aufklärungsmaßnahmen gereichten dem Arbeitgeber nicht zum Nachteil, auch wenn die Maßnahme rückblickend nichts zur Sachverhaltsermittlung beiträgt oder überflüssig erscheint.

Der Kläger war seit 1958 als amtlich anerkannter Prüfer bei dem beklagten Technischen Überwachungsverein (TÜV) angestellt. Ab 1968 war die ordentliche Kündigung ausgeschlossen. 1970 geriet der Kläger in den Verdacht der Falschbeurkundung und der Bestechlichkeit, indem er Fahrprüfungen gegen Entgelt zugunsten der Prüflinge abgewickelt haben soll. Ein polizeiliches Ermittlungsverfahren wurde eingeleitet. Der Beklagte wurde darauf durch eine polizeiliche Durchsuchung der Dienststelle aufmerksam. Der Kläger erhielt zunächst keine Akteneinsicht, so dass er die Belastungszeugen nicht kannte. Der Beklagte schrieb dem Kläger daraufhin, dass eine außerordentliche Kündigung wegen des Verdachts mehrerer schwerwiegender Pflichtverletzungen erfolgen wird. Zunächst wolle der Beklagte aber abwarten, ob sich durch die laufenden Ermittlungen noch entlastende Momente ergeben. Hierauf nahm der Kläger nicht Stellung.
Rund einen Monat nach der Ankündigung der fristlosen Entlassung erhielt der Beklagte Einsicht in die Ermittlungsakten, welche im Wesentlichen den bereits vorher bekannten Wissensstand ergaben, und erklärte die fristlose Verdachtskündigung.

Das *LAG* sah § 626 Abs. 2 BGB verletzt und gab der Kündigungsschutzklage statt. Das *BAG* hob diese Entscheidung auf. Denn da die außerordentliche Kündigung den Kündigungsempfänger gewöhnlich schwer treffe, müssten an den Kenntnisstand des Arbeitgebers strenge Anforderungen gestellt werden. Im Fall der Verdachtskündigung müsse der Arbeitgeber ein solches Stück des Sachverhaltes genau kennen, dass

---

[25] *BAG* – 2 AZR 157/71 (LAG Baden-Württemberg, Kammern Tübingen), BAGE 24, 99 = AP § 626 BGB -Ausschlußfrist- Nr. 2 (m. Anm. *Grunsky*) = NJW 1972, 1486 = EzA § 626 BGB nF Nr. 10 = DB 1972, 1246 = BB 1972, 798 = MDR 1972, 809 = SAE 1972, 237 = JuS 1972, 542.

er sich ein eigenes Urteil über Art und Ausmaß des Verdachts bilden könne. In der Regel könne Sachverhaltsaufklärung nur durch eine Anhörung und der dadurch eingeräumten Möglichkeit einer Stellungnahme des Arbeitnehmers effektiv betrieben werden. Falls der Arbeitgeber in Ausübung seiner Fürsorgepflicht Gelegenheit zur Stellungnahme gibt, könne es ihm nicht zum Nachteil gereichen, wenn sich der Arbeitnehmer überhaupt nicht oder nicht in angemessener Überlegungsfrist äußert oder wenn seine Stellungnahme sich rückblickend als überflüssig herausstellt. Dies folge daraus, dass sämtliche vom Standpunkt eines verständigen Arbeitgebers aus erforderlichen Maßnahmen die Kenntnis und damit den Anknüpfungspunkt für den Fristbeginn hinauszögerten.
Die Entscheidung wurde kurze Zeit später bestätigt.[26]

2. Urteil vom 11.3.1976

Im Urteil vom 11.3.1976[27] setzte sich das *BAG* erneut mit der Ausschlussfrist des § 626 Abs. 2 BGB auseinander und sprach aus, dass diese gewahrt wird, wenn der Arbeitgeber mit der außerordentlichen Kündigung bis zur rechtskräftigen Verurteilung wartet.

Der Kläger war seit 1960 bei einem Finanzamt des beklagten Landes als technischer Angestellter beschäftigt. 1969 legte er dem Kultusministerium eine Zeugnisabschrift zum Nachweis seiner bestandenen Prüfung zum Ingenieur vor. Diese Zeugnisabschrift führte zu einem Strafverfahren gegen den Kläger wegen des Herstellens und des Gebrauchs einer unechten Urkunde. Nach Kenntniserlangung von der Anklageerhebung teilte die Oberfinanzdirektion dem Kläger am 12.5.1972 mit, sie werde ihm bei einer rechtskräftigen Verurteilung – nach § 55 Abs. 1 BAT – kündigen.
Gegen die amtsgerichtliche Verurteilung legte der Kläger Berufung ein, welche er in der Berufungsverhandlung vom 19.9.1972 auf die Höhe des Strafmaßes beschränkte. Der Kläger verzichtete nach der Urteilsverkündung auf Rechtsmittel; die Staatsanwaltschaft gab keine Erklärung ab. Die Verurteilung wegen Urkundenfälschung wurde noch am 19.9.1972 rechtskräftig. In der abschließenden Berufungsverhandlung war ein Amtsrat als Prozessbeobachter anwesend, dessen Terminsbericht am 21.9.1972 bei der Personalabteilung der Oberfinanzdirektion einging. Erst am 23.10.1972 erlangte die Oberfinanzdirektion durch telefonische Nachfrage bei der Staatsanwaltschaft Kenntnis von der rechtskräftigen Verurteilung und sprach am 24.10.1972 die am 26.10.1972 zugegangene außerordentliche Kündigung aus.
Das ArbG gab der Kündigungsschutzklage wegen Versäumung der Frist des § 626 Abs. 2 BGB statt. Das LAG teilte diese Ansicht nicht und wies die Klage ab. Die auf die Verletzung des § 626 Abs. 2 BGB beschränkte Revision hatte keinen Erfolg.

---

[26] *BAG*, Urt. v. 6.7.1972 – 2 AZR 386/71 (LAG Hamburg), BAGE 24, 341 = AP § 626 BGB -Ausschlußfrist- Nr. 3 (m. Anm. *Söllner*) = EzA § 626 BGB nF Nr. 15 = DB 1972, 2119 = BB 1972, 1408 = SAE 1973, 137 (m. Anm. *Schwerdtner*) = NJW 1973, 214 = ArbuR 1973, 248.

[27] *BAG* – 2 AZR 29/75 (LAG Rheinland-Pfalz), AP § 626 BGB -Ausschlußfrist- Nr. 9 (m. Anm. *Herschel*) = EzA § 626 BGB nF Nr. 46 = NJW 1976, 1766 = JZ 1976, 577 = BB 1976, 884 = RdA 1976, 273 = DB 1976, 1338 = JR 1976, 557.

Nach Ansicht des *BAG* darf der Arbeitgeber trotz des Verdachts einer strafbaren Handlung abwarten, bis die Tatbegehung strafgerichtlich festgestellt ist. Die Ausschlussfrist beginne nicht notwendig mit der Kenntnis des Arbeitgebers von den wesentlichen Tatumständen der strafbaren Handlung, sondern könne je nach den Umständen auch erst mit seiner Kenntnis von der Rechtskraft des Strafurteils beginnen. Anderenfalls würde der Arbeitgeber gedrängt, bei Kenntnis der Verdachtsumstände umgehend die Kündigung zu erklären. Ratio des § 626 Abs. 2 BGB sei es zwar, für den betroffenen Arbeitnehmer möglichst schnell Klarheit zu schaffen, ob ihm außerordentlich gekündigt wird. Jedoch würde es diesem Zweck zuwiderlaufen, wenn der Arbeitgeber zum Ausspruch der Verdachtskündigung gezwungen werde, anstatt zu überprüfen, ob er den Arbeitnehmer nicht in zumutbarer Weise zumindest bis zu einem rechtskräftigen Strafurteil weiterbeschäftigen könne.

Nach den sonstigen Bewertungsmaßstäben des *BAG* müsste mit Feststehen eines Verdachtssachverhalts die Ausschlussfrist für die Verdachtskündigung zu laufen beginnen. Lediglich die Tatkündigung bliebe davon unberührt; deren Ausschlussfrist beginnt nach der Rechtsprechung (spätestens) mit Rechtskraft des strafrechtlichen Urteils.[28]

Vorliegend sah das *BAG* trotz des Prozessbeobachters und dessen zwei Tage später vorliegenden Berichts in der Personalabteilung der Oberfinanzdirektion die Ausschlussfrist gewahrt. Zwar wurde die Berufung auf die Rechtsfolgenseite beschränkt und vom Kläger Rechtsmittelverzicht erklärt. Jedoch habe immer noch die Möglichkeit bestanden, dass die Staatsanwaltschaft Revision unter Umständen auch zugunsten des Klägers einlegen würde. Andererseits wäre selbst grob fahrlässige Unkenntnis unschädlich, denn nach der ständigen Rechtsprechung[29] ist selbst grob fahrlässige Unkenntnis der Kenntnis von Tatsachen i. S. d. § 626 Abs. 2 BGB nicht gleichzusetzen.

---

[28] Vorliegend hätte das *BAG* folglich wegen des angenommenen feststehenden Verdachtssachverhaltes konsequenterweise eine präkludierte Verdachtskündigung annehmen müssen und eine nicht präkludierte Tatkündigung, da eine Kündigung nach rechtskräftiger Verurteilung i. d. R. keine Verdachtskündigung, sondern eine Tatkündigung ist. Beachte: die Revision war hier auf § 626 Abs. 2 BGB beschränkt; vgl. dazu *BAG*, Urt. v. 12.12.1984 – 7 AZR 575/83 (LAG Düsseldorf), BAGE 47, 307 = AP § 626 BGB -Ausschlußfrist- Nr. 19 = AP § 626 BGB -Verdacht strafbarer Handlung- Nr. 15 = NZA 1985, 623 = EzA § 626 BGB nF Nr. 97 = BB 1985, 1734 = MDR 1985, 874 = BlStSozArbR 1985, 307 = NJW 1985, 3094.

[29] Ständige Rspr. seit *BAG*, Urt. v. 28.10.1971 – 2 AZR 32/71 (LAG Baden-Württemberg), BAGE 23, 475 = AP § 626 BGB -Ausschlußfrist- Nr. 1 = DB 1972, 147 = BB 1972, 133 = SAE 1972, 209 = MDR 1972, 270 = NJW 1972, 463 = PERSONAL 1972, 116 = ARSt 1972, 86 = EzA § 626 BGB nF Nr. 8 = AR-Blattei ES 1010.8 Nr. 31.

3. Urteil vom 17.5.1984

Das Urteil vom 17.5.1984[30] erlangte als sog. „Bienenstich-Urteil" große Bekanntheit. Danach ist auch die rechtswidrige und schuldhafte Entwendung einer im Eigentum des Arbeitgebers stehenden Sache von lediglich geringem Wert an sich geeignet, einen wichtigen Grund zur außerordentlichen Kündigung abzugeben.[31] Gleichzeitig bestätigt das *BAG* indirekt die Möglichkeit, eine Verdachtskündigung sowohl als außerordentliche wie auch als ordentliche Kündigung zu erklären. Es hält nämlich eine einzelfallbezogene Interessenabwägung für erforderlich, um zu ermitteln, ob ein Verhalten tatsächlich eine außerordentliche Kündigung rechtfertigt.

Die Klägerin war als Buffetkraft an einem Imbissstand im Cafeteriabereich eines Essener Warenhauses beschäftigt. Sie wurde beobachtet, wie sie an der Kuchentheke ein Stück Bienenstichkuchen ohne Bezahlung aus dem Warenbestand nahm und verzehrte. Nach den der Klägerin bekannten Richtlinien für Personalkäufe hätte sie das Stück Kuchen vom Abteilungsleiter abzeichnen und von einem Kollegen kassieren lassen müssen. Die Beklagte kündigte ihr daraufhin fristlos. Die Klägerin trug vor, dass sie sich an diesem Tag nicht wohlgefühlt habe und deshalb bis zum Nachmittag nichts habe essen können. Als es ihr dann besser gegangen sei, habe sie das Stück Bienenstichkuchen gegessen, um ihren größten Hunger zu stillen. Ihr Verhalten sei zwar nicht ordnungsgemäß gewesen, eine außerordentliche Kündigung hätte es aber nicht gerechtfertigt.

Das *BAG* bekräftigt seine Rechtsprechung, wonach auch die Entwendung geringwertiger Sachen, die dem Arbeitgeber gehören, an sich geeignet ist, einen wichtigen Kündigungsgrund darzustellen. Erst in einem zweiten Schritt muss dann jeweils an den konkreten Umständen des Einzelfalls überprüft werden, ob eine fristlose Kündigung gerechtfertigt ist. Dieser zweiteilige Prüfungsaufbau diene der Rechtssicherheit, weil sie die Anwendung des Rechtsbegriffs des wichtigen Grundes – auf der ersten Prüfungsebene – überschaubarer mache. Dem würde es widersprechen, vorsätzlichen und widerrechtlichen Schädigungen des Arbeitgebers allein wegen geringer Schadenshöhe von vornherein die Eignung für eine außerordentliche Kündigung abzusprechen.[32] Im Rahmen der Interessenabwägung könne dann die geringe Schadenshöhe durch Berücksichtigung beispielsweise der Stellung des Arbeitnehmers, der Art der Ware und der besonderen Verhältnisse des Betriebes durchaus unterschiedliches Gewicht haben. Objektive Kriterien für eine allein am Wert orientierte Abgrenzung lassen sich laut *BAG* jedoch nicht aufstellen.

---

30 *BAG* – 2 AZR 3/83 (LAG Düsseldorf), AP § 626 BGB -Verdacht strafbarer Handlung- Nr. 14 = DB 1984, 2702 = NJW 1985, 284 = NZA 1985, 91 = BlStSozArbR 1985, 23 = EzA § 626 BGB nF Nr. 90.

31 Siehe oben *BAG*, Urt. v. 24.3.1958 – 2 AZR 587/55 (LAG Baden-Württemberg, Kammern Freiburg), AP § 626 BGB -Verdacht strafbarer Handlung- Nr. 5 (m. Anm. *A. Hueck*).

32 So aber *Schwerdtner*, in: MünchKomm-BGB[2], § 626 BGB Rn. 111, abgeschwächt in MünchKomm-BGB[3], § 626 BGB Rn. 126 f.

Der oben dargestellte Sachverhalt spricht ersichtlich gegen eine Verdachtskündigung und vielmehr für eine Tatkündigung. Die Vorinstanzen sind davon ausgegangen, der Klägerin sei das Unrecht ihres Handelns „kaum bewusst" gewesen. Ein fehlendes Unrechtsbewusstsein wirkt sich aber nicht nur auf eine mögliche Straftat, sondern auch auf eine etwaige Pflichtverletzung aus. Da auch eine Pflichtverletzung vorwerfbar sein muss[33], scheidet eine solche nämlich aus, wenn der Arbeitnehmer aufgrund unverschuldeten Rechtsirrtums kein Unrechtsbewusstsein hat und sein Verhalten für berechtigt hält. Übrig bleibt dann lediglich der Verdacht, eine Straftat oder Pflichtverletzung auch und gerade mit Unrechtsbewusstsein begangen zu haben. Dies erklärt, weshalb man diese Entscheidung unter dem Stichwort ´Verdachtskündigung´ finden kann. Das *BAG* spricht das nicht explizit aus, nutzt die Gelegenheit aber, sich auf die eigene Rechtsprechung[34] zu berufen und diese zu bestätigen. Damals hatte ja grundsätzlich bereits der Verdacht ausgereicht, die Verkäuferin habe eine DM falsch registriert und anschließend für sich entwendet.
Die Ausführungen zur rechtswidrigen und schuldhaften Entwendung geringwertiger Sachen des Arbeitgebers können jedoch trotzdem auch für die Verdachtskündigung herangezogen werden. Wenn schon bei erwiesener Straftat eine Interessenabwägung erforderlich ist, muss dies erst recht bei lediglich zugrunde liegendem Verdacht beachtet werden.

4. Urteil vom 12.12.1984

Im Urteil vom 12.12.1984[35] beschäftigte sich das *BAG* mit der Präklusionswirkung und der Ausschlussfrist.
Das *BAG* urteilte, dass die Rechtskraft einer wegen Überschreitens der Zwei-Wochen-Frist für unwirksam erklärten außerordentlichen Kündigung den Arbeitgeber nicht hindert, später nach Abschluss des Strafverfahrens erneut eine (dann) auf die Tatbegehung gestützte außerordentliche Kündigung auszusprechen, auch wenn der Arbeitnehmer nicht verurteilt, sondern das Strafverfahren nach § 153a Abs. 2 StPO eingestellt wurde. Die Ausschlussfrist des § 626 Abs. 2 BGB für eine auf die Tatbegehung gestützte außerordentliche Kündigung beginne dann nicht vor Abschluss eines Strafverfahrens, wenn dem Arbeitgeber vorher zwar Verdachtsumstände bekannt waren, die Tatbegehung aber nicht sicher feststand.

---

[33] *BAG*, Urt. v. 12.4.1973 – 2 AZR 291/72 (LAG Niedersachsen), AP § 611 BGB -Direktionsrecht- Nr. 24 (m. Anm. *Schnorr von Carolsfeld*) = RiA 1973, 215 = DB 1973, 1904 = EzA § 611 BGB Nr. 12 = AR-Blattei ES 1010.9 Nr. 46.

[34] Siehe oben *BAG*, Urt. v. 24.3.1958 – 2 AZR 587/55 (LAG Baden-Württemberg, Kammern Freiburg), AP § 626 BGB -Verdacht strafbarer Handlung- Nr. 5 (m. Anm. *A. Hueck*).

[35] *BAG* – 7 AZR 575/83 (LAG Düsseldorf), BAGE 47, 307 = AP § 626 BGB -Ausschlußfrist- Nr. 19 = AP § 626 BGB -Verdacht strafbarer Handlung- Nr. 15 = NZA 1985, 623 = EzA § 626 BGB nF Nr. 97 = BB 1985, 1734 = MDR 1985, 874 = BlStSozArbR 1985, 307 = NJW 1985, 3094.

Der Kläger war seit 1964 als Regierungsangestellter bei dem beklagten Land angestellt. Ende 1981 geriet er in den Verdacht, an einem Subventionsbetrug zu Lasten des beklagten Landes beteiligt gewesen zu sein. Am 5.11.1981 gab er im Rahmen einer polizeilichen Vernehmung ein Geständnis seiner Tatbeteiligung zu Protokoll.
Im Rahmen einer Anhörung am 6.11.1981 rückte der Kläger von diesem Geständnis wieder ab und erklärte, das Geständnis nur zur Entlastung der mit ihm befreundeten Tatbeteiligten abgegeben zu haben. Aufgrund des dadurch begründeten Verdachts kündigte das beklagte Land mit Schreiben vom 20.11.1981 außerordentlich. Wegen Überschreitung der Zwei-Wochen-Frist gab das LAG der Kündigungsschutzklage mit rechtskräftig gewordenem Urteil vom 25.6.1982 statt. Am 3.9.1982 klagte die Staatsanwaltschaft den Kläger, eine Bekannte des Klägers und einen Regierungsamtmann an. Die weiteren Beteiligten wurden wegen Subventionsbetrug in Tateinheit mit Untreue beziehungsweise Beihilfe zu diesen Taten verurteilt. Das Verfahren gegen den Kläger wurde zuvor abgetrennt, weil er sein Geständnis widerrufen hatte und nunmehr die Tatbeteiligung leugnete. Die bereits Verurteilten wurden daraufhin als Zeugen vernommen und sagten aus, der Kläger sei nicht tatbeteiligt gewesen. Das Amtsgericht stellte hiernach das Verfahren am 29.11.1982 gegen Zahlung einer Geldbuße in Höhe von 3.000 DM nach § 153a StPO ein. Aufgrund dieser Einstellungsverfügung kündigte das beklagte Land mit Schreiben vom 10.12.1982, zugegangen am 11.12.1982, erneut fristlos. Das ArbG gab der Kündigungsschutzklage statt. Das LAG schloss sich dem an und wies die Berufung des beklagten Landes zurück. Die vom beklagten Land eingelegte Revision führte zur Aufhebung des Urteils und Zurückverweisung des Rechtsstreits durch das BAG an das LAG zur Klärung der Wirksamkeit der Kündigung.

Das *BAG* begründet die Zurückverweisung damit, dass entgegen der Ansicht des *LAG* die Präklusionswirkung der ersten Kündigung der Wirksamkeit der zweiten Kündigung nicht entgegensteht. Das Präklusionsprinzip als notwendige Folge der Rechtskraftwirkung beziehe sich nämlich allein auf gerichtliche Entscheidungen über denselben Streitgegenstand. Zum einen handele sich in beiden Kündigungsschutzprozessen nur um die Frage der Wirksamkeit der jeweils angegriffenen Kündigung. Nach § 4 S. 1 KSchG sei Streitgegenstand eben nur die Frage, ob das Arbeitsverhältnis aufgrund einer bestimmten Kündigung aufgelöst ist oder nicht. Zum anderen verkennt das *BAG* nicht, dass unter Umständen auch bei fehlender Identität der Streitgegenstände eine zweite im Wesentlichen mit der ersten identischen Kündigung nicht ohne weiteres möglich ist, wenn die die Kündigung tragenden Gründe identisch sind.[36] Die erste Kündigung sei eine Verdachtskündigung, die zweite dagegen eine Tatkündigung, so dass auch die tragenden Gründe nicht identisch seien und die Präklusionswirkung der verfristeten Verdachtskündigung einer Wirksamkeit der Tatkündigung nicht im Wege stehe.
Die Ausschlussfrist des § 626 Abs. 2 BGB wurde nach Ansicht des *BAG* gewahrt, da die Frist mit der Einstellung des Strafverfahrens begonnen habe. Für den Fristbeginn sei grundsätzlich auf den Zeitpunkt abzustellen, in welchem der Berechtigte sichere und möglichst vollständige Kenntnis des Kündigungssachverhalts habe.[37]

36 *Hillebrecht*, in: KR^4, § 626 BGB Rn. 297 m. w. N.; zweifelnd *Friedrich*, in: KR^4, § 4 KSchG Rn. 272; offengelassen in *BAG*, Urt. v. 12.4.1956 – 2 AZR 247/54 (LAG Baden-Württemberg, Kammern Mannheim), AP § 626 BGB Nr. 11.

37 *BAG*, Urt. v. 28.10.1971 – 2 AZR 32/71 (LAG Baden-Württemberg), BAGE 23, 475 = AP §

Das beklagte Land hatte zwar schon im November 1981 Kenntnis von dem am 5.11.1981 abgelegten Geständnis. Dieses Geständnis habe aber lediglich einen Verdacht begründet, da infolge Abrückens vom Geständnis bereits bei der behördlichen Anhörung vom 6.11.1981 die Tatbegehung keineswegs sicher gewesen sei. Eine Klärung sei nur durch ein Strafverfahren möglich gewesen. Das beklagte Land habe somit den Ausgang des Strafverfahrens abwarten dürfen. Dass der Kläger nicht verurteilt, sondern das Verfahren eingestellt wurde, könne dem beklagten Land nicht zum Nachteil gereichen. Ob der Tatnachweis im vorliegenden Fall später gelungen ist, hing einzig von der tatrichterlichen Würdigung ab.

III. Rechtsprechung von 1985-1993

Eine dritte Phase wurde eingeläutet durch die höchstrichterliche Festschreibung der Anhörung als formelle Wirksamkeitsvoraussetzung einer Verdachtskündigung. In der Folge wurden die Anforderungen an eine wirksame Anhörung herausgearbeitet und präzisiert.

1. Urteil vom 11.4.1985

In der Entscheidung vom 11.4.1985[38] erhob das *BAG* die Anhörung zu einer formellen Wirksamkeitsvoraussetzung bei der Verdachtskündigung. Des Weiteren wird die Rechtsprechung zum Nachschieben von Kündigungsgründen und der in diesem Zusammenhang erforderlichen erneuten Betriebsratsanhörung bestätigt.

Der Kläger war seit dem 1.1.1977 bei der Beklagten (und deren Rechtsvorgängerin) als Handlungsreisender im Angestelltenverhältnis tätig und kündigte das Arbeitsverhältnis mit Schreiben vom 26.3.1980 fristgemäß zum 30.6.1980. Am 26. und 27.3.1980 forderte die Beklagte den Kläger mündlich auf, für ein Gespräch in der Zentrale zu erscheinen. Dem kam der Kläger nicht nach, woraufhin die Beklagte mit Schreiben vom 27.3.1980 vom Betriebsrat die Zustimmung zur außerordentlichen Kündigung erbat. In diesem Schreiben wurde unter anderem ausgeführt:
„Ihnen, Frau B. und Herr M., sind die Vorgänge um Herrn Sch. im Wesentlichen bekannt. Aus diesen Gründen möchte die Geschäftsleitung die Zustimmung des Betriebsrates dazu haben, das Angestelltenverhältnis zu kündigen, wenn Herr Dr. M. dieses für angebracht hält."
Am 28.3.1980 erteilte der Betriebsrat seine Zustimmung zur außerordentlichen Kündigung. Die Beklagte kündigte das Arbeitsverhältnis sodann mit Schreiben vom 1.4.1980 und 3.4.1980 fristlos. Mit der Klage vom 21.4.1980 wendete sich der Kläger gegen diese Kündigungen. Zum einen habe ein wichtiger Grund gefehlt, zum anderen sei der Betriebsrat nicht ordnungsgemäß ange-

---

626 BGB -Ausschlußfrist- Nr. 1 = DB 1972, 147 = BB 1972, 133 = SAE 1972, 209 = MDR 1972, 270 = NJW 1972, 463 = PERSONAL 1972, 116 = ARSt 1972, 86 = EzA § 626 BGB nF Nr. 8 = AR-Blattei ES 1010.8 Nr. 31; *BAG*, Urt. v. 6.7.1972 – 2 AZR 386/71 (LAG Hamburg), BAGE 24, 341 = AP § 626 BGB -Ausschlußfrist- Nr. 3 (m. Anm. *Söllner*) = SAE 1973, 134 (m. Anm. *Schwerdtner*) = EzA § 626 BGB nF Nr. 15 = BB 1972, 1408 = DB 1972, 2119 = ArbuR 1973, 248 = NJW 1973, 214.

[38] *BAG* – 2 AZR 239/84 (LAG Hamburg), BAGE 49, 39 = AP § 102 BetrVG 1972 Nr. 39 = AP § 626 BGB -Verdacht strafbarer Handlung- Nr. 17 = EzA § 102 BetrVG 1972 Nr. 62 = NZA 1986, 674 = DB 1986, 1726 = ZIP 1986, 1068 = MDR 1986, 785 = NJW 1986, 3159.

hört worden. Von Seiten der Beklagten wurde dagegen vorgebracht, der Kläger habe vertragswidrig nicht über die Identität seiner Ehefrau aufgeklärt, die unter ihrem Mädchennamen ein Wollgeschäft betrieben habe. Der Kläger habe sich außerdem eigenmächtig Urlaub genommen. Auf die schriftliche Aufforderung vom 20.3.1980, sich bei der Beklagten telefonisch zu melden, reagierte der Kläger nicht. Auf die am 26.3.1980 übersandte Kopie dieses Aufforderungsschreibens weigerte sich der Kläger telefonisch ausdrücklich, in der Zentrale zu erscheinen. Die Weigerung hielt der Kläger auch nach persönlicher Aufforderung durch Herrn P. aufrecht. Die mit der persönlichen Aufforderung verbundene ausdrückliche Weisung, in der Nähe der Zentrale in Hamburg wohnende Kunden nicht zu besuchen, beachtete der Kläger nicht. Vorgegebene Tourenpläne habe der Kläger seit dem 23.3.1980 nicht mehr eingehalten. Schließlich habe der Kläger einen auf die Beklagte ausgestellten Scheck der Firma S. für sich eingelöst und den Geldbetrag vereinnahmt. Demzufolge habe der Verdacht einer Vermögensstraftat zu Lasten der Beklagten bestanden.
Das ArbG wies die Kündigungsschutzklage ab. Das LAG gab der hiergegen gerichteten Berufung statt; die Revision blieb erfolglos.

Das *BAG* bestätigt zunächst seine Rechtsprechung und führt aus, dass vor Ausspruch der Kündigung entstandene Gründe nachgeschoben werden können und materiell-rechtlich verwertbar sind.[39] Beschränkungen könnten sich allerdings aus § 102 BetrVG ergeben. Nachgeschobene Gründe seien nur dann berücksichtigungsfähig, soweit der Betriebsrat hierzu erneut angehört wurde. Nach eigener Rechtsprechung erfordern Sinn und Zweck des betrieblichen Anhörungsverfahrens eine erneute Anhörung für dem Arbeitgeber bei Kündigungsausspruch bekannte Gründe.[40] In der vorliegenden Entscheidung erstreckt das *BAG* das Erfordernis einer erneuten Betriebsratsanhörung erstmals auch auf später bekannt gewordene Gründe. Des Weiteren verweist das *BAG* auf die bei der Verdachtskündigung geltenden Grundsätze und führt aus, dass besonders strenge Anforderungen zu stellen sind. Insbesondere müsse der Arbeitgeber alles ihm Zumutbare zur Sachverhaltsaufklärung tun. Zwar gebe es keinen allgemeinen Rechtssatz, dass eine außerordentliche Kündigung stets ausgeschlossen sei, falls der Arbeitnehmer zuvor nicht angehört worden ist. Die Erforderlichkeit einer Anhörung hänge vielmehr von den Umständen des Einzelfalls ab. Jedoch wurde bereits früher entschieden, dass eine Verdachtskündigung dann nicht gerechtfertigt ist, wenn der Arbeitgeber nicht alle Möglichkeiten zur Sachverhaltsermittlung ausgeschöpft hat.[41] In einer anderen Entschei-

---

[39] *BAG*, Urt. v. 18.1.1980 – 7 AZR 260/78 (LAG Niedersachsen), AP § 626 BGB -Nachschieben von Kündigungsgründen- Nr. 1 (m. Anm. *Birk*) = NJW 1980, 2486 = BlStSozArbR 1980, 308 = BB 1980, 1160 = DB 1980, 1350 = EzA § 626 BGB nF Nr. 71.

[40] *BAG*, Urt. v. 18.12.1980 – 2 AZR 1006/78 (LAG Düsseldorf), BAGE 34, 309, 316 ff. = AP § 102 BetrVG 1972 Nr. 22 (m. Anm. *Herschel*) = NJW 1981, 2316 = DB 1981, 1624 = ZIP 1981, 767 = MDR 1981, 875 = BlStSozArbR 1981, 250 = BB 1981, 1895 = EzA § 102 BetrVG 1972 Nr. 44; *BAG*, Urt. v. 1.4.1981 – 7 AZR 1003/78 (LAG Berlin), BAGE 35, 190 = DB 1981, 2128 = NJW 1981, 2772 = BB 1981, 2008 = ZIP 1981, 1118 (m. Anm. *Schwerdtner*) = BlStSozArbR 1981, 375 = EzA § 102 BetrVG 1972 Nr. 45 (m. Anm. *Löwisch*) = SAE 1982, 37 = JuS 1982, 308 = AP § 102 BetrVG 1972 Nr. 23.

[41] *BAG*, Urt. v. 8.8.1968 – 2 AZR 348/67 (LAG Hamm), AP § 626 BGB Nr. 57 (m. Anm. *Her-*

dung[42] hatte das *BAG* entschieden, dass der Arbeitgeber im Rahmen seiner Aufklärungspflicht bei der Verdachtskündigung dem Arbeitnehmer Gelegenheit zur Stellungnahme geben muss. Das Problem, ob eine nicht vorgenommene Anhörung zur Unwirksamkeit der Verdachtskündigung führt, wurde in den früheren Entscheidungen jedoch noch nicht angesprochen.

Das *BAG* entwickelt in der vorliegenden Entscheidung nunmehr diese eigenen Grundsätze fort und erhebt die Anhörung zur Wirksamkeitsvoraussetzung. Das *BAG* spricht aus, dass konsequente Folge einer schuldhaft unterbliebenen Anhörung die Unwirksamkeit der Verdachtskündigung ist. Sachgerecht sei dieses Ergebnis insbesondere aufgrund der Gefahr, dass bei einer Verdachtskündigung immer ein Unschuldiger getroffen werden kann und deshalb besondere Anforderungen an die Sachverhaltsaufklärung gestellt werden müssen.
Im vorliegenden Fall hatte die Beklagte die Anhörung schuldhaft unterlassen. Zwar kam der Kläger der Aufforderung, in der Zentrale zu erscheinen, nicht nach. Die Beklagte hatte es jedoch versäumt, den Kläger über Sinn und Zweck des beabsichtigten Gesprächs vorab zu informieren. Der Kläger konnte nicht wissen, dass er zu den Vorkommnissen im Zusammenhang mit der Scheckeinlösung angehört werden sollte. Den Erfolg einer Anhörung zum Sachverhaltskomplex Scheckeinlösung konnte der Kläger deshalb auch nicht vereiteln.

2. Urteil vom 3.4.1986

Mit Urteil vom 3.4.1986[43] sprach das *BAG* aus, dass bei Nachschieben einer Verdachtskündigung bei unverändert gebliebenem Sachverhalt der Betriebsrat auch dazu vorher angehört worden sein muss. Ansonsten sei die Verdachtskündigung im Kündigungsschutzprozess nicht verwertbar.

Die Klägerin war seit Mai 1977 als Sachbearbeiterin in der Debitorenbuchhaltung des Großversandhauses der Beklagten in Fürth beschäftigt. Im August 1983 hielt sie sich in der Kosmetikabteilung des von der Beklagten in Nürnberg betriebenen Kaufhauses auf. Dort nahm die Klägerin einen Lippenstift zu einem Preis von 9 DM, ging dann zunächst in die Uhrenabteilung, wo sie den Lippenstift noch in der linken Hand hielt. Auf dem Weg zur Elektroabteilung steckte sie den Lippenstift dann in ihre Rocktasche. In der Elektroabteilung fragte die Klägerin erfolglos nach Ersatzbürsten für ihre elektrische Zahnbürste und verließ anschließend das Warenhaus. Ein Hausdetektiv hielt sie dort an, nachdem er sie bereits schon in der Kosmetikabteilung beobachtet hatte.

---

schel) = AuR 1969, 61 (m. Anm. *Frey*) = SAE 1969, 50 = BB 1968, 1201 = DB 1968, 1816 = EzA § 13 KSchG Nr. 1.

42 *BAG*, Urt. v. 4.6.1964 – 2 AZR 310/63 (LAG München), BAGE 16, 72 = AP § 626 BGB -Verdacht strafbarer Handlung- Nr. 13 = SAE 1965, 65, 71 = ArbuR 1965, 91 = DB 1964, 1229 = EzA § 626 BGB Nr. 5 = NJW 1964, 1918 = JuS 1964, 500 = BB 1964, 1045.

43 *BAG*, Urt. v. 3.4.1986 – 2 AZR 324/85 (LAG Nürnberg), AP § 626 BGB -Verdacht strafbarer Handlung- Nr. 18 = EzA § 102 BetrVG 1972 Nr. 63 (m. Anm. *Rüthers/Bakker*) = EzA § 626 BGB -Verdacht strafbarer Handlung- Nr. 2 = NZA 1986, 677 = DB 1986, 2187 = BB 1987, 1114 = NJW 1987, 516.

Die Klägerin gab zu, den Lippenstift nicht bezahlt zu haben. In einer schriftlichen Stellungnahme führte sie aus, sie habe den Lippenstift gemeinsam mit den Ersatzbürsten, die sie kaufen wollte, bezahlen wollen. Deshalb habe sie den Lippenstift in der Hand aus der Kosmetikabteilung getragen. Weil sie aber bereits eine Ersatzbürste als Muster und ihren Betriebsausweis in den Händen gehalten habe, habe sie den Lippenstift in der Rocktasche verstaut. Nachdem sie dann die Ersatzbürsten nicht erhalten hatte, habe die Klägerin in Gedanken an einen anschließenden Termin das Kaufhaus versehentlich ohne Bezahlung verlassen.
Am darauffolgenden Tag bat die Beklagte den Betriebsrat um Stellungnahme zu einer beabsichtigten fristlosen Kündigung. Der Bericht des Betriebsschutzes wurde beigefügt. Vorsorglich bat die Beklagte auch um Stellungnahme zu einer auf denselben Sachverhalt gestützte ordentliche Kündigung. Einen Tag später sprach die Beklagte eine fristlose Kündigung aus. Weitere drei Tage später erklärte sie aus demselben Grund vorsorglich die ordentliche Kündigung.

Zunächst bestätigt das *BAG*, dass auch die rechtswidrige und schuldhafte Entwendung einer dem Arbeitgeber gehörenden Sache von geringem Wert an sich einen wichtigen Grund im Sinne des § 626 BGB darstellen kann. Des Weiteren sei revisionsrechtlich nicht zu beanstanden, dass die Vorinstanz einen Diebstahl mangels Tatnachweis abgelehnt habe. Weiterhin könne eine Verdachtskündigung auch erst in den Tatsacheninstanzen erfolgen. Die Kündigung müsse aber zumindest hilfsweise auf den Verdacht gestützt werden.[44] Dann handele es sich um das Nachschieben eines andersartigen Grundes, welcher der Beschränkung des § 102 BetrVG unterliege. Eine Verdachtskündigung müsse damit begründet werden, gerade der Verdacht habe das Vertrauen zerstört. Eine Verdachtskündigung liege nicht vor, wenn der Arbeitgeber die Verfehlung des Arbeitnehmers als sicher hinstellt, obgleich er nur einen Verdacht hegt. Gleiches gelte für den Fall, dass der Arbeitgeber seine Behauptungen letztlich nicht beweisen könne.[45]
Der Verdacht müsse ausdrücklich geäußert werden, denn der Vortrag zu einer vollendeten Straftat enthalte nicht automatisch lediglich den Verdacht der Tatbegehung. Im Übrigen ging das *BAG* im vorliegenden Fall davon aus, dass erst nach der Betriebsratsanhörung die Verdachtskündigung erklärt wurde; vorher wurde zwar hilfsweise eine ordentliche Kündigung, aber gerade keine Verdachtskündigung ausgesprochen.
Das *BAG* bestätigt seine Rechtsprechung, dass der Arbeitgeber den rechtskräftigen Abschluss eines Strafverfahrens abwarten könne und erst dann die Zwei-Wochen-Frist des § 626 Abs. 2 BGB zu laufen beginne. Schließlich differenziert das *BAG* dergestalt, dass eine Sachbearbeiterin in der Debitorenbuchhaltung keine Vertrauensstellung wie Kassierer oder Verkäufer innehabe und ob es sich um ein Versandhaus oder ein herkömmliches Warenhaus mit Publikumsverkehr handelt.

---

[44] *BAG*, Urteil des 7. Senats vom 10.9.1982 – 7 AZR 201/80 (LAG Baden-Württemberg) und Urteil vom 23.3.1984 – 7 AZR 323/82 (LAG Baden-Württemberg), [beide nicht veröffentlicht].

[45] *BAG*, Urteil des 2. Senats vom 20.10.1977 und Urteil des 7. Senats vom 20.1.1984 – 7 AZR 143/82 (LAG Niedersachsen), [beide nicht veröffentlicht].

3. Urteil vom 30.4.1987

Mit der Entscheidung vom 30.4.1987[46] konkretisierte das *BAG* die Anforderungen an eine ordnungsgemäße Anhörung des Arbeitnehmers.

Der Kläger war seit 1974 bei der Beklagten als Lagerarbeiter beschäftigt, welche in Hamburg ein Lager für Mineralölprodukte unterhielt, die wegen der darauf liegenden Steuerlasten der Aufsicht des Hauptzollamtes Hamburg unterliegen. Das Hauptzollamt Hamburg bestellte ihn 1981 zur Steuerhilfsperson.
Die Staatsanwaltschaft leitete 1983 ein Ermittlungsverfahren wegen des Verdachts des fortgesetzten schweren Diebstahls von unversteuertem Gasöl in Tateinheit mit Steuerhinterziehung zum Nachteil der Beklagten unter anderem gegen den Kläger als Beschuldigtem ein. Gegenstand der Ermittlungen waren Vorfälle aus den Jahren 1979 und 1980.Bei seiner Vernehmung bestritt der Kläger jede Tatbeteiligung.
Das Hauptzollamt Hamburg widerrief die Bestellung zur Steuerhilfsperson, woraufhin die Beklagte fristlos, vorsorglich fristgerecht kündigte.

Das *BAG* bestätigt zunächst, dass die vorherige Anhörung des Arbeitnehmers Wirksamkeitsvoraussetzung für eine Verdachtskündigung sei. Verletze der Arbeitgeber danach seine Aufklärungspflicht, indem er den Arbeitnehmer nicht anhört, könne er sich im Prozess nicht auf die Verdachtskündigung berufen. Dies sei jedenfalls immer dann der Fall, wenn die Anhörung vom Arbeitgeber verschuldet unterblieben ist. Ein Verschulden des Arbeitgebers liege dann nicht vor, wenn der Arbeitnehmer von vorne herein nicht bereit sei, sich zu den gegen ihn erhobenen Vorwürfen substantiiert zu äußern und damit an der Aufklärung mitzuwirken. Dann könne die Anhörung nur ein überflüssiger Versuch zur Sachverhaltsaufklärung sein, der nichts Substantielles zur Willensbildung des Arbeitgebers beitrage. Eine Anhörung bringe dann nichts, wenn der Arbeitgeber wisse, dass der Arbeitnehmer die Vorwürfe pauschal bestreite.
Im zugrundeliegenden Fall entschied das *BAG*, dass im Rahmen der Vernehmung kein pauschales Bestreiten vorlag, sondern eine konkrete Äußerung zu den Vorwürfen.

4. Urteil vom 10.6.1988

Das Urteil vom 10.6.1988[47] gab Aufschluss darüber, inwieweit Aufklärungsmaßnahmen des Arbeitgebers die Ausschlussfrist des § 626 Abs. 2 BGB beeinflussen.

---

[46] *BAG* – 2 AZR 283/86 (LAG Hamburg), AP § 626 BGB -Verdacht strafbarer Handlung- Nr. 19 = EzA § 626 BGB -Verdacht strafbarer Handlung- Nr. 3 = BB 1987, 2020 = DB 1987, 1998 = NZA 1987, 699 = RzK I 8c Nr. 14 = NJW 1987, 2540.

[47] *BAG* – 2 AZR 25/88 (LAG Niedersachsen), AP § 626 BGB -Ausschlußfrist- Nr. 27 = AP § 626 BGB -Verdacht strafbarer Handlung- Nr. 20 = DB 1989, 282 = NZA 1989, 105 = NJW 1989, 733 = ZTR 1989, 120 = EzA § 626 BGB -Ausschlußfrist- Nr. 2 (m. Anm. *Gaul*) = BB 1989, 1062 = RzK I 6g Nr. 14.

Der Kläger war bei dem Beklagten beschäftigt, welcher Computerprogramme vertreibt. Im Arbeitsvertrag verpflichtete sich der Kläger, ausschließlich für den Betrieb des Beklagten tätig zu sein. In der Folgezeit warf der Beklagte dem Kläger verbotene Konkurrenztätigkeit vor und kündigte fristlos. Der Beklagte bezog sich auf Vorgänge, die zum Teil bereits mehrere Monate zurücklagen. Jedoch waren ihm diese Kenntnisse erst durch verschiedene Ermittlungsmaßnahmen bekannt geworden. Er hatte bis zum sicher festgestellten Wettbewerbsverstoß gewartet und erst dann die Kündigung ausgesprochen.

Nach § 626 Abs. 2 BGB beginne die Zwei-Wochen-Frist mit dem Zeitpunkt, in dem der Kündigungsberechtigte von den kündigungsrelevanten Tatsachen Kenntnis erhalte. Es solle dabei auf eine sichere und möglichst vollständige positive Kenntnis ankommen, wobei selbst grob fahrlässige Unkenntnis die Ausschlussfrist nicht in Gang setze. Hektische Eile oder voreilige Kündigungen sollen verhindert werden. Im Rahmen der Verdachtskündigung sei die Anhörung geeignet, den Fristlauf zu hemmen. Allerdings gelte das nur solange, als der Arbeitgeber die für eine umfassende Anhörung unerlässlichen Ermittlungen mit der gebotenen Eile anstelle. Danach gebe es in der Regel keinen Anlass zu weiterem Zuwarten, falls die sonstigen Ermittlungen abgeschlossen sind. Jedoch käme es auf den jeweiligen Einzelfall an. Rücksichtnahme auf besondere persönliche Verhältnisse oder die Verhinderung der mit der Ermittlung betrauten Person könnten eine Ausnahme gebieten.
Im vorliegenden Fall ging das *BAG* von einer Fristhemmung aus, da es die Ermittlungen für angemessen hielt.

5. Urteil vom 2.3.1989

Durch das Urteil vom 2.3.1989[48] bestätigte das *BAG*, dass beim Nachschieben einer Verdachtskündigung erst im Kündigungsschutzprozess ein Berufen auf die Verdachtskündigung nur dann möglich ist, soweit der Betriebsrat dazu – vorher – angehört wurde.

Der Kläger war bei der Beklagten zunächst als Außendienstmitarbeiter, seit 1.10.1985 als kommissarischer Lagerleiter beschäftigt. Im September 1985 stellte die Beklagte Unregelmäßigkeiten im Warenbestand fest. So wurden aus einem Lager E. angeblich Waren an andere Lager geschickt, tatsächlich kamen diese Waren jedoch nicht an. Dem lagen Umbuchungen zugrunde, die vom Kläger und dessen Lebensgefährtin, die als Leiterin des Innendienstes des Lagers E. fungierende Angestellte K., in die Wege geleitet wurden. In dem Zeitraum, in dem die Fehlmengen aufgetaucht waren, waren lediglich der Kläger und die Angestellte K. ständig im Lager E. anwesend. Die Beklagte erstattete am 22.11.1985 Strafanzeige gegen Unbekannt. Danach gingen zwei anonyme Schreiben bei der Beklagten ein, wonach Lieferscheine gefälscht und von der Angestellten K. abgezeichnet worden seien und ein gemeinsamer Bekannter des Klägers und der Angestell-

---

[48] *BAG* – 2 AZR 280/88 (LAG Schleswig-Holstein), AP § 626 BGB Nr. 101 = AP § 626 BGB - Verdacht strafbarer Handlung- Nr. 21 = DB 1989, 1679 = BB 1989, 1553 = EzA § 626 BGB nF Nr. 118 = NZA 1989, 755 = JuS 1990, 71 = RzK I 6a Nr. 51 = AR-Blattei Kündigung VIII Entsch. 73 = NJW 1989, 1884 = JR 1990, 44.

ten K. Ware ohne Empfangsbestätigung abgeholt habe. Anfang Januar wurden bei einer Stichprobe ca. 150 Bremsbeläge im Pkw der Angestellten K. gefunden, über die keine schriftlichen Bestell- oder Lieferpapiere vorlagen. Die Ausführung der Angestellten K., eine Firma F. habe telefonisch die Ware bestellt und sie wollte diese nun ausliefern, erwies sich bei Rückfrage als unwahr, denn die Firma F. bestellte nach eigener Auskunft nie mehr als 5 Bremsscheiben auf einmal. An dem besagten Tag hatte sie 4 Bremsscheiben geordert.
Die Angestellte K. und der Kläger wurden daraufhin mit sofortiger Wirkung suspendiert. In zwei Schreiben teilte die Beklagte dem Betriebsrat mit, dass sie dem Kläger fristlos, vorsorglich fristgemäß kündigen wolle. In den Schreiben begründete die Beklagte diese Absicht damit, dass sich der seit Sommer 1985 bestehende Verdacht des Betruges und der Unterschlagung bestätigt habe. Die Angestellte K. habe nachweislich Bremsbeläge unterschlagen. Als deren Lebensbegleiter habe der Kläger von sämtlichen Vorgängen und Handlungen Kenntnis gehabt und diese zumindest billigend in Kauf genommen.
Die Beklagte kündigte dann mit der Begründung „wegen Betruges und Unterschlagung". „Der durch objektive Tatsachen begründete Verdacht Ihrer strafbaren Handlung" stelle „eine derart schwere Vertragspflichtverletzung dar", dass der Beklagten „die Fortsetzung des Anstellungsverhältnisses nicht mehr zugemutet werden kann".

Das *BAG* führt aus, bei fehlender Betriebsratsanhörung zur Verdachtskündigung sei nicht die Ordnungsgemäßheit der Anhörung betroffen, jedoch ein Berufen auf die Verdachtskündigung ausgeschlossen. Im vorliegenden Fall kommt das Gericht zum Ergebnis, dass sich die Betriebsratsanhörung nicht auf die Verdachtskündigung erstreckte. Zwar erwähne die Beklagte in dem Anhörungsbogen einen seit Sommer 1985 bestehenden Verdacht, gleichzeitig spreche sie aber davon, dieser Verdacht habe sich bestätigt. Im Anhörungsbogen mache die Beklagte im Anschluss weitere Ausführungen zum Tatnachweis. Die Formulierungen, die Angestellte K. habe „nachweislich Bremsscheiben ... unterschlagen", „die Unterschlagung bestätigt sich im letzten Akt" durch den Vorfall Anfang Januar und der Kläger habe alle diese Vorgänge „billigend in Kauf genommen" sprechen laut *BAG* eindeutig gegen eine Verdachtskündigung und für eine Tatkündigung. Da somit eine wirksame Betriebsratsanhörung fehle, könne sich der Arbeitgeber nicht auf die Verdachtskündigung berufen.

6. Urteil vom 26.3.1992

Im Urteil vom 26.3.1992[49] bestätigt das *BAG* seine Rechtsprechung zur Abgrenzung der Verdachtskündigung von der Tatkündigung, wonach eine Verdachtskündigung nur dann vorliegt, wenn die Kündigung gerade auf den Verdacht gestützt wird. Zum anderen unterstreicht das *BAG* die fehlende Bindungswirkung an ein strafgerichtliches Urteil.

---

49 *BAG* – 2 AZR 519/91 (LAG Hamm), AP § 626 BGB -Verdacht strafbarer Handlung- Nr. 23 = EzA § 626 BGB -Verdacht strafbarer Handlung- Nr. 4 (m. Anm. *Kittner*) = NZA 1992, 1121 = DB 1992, 2194 = NJW 1993, 83 = AuA 1993, 285 = RzK I 8c Nr. 26 = JR 1993, 176.

Der schwerbehinderte (60 Grad der Behinderung) Kläger war seit 1973 bei der beklagten Stadt angestellt. Er war als Bauleiter im Tiefbauamt der Beklagten tätig und wechselte 1983 als Sachbearbeiter in das Hochbauamt. Sein dienstlicher Aufgabenbereich umfasste die eigenverantwortliche Betreuung von Baumaßnahmen der Beklagten, unter anderem auch an Schulen. Von Juli 1985 bis Oktober 1986 betreute er Baumaßnahmen am Städtischen Gymnasium. Während dieser Tätigkeit lernte er den dortigen Hausmeister und dessen Familie kennen; es kam zu außerdienstlichen Kontakten. Der Kläger entwickelte zur damals sechsjährigen Tochter des Hausmeisters und deren siebenjähriger Freundin ein freundschaftliches Verhältnis.
Am 16.2.1988 erfuhr der Stadtdirektor der Beklagten durch das Jugendamt von dem Verdacht, der Kläger habe im Sommer 1986 an einem der beiden Mädchen strafbare sexuelle Handlungen vorgenommen. Nach Erstattung einer Strafanzeige wurde der Kläger von der Betreuung des Städtischen Gymnasiums abgezogen; andere Schulen blieben in seinem Zuständigkeitsbereich. Der Kläger wurde durch Urteil des LG vom 31.5.1989 gemäß § 176 Abs. 1 StGB wegen sexuellen Missbrauchs in einem minderschweren Fall zu einer zur Bewährung ausgesetzten Freiheitsstrafe von sechs Monaten verurteilt. Der Kläger hatte den Tatvorwurf bestritten.
Mit Schreiben vom 8.6.1989 wurde der Personalrat von der Absicht informiert, eine außerordentliche Kündigung auszusprechen. Das strafrechtliche Revisionsverfahren war zu diesem Zeitpunkt noch nicht abgeschlossen. Mit Schreiben vom 9.6.1989 wurde die Zustimmung der Hauptfürsorgestelle zur Kündigung beantragt. Die durch den Widerspruchsausschuss erteilte Zustimmung ging der Beklagten am 4.1.1990 zu. Am selben Tag wurde das Arbeitsverhältnis fristlos gekündigt. Im Kündigungsschreiben verweist die Beklagte zunächst auf den entstandenen Verdacht, welcher zur Strafanzeige und zur mittlerweile rechtskräftig gewordenen Verurteilung geführt hat. Dann wird allerdings ausgeführt:
„Aufgrund der Beweisaufnahme und Beweiswürdigung (...) ist jedoch der Sachverhalt tatbestandlich aufgeklärt worden, so daß davon auszugehen ist, daß Sie die damals siebenjährige Freundin der Hausmeistertochter (...) schuldhaft (...) sexuell mißbraucht haben (...) Sie haben mindestens zweimal ein Kind bei Gelegenheit Ihrer Diensttätigkeit sexuell mißbraucht." Das Kündigungsschreiben enthielt außerdem die Formulierung „die von Ihnen begangene Tat".
Das ArbG gab der Kündigungsklage statt; das LAG wies die Klage ab.

Das *BAG* stellt zunächst heraus, dass das *LAG* rechtsirrig von einer Verdachtskündigung ausgegangen ist. Denn nach der ständigen Rechtsprechung des Senats liegt eine Verdachtskündigung nur dann vor, wenn und soweit die Kündigung damit begründet wird, gerade der Verdacht eines strafbaren oder pflichtwidrigen Verhaltens habe das für die Fortsetzung des Arbeitsverhältnisses erforderliche Vertrauen zerstört.[50] Dabei stelle der Verdacht einer strafbaren Handlung im Verhältnis zum Vorwurf der Tatbegehung einen nicht im Tatvorwurf enthaltenen eigenständigen Kündigungsgrund dar. Typisch für die Verdachtskündigung sei, dass die vorgeworfene Tat noch nicht nachweisbar ist, die Verdachtsmomente allerdings bereits die Fortsetzung des Arbeitsverhältnisses unzumutbar machen. Da die Verdachtskündi-

[50] Vgl. *BAG*, Urt. v. 4.6.1964 – 2 AZR 310/63 (LAG München), BAGE 16, 72, 81 = AP § 626 BGB -Verdacht strafbarer Handlung- Nr. 13 = SAE 1965, 65, 71 = ArbuR 1965, 91 = DB 1964, 1229 = EzA § 626 BGB Nr. 5 = NJW 1964, 1918 = JuS 1964, 500; *BAG*, Urt. v. 3.4.1986 – 2 AZR 324/85 (LAG Nürnberg), AP § 626 BGB -Verdacht strafbarer Handlung- Nr. 18 = EzA § 102 BetrVG 1972 Nr. 63 = NZA 1986, 677 = DB 1986, 2187 = BB 1987, 1114 = NJW 1987, 516 = RzK I 8c Nr. 8.

gung aber auch einen unschuldigen Arbeitnehmer treffen könne, müsse der Arbeitgeber alle zur Sachverhaltsaufklärung zumutbaren Anstrengungen unternehmen.[51] Ist ein sicherer Kenntnisstand trotz aller Bemühungen nicht zu erreichen, könne der Arbeitgeber das Ergebnis eines Strafverfahrens abwarten. Das *BAG* betont, dass eine infolge einer Verurteilung im Strafverfahren ausgesprochene Kündigung regelmäßig nicht (mehr) auf den Verdacht, sondern auf die nunmehr nachgewiesene Tat gestützt wird. Nach den Ausführungen im Kündigungsscheiben könne von einer Verdachtskündigung nicht ausgegangen werden. Unter Hinweis auf § 14 Abs. 2 Ziff. 1 EGZPO führt das *BAG* aus, dass die Arbeitsrichter an die tatsächlichen Feststellungen des strafgerichtlichen Urteils nicht gebunden sind. Die Arbeitsrichter müssten ihre Überzeugung vielmehr selbst bilden. Dabei könnten Beweisergebnisse des Strafverfahrens im Wege des Urkundenbeweises verwertet werden. Die Parteien hätten aber ein Recht, anstelle des Urkundenbeweises unmittelbare Zeugen- und Sachverständigenbeweise anzutreten.
Daneben bestätigt das *BAG*, dass Tatkündigung und Verdachtskündigung verschiedene Sachverhalte darstellen und somit eine Anhörung des Betriebsrats zur Tatkündigung eine Anhörung zur Verdachtskündigung und umgekehrt nicht mit umfasst. Außerdem können nach Ansicht des *BAG* auch Straftaten im außerdienstlichen Bereich einen wichtigen Grund abgeben, soweit das Arbeitsverhältnis konkret beeinträchtigt wird, und bei Unzumutbarkeit der Fortsetzung des Arbeitsverhältnisses eine außerordentliche Kündigung rechtfertigen.
Der Rechtsstreit wurde vorliegend zurückverwiesen, damit das *LAG* unter anderem die für die Tatbegehung erforderlichen, im Berufungsurteil jedoch nicht getroffenen Feststellungen nachholt und die erforderliche Interessenabwägung im vollen Umfang vornimmt.

7. Urteil vom 29.7.1993

Im Urteil vom 29.7.1993[52] beschäftigte sich das *BAG* eingehend mit der Problematik des Beginns der Ausschlussfrist des § 626 Abs. 2 BGB im Zusammenhang mit eigenen Ermittlungen des Arbeitgebers.

---

[51] *BAG*, Urt. v. 4.6.1964 – 2 AZR 310/63 (LAG München), BAGE 16, 72 = AP § 626 BGB -Verdacht strafbarer Handlung- Nr. 13 = SAE 1965, 65, 71 = ArbuR 1965, 91 = DB 1964, 1229 = EzA § 626 BGB Nr. 5 = NJW 1964, 1918 = JuS 1964, 500; *BAG*, Urt. v. 11.4.1985 – 2 AZR 239/84 (LAG Nürnberg), BAGE 49, 39 = AP § 102 BetrVG 1972 Nr. 39 = AP § 626 BGB -Verdacht strafbarer Handlung- Nr. 17 = EzA § 102 BetrVG 1972 Nr. 62 = NZA 1986, 674 = DB 1986, 1726 = ZIP 1986, 1068 = MDR 1986, 785 = NJW 1986, 3159 = BB 1987, 1316; *BAG*, Urt. v. 30.4.1987 – 2 AZR 283/86 (LAG Hamburg), AP § 626 BGB -Verdacht strafbarer Handlung- Nr. 19 = EzA § 626 BGB -Verdacht strafbarer Handlung- Nr. 3 = BB 1987, 2020 = DB 1987, 1998 = NZA 1987, 699 = NJW 1987, 2540 = RzK I 8c Nr. 14.

[52] *BAG* – 2 AZR 90/93 (LAG Hessen), AP § 626 BGB -Ausschlußfrist- Nr. 31 = AP § 626 BGB -Verdacht strafbarer Handlung- Nr. 22 = SAE 1994, 205 (m. Anm. *Belling*) = DB 1994, 146 = NZA 1994, 171 = EzA § 626 BGB -Ausschlußfrist- Nr. 4 = PersF 1994, 350 = NJW 1994, 1675 = RzK I 6g Nr. 19 = AiB 1994, 438.

Der Kläger war seit 1977 für die Beklagte zunächst in deren Vorstandssekretariat tätig, dann nacheinander als Abteilungsleiter in den Abteilungen Marketing-Service, der Finanzabteilung, der Abteilung Investitionen/Recht und als Direktor des Vorstandssekretariats und ab 1987 als Direktor für Unternehmensakquisition. Daneben nahm er für die Beklagten verschiedene organschaftliche Funktionen wahr, vor allem als Geschäftsführer verschiedener Gesellschaften.
Am 17.10.1988 erschienen erste Presseberichte über Unregelmäßigkeiten im Bereich des Vorstands der Beklagten, woraufhin der Alt-Vorstand am 17.12.1988 abberufen wurde. Im Februar 1989 wurde der ehemalige Generalbevollmächtigte und frühere Direktor für Bilanzen, Steuern und Beteiligungen, Dr. S., entlassen. Dr. S. war Leiter des „Arbeitskreis[es] zur Umgestaltung der Gesellschafterverhältnisse", dem auch der Kläger angehört hatte. Von Januar 1989 bis Juli 1989 hatte der Kläger keinen Zugang zu seinem Büro bei der Beklagten. Während dieser Zeit wurde er teilweise im Ausland eingesetzt oder von der Arbeit freigestellt. Am 17.7.1989 fand ein Gespräch zwischen dem Kläger und Vertretern der Beklagten statt. Am 12.9.1989 wurden die Diensträume des Klägers durch die Staatsanwaltschaft durchsucht und Unterlagen beschlagnahmt. Im Durchsuchungsbeschluss war der Kläger als Beschuldigter aufgeführt. In dem am 23.11.1989 gegen Dr. S. ergangenen Haftbefehl wird der Kläger als Mitbeschuldigter bezeichnet und ein Aktenvermerk des Klägers unter ausdrücklicher Nennung seines Namens als Beweismittel geführt. Der Haftbefehl wurde den Rechtsanwälten der Beklagten am 13.12.1989 vorgelegt. Gegen den Kläger wird staatsanwaltschaftlich ermittelt. Das strafrechtliche Verfahren war im Zeitpunkt der Entscheidung des BAG noch nicht abgeschlossen. Im April 1990 versuchte der Kläger zum wiederholten Mal eine einverständliche Lösung des Arbeitsverhältnisses herbeizuführen. Daraufhin wurde Herr K. von der Beklagten mit weiteren Ermittlungen gegen den Kläger beauftragt. Aufgrund des Ermittlungsergebnisses kündigte die Beklagte das Arbeitsverhältnis nach vorheriger Anhörung des Klägers fristlos mit Schreiben vom 12.5.1989. Die Beklagte begründete die Kündigung mit dem Vorwurf, der Kläger habe seit 1981 an Bilanzmanipulationen entscheidend mitgewirkt.
Der Kündigungsschutzklage des Klägers gab das ArbG statt. LAG und BAG bestätigten diese Entscheidung.

Das *BAG* stellt klar, dass die Zwei-Wochen-Frist des § 626 Abs. 2 BGB sowohl bei der Tatkündigung als auch bei der Verdachtskündigung mit dem Zeitpunkt zu laufen beginnt, in welchem der Kündigungsberechtigte von den für die Kündigung maßgebenden Tatsachen Kenntnis erlangt.
Erforderlich sei die sichere und möglichst vollständige positive Kenntnis, wobei selbst grob fahrlässige Unkenntnis die Frist nicht in Gang setze. Dem Kündigungsberechtigten müsse eine Gesamtwürdigung des Kündigungssachverhalts möglich sein. Soweit er noch dazu erforderliches Abwägungsmaterial ermitteln müsse, sei die Ausschlussfrist gehemmt. Die Fristhemmung trete jedoch nur bei zügig und mit der gebotenen Eile durchgeführten Ermittlungen ein.[53] Die für den Fristbeginn er-

[53] *BAG*, Urt. v. 6.7.1972 – 2 AZR 386/71 (LAG Hamburg), BAGE 24, 341 = AP § 626 BGB -Ausschlußfrist- Nr. 3 (m. Anm. *Söllner*) = EzA § 626 BGB nF Nr. 15 = BB 1972, 1408 = DB 1972, 2119 = SAE 1973, 134 (m. Anm. *Schwerdtner*) = ArbuR 1973, 248 = NJW 1973, 214; *BAG*, Urt. v. 10.6.1988 – 2 AZR 25/88 (LAG Niedersachsen), AP § 626 BGB -Ausschlußfrist- Nr. 27 = AP § 626 BGB -Verdacht strafbarer Handlung- Nr. 20 = DB 1989, 282 = NZA 1989, 105 = NJW 1989, 733 = BB 1989, 1062 = ZTR 1989, 120 = EzA § 626 BGB -Ausschlußfrist- Nr. 2 = RzK I 6g Nr. 14.

forderliche Kenntnis fehle dem Arbeitgeber, wenn er lediglich einen nicht beweisbaren Verdacht hegt. Die Zwei-Wochen-Frist für diese Verdachtskündigung beginne erst dann, wenn der kündigungsberechtigte Arbeitgeber Kenntnis von den den Verdacht begründenden Tatsachen erlangt. Aufgrund der mit einer Verdachtskündigung verbundenen Unwägbarkeiten könne der Arbeitgeber anstelle des Ausspruchs einer Verdachtskündigung auch bis zum eine Tatkündigung begründenden Tatnachweis zuwarten. Infolgedessen könne die Frist des § 626 Abs. 2 BGB für eine Kündigung wegen erwiesener Tat später beginnen als für eine Verdachtskündigung. Dem Arbeitgeber bleibt nach Ansicht des *BAG* somit trotz wegen Nichteinhaltung der Ausschlussfrist rechtskräftig für unwirksam erklärter Verdachtskündigung der Ausspruch einer Tatkündigung möglich, wenn die Tatbegehung später bewiesen wird, z. B. durch ein Strafurteil.[54] Da der Arbeitgeber meist nicht allein aufklären könne, darf er nach allgemeiner Ansicht ein staatsanwaltschaftliches Ermittlungsverfahren beziehungsweise ein Strafverfahren abwarten.[55]

Ob der Arbeitgeber bei Kenntnis von Verdachtsmomenten, die für eine auf die Tatbegehung gestützte Kündigung noch nicht ausreichen, ebenfalls den Ausgang eines Strafverfahrens abwarten darf, war vom *BAG* bisher nicht entschieden worden. Nunmehr bejaht das *BAG* diese Frage und lässt ein Zuwarten selbst dann zu, wenn es dem Arbeitgeber einzig und allein auf das mit einem Strafurteil verbundene Werturteil ankommt. Der Arbeitnehmer stehe dadurch nicht schlechter, da der Arbeitgeber bei einem dem Arbeitnehmer günstigen Urteil unter Umständen von einer Kündigung absieht. Bei einem früheren Fristbeginn wäre der Arbeitgeber zur Wahrung seiner Interessen praktisch zu einer Kündigung gezwungen. Dabei macht das *BAG* aber die Einschränkung, dass der Arbeitgeber tatsächlich den Ausgang des strafrechtlichen Verfahrens abwartet. Grundsätzlich dürfe der Arbeitgeber zwar eigene Ermittlungen zügig durchführen und gegebenenfalls auch ein Ermittlungsverfahren oder Strafverfahren abwarten. Nicht möglich sei es aber, trotz sicherer Kenntnis von Verdachtsumständen zunächst das strafrechtliche Verfahren abzuwarten und vor dessen Abschluss ohne Kenntnis neuer Tatsachen zu einem beliebigen Zeitpunkt neue Ermittlungen aufzunehmen und innerhalb von zwei Wochen nach deren Abschluss ohne Kenntnis neuer Umstände die Verdachtskündigung auszusprechen. Denn weder der Verdacht einer strafbaren Handlung noch eine begangene Straftat stellten Dauerzustände dar, die dem Arbeitgeber eine Kündigung zu einem beliebigen Zeitpunkt erlaubten.

---

[54] *BAG*, Urt. v. 12.12.1984 – 7 AZR 575/83 (LAG Düsseldorf), BAGE 47, 307 = AP § 626 -Ausschlußfrist- Nr. 19 = AP § 626 BGB -Verdacht strafbarer Handlung- Nr. 15 = NZA 1985, 623 = EzA § 626 BGB nF Nr. 97 = BB 1985, 1734 = MDR 1985, 874 = BlStSozArbR 1985, 307 = NJW 1985, 3094.

[55] *BAG*, Urt. v. 11.3.1976 – 2 AZR 29/75 (LAG Rheinland-Pfalz), AP § 626 BGB -Ausschlußfrist- Nr. 9 (m. Anm. *Herschel*) = NJW 1976, 1766 = EzA § 626 BGB nF Nr. 46 = JZ 1976, 577 = BB 1976, 884 = RdA 1976, 273 = DB 1976, 1338 = JR 1976, 557.

Im vorliegenden Fall hielt das *BAG* die Kündigung für verfristet. Bereits im Sommer 1989 habe die Beklagte Kenntnis von einem Anfangsverdacht gegen den Kläger gehabt. Wegen weitgehend identischer Unterlagen habe der Gesamtkomplex von möglichen Straftaten nicht ohne die Beteiligung des Klägers ermittelt werden können, so dass dessen Beteiligung von Anfang an aufgeklärt werden konnte. Die Verdachtsumstände gegen den Kläger standen lange vor der Kündigung fest. So war dem Kläger durch die Beklagte sechs Monate lang der Zutritt zu seinem Büro verwehrt, im Durchsuchungsbeschluss des Amtsgerichts war der Kläger als Beschuldigter und im Haftbefehl gegen Dr. S. als Mitbeschuldigter aufgeführt. Die Beklagte habe aber mehrere Monate verstreichen lassen und erst dann Herrn K. mit weiteren Ermittlungen beauftragt. Zum einen habe die Beklagte nicht mit der gebotenen Eile ermittelt, zum anderen seien die Ermittlungen des Herrn K. ohne neue relevante Tatsachen veranlasst worden.
Aus dem Sachverhalt geht nicht eindeutig hervor, ob die Beklagte vorliegend eine Verdachtskündigung oder eine Tatkündigung ausgesprochen hatte. Das *BAG* ging wohl von einer Verdachtskündigung aus.[56] Im Ergebnis wirkte sich das nicht aus, denn nach Ansicht des *BAG* war die Kündigung als Verdachtskündigung aufgrund eigener Ermittlungen zu spät erfolgt, als Tatkündigung infolge des aufgrund nicht abgeschlossenen Strafverfahrens noch nicht erbrachten Tatnachweises dagegen zu früh.

IV. Rechtsprechung von 1994-2000

Eine vierte Phase ist geprägt von der Auseinandersetzung mit verschiedenen Einzelproblemen.

1. Urteil vom 14.9.1994

Mit dem Urteil vom 14.9.1994[57] geht das *BAG* ausführlich auf die grundsätzliche Kritik am Institut der Verdachtskündigung ein und weist sie zurück. Außerdem geht das *BAG* auf Einzelprobleme ein und spricht unter anderem aus, dass entlastende Tatsachen, die im Zeitpunkt der Kündigung vorlagen, unabhängig von der Kenntnis des Arbeitgebers berücksichtigt werden müssen.

Der Kläger war seit 1985 bei der Beklagten als Gruppenleiter beschäftigt. Er war für die Verwertung der nach Ablauf der Leasingverträge zurückgegebenen Geräte zuständig, die entweder anderweitig verleast, verkauft oder verschrottet wurden.
Während krankheitsbedingter beziehungsweise urlaubsbedingter Abwesenheit des Klägers, stieß die Beklagte 1991 auf Unregelmäßigkeiten hinsichtlich dreier zurückgegebener Computeranlagen, bei denen zwar Kaufangebote vorlagen, aber weder Verkaufserlöse eingegangen waren noch Verschrottungsbestätigungen vorlagen. Die Beklagte setzte dem Kläger eine Frist zur Stellung-

---

56 Was am Ergebnis deutlich wird: Abstellen auf Verfristung.

57 *BAG* – 2 AZR 164/94 (LAG Hessen), AP § 626 BGB -Verdacht strafbarer Handlung- Nr. 24 (m. Anm. *Belling/Künster*) = DB 1995, 534 = EzA § 626 BGB -Verdacht strafbarer Handlung- Nr. 5 = NZA 1995, 269 = ArbuR 1995, 229 = SAE 1996, 52 (m. Anm. *C. Weber*).

nahme bis 13.9.1991. Die Beklagte setzte die Ermittlungen fort bei der Firma K. Sie teilte dem Kläger das Ergebnis der Ermittlungen mit unter Einräumung einer Frist zur Stellungnahme bis spätestens 18.10.1991. Im Rahmen eines vom Kläger zunächst wegen einer Veränderung seines Aufgabenbereichs angestrengten Arbeitsgerichtsverfahrens fand am 17.10.1991 die Güteverhandlung statt. Hier ließ er eine Stellungnahme bis 23.10.1991 ankündigen. Nachdem auch diese Stellungnahme ausblieb, kündigte die Beklagte nach Anhörung des Betriebsrats mit Schreiben vom 29.10.1991 fristlos.
Im Kündigungsschutzprozess führte die Beklagte aus, der Kläger stehe nach den Recherchen des Zeugen S. und den Angaben der Zeugin K. im dringenden Verdacht, als verschrottet geführte Geräte verkauft zu haben, ohne den Erlös der Beklagten zuzuführen. Den maßgeblichen Kenntnisstand hatte die Beklagte am 8.10.1991 erlangt.
Die Aussagen der Zeugin K. erwiesen sich im Prozess als teilweise widersprüchlich. Nicht auszuschließen war insbesondere ein Zusammenwirken der Zeugin K. mit anderen Mitarbeitern der Beklagten. Zugang zum Lager hätten sich neben dem Kläger auch andere Personen verschaffen können, so dass eine Täterschaft des Klägers nicht mehr zwingend erschien.

Zunächst bestätigt das *BAG* seine eigene ständige Rechtsprechung zur Zulässigkeit der Verdachtskündigung, denn jedes Arbeitsverhältnis setze als personenbezogenes Dauerschuldverhältnis ein gegenseitiges Vertrauen voraus, so dass der Verlust dieses Vertrauens einen wichtigen Grund darstelle.
Die Unschuldsvermutung des Art. 6 Abs. 2 EMRK stehe dem Institut der Verdachtskündigung nicht entgegen. Die Unschuldsvermutung gelte unmittelbar nur für den Richter im Strafverfahren. Eine Anwendung über den Wortlaut hinaus im Privatrecht würde dem Arbeitgeber bis zur strafrechtlichen Verurteilung überhaupt keine Kündigungsmöglichkeit geben und der Arbeitgeber könne auf einen begründeten Verdacht hin nur eine Suspendierung aussprechen.
Die Verdachtskündigung verstoße auch nicht gegen Art. 12 GG und Art. 20 GG. Einmal seien bei der Verdachtskündigung objektive Tatsachen Kündigungsgrund. Der einzige Unterschied sei, dass ein Verdacht statt der Gewissheit ausreiche. Dies führe aber nicht dazu, dass die Verdachtskündigung aus dem Anwendungsbereich des § 626 Abs. 2 BGB herausfalle und damit eine Rechtsfortbildung vorliege.
Im Rahmen einer Prüfung von Art. 12 GG sei dieses Grundrecht nicht nur auf Seiten des Arbeitnehmers zu berücksichtigen, sondern auch auf Seiten des Arbeitgebers. Bei der anschließenden Abwägung sei es dann Sache der Rechtsprechung, Einzelfallgerechtigkeit herzustellen. Es entspreche der Einzelfallgerechtigkeit eine (außerordentliche) Kündigung zuzulassen, wenn starke Verdachtsmomente auf objektiven Tatsachen beruhten, soweit dadurch die Vertrauensgrundlage zerstört werde und der Arbeitgeber alle zumutbaren Anstrengungen zur Sachverhaltsaufklärung unternommen habe.

Die Ausschlussfrist des § 626 Abs. 2 BGB sei gewahrt, denn diese sei wegen der nach Abschluss der zügig durchgeführten Ermittlungen notwendigen Anhörung des Klägers um nochmals mindestens eine Woche gehemmt gewesen.

Das *BAG* führt weiter aus, maßgeblich seien die Umstände im Zeitpunkt der Kündigung. Die ständige Senats-Rechtsprechung, wonach der Erkenntnisstand zum Schluss der mündlichen Verhandlung in der Tatsacheninstanz maßgeblich ist, sei keine Besonderheit der Verdachtskündigung. Vielmehr sei auch die Wirksamkeit einer krankheitsbedingten Kündigung von einer negativen Zukunftsprognose abhängig. Auch hier könne der Arbeitnehmer die Prognose erschütternde Tatsachen vortragen. Selbst wenn der Arbeitgeber bei vermeintlich sicher feststehender Straftat kündige, könne die vormals so sicher scheinende Beweislage sich im Nachhinein als unzutreffend herausstellen, sei es durch abgeänderte Aussagen der Belastungszeugen oder durch unerwartetes Vortragen von Rechtfertigungs- oder Entschuldigungsgründen durch den Arbeitnehmer. Genauso wie der Arbeitgeber einen zunächst unzureichenden Verdacht durch das Nachschieben von Tatsachen erhärten könne, müsse auch für den Arbeitnehmer die Möglichkeit bestehen, einen zunächst berechtigt erscheinenden Verdacht durch Tatsachenvortrag zu entkräften; dies gebiete Art. 12 GG. Nur solche Tatsachen, die erst nach der Kündigung entstanden sind, seien nicht berücksichtigungsfähig. Glaubwürdigkeit sei eine der Person anhaftende Eigenschaft, die im Kündigungszeitpunkt bestand oder nicht. Die Glaubwürdigkeit der Zeugin müsse im vorliegenden Fall daher berücksichtigt werden.
Mit diesem Urteil stellt das *BAG* seine eigene Rechtsprechung zum entscheidungserheblichen Zeitpunkt klar. Berücksichtigungsfähig sollen nur Tatsachen sein, die zur Zeit der Kündigung bereits objektiv vorlagen. Das war zwar eigentlich immer schon Ausgangspunkt. Davon schien das *BAG* aber immer wieder mal Ausnahmen[58] zuzulassen und sei es nur durch – eigene – irreführende Leitsätze.

2. Urteil vom 13.9.1995
Im Urteil vom 13.9.1995[59] konkretisierte das *BAG* die Anforderungen an eine ordnungsgemäße Anhörung des verdächtigten Arbeitnehmers vor Ausspruch der Kündigung und an das Nachschieben von nach Ausspruch der Kündigung bekannt gewordener Verdachtsgründe.

Der Kläger war für die Beklagte als Einkäufer von Obst und Gemüse tätig. Durch Fehlbeträge und ein anonymes Schreiben kam der Verdacht auf, der Kläger nehme von bestimmten Händlern Bargeld an und schädige die Beklagte dann durch überteuerten Einkauf von Kartoffeln und Zwiebeln. Der Beklagten entstand ein Mindestschaden von 400.000 DM.
Am 9.12.1992 fand ein Gespräch statt. Der Geschäftsführer der Beklagten hielt dem Kläger vor, dass er zu überhöhten Preisen eingekauft und keine Vergleichsangebote für Kartoffeln und Zwie-

---

[58] Vgl. *BAG*, Urt. v. 4.6.1964 – 2 AZR 310/63 (LAG München), BAGE 16, 72, 81 = AP § 626 BGB -Verdacht strafbarer Handlung- Nr. 13 = SAE 1965, 65, 71 = ArbuR 1965, 91 = DB 1964, 1229 = EzA § 626 BGB Nr. 5 = NJW 1964, 1918 = JuS 1964, 500 = BB 1964, 1045.

[59] *BAG* – 2 AZR 587/94 (LAG Hamburg), BAGE 81, 27 = AP § 626 BGB -Verdacht strafbarer Handlung- Nr. 25 (m. Anm. *Höland*) = EzA § 626 BGB -Verdacht strafbarer Handlung- Nr. 6 (m. Anm. *Kraft*) = BB 1995, 2655 = NZA 1996, 81 = DB 1996, 96 = NJW 1996, 540 = ArbuR 1996, 30 = JuS 1996, 561.

beln eingeholt habe, und teilte darüber hinaus den Inhalt eines anonymen Schreibens mit, wonach der Kläger vom „Chef" einer Privatfirma auf dem Hamburger Großmarkt 10.000 DM erhalten habe. Unklar ist, wie der Kläger hierauf reagiert hat. Nach Vortrag der Beklagten soll er auf diese Vorwürfe entgegnet haben, dass er nicht trinke, und lediglich pauschal behauptet haben, es habe keine anderen Angebote gegeben und im Übrigen habe er keine Zeit gehabt, andere Angebote einzuholen. Nach seinem eigenen Vorbringen hat der Kläger auf den enormen Qualitätsunterschied hingewiesen, der einen Warenvergleich gar nicht zulasse. Die Beklagte kündigte am 4.1.1993 fristlos und am 31.3.1993 fristgemäß. In der Berufungsinstanz erfolgten mit Schreiben vom 7.1.1994 und 2.2.1994 vorsorglich zwei weitere außerordentliche Kündigungen.
Nach dem Gespräch am 9.12.1992 verstärkte sich der Verdacht im Rahmen der Ermittlungen der Beklagten, ohne dass der Kläger hierzu erneut angehört wurde. Die weiteren Kündigungen aus dem Jahr 1994 stützte die Beklagte auf ihr im Berufungsverfahren Ende 1993 bekannt gewordene Tatsachen. Der Kläger und der Betriebsrat wurden dazu vorher angehört.

Zunächst bestätigt das *BAG* seine ständige Rechtsprechung, wonach nicht nur eine erwiesene Vertragsverletzung, sondern bereits der schwerwiegende Verdacht einer strafbaren Handlung oder einer (schweren) Pflichtverletzung ein wichtiger Grund im Sinne des § 626 Abs.1 BGB sein kann. Eine Verdachtskündigung liege dann vor, wenn der Arbeitgeber seine Kündigung damit begründet, gerade der Verdacht habe das für das Arbeitsverhältnis erforderliche Vertrauen zerstört. Der Verdacht einer strafbaren Handlung stelle dabei gegenüber dem Tatvorwurf einen eigenständigen Kündigungsgrund dar, der im Tatvorwurf nicht enthalten sei.
Das *BAG* unterscheidet zwischen der Anhörung vor Ausspruch der Kündigung und der Anhörung vor dem Nachschieben nachträglich bekannt gewordener Verdachtsumstände. Die Anhörung des Arbeitnehmers – vor Ausspruch der Kündigung – wird als formelle Wirksamkeitsvoraussetzung bestätigt. Denn im Gegensatz zur Tatkündigung bestehe bei der Verdachtskündigung immer die Gefahr, dass ein „Unschuldiger" betroffen sei. Die Anhörung habe im Zuge der gebotenen Aufklärung zu erfolgen. Von der ständigen Rechtsprechung des *BAG* werde aber keine Anhörung erst nach Abschluss der Sachverhaltsaufklärung gefordert. Außerdem müsse die Anhörung des Arbeitnehmers nicht den Anforderungen einer Betriebsratsanhörung gemäß § 102 BetrVG genügen.
Neu in der Entscheidung ist, dass die Vorwürfe beziehungsweise der Verdacht dem Arbeitnehmer gegenüber konkret geäußert werden müssen.[60] Völlig unsubstantiierte Wertungen reichten gerade nicht. Außerdem dürfe der Arbeitgeber grundsätzlich keine bereits im Anhörungszeitpunkt gewonnenen Kenntnisse vorenthalten, weil er ansonsten die Verteidigungsmöglichkeiten des Arbeitnehmers in unzulässiger Weise beschneiden würde. Soweit der Arbeitnehmer dann trotz substantiiert vorgetragener Vorwürfe nur pauschal bestreitet, lasse dies auf ein mangelndes Interesse an einer Mitwirkung zur Aufklärung des Verdachts schließen. Als Konsequenz solch man-

60 Bisher wurde nur in umgekehrter Richtung ausgesprochen, dass die Aufklärungspflicht des Arbeitgebers nicht schuldhaft verletzt sei, wenn sich der Arbeitnehmer nicht substantiiert zu den Vorwürfen äußert.

gelnden Mitwirkungsinteresses müsse der Arbeitgeber den Arbeitnehmer auch dann nicht erneut anhören, wenn er neue Tatsachen ermittelt. Dann liege kein schuldhaftes Verletzen der Aufklärungsobliegenheit vor, was ansonsten die bereits formelle Unwirksamkeit der Verdachtskündigung zur Folge hätte. Lässt sich der Arbeitnehmer dagegen konkret auf die Vorwürfe ein, müsse er zu neu ermittelten Tatsachen nochmals angehört werden.

Weiter spricht das *BAG* aus, dass der Arbeitgeber trotz unzureichender Anhörung des Arbeitnehmers – vor Ausspruch der Kündigung – materiellrechtlich nicht daran gehindert sei, erst nach Ausspruch der Kündigung bekannt gewordene Verdachtsmomente nachzuschieben, soweit er die Kündigung zusätzlich und eigenständig auf – nachgewiesene – Pflichtverletzungen gestützt hat; die Kündigung wegen Pflichtverletzungen ist eben nicht anhörungspflichtig. Das Nachschieben könnte allenfalls kollektiv- oder sonst formellrechtlich unzulässig sein. So müsse der Betriebsrat analog § 102 BetrVG erneut angehört werden.[61]

Nicht zu entscheiden brauchte das *BAG*, ob nach Ausspruch der Kündigung(en), aber vor dem Nachschieben nachträglich bekannt gewordener Verdachtsgründe auch eine erneute Anhörung des Arbeitnehmers erforderlich ist, da sie vorliegend jedenfalls durchgeführt wurde. Im Nebensatz klingt jedoch ein Verzicht auf das Erfordernis einer erneuten Anhörung an, indem darauf hingewiesen wird, dass die Kündigung ja bereits ausgesprochen war und der Kläger somit auf den Kündigungsentschluss nicht mehr einwirken konnte und außerdem eine Verteidigung im bereits geführten Rechtsstreit möglich war.[62]

Im vorliegenden Fall erachtete das *BAG* die fristlosen Kündigungen aus dem Jahr 1994 als wirksam. Hinsichtlich der Kündigungen aus dem Jahr 1993 stufte es die dem Kläger gegenüber geäußerten Vorwürfe im Rahmen der Anhörung als konkret genug ein. Denn sie seien hinsichtlich des Zeitraums, der Ware und der beteiligten Firmen so konkret gewesen, dass vom Kläger eine substantiierte Einlassung erwartet werden konnte. Der Streit entbrannte um die Frage, ob sich der Kläger konkret auf die gegen ihn erhobenen Vorwürfe eingelassen hatte oder nicht. Das *BAG* verwies den Rechtsstreit zur Klärung zurück an das Berufungsgericht.

---

[61] *BAG*, Urt. v. 11.4.1985 – 2 AZR 239/84 (LAG Hamburg), AP § 102 BetrVG Nr. 39 = AP § 626 BGB -Verdacht strafbarer Handlung- Nr. 17= EzA § 102 BetrVG 1972 Nr. 62 = NZA 1986, 674 = DB 1986, 1726 = ZIP 1986, 1068 = MDR 1986, 785 = NJW 1986, 3159 = BB 1987, 1316 = AR-Blattei ES 1010.9 Nr. 69 = RzK I 8c Nr. 6.

[62] *Höland* (AP § 626 BGB -Verdacht strafbarer Handlung- Nr. 25) neigt dagegen zur Annahme einer erneuten Pflicht zur Arbeitnehmeranhörung, da sich nachträglich bekannt gewordene Verdachtsmomente auf Prozessverlauf und Prozessausgang auswirken können, indem sie zu einer veränderten Gesamtbewertung der Verdachtsmomente führen.

3. Urteil vom 14.2.1996

Im Urteil vom 14.2.1996[63] sprach das *BAG* erstmals aus, auch ein etwaiger Verbotsirrtum sowie der Grad des Verschuldens des Arbeitnehmers seien in die Interessenabwägung einzubeziehen.

Der Kläger war seit 1971 als Verwaltungsangestellter beim Finanzamt Köln-Nord beschäftigt. Auf das Arbeitsverhältnis fand der Bundes-Angestellten-Tarifvertrag (BAT) Anwendung. Der Kläger arbeitete zunächst in der Archivverwaltung, dann in der Bücherei, der Prämienstelle und der Lohnsteuerstelle. Ihm wurden 1979 Aufgaben eines Bearbeiters und verantwortlichen Kontenführers in der Finanzkasse zugewiesen.
1992 wurde der Kläger abgemahnt. Er hatte anlässlich einer Karnevalsveranstaltung, die im Finanzamt stattgefunden hatte, mehrere Kollegen und Kolleginnen in grober Weise beschimpft, beleidigt und bedroht. Ihm wurde gleichzeitig die Teilnahme an geselligen betrieblichen Zusammenkünften, bei denen Alkohol ausgeschenkt wird, sowie an Betriebsausflügen und betrieblichen Karnevalsveranstaltungen untersagt.
Der Kläger war Mitglied des Rates der Stadt Köln und gehörte der Fraktion „Die Bürger" an. Der Verfassungsschutzbericht 1992 des Landes Nordrhein-Westfalen enthält folgende Angaben über diese Gruppierung:
„Die nur regional tätige Vereinigung „Die Bürger" entstand aus einem Zusammenschluss der „Deutschen Autofahrer-Interessengemeinschaft" (DAFIG) und den „Republikanern" in Köln anlässlich der Kommunalwahl 1989, wodurch der Einzug in den Rat der Stadt möglich wurde. Die DAFIG hat ihre Ursprünge in einer sogenannten Kultgemeinschaft „Wotans Wölfe". Auf einem Vereinigungsparteitag haben sich „Die Bürger" 1991 mit der bis dahin nur in Wiesbaden aufgetretenen neonazistischen Gruppierung „Die Deutschen" verbunden. „Die Bürger" beschäftigen sich in erster Linie mit der Ausländer- und Asylbewerberproblematik. Ausländer und Asylbewerber werden dabei pauschal als Schmarotzer diffamiert und zu Sündenböcken für soziale Probleme gemacht. „Die Bürger" verwenden dabei ein aggressives, rassistisches Vokabular."
Der Kläger war als Angehöriger der Ratsfraktion „Die Bürger" im Sommer/Herbst 1991 verantwortlich für verschiedene Flugblätter der Fraktion, in denen Ausländer, Zigeuner und Asylanten pauschal als kriminelle Schmarotzer dargestellt wurden. Damit verbunden waren massive Angriffe auf die Politik von SPD, CDU, FDP und Die Grünen. Der Kläger wurde daraufhin vom AG Köln mit Urteil vom 9.3.1993 wegen Volksverhetzung gemäß § 130 StGB zu 60 Tagessätzen zu 60 DM verurteilt. In der Berufung ermäßigte das LG Köln die Tagessatzhöhe auf 50 DM. Die Revision wurde vom OLG Köln am 1.3.1994 als unbegründet verworfen.
Nach Bekanntwerden der erstinstanzlichen Verurteilung durch eine Pressemitteilung vom 10.3.1993 hörte der Vorsteher des Finanzamtes Köln-Nord den Kläger zu den Vorfällen an. Mit Schreiben vom 22.3.1993 sprach der Vorsteher die außerordentliche Kündigung – die ordentliche war tariflich ausgeschlossen – mit Zustimmung des Personalrates aus.
Im Kündigungsschutzprozess behauptete der Kläger, dass er sich in einem Verbotsirrtum befunden habe und inzwischen vom Inhalt der Flugblätter abgerückt sei. Im Übrigen habe bei den Flugblättern die Meinungsäußerung im Vordergrund gestanden. Sie hätten sich nicht unmittelbar gegen die betreffenden ausländischen Bevölkerungsteile gerichtet. Adressat seien vielmehr die politischen Entscheidungsträger gewesen, denen man eine verfehlte Ausländerpolitik anlastete.

---

[63] *BAG* – 2 AZR 274/95 (LAG Köln), AP § 626 BGB -Verdacht strafbarer Handlung- Nr. 26 = AP § 626 BGB Nr. 128 = NJW 1996, 2253 = NZA 1996, 873 = ZTR 1996, 418 = DB 1996, 2134 = AiB 1997, 302.

In seiner Entscheidung führt das *BAG* zunächst aus, dass das Verbreiten ausländerfeindlicher Pamphlete durch einen Angestellten des öffentlichen Dienstes unter Berücksichtigung der ihm obliegenden besonderen Verhaltenspflichten[64] an sich geeignet ist, eine außerordentliche Kündigung zu begründen. Dies gelte nach einem Senatsurteil auch bei einem außerdienstlichen Verhalten.[65] Dass das Verhalten des Klägers nicht von der Meinungsfreiheit nach Art. 5 GG gedeckt war, ergebe sich aus der Rechtsprechung des *BVerfG*, wonach die Meinungsfreiheit stets zurücktreten müsse, wenn dadurch die Menschenwürde eines anderen angetastet werde, weil die Menschenwürde als Wurzel aller Grundrechte mit keinem Grundrecht abwägungsfähig sei.[66] Das *BAG* bestätigt darüber hinaus, dass der Arbeitgeber den Abschluss eines Strafverfahrens abwarten darf. Dabei könne der Arbeitgeber auch die erstmalige, nicht rechtskräftige Verurteilung des Arbeitnehmers zum Anlass einer außerordentlichen Kündigung nehmen, so dass die Ausschlussfrist des § 626 Abs. 2 BGB ab Kenntniserlangung des Arbeitgebers von der Verurteilung zu laufen beginne. Zwar dürfe der Arbeitgeber, der sich zunächst zum Abwarten eines Straf(ermittlungs-)Verfahrens entschlossen hatte, nicht zu einem beliebigen Zeitpunkt außerordentlich kündigen.[67] Kündigen könne er aber dann, wenn er aufgrund neuer Tatsachen einen ausreichenden Kenntnisstand für eine Tatkündigung zu haben glaubt. Auch die erstinstanzliche Verurteilung stelle eine solche neue Tatsache dar. Bis zum rechtskräftigen Abschluss müsse der Arbeitgeber nicht zuwarten; insofern liefere schon die erstmalige Verurteilung ausreichende Gewissheit.
Da eine verhaltensbedingte außerordentliche Kündigung ein rechtswidriges und schuldhaftes Verhalten erfordert, dürfe ein Verbotsirrtum nicht außer Betracht bleiben. Selbst wenn ein etwaiger Irrtum des Arbeitnehmers vermeidbar war, sei er für die Interessenabwägung nicht bedeutungslos. Vielmehr komme es auf den Grad des Verschuldens an.[68] Dazu müssten die Arbeitsrichter ohne Bindung an die Annahmen der Strafgerichte selbst Feststellungen treffen.
Die Ausführungen sprechen hier erneut für eine Tatkündigung. Insbesondere hat der Arbeitgeber die Kündigung nach der strafrechtlichen Verurteilung ausgesprochen, so dass sehr wenig für eine Kündigung wegen des Verdachts der Volksverhetzung

64 Vgl. § 8 Abs. 1 BAT.

65 *BAG*, Urt. v. 9.3.1995 – 2 AZR 644/94 (LAG Hamm), BB 1996, 434 = NZA 1996, 875 = RzK I 9k Nr. 25: Kündigung wegen Verbreitung ausländerfeindlicher Pamphlete.

66 *BVerfG*, Beschl. v. 25.8.1994 – 1 BvR 1423/92, NJW 1994, 2943 = NStZ 1994, 580 = NJ 1994, 517 = AfP 1994, 286 = JR 1995, 160; *BVerfG*, Beschl. v. 10.10.1995 – 1 BvR 1476/91, 1 BvR 1980/91, 1 BvR 102/92, 1 BvR 221/92, BVerfGE 93, 266 = NJW 1995, 3303.

67 Vgl. *BAG*, Urt. v. 29.7.1993 – 2 AZR 90/93 (LAG Hessen), AP § 626 BGB -Ausschlußfrist- Nr. 31 = AP § 626 BGB -Verdacht strafbarer Handlung- Nr. 22 = SAE 1994, 205 (m. Anm. *Belling*) = DB 1994, 146 = NZA 1994, 171 = EzA § 626 BGB -Ausschlußfrist- Nr. 4 = PersF 1994, 350 = NJW 1994, 1675 = RzK I 6g Nr. 19 = AiB 1994, 438.

68 *BAG*, Urt. v. 10.12.1992 – 2 AZR 271/92 (LAG Hamm), AP Art. 140 GG Nr. 41 = EzA § 611 BGB -Kirchliche Arbeitnehmer- Nr. 38 = DB 1993, 1371 = NZA 1993, 593 = AR-Blattei ES 960 Nr. 48; *Hillebrecht*, in: KR^4, § 626 BGB Rn. 107b.

spricht – der mitgeteilte Sachverhalt enthält dazu keine genauen Angaben. Soweit es aber durch einen etwaigen Verbotsirrtum an einem schuldhaften Verhalten mangelt, kann dem Arbeitnehmer jedoch nur der Verdacht entgegengehalten werden, sein Handeln sei auch schuldhaft erfolgt.
Vorliegend hatte das *LAG* keine eigenen Feststellungen zum Verbotsirrtum getroffen, so dass das *BAG* den Rechtsstreit zurückverwies.

4. Urteil vom 20.8.1997

Mit Urteil vom 20.8.1997[69] bestätigte das *BAG*, dass Einstellungsverfügungen der Staatsanwaltschaft nach § 170 Abs. 2 StPO keinerlei Rechtskraftwirkung zukommt und weder zur Unwirksamkeit der Kündigung noch zu einem Wiedereinstellungsanspruch des Arbeitnehmers führen. Die Annahme der Staatsanwaltschaft, die Straftat sei dem verdächtigten Arbeitnehmer jedenfalls nicht nachweisbar, hindere den Arbeitgeber nicht, den Beweis für eine vollendete Straftat oder zumindest einen entsprechenden Tatverdacht zu führen.

Die Klägerin war als Reinigungskraft bei der beklagten Gebäudereinigungsfirma beschäftigt. Die Beklagte setzte sie unter anderem im M.G. ein, wo die Klägerin während der Nachtstunden Reinigungsarbeiten in der Kardiologie, der Nuklearmedizin und der Orthopädie durchzuführen hatte.
Nach dem Auftreten von Fehlbeständen wurde im Lager eine Videokamera installiert. Diese Videokamera zeichnete am 7.7.1995 um 2.19 Uhr auf, wie die Klägerin durch eine Seitentür ins Lager trat und einen Karton Babywindeln entnahm. Die Beklagte hörte die Klägerin am 13.7.1995 zu diesem Vorfall an. Diese bestritt einen Diebstahl und erschien ab dem nächsten Tag wegen Arbeitsunfähigkeit nicht mehr zur Arbeit. Mit Schreiben vom 17.7.1995 kündigte die Beklagte nach Anhörung des Betriebsrates fristlos. Im Anhörungsschreiben wies die Beklagte auf das Videoband hin und bezeichnete den Vorfall als „mutmaßlichen Diebstahl".
Die Staatsanwaltschaft eröffnete auf Anzeige des Krankenhauses hin ein Ermittlungsverfahren, welches sie mit Verfügung vom 15.9.1995 gemäß § 170 Abs. 2 StPO einstellte.
Die Klägerin ließ sich dahingehend ein, den Karton mit Pampers habe sie auf Wunsch einer „Frau im weißen Kittel" aus dem Lager entnommen. Sie hätte zur Durchführung ihrer Reinigungsarbeiten einen Mopvorsatz gebraucht, welchen sie im Waschraum erst habe reinigen müssen, da alle anderen Mopvorsätze verdreckt gewesen seien. Sie habe in einer Karre vor dem Aufzug liegende Mopvorsätze im Waschraum reinigen wollen, wie sie das fast täglich gemacht habe. Zugegebenermaßen komme man auf dem Weg zum Waschraum nicht an den Lagertüren vorbei. Als sie ca. 10 Meter von der Seitentür zum Lager entfernt war, sei ihr dann die Frau im weißen Kittel begegnet, die mit einer voll beladenen defekten Karre beschäftigt gewesen und deshalb die Klägerin gebeten habe, den Karton mit Pampers aus dem Lager zu holen. Im Übrigen sei ihr die Videoüberwachung des Lagers bekannt gewesen.
Dem hielt die Beklagte entgegen, es sei völlig ausgeschlossen, dass sich zur Tatzeit eine Krankenschwester in der Nähe der Lagerräume im Kellergeschoss aufgehalten habe. Zum einen dürften diensttuende Krankenschwestern zur Nachtzeit ihre Station nicht verlassen. Zum anderen habe

---

[69] *BAG* – 2 AZR 620/96 (LAG Düsseldorf), AP § 626 BGB -Verdacht strafbarer Handlung- Nr. 27 = NZA 1997, 1340 = ArbuR 1997, 447= EzA § 626 BGB -Verdacht strafbarer Handlung- Nr. 7 = NJW 1998, 1171 = BB 1997, 2484 = RdA 1998, 62.

keine Krankenschwester im ganzen Krankenhaus einen Schlüssel zum Lager. Die von der Klägerin benannten Zeuginnen hätten an dem fraglichen Tag überhaupt keinen Dienst gehabt, so dass das Vorbringen der Klägerin zur „Frau im weißen Kittel" als reine Schutzbehauptung zu werten sei. Außerdem bekämen die Reinigungskräfte ausreichend Reinigungsmaterial, so dass zum Reinigen von Mopvorsätzen schon keine Notwendigkeit bestehe, jedenfalls aufgrund des engen Zeitplans gar keine Zeit vorhanden sei. Schließlich führe der Weg zum Waschraum auch nicht an den Lagertüren vorbei, sondern liege genau entgegengesetzt.

Das *BAG* führt aus, nach der ständigen Senats-Rechtsprechung liege eine Verdachtskündigung vor, soweit der Arbeitgeber seine Kündigung mit dem gerade durch den Verdacht zerstörten Vertrauen begründet. Der Verdacht einer strafbaren Handlung stelle dabei gegenüber dem Tatvorwurf einen eigenständigen Kündigungsgrund dar, der im Tatvorwurf nicht enthalten sei. § 626 Abs. 1 BGB lasse eine Verdachtskündigung dann zu, wenn auf objektiven Tatsachen beruhende starke Verdachtsmomente vorliegen, wenn diese Verdachtsmomente geeignet sind, das für die Fortsetzung des Arbeitsverhältnisses erforderliche Vertrauen zu zerstören und wenn der Arbeitgeber alle ihm zumutbaren Anstrengungen zur Sachverhaltsaufklärung unternommen hat.[70] Eine Berufung auf die Verdachtskündigung komme nur in Betracht, wenn der Arbeitgeber die Kündigung zumindest hilfsweise auf den Verdacht stütze. Soweit die Kündigung erst später auf den Verdacht gestützt werde, liege ein Nachschieben eines andersartigen Kündigungsgrundes vor.
Mit Blick auf § 14 Abs. 2 EGZPO ist der Hinweis nicht neu, dass Entscheidungen im Strafverfahren für den Zivilrichter nicht bindend seien. Das gelte auch für den Arbeitsrichter.[71] Neu ist insoweit die Aussage, dass eine Einstellungsverfügung der Staatsanwaltschaft nach § 170 Abs. 2 StPO ebenfalls keine Auswirkung auf die Verdachtskündigung (und ebenso auf die Tatkündigung) habe. Systematisch leuchtet das ein, denn wenn bereits ein Strafurteil, das in Rechtskraft erwachsen kann, keine Bindungswirkung erzeugt, kann dies bei der Einstellung nach § 170 Abs. 2 StPO nicht anders sein. Die Einstellungsverfügung nach § 170 Abs. 2 StPO kann nämlich nicht in Rechtskraft erwachsen, vielmehr kann ein Ermittlungsverfahren jederzeit auch bei gleicher Sach- und Rechtslage wiederaufgenommen werden.[72] Darüber hinaus begründe die bloße Einstellung nach § 170 Abs. 2 StPO noch keinen Wiedereinstellungsanspruch.

---

70 Vgl. *BAG*, Urt. v. 14.9.1994 – 2 AZR 164/94 (LAG Hessen), BAGE 81, 27 = AP § 626 BGB - Verdacht strafbarer Handlung- Nr. 24 (m. Anm. *Belling/Künster*) = SAE 1996, 52 (m. Anm. *C. Weber*) = DB 1995, 534 = EzA § 626 BGB -Verdacht strafbarer Handlung- Nr. 5 = NZA 1995, 269 = NJW 1995, 1110 = ArbuR 1995, 229; *BAG*, Urt. v. 13.9.1995 – 2 AZR 587/94 (LAG Hamburg), AP § 626 BGB -Verdacht strafbarer Handlung- Nr. 25 (m. Anm. *Höland*) = EzA § 626 BGB -Verdacht strafbarer Handlung- Nr. 6 (m. Anm. *Kraft*) = BB 1995, 2655 = NZA 1996, 81 = DB 1996, 96 = NJW 1996, 540 = ArbuR 1996, 30 = JuS 1996, 561.

71 *BAG*, Urt. v. 16.10.1967 – 5 AZR 464/66 (LAG Niedersachsen), DB 1968, 272 = NJW 1968, 565 = AP § 394 BGB Nr. 11 = SAE 1968, 187 = EzA § 273 BGB Nr. 1: unter I 1 der Gründe.

72 *Meyer-Goßner*, § 170 Rn. 9; *Graalmann-Scheerer*, in: Löwe-Rosenberg, § 170 Rn. 49; *Schmid*, in: KarlsruheKomm-StPO, § 170 Rn. 23.

Im zugrundeliegenden Fall erachtete das *BAG* die Kündigung als wirksam. Der Diebstahlsverdacht war von erheblichem Gewicht und geeignet, die Vertrauensgrundlage zu zerstören.

5. Urteil vom 12.8.1999

Das Urteil vom 12.8.1999[73] bestätigte, dass der dringende Verdacht eines Diebstahls beziehungsweise einer Unterschlagung auch geringwertiger Gegenstände aus dem Eigentum des Arbeitgebers an sich einen wichtigen Grund im Sinne des § 626 Abs. 2 BGB darstellen kann. Erst in einem zweiten Prüfungsschritt sei die Geringwertigkeit zu berücksichtigen, nämlich ob deshalb die Fortsetzung des Arbeitsverhältnisses bis zum Ablauf der ordentlichen Kündigungsfrist unzumutbar ist oder nicht.

Der Kläger war als sogenannter ICE-Steward des von der Beklagten in den Zügen der Deutschen Bahn AG betriebenen Restaurants „Bordtreff" beschäftigt. Bereits 1994 wurde ihm wegen des Verdachts eines Diebstahls beziehungsweise einer Unterschlagung außerordentlich, hilfsweise ordentlich gekündigt. Der Kläger obsiegte im Berufungsrechtszug. 1993 war er wegen eines Verstoßes gegen die Bonierungs-, Inkasso- und Abrechnungsvorschriften abgemahnt worden, weil er ein Getränk ohne Bonierung verkauft hatte. Diese Abmahnung wurde gemäß einer bei der Beklagten geltenden Betriebsvereinbarung nach zwei Jahren gelöscht.
Dem Kläger wurde dann 1996 vorgeworfen, er habe ein Frühstück nicht boniert, aber verkauft und den Erlös für sich behalten. Im Zuge einer Stichprobenkontrolle wurde nach Dienstschluss unter anderem die Tasche des Klägers überprüft. Freiwillig öffnete dieser die Tasche und packte sie aus. Dabei kamen drei Kaffeebecher aus Porzellan (im Wert von jeweils 3,28 DM), zwei Packungen Stockmeyer Westfälischer Knochenschinken von je 100 g (im Wert von jeweils 2,69 DM) und eine 1-Liter-Dose Livio-Pflanzenöl (im Wert von 4,75 DM) zum Vorschein. Kaffeebecher und Schinken stammten unstreitig aus dem Bestand der Beklagten, das Speiseöl wurde ebenfalls im Bestand geführt. Den Schinken bezeichnete der Kläger als sein Abendessen. Nach der bei der Beklagten bestehenden Dienstanweisung zur Personalverpflegung ohne Entgelt standen den Mitarbeitern des Restaurantwagens eine „Vesper" für die Dienstzeit von 15 bis 18 Uhr und ein Abendessen für die Dienstzeit nach 18 Uhr zu. Soweit das Abendessen im Zugrestaurant nicht eingenommen werden konnte, durfte der Arbeitnehmer höchstens zwei belegte Brote aus dem Wagen mitnehmen. Nicht in Anspruch genommene freie Anwesenheitskost durfte ansonsten nicht mitgenommen werden.
Die Beklagte sprach eine außerordentliche Verdachtskündigung aus. Danach wurde dem Kläger per Strafbefehl des AG Hamburg-Altona wegen versuchten Diebstahls beziehungsweise versuchter Unterschlagung eine Geldstrafe von 10 Tagessätzen zu 30 DM auferlegt. Der Strafbefehl wurde rechtskräftig.
Der Kläger trug vor, er habe den abgepackten Schinken als Abendbrot mit nach Hause nehmen wollen, da er wegen des hohen Gästeaufkommens zuvor keine Zeit gefunden hatte zu essen. Damit habe er sich zwar nicht vollständig an die Dienstanweisung gehalten. Er sei aber in Eile gewesen und habe darüber nicht sonderlich nachgedacht, so dass er sich kurzerhand – ohne Brote zu

---

[73] *BAG*, Urt. v. 12.8.1999 – 2 AZR 923/98 (LAG Hamburg), BAGE 92, 184 = AP § 626 BGB -Verdacht strafbarer Handlung- Nr. 28 = NZA 2000, 421 = NJW 2000, 1969 = SAE 2001, 211 = EzA § 626 BGB -Verdacht strafbarer Handlung- Nr. 8 (m. Anm. *Walker*) = ZTR 2000, 135 = AiB 2000, 173 (m. Anm. *Zwanziger*) = MDR 2000, 279 (m. Anm. *Adam*) = EWiR 2000, 329 = DB 2000, 48 = AR-Blattei ES 1010.8 Nr. 84 = RzK I 8c Nr. 48.

schmieren – die Schinkenpackungen mitgenommen und als Personalverzehr boniert habe. Auf den Einwand der Beklagten, dass Schinkenpackungen als solche gar nicht boniert werden könnten, gab der Kläger an, nicht die Schinkenpackungen, sondern die ihm zustehenden Schinkenbrote abgerechnet zu haben. In der Berufungsverhandlung schließlich trug er vor, einen „Vesperteller" boniert, aber nicht bezahlt und dafür den Schinken mitgenommen zu haben. Die Kaffeebecher seien zu seiner Überraschung in der Tasche gewesen und schließlich habe er das Speiseöl während des dreistündigen Aufenthalts in München von einem dort ein jugoslawisches Spezialitätenrestaurant betreibenden Bekannten für seine Frau mitbekommen.

Zunächst bestätigt das *BAG*, dass Verdachtskündigung und Tatkündigung zwei voneinander abzugrenzende Kündigungssachverhalte bilden und eine Verdachtskündigung nur dann vorliegt, wenn der Arbeitgeber die Kündigung gerade mit dem das erforderliche Vertrauensverhältnis zerstörenden Verdacht einer Straftat oder schweren Pflichtverletzung begründet. Bei der Tatkündigung nehme der Arbeitgeber die Tatbegehung dagegen als sicher an, weshalb ihm die Fortsetzung des Arbeitsverhältnisses unzumutbar sei.[74]

Außerdem betont das *BAG* den zweistufigen Prüfungsmaßstab des § 626 Abs. 1 BGB. Auf einer ersten Stufe erfolge die Prüfung, ob ein Sachverhalt an sich geeignet ist, einen wichtigen Grund abzugeben. Auf der zweiten Stufe sei dann eine Interessenabwägung vorzunehmen. In diesem Zusammenhang weist das Gericht – nochmals – darauf hin, dass Diebstahl oder Unterschlagung auch geringwertiger dem Arbeitgeber gehörender Gegenstände grundsätzlich eine außerordentliche Kündigung rechtfertigen können. Insoweit sei ein auf erster Stufe relevanter Vorgang gegeben. Weil eine Wertung erforderlich sei, um Geringfügigkeit zu bejahen, spreche viel dafür, die Schadenshöhe im Rahmen der Interessenabwägung zu prüfen. Objektive Kriterien für eine allein am Wert ausgerichtete Abgrenzung ließen sich nämlich nicht aufstellen, da es im Einzelfall auf die Stellung des Arbeitnehmers, die Art des entwendeten Guts, die besonderen Verhältnisse im Betrieb und eventuell auf einen erschwerend wirkenden Zusammenhang mit der Tätigkeit ankommen könne. Auf die strafrechtliche Beurteilung komme es dabei nicht an, zumal die Arbeitsrichter wegen § 14 Abs. 2 Ziff. 1 EGZPO ohnehin nicht an strafgerichtliche Feststellungen und Entscheidungen gebunden seien.

Auf der zweiten Stufe müsse dann die Geringwertigkeit der entwendeten Gegenstände im Rahmen der für die Interessenabwägung vorzunehmenden Zumutbarkeitsprüfung berücksichtigt werden. Das *BAG* stellt klar, dass die bei steuerbarem Verhalten grundsätzlich notwendige vorherige Abmahnung dann überflüssig sei, wenn dem Arbeitnehmer bei besonders schwerwiegenden Verstößen deren Rechtswidrig-

[74] St. Rspr., vgl. nur *BAG*, Urt. v. 20.8.1997 – 2 AZR 620/96 (LAG Düsseldorf), AP § 626 BGB -Verdacht strafbarer Handlung- Nr. 27 = EzA § 626 BGB -Verdacht strafbarer Handlung- Nr. 7 = NZA 1997, 1340 = ArbuR 1997, 447 = BB 1997, 2484 = NJW 1998, 1171 = RdA 1998, 62.

keit offenkundig und ein Hinnehmen durch den Arbeitgeber ganz offensichtlich ausgeschlossen ist. Hier könne eine Wiederherstellung des Vertrauens nämlich nicht erwartet werden.
Schließlich macht das *BAG* Ausführungen zur tariflich ausgeschlossenen ordentlichen Kündbarkeit. Einem ordentlich nicht kündbaren Arbeitnehmer könne nur dann fristlos gekündigt werden, soweit der Arbeitgeber einen vergleichbaren ordentlich kündbaren Arbeitnehmer wegen Unzumutbarkeit der Fortsetzung des Arbeitsverhältnisses ebenfalls fristlos kündigen könne, gerade dann aber nicht, wenn der Sachverhalt grundsätzlich nur eine ordentliche Kündigung rechtfertige. Ansonsten würde der Unkündbare nämlich sinnwidrig schlechter gestellt. Falls nur eine ordentliche Kündigung möglich sei, müsse dem unkündbaren Arbeitnehmer folglich eine der fiktiven ordentlichen Kündigungsfrist entsprechende Auslauffrist eingeräumt werden.
Im vorliegenden Fall erachtete das *BAG* die Verdachtskündigung für wirksam, wobei es den mehrfach geänderten prozessualen Vortrag hinsichtlich der Schinkenpackungen ausdrücklich moniert. Dies lasse erkennen, dass dem Kläger die Unrechtmäßigkeit seines Verhaltens bewusst war.

6. Erstes Urteil vom 18.11.1999

In seinem 1. Urteil vom 18.11.1999[75] befasste sich das *BAG* mit der Aufklärungspflicht des Gerichts bezüglich des Vorbringens des Arbeitnehmers zu dessen Unschuld und mit der Zulässigkeit so genannter Ehrlichkeitskontrollen.

Die Klägerin war seit 1993 als Verkäuferin bei dem Beklagten beschäftigt. Am 22. und 29.8. sowie 2.9.1997 wurden an der von der Klägerin bedienten Kasse Kassenüberschüsse festgestellt. Streitig zwischen den Parteien war, ob an diesen Tagen der Wechselgeldbestand ohne Wissen der Klägerin von anderen Angestellten des Beklagten um 23 DM, 21 DM beziehungsweise 22 DM erhöht worden ist. Am 2.9.1997 hatte neben der Klägerin auch eine Frau P. Zugriff zur Kasse. An diesem Tag nahm die Klägerin um 12 Uhr einen überschlägigen Kassensturz vor. Dabei ermittelte sie einen Überschuss von 20 DM, wies diesen jedoch nicht aus, da sie nach eigenen Angaben keine Lust gehabt habe, die Kasse noch einmal zu zählen. Die Soll-Einnahme belief sich auf 1.798,83 DM. Am Abend vermerkte die Klägerin dann im Rahmen der Kassenabrechnung auf der Rückseite des Kassenzettels zunächst eine Ist-Einnahme von 1.820 DM, strich diesen Betrag durch und notierte auf der Vorderseite den Betrag von 1.800 DM. Am 3.9.1997 ermittelte die Klägerin einen Überschuss von 30,42 DM, nachdem der Bestand von Frau S. um 30 DM erhöht worden war.
Im Anhörungsschreiben für den Betriebsrat führte der Beklagte aus, an den fraglichen Tagen sei der Wechselgeldbestand jeweils erhöht worden und dementsprechend liege ein starker Verdacht

---

75 *BAG* – 2 AZR 743/98 (LAG Mecklenburg-Vorpommern), BAGE 93, 1 = AP § 626 BGB - Verdacht strafbarer Handlung- Nr. 32 = NZA 2000, 418 = NJW 2000, 1211 = BB 2000, 672 = ZIP 2000, 762 = DB 2000, 726 = RzK I 8c Nr. 5 = AR-Blattei ES 1010.8 Nr. 85 = EzA § 626 BGB -Verdacht strafbarer Handlung- Nr. 9 = RdA 2001, 49 (m. Anm. *Ricken*) = SAE 2001, 177 (m. Anm. *K. Gamillscheg*) = JuS 2000, 930 = EWiR 2000, 613 = ArbuR 2000, 156 = ZTR 2000, 277 = AuA 2001, 138 (m. Anm. *A. König*).

vor, die Klägerin habe Firmengelder unterschlagen. Nach Widerspruch des Betriebsrats erfolgte mit Schreiben vom 13.9.1997 die fristlose Kündigung, mit Schreiben vom 26.9.1997 die ordentliche Kündigung.

Eingangs bestätigt das *BAG* seine ständige Rechtsprechung, wonach eine Verdachtskündigung dann vorliegt, wenn der Arbeitgeber seine Kündigung damit begründet, gerade der Verdacht eines strafbaren beziehungsweise vertragswidrigen Verhaltens habe das für die Fortsetzung des Arbeitsverhältnisses erforderliche Vertrauen zerstört. Der Verdacht stelle dabei gegenüber dem Tatvorwurf einen eigenständigen Kündigungsgrund dar, und sei im Tatvorwurf nicht enthalten. Das *BAG* hält am Institut der Verdachtskündigung trotz neuerlicher Kritik[76] ausdrücklich fest. Nach der ständigen Rechtsprechung des Senats[77] müsse das Gericht dem Entlastungsvorbringen des Arbeitnehmers nachgehen. Ansonsten würde es den materiellrechtlichen Begriff des „wichtigen Grundes" verletzen, wenn es nämlich einschlägigen Prozessstoff entweder überhaupt nicht oder nur mit fehlerhafter Begründung verwerte.
Ehrlichkeitskontrollen beziehungsweise Zuverlässigkeitstests seien nicht von vornherein wegen Verstoß gegen das Persönlichkeitsrecht des Arbeitnehmers unzulässig. Das allgemeine grundrechtlich geschützte Persönlichkeitsrecht sei zwar grundsätzlich in seinem Schutzbereich betroffen, jedoch werde das Persönlichkeitsrecht nicht schrankenlos gewährleistet. Soweit schützenswerte betriebliche Interessen des Arbeitgebers mit dem Persönlichkeitsrecht kollidierten, müsse eine Güter- und Interessenabwägung vorgenommen werden. Je nach Einzelfall könne nach der Rechtsprechung ein Eingriff zur Wahrnehmung überwiegender schutzwürdiger Interessen gerechtfertigt sein.[78]
Im vorliegenden Fall hatte nach Ansicht des *BAG* das Berufungsgericht das Entlastungsvorbringen der Arbeitnehmerin nicht ausreichend aufgeklärt, so dass der Rechtsstreit deshalb zurückverwiesen wurde. Zum einen sei es keineswegs zwingend gewesen, dass eine Veruntreuung zum Kassenfehlbetrag geführt habe. Vielmehr hätten auch andere Fehlerquellen gewürdigt werden müssen, wie beispielswei-

---

76 Zum Beispiel durch *Naujok*, ArbuR 1998, 398 ff.

77 Vgl. nur *BAG*, Urt. v. 4.6.1964 – 2 AZR 310/63 (LAG München), BAGE 16, 72, 81 = AP § 626 BGB -Verdacht strafbarer Handlung- Nr. 13 = SAE 1965, 65, 71 = ArbuR 1965, 91 = DB 1964, 1229 = EzA BGB § 626 Nr. 5 = NJW 1964, 1918 = JuS 1964, 500 = BB 1964, 1045.

78 *BAG*, Urt. v. 8.2.1984 – 5 AZR 501/81 (LAG Baden-Württemberg), BAGE 45, 111, 117 = AP § 611 BGB -Persönlichkeitsrecht- Nr. 5 = DB 1984, 1783 = NZA 1984, 225 = BlStSozArbR 1984, 293 = MDR 1984, 873 = ZfA 1985, 579 = ArbuR 1984, 252 = NJW 1985, 222; *BAG*, Urt. v. 4.4.1990 – 5 AZR 299/89 (LAG Düsseldorf), BAGE 64, 308 = AP § 611 BGB -Persönlichkeitsrecht- Nr. 21 = DB 1990, 1522 = BB 1990, 1490 = ZTR 1990, 348 = ZIP 1990, 1097 = NJW 1990, 2272 = EzA § 611 BGB -Persönlichkeitsrecht- Nr. 9 = MDR 1990, 952 = JZ 1991, 49 = NZA 1990, 933 = EWiR 1990, 997; *BGH*, Urt. v. 25.4.1995 – VI ZR 272/94 (KG Berlin), NJW 1995, 19 = VersR 1995, 841 = DB 1995, 1607 = GRUR 1995, 621 = AfP 1995, 597 = BB 1995, 2136 = MDR 1995, 1125 = JZ 1995, 1115 = AP § 611 BGB -Persönlichkeitsrecht- Nr. 25 = AP § 823 BGB -Persönlichkeitsrecht- Nr. 3.

se eine etwaig versehentliche Zuvielherausgabe von 20 DM oder die Tatsache, dass auch eine andere Kassiererin zeitweise Zugang zur Kasse hatte. Zum anderen habe das Berufungsgericht einen Sachverhalt unterstellt, ohne dies zu begründen. Die Feststellungen seien antizipiert und damit logisch fehlerhaft. Darüber hinaus liege ein Zirkelschluss vor, soweit das *LAG* ausführe, die eigene Notierung der Klägerin vom 2.9.1997 von zunächst 1.820 DM als Kassen-Istbestand belege die Kassengelderhöhung und damit den Verdacht der Vereinnahmung von 20 DM und weil dies so sei, müsse auch am 22. und 29.8.1997 der Kassenbestand erhöht worden sein, den die Klägerin für sich vereinnahmt habe, was wiederum eine Kassenentnahme für den 2.9.1997 beweise.
Die Ehrlichkeitskontrolle wurde für zulässig erachtet, worauf es aber nicht mehr ankam.

7. Zweites Urteil vom 18.11.1999

Im 2. Urteil vom 18.11.1999[79] beschäftigte sich das *BAG* erneut mit der Ausschlussfrist des § 626 Abs. 2 BGB und bestätigte, dass die Frist dann gewahrt sei, wenn der Arbeitgeber, nachdem er das Ergebnis des Strafverfahrens abgewartet hat, binnen zwei Wochen seit Kenntniserlangung von der Verurteilung die außerordentliche Kündigung ausspricht.

Der Kläger war seit 1967 bei der beklagten Rundfunkanstalt als Kameraassistent beschäftigt. Der Kläger hatte ursprünglich einen persönlichen, durch Sicherheitsschlüssel abschließbaren Garderobenspind mit der Nr. 55. Der Spind befand sich neben dem Raum 1111 im ersten Obergeschoss des Fernsehbetriebsgebäudes der Beklagten in Baden-Baden. Für den Garderobenspind existierten zwei Schlüssel: einer am privaten Schlüsselbund des Klägers und ein zweiter, den die Beklagte im so genannten Produktionsbereich – unter Verschluss – aufbewahrte. Gegen Ende 1989 wurde der Kläger ebenso wie dessen Kollegen aufgefordert, den Spind zu räumen.
Die Pforte im Fernsehbetriebsgebäude war werktags zwischen 22 und 6 Uhr, sowie an Samstagen, Sonntagen und Feiertagen rund um die Uhr mit einem Pförtner besetzt. Ansonsten konnte der Kläger das Gebäude mittels einer Magnetkarte, also ohne persönliche Kontrolle, betreten und verlassen. Anfang Dezember 1990 wurde in dem Gebäude zum Vertrieb von Werbeartikeln des Senders ein so genannter SWF-Shop eingerichtet. Am 7.12.1990 waren etliche der Werbeartikel wie Feuerzeuge in Gestalt von Mikrofonen und Regenschirme noch nicht vollständig eingeräumt und wurden deshalb unter einer Plane aufbewahrt. Am nächsten Tag fehlten mehrere dieser Gegenstände. Der Kläger hatte an beiden Tagen dienstfrei.
Am 1.3.1991 lagerte der Werkstattleiter vor dem Raum 1111 mehrere originalverpackte Akku-Geräte für transportale Fernsehkameras und ein dazugehöriges ebenfalls originalverpacktes Ladegerät. Am darauffolgenden Montag, den 4.3.1991, um 8 Uhr wurde der Verlust von mindestens acht Akkus und einem Ladegerät festgestellt. Der Kläger war bis zum 27.2.1991 auf Dienstreise in Madrid, hatte vom 1.3. bis 3.3.1991 dienstfrei und brach am 4.3.1991 gegen 11 Uhr zu einer neuerlichen Dienstreise zum Autosalon nach Genf auf.

---

[79] *BAG* – 2 AZR 852/98 (LAG Baden-Württemberg), BAGE 93, 12 = AP § 626 BGB -Verdacht strafbarer Handlung- Nr. 33 = AP § 626 BGB Nr. 160 = MDR 2000, 586 = NZA 2000, 381 = ZIP 2000, 1020 = BB 2000, 935 = RzK I 6g Nr. 37 = ZTR 2000, 275 = EzA § 626 BGB -Ausschlußfrist- Nr. 14 = EWiR 2000, 721.

Nach Erstattung einer Strafanzeige geriet der Kläger in Verdacht. Am 10.5.1991 wurde im Beisein von zwei Kriminalbeamten und Mitarbeitern der Beklagten der Spind Nr. 55 geöffnet. Der Kläger bestritt zunächst, den Spind überhaupt noch zu benutzen. Jedoch befand sich ein zum Spind Nr. 55 passender Schlüssel am privaten Schlüsselbund des Klägers. Im Spind befanden sich zehn originalverpackte Mikrofonfeuerzeuge im Wert von jeweils 21 DM, drei Regenschirme mit SWF-Logo, zwei Akkus im Wert von jeweils 473,84 DM, sechs weitere Akkus im Wert von jeweils 192,83 DM und ein Ladegerät im Wert von 2.268,03 DM. Schließlich fand sich auch ein dem Kläger gehörendes Paar spanische Bastschuhe (so genannte Espadrillos). Der Kläger konnte den „Fund" nicht erklären, möglicherweise seien die Gegenstände heimlich in den Spind gelegt worden, um ihn zu diskreditieren. Die Bastschuhe habe er nach einer Dienstreise aus seinem Dienstfahrzeug verloren. Dann gestand er zu, den Spind einmal im März 1991 geöffnet zu haben. Er habe sich zwar über die darin befindlichen Gegenstände gewundert, dem aber keine Bedeutung beigemessen und deshalb auch nichts gemeldet. Bei einer anschließend durchgeführten Durchsuchung seiner Privatwohnung wurden zwei Mikrofone und ein Euro-Signal-Gerät gefunden. Die ausgeliehenen Mikrofone habe er vergessen, zurückzugeben. Später erklärte der Kläger, er habe den Spind eigentlich seit 1989 nicht mehr benutzt.

Das AG Baden-Baden verurteilte den Kläger mit Urteil vom 24.1.1992 wegen Diebstahl mit einer Schadenshöhe von 9.917,89 DM zu einer Gesamtgeldstrafe von 60 Tagessätzen zu 100 DM. Mit Schreiben vom 27.1.1992 hörte die Beklagte den Personalrat zur beabsichtigten fristlosen Kündigung an. Der Personalrat sah sich zur Stellungnahme außerstande, weil das Urteil des AG Baden-Baden noch nicht schriftlich vorlag und auch noch nicht rechtskräftig war. Die Stellungnahme sollte folgen, sobald das Urteil schriftlich vorliegt. Mit Schreiben vom 30.1.1992 sprach die Beklagte die fristlose Kündigung aus. Das LG Baden-Baden ermäßigte die Strafe im Berufungsurteil vom 9.4.1992 auf eine Gesamtgeldstrafe von 40 Tagessätzen zu je 50 DM. Das OLG Karlsruhe verwarf die Revision mit Beschluss vom 12.10.1992 als unbegründet.

Der Kläger machte geltend, dass ihm die Gegenstände wahrscheinlich von unbekannten Dritten untergeschoben worden waren. Es gebe nämlich eine „Arbeitsgemeinschaft Sauberer", die den Justizbehörden Mitte Oktober 1992 anonym zwei Schlüssel zum Dienstwagen des Klägers übersandt und den Kläger hierauf am 13.4.1993 hingewiesen habe. Deshalb lasse sich nicht ausschließen, dass unkontrolliert Schlüssel aus dem Bereich der Beklagten im Umlauf seien und dass nicht Unbefugte vor der Spindöffnung am 10.5.1991 das Diebesgut in den Schrank verbracht hätten. Im Übrigen habe der Personalrat noch gar keine – abschließende – Stellungnahme abgegeben.

Dieser Fall zeigt zunächst einmal sehr deutlich, wie stark Tatkündigung und Verdachtskündigung zusammenhängen und nicht bei jedem Verdacht auch tatsächlich eine Verdachtskündigung gegeben ist. Nach Ansicht des *BAG* handelt es sich bereits dann nicht mehr um eine Verdachtskündigung, wenn ein Strafurteil vorliegt. Dass es auf die Rechtskraft nicht ankommen soll, ist nicht neu. Neu ist vielmehr, dass der Urteilstenor in Verbindung mit der Beweisaufnahme auch ohne dezidierte schriftliche Urteilsbegründung ausreicht, um von einer Tatkündigung zu sprechen.

Der Arbeitgeber dürfe zur Wahrung der Frist des § 626 Abs. 2 BGB bis zur erstinstanzlichen Verurteilung im Strafprozess zuwarten, um sich Gewissheit über die Schwere des Verdachts beziehungsweise einen Nachweis der Tatbegehung zu verschaffen. Nach der eigenen Rechtsprechung[80] dürfe der Arbeitgeber seinen Kündi-

---

80 Vgl. *BAG*, Urt. v. 14.2.1996 – 2 AZR 274/95 (LAG Köln), AP § 626 BGB -Verdacht strafba-

gungsentschluss vom Fortgang eines Straf(-ermittlungs)-Verfahrens abhängig machen. Dabei könne der Arbeitgeber auch die erstinstanzliche, nicht rechtskräftige Verurteilung des Arbeitnehmers zum Anlass nehmen. Jedenfalls beginne die 2-Wochen-Frist des § 626 Abs. 2 BGB erst mit Kenntniserlangung des Arbeitgebers von der Verurteilung zu laufen. Denn wenn er schon auf den Ausspruch einer Verdachtskündigung verzichte, da der entsprechende Arbeitnehmer ja doch unschuldig sein könnte, dürfe er durch dieses Entgegenkommen nicht schlechter gestellt werden. Mit dem Ausspruch der Tatkündigung müsse der Arbeitgeber dabei aber nicht bis zum Vorliegen der Begründung des Strafurteils oder etwa bis Eintritt der Rechtskraft des Urteils warten. Die Verurteilung selbst beziehungsweise die ihr vorangehende – umfangreiche – Beweisaufnahme könne bereits die für eine Tatkündigung erforderliche Gewissheit bringen, zumal selbst ein rechtskräftiges Strafurteil allein wegen der gemäß § 14 Abs. 2 Ziff. 1 EGZPO fehlenden Bindungswirkung eine Tatkündigung nicht zu rechtfertigen vermöge. Insoweit trage lediglich der Arbeitgeber das Risiko des Tatnachweises. Die Rechtskraft erbringe nur eine zusätzliche Gewissheit, die wiederum als neue Tatsache – erneut – die Ausschlussfrist des § 626 Abs. 2 BGB in Gang setze. Andererseits habe der Senat zuvor schon entschieden, dass Straftaten eines öffentlich Bediensteten wegen seiner Stellung im öffentlichen Dienst schon als solche kündigungsrelevant sein können.
Die vorliegende (Tat-)Kündigung erachtete das *BAG* als wirksam.

V. Rechtsprechung seit 2001

Die Entwicklung des Rechtsinstituts der Verdachtskündigung durch das *BAG* mündet schließlich in eine bis heute andauernde fünfte Phase.

1. Urteil vom 5.4.2001

Im Urteil vom 5.4.2001[81] spricht das *BAG* aus, dass ein schwerwiegender Verdacht auch dann die Fortsetzung des Arbeitsverhältnisses unzumutbar machen kann, wenn der Arbeitnehmer von der Arbeitspflicht bereits freigestellt ist.

Der Kläger war seit 1983 bei der beklagten Bank zuletzt als Kundenberater tätig. Aufgrund eines in einem Betrugsfall vorgelegten EC-Schecks über 92.000 DM, den der Kläger entgegen der Betriebsordnung vor der Barauszahlung nicht einer autorisierten Person zur zweiten Unterschrift vorgelegte, sprach die Beklagte dem Kläger mit Schreiben vom 30.7.1998 eine Abmahnung aus. Daraufhin schlossen die Parteien am 27.8.1998 einen Aufhebungsvertrag, wonach das Arbeitsverhältnis aus dringenden betrieblichen Gründen zum 31.3.1999 bei gleichzeitiger unwiderruflicher Freistellung des Klägers von seiner Arbeitspflicht gegen Zahlung einer Abfindung in Höhe

---

rer Handlung- Nr. 26 = AP § 626 BGB Nr. 128 = NJW 1996, 2253 = NZA 1996, 873 = ZTR 1996, 418 = DB 1996, 2134 = AiB 1997, 302.

81 *BAG* – 2 AZR 217/00 (LAG Düsseldorf), AP § 626 BGB -Verdacht strafbarer Handlung- Nr. 34 (m. Anm. *Bernstein*) = NZA 2001, 837 = SAE 2002, 105 (m. Anm. *Thau*) = EzA § 626 BGB -Verdacht strafbarer Handlung- Nr. 10 = NJW 2001, 3068 = DB 2001, 1941 = BB 2001, 2062 = AuA 2002, 87 = RzK I 8c Nr. 58.

von 106.000 DM brutto beendet werden sollte. Diese Ansprüche des Klägers sollten bei einer arbeitgeberseitigen Beendigung des Arbeitsverhältnisses vor dem 31.3.1999 entfallen.
Die Beklagte kündigte mit Schreiben vom 23.9.1998 fristlos, hilfsweise zum 31.3.1999. Die Kündigung wurde als Verdachtskündigung bezeichnet. Gestützt wurde die Kündigung auf weitere Auffälligkeiten im Verhalten des Klägers im Zusammenhang mit der Einlösung des EC-Schecks über 92.000 DM und einem weiteren Vorkommnis vom 28.4.1998, bei dem der Kläger einen von einer Kundin entgegengenommenen Betrag von 51.400 DM für eigene Geldgeschäfte verwendet haben soll.
Das ArbG wies die Klage ab; das LAG gab ihr statt. Die Revision der Beklagten war erfolgreich.

Zunächst nutzt der Senat die Gelegenheit, auf die eigene gefestigte Rechtsprechung zur Verdachtskündigung zu verweisen. Es wird ausgeführt, dass auch der schwerwiegende Verdacht einer Straftat oder Pflichtverletzung einen wichtigen Grund im Sinne des § 626 BGB ergeben kann und dass eine Verdachtskündigung nur dann vorliegt, wenn der Arbeitgeber den Wegfall des für die Fortsetzung des Arbeitsverhältnisses erforderlichen Vertrauens gerade auf den Verdacht stützt. Der Tatbestand der Verdachtskündigung bilde einen eigenständigen Kündigungsgrund. Eine Einstellungsverfügung nach § 170 Abs. 2 S. 1 StPO entfalte keinerlei Rechtskraft. Die Unterschlagung von Kundengeldern oder der Bank anvertrauten Vermögensanteilen stelle angesichts des für diese Aufgabe unverzichtbaren Vertrauens der Bank in die Ehrlichkeit ihrer Mitarbeiter eine gravierende Pflichtverletzung dar und der schwerwiegende Verdacht einer solchen Unterschlagung könne an sich eine Verdachtskündigung rechtfertigen. Dass ein entsprechender Verdacht die Fortsetzung des Arbeitsverhältnisses bis zum Ablauf der Kündigungsfrist unzumutbar macht, unterstellt der Senat als selbstverständlich.

Neu an der zugrundeliegenden Fallgestaltung ist die Frage, ob die Unzumutbarkeit auch dann angenommen werden kann, wenn der Arbeitnehmer von der Arbeitspflicht bereits unwiderruflich freigestellt ist. Der Senat führt dazu aus, dass die Freistellung im Rahmen des § 626 BGB in der Regel kein milderes Mittel darstellt. Ein Aufhebungsvertrag stehe unter der aufschiebenden Bedingung, dass das Arbeitsverhältnis bis zum vereinbarten Auflösungszeitpunkt fortgesetzt wird. Eine später bewirkte Auflösung des Arbeitsverhältnisses noch vor dem im Aufhebungsvertrag vorgesehenen Auflösungszeitpunkt mache den Aufhebungsvertrag gegenstandslos.[82] Dies gelte erst recht für eine im Aufhebungsvertrag vereinbarte unwiderrufliche Freistellung. Der Senat betont ausdrücklich, bei einer Freistellung hätten sich die Vertragsparteien gerade noch nicht endgültig voneinander getrennt. Deutlich werde dies nicht zuletzt durch die Verpflichtung des Arbeitgebers zur Fortzahlung der Bezüge. Auch bei einer Freistellung bestehe angesichts des formell noch bestehenden Arbeitsverhältnisses die Gefahr weiterer Pflichtverletzungen. Nach Ansicht des Se-

[82] Vgl. *BAG*, Urt. v. 29.1.1997 – 2 AZR 292/96 (LAG Baden-Württemberg), BAGE 85, 114 = AP § 626 BGB Nr. 131 = DB 1997, 1411 = NZA 1997, 813 = EzA § 611 BGB - Aufhebungsvertrag- Nr. 27 = RzK I 9i Nr. 48 = JuS 1998, 89.

nats kann sich die Freistellung lediglich im Rahmen der vorzunehmenden Interessenabwägung auswirken. Soweit das Schwergewicht der Störung des Arbeitsverhältnisses in der Wiederholungsgefahr liegt und mangels Weiterbeschäftigung des Arbeitnehmers eine Pflichtverletzung ausgeschlossen scheint, könne dem Arbeitgeber die Fortsetzung des Arbeitsverhältnisses ausnahmsweise zumutbar sein.[83] Dies gelte aber nicht bei endgültiger Zerstörung des arbeitgeberseitigen Vertrauens. Dann sei insbesondere eine Abfindungszahlung in sechsstelliger Höhe unzumutbar.

2. Urteil vom 6.12.2001

Im Urteil vom 6.12.2001[84] setzt sich das *BAG* mit der Anwendbarkeit beamtenrechtlicher Grundsätze auf die Verdachtskündigung auseinander.

Der Beklagte betreibt ein sozialpädagogisches Bildungs- und Ausbildungswerk und unterhält zu diesem Zweck Jugenddörfer, Jugendwohnheime, Bildungszentren und Schulen. Der Kläger wechselte nach seiner Tätigkeit im öffentlichen Schuldienst als Schuldirektor an die Schule für Lernbehinderte C-Schule (Sonderschule im berufsbildenden Bereich) des Beklagten. Dem Anstellungsvertrag lag folgender vom Kultusministerium des Landes Nordrhein-Westfalen vorgegebener Formulararbeitsvertrag zugrunde:
§ 1. Herr (...) wird als Studiendirektor an der Privaten Schule für Lernbehinderte (Sonderschule im berufsbildenden Bereich) auf Lebenszeit angestellt (...).
§ 2. Herr (...) hat alle die den entsprechenden Lehrern an vergleichbaren öffentlichen Schulen obliegenden Pflichten zu übernehmen und wird seine Tätigkeit nach den Weisungen der Schulleitung und in kollegialer Zusammenarbeit mit den anderen Lehrern der Schule ausüben. Im Übrigen gelten für die Rechte und Pflichten des Herrn (...) sinngemäß die Grundsätze, die allgemein für entsprechende hauptamtliche Lehrer an vergleichbaren öffentlichen Schulen maßgebend sind, soweit diese Grundsätze nicht auf der Eigenart des öffentlichen Dienstes beruhen (...).
§ 7. Herr (...) kann diesen Vertrag mit einer Frist von 6 Monaten zum 31.7. jeden Jahres kündigen. § 626 BGB (fristlose Kündigung aus wichtigem Grund) bleibt unberührt. Der Schulträger kann den Vertrag ohne Einhaltung einer Kündigungsfrist kündigen, wenn ein wichtiger Grund vorliegt. Als wichtige Gründe werden von beiden Vertragsparteien insbesondere anerkannt:
a) schwere Verfehlungen gegen dienstliche und außerdienstliche Pflichten eines Lehrers sowie gegen die Treuepflicht zwischen den Vertragspartnern,
b) schwere Vorwürfe gegen die Grundsätze der Erziehungsarbeit und die Bildungsziele des Schulträgers und der Schule,
c) die Zurücknahme der Genehmigung zur Ausübung der Unterrichtstätigkeit durch die obere Schulaufsichtsbehörde nach § 41 Abs. 4 SchOG.
§ 8 Abs. 2 NWEFG [Personalausgaben für hauptberufliche Lehrer] lautet:
Das Anstellungsverhältnis der an Ersatzschulen beschäftigten Planstelleninhaber muss dem eines Beamten auf Lebenszeit vergleichbar sein. Das trifft zu, wenn bei der Berufung in das Dienstverhältnis und bei Beendigung des Dienstverhältnisses die allgemeinen beamtenrechtlichen Vorschriften beachtet werden, soweit diese nicht auf der Eigenart des öffentlichen Dienstes beruhen (...).

---

[83] *BAG*, Urt. v. 17.2.1982 – 7 AZR 663/79 (LAG Baden-Württemberg), [nicht veröffentlicht].

[84] *BAG* – 2 AZR 496/00 (LAG Hamm), AP § 626 BGB -Verdacht strafbarer Handlung- Nr. 36 = EzA § 626 BGB -Verdacht strafbarer Handlung- Nr. 11 = NJW 2002, 3651 = NZA 2002, 847 = DB 2002, 1779 = ZTR 2002, 497 = BB 2002, 1920 = RzK I 8c Nr. 67.

Der Kläger nahm nach Übernahme der Schulleitung (zunächst als Studiendirektor i. E., später als Oberstudiendirektor i. E.) von 1986 bis 1997 für sich und seine Familienangehörigen Beihilfeleistungen in einem Gesamtwert von 235.022 DM in Anspruch. Bei einer Revision der vom Kläger eingereichten Verordnungen und Rezepte entstand beim Beklagten der Verdacht, der Kläger habe in zumindest 16 Fällen Belege und Verordnungen zur Erstattung von Beihilfeleistungen in Bereicherungsabsicht eingereicht, obwohl nur teilweise ein Erstattungsanspruch bestanden habe. Im Kündigungsschutzprozess gegen die fristlose Kündigung vertrat der Kläger die Ansicht, wegen seiner Gleichstellung mit einem entsprechenden Beamten sei eine Verdachtskündigung ausgeschlossen. Das ArbG gab der Kündigungsschutzklage statt; das LAG wies die Berufung des Beklagten zurück. Die erfolgreiche Revision führte zur Aufhebung des Urteils und Zurückverweisung an das LAG zur Prüfung der Frage, ob die Voraussetzungen einer Verdachtskündigung gegeben sind.

Das *BAG* führt aus, dass im vorliegenden Fall eine Verdachtskündigung grundsätzlich nicht ausgeschlossen ist.[85] Mangels entsprechender Tatsachenfeststellungen und der unterbliebenen umfassenden Interessenabwägung könne das Vorliegen der Voraussetzungen aber nicht abschließend beurteilt werden. Ein Ausschluss der Verdachtskündigung ergebe sich weder aus dem Anstellungsvertrag noch aus § 8 Abs. 2 NWEFG. Denn der Kläger soll nach dem Anstellungsvertrag zwar grundsätzlich so stehen wie ein beamteter Studien- bzw. Oberstudiendirektor. Durch § 7 des Anstellungsvertrages werde eine Verdachtskündigung aber nicht ausgeschlossen. Ein Verweis auf die beamtenrechtliche Regelungen, wonach eine Verdachtskündigung ausgeschlossen ist und lediglich eine Tatkündigung ausgesprochen werden kann,[86] fehle vorliegend. Der Anstellungsvertrag und § 8 Abs. 3 NWEFG verlangten nur die wirtschaftliche und soziale Absicherung des Klägers, nicht jedoch eine absolute Gleichstellung mit einem beamteten Lehrer. Insbesondere ergebe sich hinsichtlich der Beendigungsformen und -tatbestände eine notwendige Gleichbehandlung nicht aus der landesrechtlichen Regelung.[87] Nach Ansicht des *BAG* beruhen die Vorschriften zur Beendigung von Beamtenverhältnissen auf einer „Eigenart des öffentlichen Dienstes" im Sinne von § 2 Anstellungsvertrag und § 8 Abs. 2 NWEFG. Im Beamtenrecht vorgesehen sind mit dem Lebenszeitprinzip korrespondierende beschränkte Entlassungstatbestände und das Disziplinarrecht. Diese Zweigleisigkeit stehe einer Übertragung auf privatrechtlich begründete Anstellungsverhältnisse und deren Beendigung entgegen.

[85] Anders die Vorinstanz: *LAG Hamm*, Urt. v. 22.2.2000 – 7 Sa 1353/99 (ArbG Dortmund), EzBAT § 54 BAT -Verdachtskündigung- Nr. 14: Verdachtskündigung ausgeschlossen.

[86] Vgl. *BVerwG*, Urt. v. 4.4.2001 – 1 D 19/00 (BDiszG), BVerwGE 114, 140 = NJW 2001, 3645: Verdachtsentlassung.

[87] *BAG*, Urt. v. 24.10.1996 – 2 AZR 845/95 (LAG Hamm), BAGE 84, 255 = AP § 256 ZPO 1977 Nr. 37 = NZA 1997, 597 = MDR 1997, 370 = EzA Art. 12 GG Nr. 29 = RzK I 9k Nr. 29.

3. Urteil vom 27.3.2003

Das Urteil vom 27.3.2003[88] brachte Aufschluss über die Zulässigkeit verdeckter Videoüberwachung.

Die Klägerin war seit 1994 in einem von der Beklagten betriebenen Getränkemarkt beschäftigt. Infolge steigender, nicht aufklärbarer Inventurdifferenzen installierte die Beklagte im März und im September 2000 zwei verdeckte Videokameras im Kassen- und Leergutbereich, wo auch die Klägerin arbeitete. Aus Videoaufnahmen von mehreren Tagen im November 2000 ergab sich der dringende Verdacht, die Klägerin habe Gelder unterschlagen. Die Klägerin wurde zu diesem Verdacht angehört. Nach Zustimmung des Betriebsrates, dem die Videoaufnahmen gezeigt wurden, kündigte die Beklagte fristlos, hilfsweise fristgerecht.
Das ArbG wies die Klage ab; das LAG wies die hiergegen gerichtete Berufung zurück.

Eingangs bestätigt das *BAG* seine Rechtsprechung, wonach der dringende Verdacht eines Eigentums- oder Vermögensdeliktes zulasten des Arbeitgebers auch bei Sachen von lediglich geringem Wert an sich geeignet ist, eine außerordentliche Kündigung zu rechtfertigen.
Dann geht der Senat auf die Zulässigkeit der verdeckten Videoüberwachung ein. Grundsätzlich stelle die heimliche Überwachung zwar einen zu einem Verwertungsverbot führenden Eingriff in das grundrechtlich geschützte Persönlichkeitsrecht des Betroffenen dar. Ausnahmsweise könne eine Verwertung eines solchermaßen gewonnenen Beweismittels aber unter Anwendung des Verhältnismäßigkeitsgrundsatzes gerechtfertigt sein, wenn besondere Umstände, zum Beispiel eine notwehrähnliche Lage, dies rechtfertigten. Insbesondere bei heimlich begangenen Straftaten kommt danach eine heimliche Videoüberwachung in Betracht, sofern ein hinreichend konkreter Verdacht besteht, der mit anderen, das Persönlichkeitsrecht des Verdächtigten wahrenden Mitteln nicht oder nur schwer aufklärbar ist. Zudem habe der Betriebsrat bei der Installation technischer Einrichtungen grundsätzlich ein Mitbestimmungsrecht gemäß § 87 Abs. 1 Nr. 6 BetrVG.
Die Revision hatte keinen Erfolg, da das *BAG* einmal einen durch die Vorinstanzen festgestellten hinreichend konkreten Verdacht annahm und zum anderen der Betriebsrat der Kündigung in Kenntnis des durch die Überwachung gewonnenen Beweismittels zugestimmt hatte.

4. Urteil vom 3.7.2003

Im Urteil vom 3.7.2003[89] beschäftigte sich das *BAG* mit einer ordentlichen Verdachtskündigung und den Auswirkungen auf eine Verdachtskündigung, die sich ergeben, wenn sich während des Prozesses der Verdacht zur Gewissheit der Tatbegehung verdichtet.

---

88 *BAG* – 2 AZR 51/02 (LAG Schleswig-Holstein), AP § 87 BetrVG 1972 -Überwachung- Nr. 36 = NZA 2003, 1193 = NJW 2003, 3436 = DB 2003, 2230 = BB 2003, 2578 = JZ 2004, 366.

89 *BAG* – 2 AZR 437/02 (LAG Hessen), AP § 626 BGB -Verdacht strafbarer Handlung- Nr. 38 = EzA § 1 KSchG -Verdachtskündigung- Nr. 2 = NZA 2004, 307 = FA 2004, 251.

Die Klägerin war bei der Beklagten, einer Fluggesellschaft, im Check-In-Bereich beschäftigt. Bei der Beklagten entstand der Verdacht, die Klägerin habe unberechtigterweise Nachkreditierungen auf das Meilenkonto ihres Ehemannes vorgenommen. Zur Nachkreditierung war die Eingabe einer 15-stelligen Nummer der Miles & More-Karte notwendig. Den Mitarbeitern im Check-In-Bereich war seinerzeit der Einsatz entsprechener Software zur Aufdeckung von Missbrauch bei den Meilengutschriften nicht bekannt.
Nach Einleitung entsprechender Ermittlungen wurden unberechtigte Nachkreditierungen zugunsten des Ehemannes für vier Flüge von Deutschland in die USA und einen Flug nach Ägypten festgestellt. Als einzige Mitabeiterin hatte bei sämtlichen fünf Nachkreditierungen die Klägerin Dienst und ausschließlich ihr Sign-In wurde verwendet.
Das ArbG gab der Klage statt. Das LAG hob diese Entscheidung auf. Die Revision war erfolglos.

In der unberechtigten Buchung von Meilengutschiften sieht das *BAG* eine ganz erhebliche Vertragspflichtverletzung. Ein darauf bezogener schwerwiegender beziehungsweise dringender Verdacht lasse das erforderliche Vertrauensverhältnis entfallen und berechtige daher zu einer Verdachtskündigung. Eine ordentliche Verdachtskündigung ist danach gemäß § 1 Abs. 2 KSchG sozial gerechtfertigt. Der Senat musste nicht entscheiden, ob eine Verdachtskündigung als verhaltensbedingte oder als personenbedingte Kündigung einzuordnen ist. Der Schwerpunkt der Ausführungen liegt ohnehin auf der Feststellung der Dringlichkeit des Verdachts. Mit dem *LAG* geht der Senat davon aus, eine Tatbegehung durch andere Mitarbeiter sei zwar nicht endgültig auszuschließen, jedoch reichten die Verdachtsmomente aus. Insbesondere sei das pauschale Vorbringen, „jemand habe der Klägerin schaden wollen", aufgrund der Umstände zu fern liegend. Auch für die Annahme, mehrere Mitarbeiter hätten sich verschworen, um dem Ehemann der Klägerin Vermögensvorteile zu verschaffen, gäbe es keinen konkreten Anhaltspunkt.
Von größerem Interesse sind die Ausführungen, bei Ausspruch einer Verdachtskündigung könne im Rahmen der Interessenabwägung zulasten des Arbeitnehmers berücksichtigt werden, wenn sich der Verdacht nach Überzeugung des Gerichts zur Gewissheit verdichtet und der Arbeitnehmer trotz Tatnachweises weiterhin die Tatbegehung leugnet. Im Rahmen der Interessenabwägung mache es sehr wohl einen Unterschied, ob ein Arbeitnehmer geständig ist oder beharrlich leugnet. Der durch den Verdacht beim Arbeitgeber eingetretene Vertrauensverlust werde nicht dadurch geringer, dass dem in Verdacht geratenen Arbeitnehmer sinnvoll nichts anderes übrig bleibt, als bis zum Tatnachweis sein Fehlverhalten zu leugnen.

5. Urteil vom 6.11.2003

Im Urteil vom 6.11.2003[90] betont das *BAG* die Berücksichtigungsfähigkeit nach Ausspruch der Kündigung bekannt gewordener verdachtserhärtender Tatsachen.

---

[90] *BAG* – 2 AZR 631/02 (LAG München), AP § 626 BGB -Verdacht strafbarer Handlung- Nr. 39 = NZA 2004, 919 = EzA § 626 BGB 2002 -Verdacht strafbarer Handlung- Nr. 2 = DB 2004, 1212 = AiB 2004, 322 = FA 2004, 220 = SAE 2004, 203 = PersF 2004, 93.

Der Kläger war als Schichtleiter (Supervisor) bei der Beklagten tätig, die elektronische Bauteile fertigt und deren wichtigster Auftraggeber der Handy-Hersteller Nokia ist. Der Kläger hat aus Immobilienkäufen Bankverbindlichkeiten in Höhe von 1,2 Mio. DM.
Am 3.11.1999 erschien die Kriminalpolizei im Betrieb, um mit dem Mitarbeiter A. zu sprechen. Am 5.11.1999 erfuhr die Personalleiterin der Beklagten, dass nach Informationen der Polizei gegen die Mitarbeiter A., S. und den Kläger wegen des Verkaufs gestohlener Handys ermittelt werde. An diesem Tag wurde der Kläger für einen Tag in Untersuchungshaft genommen; der Haftbefehl wurde unter Auflagen außer Vollzug gesetzt. Am 10.11.1999 fand eine Anhörung des Klägers zu einer möglichen Verdachtskündigung statt.
Das ArbG gab der Klage statt. Das LAG hat die Berufung der Beklagten zurückgewiesen und die Revision nicht zugelassen. Auf Nichtzulassungsbeschwerde der Beklagten hin hat das BAG die Revision zugelassen, die zur Aufhebung des angefochtenen Urteils und zur Zurückverweisung des Rechtsstreits führte.

Das *BAG* führt aus, den Verdacht stärkende oder schwächende Tatsachen könnten bis zur letzten mündlichen Verhandlung in der Berufungsinstanz vorgetragen werden, soweit sie bereits vor Zugang der Kündigungserklärung vorlagen, wohingegen erst danach entstandene Gründe nicht berücksichtigungsfähig seien. Kündigungsgrund bei der Verdachtskündigung sei die verdachtsbedingte Beeinträchtigung der Vertrauenswürdigkeit des Arbeitnehmers. Der Verdacht müsse sich dabei aus objektiven, im Zeitpunkt der Kündigung vorliegenden (Indiz-)Tatsachen ergeben.[91]

6. Urteil vom 10.2.2005

Im Urteil vom 10.2.2005[92] lag dem *BAG* eine ordentliche Verdachtskündigung zur Entscheidung vor. Entscheidungsrelevant war der tatbestandliche Unterschied zwischen Tatkündigung und Verdachtskündigung.

Der Kläger war in der von der Beklagten betriebenen Spielbank als Croupier bzw. Sous-Chef tätig. An einem Abend im Dezember 1998 war der Kläger für Französisches Roulette als „rechter Dreher" eingeteilt, dessen Aufgaben u. a. darin besteht, den Gästen Geld gegen Jetons einzutauschen. Der „Tisch-Chef" (Zeuge S.), dessen Aufgabe allein darin besteht, das Spielgeschehen zu überwachen, teilte der Beklagten an diesem Abend mit, der Kläger habe einem Gast verdeckt Jetons zugewendet. Daraufhin ließ die Beklagte den Kläger überwachen, was keine neuen Erkenntnisse brachte. Eine Anklage wegen Untreue führte zu einem rechtskräftigen Freispruch für den Kläger. Im Mai 2000 schöpfte die Beklagte erneut Verdacht gegen den Kläger, nachdem sich Zeuge S. nunmehr zur Aussage bereit erklärte. Nach Anhörung des Betriebsrates kündigte die Beklagte fristlos, hilfsweise fristgemäß.
Das ArbG gab der Klage statt. Das LAG wies die auf die ordentliche Kündigung beschränkte Berufung der Beklagten zurück. Das BAG nahm eine Zurückverweisung des Rechtsstreits zur Klärung der weiteren Voraussetzungen einer ordentlichen Verdachtskündigung vor.

---

91 *Fischermeier*, in: KR[6], § 626 BGB Rn. 233.
92 *BAG* – 2 AZR 189/04 (LAG Berlin), AP § 1 KSchG 1969 Nr. 79 = EzA § 1 KSchG - Verdachtskündigung- Nr. 3 = NZA 2005, 1056, = ArbuR 2005, 343 = EzA-SD 2005, Nr. 18, 11 = NJW-Spezial 2005, 467.

Das *BAG* geht zunächst ohne weiteres von der Zulässigkeit einer ordentlichen Verdachtskündigung aus. Es stellt weiterhin fest, ein verhaltensbedingter Grund würde vorliegen, soweit der Kläger tatsächlich einem Gast diesem nicht zustehende Jetons zugesteckt hätte. Zwar verhielt sich der Kläger unstreitig auf verschiedene Weise unüblich. Die unberechtigte Weitergabe von Jetons stand hier indes jedoch nicht fest, weil der Zeuge S. die Weitergabe nicht genau sehen konnte, sondern lediglich aus den Verhaltensweisen des Klägers schlussfolgerte, so dass eine Verdachtskündigung in Betracht zu ziehen war. Das *LAG* hatte eine ordentliche Verdachtskündigung bereits daran scheitern lassen, dass der Zeuge S. die unbefugte Weitergabe der Jetons nicht genau sehen konnte, sondern lediglich aus dem Geschehensablauf schlussfolgerte. Hierzu stellt das *BAG* – entgegen der Ansicht der Vorinstanz – fest, dass ein Verdacht nicht bereits dann ausgeschlossen werden könne, wenn das Gericht den Beweis der vollendeten Tat als nicht erbracht sieht.
Eine rechtliche Einordnung als verhaltensbedingte oder personenbedingte Kündigung war aufgrund der Gegebenheiten des Sachverhaltes zwar nicht vonnöten. Jedoch erscheint nach Zurückverweisung an das Berufungsgericht in gleicher Sache eine erneute Befassung mit entsprechender Festlegung möglich.

VI. Zusammenfassung

Das *BAG* hält die Verdachtskündigung für zulässig, knüpft sie zusammenfassend an folgende Voraussetzungen:

– Nicht nur eine erwiesene strafbare Handlung oder schwere Vertragsverletzung kann einen wichtigen Grund zur fristlosen Kündigung im Sinne des § 626 Abs. 1 BGB darstellen, sondern auch der durch objektive Tatsachen begründete dringende Verdacht einer Straftat oder schweren Vertragsverletzung, die bei Nachweis grundsätzlich geeignet wäre, eine fristlose Kündigung aus wichtigem Grund (Tatkündigung) zu rechtfertigen.

– Die Zulässigkeit der Verdachtskündigung ergibt sich aus einer Gesetzesauslegung des „wichtigen Grundes" im Sinne des § 626 Abs. 1 BGB und der „sozialen Rechtfertigung" gemäß § 1 Abs. 1 KSchG.

– Der bloß subjektive Verdacht des Arbeitgebers ist unzureichend, vielmehr ist ein auf objektiven, nachweisbaren Tatsachen beruhender Verdacht erforderlich, der zum Vertrauensverlust führt.

– Der Verdacht muss dringend sein. Ein dringender Verdacht liegt nur dann vor, wenn nach allen zumutbaren Maßnahmen zur Sachverhaltsaufklärung seitens des Arbeitgebers nach wie vor eine hohe Wahrscheinlichkeit dafür spricht, dass der Arbeitnehmer die Straftat bzw. schwere Pflichtverletzung tatsächlich begangen hat.

– Aus dem Verhältnismäßigkeitsgrundsatz folgt eine weitgehende Aufklärungspflicht des Arbeitgebers. Die vorherige Anhörung des Arbeitnehmers ist formelle Wirksamkeitsvoraussetzung für die Verdachtskündigung.

– Maßgeblicher Zeitpunkt für die Wirksamkeitsbeurteilung ist der Zugang der Kündigungserklärung, daneben wird aber auch der Erkenntnisstand zum Schluss der letzten mündlichen Verhandlung in der Tatsacheninstanz herangezogen. Der Arbeitgeber kann ein staatsanwaltliches Ermittlungsverfahren und auch ein etwaiges Strafverfahren abwarten.

– Die Verdachtskündigung ist ein von der Tatkündigung unabhängiger, eigenständiger Kündigungsgrund.

B. Kritik an der *BAG*-Rechtsprechung

Das Rechtsinstitut der Verdachtskündigung hat mitunter heftige Kritik erfahren. Es ist daher unumgänglich, sich mit dieser Kritik eingehend auseinander zu setzen.

I. Verstoß gegen die Unschuldsvermutung, Art. 6 Abs. 2 EMRK

Der Anerkennung des kündigungsrechtlichen Instituts einer Verdachtskündigung könnte die Unschuldsvermutung entgegenstehen.

1. Grundsatz

Nach einer nicht nur vereinzelt vertretenen Ansicht stellt die Verdachtskündigung einen Verstoß gegen die Unschuldsvermutung gemäß Art. 6 Abs. 2 EMRK dar.[93] Ohne Schuldnachweis dürfe niemand bestraft werden. Der Verlust des Arbeitsplatzes bei nicht erwiesener Schuld sei eine weiter reichende Sanktion als beispielsweise ein Strafbefehl oder eine Bewährungsstrafe wegen eines nachgewiesenen Diebstahls.[94]

2. Direkter Anwendungsbereich

Die Unschuldsvermutung des Art. 6 Abs. 2 EMRK betrifft nach ihrem Wortlaut direkt nur das Strafverfahren und bindet daher direkt nur den Strafrichter.
Nach einer in der Literatur vertretenen Auffassung beinhaltet Art. 6 Abs. 2 EMRK ein auf den Strafprozess beschränktes Prinzip.[95] Dem entgegen wird vertreten, die

---

[93] *LAG Bremen*, Urt. v. 23.4.1976 – 1 Sa 193/75, BB 1976, 1560 (aufgehoben durch *BAG*, Urt. v. 20.10.1977 – 2 AZR 416/76, [nicht veröffentlicht]); *Joachim*, ArbuR 1964, 33, 38; *Schütte*, NZA 1991, Beil. 2, 17, 22; *Däubler*, Das soziale Ideal, S. 102 f.; *Kittner*, EzA § 626 BGB - Verdacht strafbarer Handlung- Nr. 4, S. 15, 17; *ders.*, in: Kittner/Trittin, § 626 BGB Rn. 223 ff.; *K. M. Dörner*, NZA 1992, 865, 866; *Naujok*, ArbuR 1998, 398, 401; *Deinert*, AuR 2005, 285, 291 ff., 297.

[94] So explizit *Schütte*, NZA 1991, Beil. 2, 17, 22.

[95] *Meyer-Goßner*, Art. 6 MRK Rn. 12, 13; *Paulus*, NStZ 1990, 600, 601.

Unschuldsvermutung gelte für alle staatlichen Organe – und damit auch für die Zivilgerichte – bis zur rechtskräftigen Verurteilung.[96] Die *Europäische Kommission für Menschenrechte*[97] und der 2. Senat des *BAG*[98] haben bisher lediglich ausgesprochen, dass nur der Richter, der über die Begründetheit einer Anklage zu entscheiden hat, unmittelbar gebunden ist. Eine „mittelbare" Wirkung wurde bisher nicht erörtert.

Art. 6 Abs. 2 EMRK lässt eine ausschließliche Geltung für das Strafverfahren nicht erkennen. Die Verknüpfung von Art. 6 Abs. 2 und Abs. 3 EMRK lässt einen Schluss dahin, dass keine Anwendungsfälle außerhalb des Strafrechts existieren, jedenfalls nicht zu. Dem Wortlaut der EMRK kommt bei der Auslegung indes weniger Gewicht zu als innerstaatlichen Gesetzen.[99] Er hat nur dann abschließende Bedeutung für die Bestimmung des Geltungsbereichs einer Vorschrift, wenn der Gesetzgeber es erkennbar gewollt hat. Ansonsten bleibt lediglich die Möglichkeit einer wortlautüberschreitenden Rechtsfortbildung.

3. Auswirkungen auf das Privatrecht

Grundsätzlich gilt die Unschuldsvermutung im Verhältnis des Bürgers zum Staat. Nach einhelliger Ansicht finden verfassungsrechtliche Wertungen mittelbar über die Auslegung und Anwendung von Generalklauseln und unbestimmten Rechtsbegriffen Eingang in das Privatrecht.[100] Die Unschuldsvermutung ist eine besondere Ausprägung der Menschenwürde (Art. 1 Abs. 1 GG) sowie des Rechtsstaatsprinzips (Art. 20 Abs. 3 GG) und genießt damit Verfassungsrang.[101] Sie ist Bestandteil des positiven Rechts der Bundesrepublik Deutschland im Range eines Bundesgesetzes.[102] Die in Art. 6 Abs. 2 EMRK verankerte Unschuldsvermutung ist Teil der objektiven Werteordnung des Grundgesetzes und beansprucht ihre Geltung auch in privatrechtlichen Beziehungen.[103]

---

[96] *Peukert*, in: Frowein/Peukert, Art. 6 Rn. 35; *Kühl*, in: Festschrift für Hubmann, S. 241, 246 f.; *Lörcher*, EuroAS 1995, Nr. 2, S. 37.

[97] *EKMR*, Entscheid. v. 8.7.1978 – Beschwerden Nr. 7572/76, 7586/76 und 7587/76, EuGRZ 1978, 314, 323.

[98] Vgl. u. a. *BAG*, Urt. v. 14.9.1994 – 2 AZR 164/94 (LAG Hessen), BAGE 81, 27 = AP § 626 BGB -Verdacht strafbarer Handlung- Nr. 24 (m. Anm. *Belling/Künster*) = SAE 1996, 52 (m. Anm. *C. Weber*) = DB 1995, 534 = EzA § 626 BGB -Verdacht strafbarer Handlung- Nr. 5 = NZA 1995, 269 = NJW 1995, 1110 = ArbuR 1995, 229.

[99] *Meyer-Goßner*, A 4 vor Art. 1 MRK Rn. 5.

[100] Vgl. nur *von Münch/Kunig*, Vorb. Art. 1-19, Rn. 28 ff., 31.

[101] Vgl. entsprechende Regelungen in Landesverfassungen, z. B. Art. 20 Abs. 2 S. 1 Hess. Landesverfassung: „Jeder gilt als unschuldig, bis er durch rechtskräftiges Urteil eines ordentlichen Gerichts für schuldig befunden worden ist."

[102] *BVerfG*, Beschl. v. 26.3.1987 – 2 BvR 589/79, 2 BvR 740/81, 2 BvR 284/85, BVerfGE 74, 358 = NJW 1987, 2427 = NStZ 1987, 421 = MDR 1987, 815: unter C I 1 a der Gründe; *BVerfG*, Beschl. v. 29.5.1990 – 2 BvR 254/88, 2 BvR 1343/88, BVerfGE 82, 106 = EuGRZ 1990, 329 = NStZ 1990, 598 = NJW 1990, 2741: unter C I 1 der Gründe.

[103] *Belling*, RdA 1996, 223, 227; *Marxen*, GA 1980, 365, 372 ff.; *Schütte*, NZA 1991, Beil. 2, 17,

4. Schutzzweck

Die Schutzrichtung der Unschuldsvermutung lässt sich nur ermitteln, indem man die der Unschuldsvermutung zugrunde liegende Situation betrachtet.
Dem Betroffenen wird vor endgültiger Klärung der Sach- und Rechtslage vorgeworfen, schuldhaft eine mit Strafe bedrohte Tat begangen zu haben, und deshalb können Sanktionen gegen ihn verhängt werden. Derartige Sanktionen finden sich aber nicht nur im Strafrecht, sondern gleichermaßen im Zivilrecht. Dort geht es zwar nicht um die Verhängung von Freiheits- oder Geldstrafen, aber doch um die Ahndung einer „Schuld" der Betroffenen. Anzuführen sind in diesem Zusammenhang die Vorschriften der §§ 2333, 2339 BGB und § 890 ZPO. Eine privatrechtliche Sanktion kann wie eine staatliche Bestrafung mit einer Stigmatisierung einhergehen.[104]

Die Unschuldsvermutung schützt den Beschuldigten vor Nachteilen, die einem Schuldspruch oder einer Strafe gleichkommen, denen aber kein rechtsstaatliches prozessordnungsgemäßes Verfahren zur Schuldfeststellung und Strafzumessung vorangegangen ist. Dagegen können Rechtsfolgen, die keinen Strafcharakter haben, in einer gerichtlichen Entscheidung an einen Tatverdacht geknüpft werden.[105] Demzufolge ist zu untersuchen, ob Strafe und Kündigung nach Voraussetzungen, Zweck, Funktion, Verfahren und Rechtsfolgen grundverschieden sind. Dabei sind auch die zum Teil gravierenden wirtschaftlich-sozialen Folgen für den Arbeitnehmer zu beachten.

5. Anwendbarkeit auf Kündigungen

Ist die Verdachtskündigung also eine Strafe, vor der die Unschuldsvermutung schützen will?

a) Strafcharakter

Unter ´Strafen´ fallen die Freiheitsstrafe, Geldstrafe und solche Sanktionen mit Strafcharakter, die ein Übel für den Täter als Reaktion auf die Straftat darstellen, also auch strafähnliche Sanktionen und Diskriminierungen, die den Bürger mitunter genauso hart oder sogar härter treffen als die Strafen im klassischen Sinne.

22; *Naujok*, ArbuR 1998, 398, 400. *Kramer*, in: MünchKomm-BGB², vor § 145 Rn. 3: äußere Grenzen der Unschuldsvermutung in § 242 BGB.

[104] Vgl. dazu *BGH*, Beschl. v. 5.3.1998 – IX ZB 13/98 (OLG Karlsruhe), WM 1998, 993 = KTS 1998, 622 = NJWE-WettbE 1999, 28.

[105] *BVerfG*, Beschl. v. 29.5.1990 – 2 BvR 254/88, 2 BvR 1343/88, BVerfGE 82, 106 = EuGRZ 1990, 329 = NStZ 1990, 598 = NJW 1990, 2741; *BGH*, Urt. v. 30.3.1995 – IX ZR 182/94 (OLG Koblenz), NJW 1995, 1954 = LM BGB § 628 Nr. 13 = MDR 1995, 854 = WM 1995, 1288 = VersR 1996, 99; *BGH*, Beschl. v. 5.3.1998 – IX ZB 13/98 (OLG Karlsruhe), WM 1998, 993 = KTS 1998, 622 = NJWE-WettbE 1999, 28: Entlassung eines Zwangsverwalters durch das Vollstreckungsgericht nach Anklageerhebung wegen Untreue und Erpressung bzw. versuchter Erpressung in einer Mehrzahl von Fällen, auch wenn die Tatvorwürfe nicht im unmittelbaren Zusammenhang mit dessen Tätigkeit als Zwangsverwalter stehen.

Eine Verdachtskündigung zieht regelmäßig finanzielle Einbußen, den Verlust eines Teils des sozialen Umfelds sowie beruflichen und privaten Ansehens nach sich. Insofern könnte man der Verdachtskündigung eine stigmatisierende Wirkung zusprechen. In dieser Wirkung unterscheidet sich die Rechtsfolge einer Verdachtskündigung von anderen zivilrechtlichen Rechtsfolgen. Deswegen kann der Befund, die Verdachtskündigung sei mit der Unschuldsvermutung unvereinbar, nicht ohne weiteres auf andere Rechtsfolgen des Zivilrechts übertragen werden. Insbesondere würde die einen Verdächtigen treffende Schadensersatzpflicht mangels strafähnlichen Charakters nicht gegen die Unschuldsvermutung verstoßen, weil der Schadensersatz Ausgleich für entstandenen Schaden schaffen soll.[106]

b) Schwere

Die Schwere eines an einen Verdacht anknüpfenden Eingriffs allein kann dagegen – noch – nicht zum Verstoß gegen die Unschuldsvermutung führen. Zwar stehe bei der Beurteilung einer außerordentlichen Kündigung „oftmals ein Lebensschicksal auf dem Spiel, wo die ungünstige Entscheidung schwerer wiege als eine Strafe“.[107] Andererseits sind sogar schwerer wiegende Eingriffe, wie z. B. die Verhaftung und vorläufige Festnahme, trotz empfindlichen Eingriffs in Grundrechte des Bürgers zulässig, da ihnen der Sanktionscharakter fehlt.

Auf die Situation der Verdachtskündigung übertragen bedeutet das Folgendes: Die Unschuldsvermutung ist nur soweit betroffen, als die Verdachtskündigung kumulativ einen Schuldvorwurf impliziert und den Charakter einer Strafsanktion aufweist.

c) Schuldvorwurf

Die Unschuldsvermutung enthält zunächst einmal nur eine Regelung über die Verteilung der Beweislast; sie berührt die Privatautonomie nicht stärker als andere Beweislastregeln. Der Schutzgehalt der Unschuldsvermutung liegt in der Verknüpfung von Schuldvorwurf und schuldabhängiger Sanktion. Es besteht ein tatsächliches Regel-Ausnahme-Verhältnis, da der Betroffene entlastet wird, den Beweis seiner Unschuld zu führen, um einer Bestrafung zu entgehen. Durch diese Beweislastregel wird zunächst die Umsetzung des strafrechtlichen Grundsatzes nulla poena sine culpa sichergestellt. Enthält die Verdachtskündigung also einen Schuldvorwurf?

Diese Frage lässt sich nur dann bejahen, wenn man den Kündigungsgrund in der gemutmaßten Tat selbst oder im Verdacht sieht. Wie unten ausführlich gezeigt werden wird, liegt der Kündigungsgrund jedoch nicht in der Vergangenheit, sondern im in die Zukunft[108] wirkenden Vertrauenswegfall, so dass die Verdachtskündigung ohne Bezug zur Kategorie der Schuld ist.

---

106 *Leipold*, S. 156: Grundsatz in dubio pro reo nicht übernehmbar in den Bereich der zivilrechtlichen Schadensersatzpflichten.

107 *König*, RdA 1969, 8. Zustimmend *Preis*, Prinzipien, S. 477.

108 *Hanau*, in: Erman[8], § 626 Rn. 29; *Honstetter*, S. 79; *Belling*, RdA 1996, 223, 228; *U. Meyer*, S. 116, 169; *Enderlein*, RdA 2000, 325, 329; *Kappelhoff*, in: Tschöpe, 3 E Rn. 25.

Aufgrund ihres vorbeugenden Charakters ist die Verdachtskündigung ohne jeden Strafcharakter. Die Verdachtskündigung ist das Ergebnis einer negativen Prognose.[109] Sie dient als Präventivmaßnahme der Abwehr zukünftiger Gefahren und stellt somit eine Maßnahme vorbeugenden Selbstschutzes des Arbeitgebers dar.[110] Das Arbeitsverhältnis wird beendet, da der Arbeitgeber nicht mehr auf die ordnungsgemäße Durchführung des Arbeitsverhältnisses vertraut, sondern in Zukunft weiteres vorwerfbares Verhalten des Arbeitnehmers befürchtet.[111] Somit ist die Zielrichtung bei der Verdachtskündigung eine andere als bei einer „echten" Strafe oder zivilrechtlichen Sanktion.[112] Das gilt unabhängig davon, ob der Arbeitnehmer einen Ausgleich für die Beendigung des Arbeitsverhältnisses erhält,[113] denn eine Maßnahme verliert ihren Strafcharakter nicht durch Gewährung eines Ausgleichsanspruchs. Einer Verdachtskündigung haftet jedenfalls nicht das sozialethische Unwerturteil einer Strafe an.

Die Kritik an der Zukunftsbezogenheit der Kündigungsgründe[114] verkennt den systematischen Unterschied zwischen der Kündigung als Reaktionsmittel, um sich für die Zukunft von einer unerträglich gewordenen Belastung zu lösen und dem Leistungsstörungsrecht.[115] Die Kündigung wickelt nicht eine Störung ab, zum Beispiel durch schadensrechtlichen Ausgleich oder Verlust des Anspruchs auf Gegenleistung, sondern soll primär verhindern, dass weitere Störungen eintreten.[116] § 1 KSchG und § 626 BGB sind gegenüber dem Leistungsstörungsrecht, das der Abwicklung der Störung dient, ein aliud.[117]
Daraus folgt, dass die außerordentliche Kündigung an sich keinen Strafcharakter aufweist.[118] Das gilt auch für die Verdachtskündigung.[119]

---

109 So *Appel/Gerken*, ArbuR 1995, 201, 205; *Deinert*, AuR 2005, 285, 291, 293.

110 *Berkowsky*, in: MünchHandbArbR II², § 144 Rn. 3; *C. Weber*, SAE 1996, 57; *K. M. Dörner*, in: Ascheid/Preis/Schmidt, § 626 BGB Rn. 345.

111 Beachte bei *Belling* (RdA 1996, 223, 228, Fn. 73) den Hinweis auf die englische Rechtsprechung, die hervorhebt, dass die Verdachtskündigung keinen Tatvorwurf beinhaltet: „The issue before an industrial tribunal on a case of unfair dismissal is not 'Is the employee guilty of the misconduct for which she was dismissed?'- The question is, 'Did the employer have reasonable grounds for believing that she was guilty of that offence.'".

112 *Lücke*, BB 1997, 1842, 1845; *C. Weber*, SAE 1996, 57; *Berkowsky*, in: MünchHandbArbR II², § 144 Rn. 3; a. A. *Zöllner/Loritz*, S. 262.

113 *Naujok* macht die Einstufung einer Maßnahme als eine der Strafe gleichzusetzenden Sanktion davon abhängig, ob der Arbeitnehmer einen gewissen Ausgleich für den Verlust des Arbeitsplatzes erhält (ArbuR 1998, 398, 402).

114 Vgl. nur *Rüthers/Müller*, EzA § 1 KSchG -Verhaltensbedingte Kündigung- Nr. 41.

115 *Preis*, in: Staudinger¹³, § 626 Rn. 90.

116 *Ascheid*, KSchR, Rn. 28, 44; *Preis*, in: Staudinger¹³, § 626 Rn. 90.

117 *Ascheid*, KSchR, Rn. 44.

118 *Grunsky*, JuS 1964, 97, 98; *Schröder*, § 89a Rn. 13; *Knütel*, NJW 1970, 121, 122; *Schwerdtner*, in: MünchKomm-BGB³, § 626 Rn. 173; *Henssler*, in: MünchKomm-BGB⁴, § 626 Rn. 240; *Rost*, in: Henssler/Moll, B Rn. 15; *Preis*, in: Staudinger¹³, § 626 Rn. 92; *Corts*, in:

6. Ergebnis

Art. 6 Abs. 2 EMRK ist auf die Verdachtskündigung nicht anwendbar. Das Rechtsinstitut der Verdachtskündigung verstößt infolgedessen nicht gegen die Unschuldsvermutung.

II. Verstoß gegen Art. 12 GG und Art. 20 Abs. 3 GG

Es wird vertreten, die Verdachtskündigung verletze den Arbeitnehmer in dessen grundrechtlich geschützter Berufsfreiheit. Ein Verstoß gegen Art. 12 GG sei gegeben, weil die Verdachtskündigung als Grundrechtseingriff bereits nicht geeignet sei, da Verdachtskündigungen nur selten wirksam seien.[120] Außerdem sei sie unverhältnismäßig[121] und stelle somit einen Verstoß gegen Art. 20 Abs. 3 GG dar, da der Arbeitnehmer seine wirtschaftliche Lebensgrundlage – zu denken ist z. B. an die Sperrfrist des § 144 Abs. 1 Nr. 1 SGB III und an die „Rufschädigung", die den Tatbestand der §§ 185 ff. StGB erfüllt – verliere. Teilweise wird dabei die Unzulässigkeit einer Verdachtskündigung damit begründet, dass diese bereits nicht geeignet sei.[122] Zumindest jedoch sei eine Verdachtskündigung unverhältnismäßig, da dem Arbeitgeber stattdessen mildere Reaktionsmöglichkeiten zur Verfügung stünden. Mit der Suspendierung stünde grundsätzlich ein milderes Mittel zur Verfügung, das vorzugswürdig sei.[123] Andere wiederum halten zwar eine fristlose Verdachtskündigung für unzulässig, nicht dagegen eine ordentliche Verdachtskündigung.[124] Da das Rechtsinstitut der Verdachtskündigung per se von dieser Ansicht nicht in Frage gestellt wird, erübrigt sich eine Auseinandersetzung.

Joachim schlägt bei Arbeitnehmern, die nicht unter das KSchG fallen, eine Umgehung aller Schwierigkeiten durch Ausspruch einer ordentlichen Kündigung vor. Bei frei kündbaren Arbeitsverhältnissen bestehe kein Bedürfnis für die Beibehaltung des Instituts der ordentlichen Verdachtskündigung.[125]

Schliemann, § 626 Rn. 168; *Eschke*, S. 207; *Feuerborn*, S. 224.

119 *Von Hoyningen-Huene/Linck*, § 1 Rn. 261a; *Edenfeld*, JA 1996, 379, 382; *A. Otto*, S. 217. *Deinert* (AuR 2005, 285, 291 ff., 297) dagegen hält die Verdachtskündigung für unvereinbar mit der Unschuldsvermutung und schlägt die Suspendierung als Reaktionsmöglichkeit vor. Ebenso *Naujok* (ArbuR 1998, 398, 402) der dann, wenn eine weitere dienliche Zusammenarbeit nicht zu erwarten ist, dem Arbeitgeber die Auflösung gegen eine angemessene Abfindung (§§ 9, 10 KSchG) gestatten will.

120 *Joachim*, ArbuR 1964, 33, 37.

121 *Schnorr von Carolsfeld*, AP § 626 BGB Nr. 3: „Im praktischen Leben dürften bei bestehendem Verdacht wohl kaum die Fälle, in denen dieser berechtigt ist, wesentlich diejenigen übertreffen, in denen das nicht der Fall ist".

122 *Joachim*, ArbuR 1964, 33, 37: „Kann man ein Institut fortbestehen lassen, bei dem gewissermaßen nur ein 50prozentiger Trefferfolg verbürgt ist?".

123 *Heilmann*, S. 67 ff.; *Schütte*, NZA 1991, Beil. 2, 17, 21, 22; *Deinert*, AuR 2005, 285, 291 ff., 297.

124 *Egli*, S. 101 ff., 104.

125 *Joachim*, ArbuR 1964, 33, 35. Er hält die Verdachtskündigung für unwirksam und beschließt seinen Aufsatz mit den Worten: „Werfen wir lieber das Scheusal Verdachtskündigung in die

Diesen Kritikpunkten wird entgegen gehalten, dass die Freiheit der Arbeitnehmer auf Wahl, Aufnahme und auch Beibehaltung eines Arbeitsplatzes zwar dem Schutzbereich des Art. 12 Abs. 1 GG unterfällt. Gleiches gelte allerdings auch für die Vertragsfreiheit der Arbeitgeber, welche Arbeitnehmer sie überhaupt und wie lange beschäftigen wollen. Verweigerte man dem Arbeitgeber in dieser Situation eine Kündigungsmöglichkeit, könnte darin seinerseits ein Eingriff in die Grundrechte des Arbeitgebers aus Art. 12 und Art. 14 GG vorliegen.[126] Der Gesetzgeber habe angesichts der bestehenden Konkurrenz der Grundrechtspositionen von Arbeitnehmer und Arbeitgeber mit § 626 BGB, §§ 1 und 9 KSchG einen angemessenen Ausgleich der widerstreitenden Grundrechtspositionen im Sinne praktischer Konkordanz geschaffen.[127] Die Verdachtskündigung trage den verfassungsrechtlichen Wertungen jeweils angemessen Rechnung. Letztlich könnten die aus Art. 12 Abs. 1 GG gegen die Verdachtskündigung abgeleiteten verfassungsrechtlichen Bedenken die Unzulässigkeit der Verdachtskündigung nicht begründen.[128]

Die Suspendierung ist zudem kein geeignetes Mittel zur Vermeidung der Schwächen einer Verdachtskündigung.
Die Suspendierung hat keine gesetzliche Grundlage. Sie muss ihrerseits begründet sein, wobei die Anforderungen geringer sind als bei einem zur fristlosen Kündigung berechtigenden wichtigen Grund.[129] Der Arbeitgeber bleibt dann zur Lohnzahlung verpflichtet und kann die Stelle nicht neu besetzen. Auch der Arbeitnehmer erleidet Nachteile, da er – einseitig – an der Ausübung seiner Tätigkeit gehindert ist. Er erhält zwar den Lohn, die Freistellung kann aber bei entsprechender Außenwirkung ebenfalls stigmatisierende Wirkungen entfalten.[130] Zudem ist eine Suspendierung regelmäßig von vorübergehender Natur, wodurch sich eine endgültige Lösung des zugrunde liegenden Problems nicht erübrigt.[131] Eine Suspendierung kann im Einzelfall zwar einer Verdachtskündigung vorausgehen. Nach Verifizierung der Verdachtssituation oder soweit sich der Verdacht jedenfalls nicht unmittelbar als unberechtigt herausstellt, bleibt die Kündigung indes unvermeidlich. Gerade auch für diese Fallgestaltungen muss dem Arbeitgeber ein Instrument zur Problemlösung an die Hand gegeben werden. Es existiert kein Grundsatz, wonach vor Ausspruch einer außerordentlichen Kündigung zunächst eine Suspendierung als milderes Mittel erforderlich wäre. Im Rahmen der Tatkündigung wird die Problematik einer an deren Stelle auszusprechenden Suspendierung – zu Recht – nicht aufgeworfen. Eine Sus-

Wolfsschlucht!“ (ArbuR 1964, 33, 39).

126 *Von Hoyningen-Huene/Linck*, § 1 Rn. 261b.

127 So zutreffend *K. M. Dörner*, NZA 1993, 873, 874.

128 *Lücke*, BB 1997, 1842, 1845.

129 *Heilmann*, S. 68.

130 *Heilmann*, S. 68.

131 *A. Hueck*, in: Festschrift für Hedemann, S. 131, 149 f.; *Hilger*, MuA 1960, 181, 182; *Preis*, in: Stahlhacke/Preis/Vossen[8], Rn. 764.

pendierung dem entgegen anstatt einer Verdachtskündigung zu postulieren, überzeugt nicht, da eine Tatkündigung mindestens in gleichem Maße eingriffsintensiv ist.
Die Suspendierung kommt folglich lediglich als flankierende Maßnahme in Betracht und kann deshalb kein für sämtliche Fallgestaltungen gültiges milderes Mittel im Vergleich zur Verdachtskündigung darstellen.[132] Ob das Institut der Verdachtskündigung letztlich gegen die Art. 12 GG und Art. 20 Abs. 3 GG verstößt, lässt sich an dieser Stelle noch nicht abschließend beurteilen. Es kommt entscheidend darauf an, ob die von der h. M. zugrunde gelegten Kriterien mit den Wertungen des Grundgesetzes vereinbar sind. Siehe dazu unten (1. Teil, C).

III. Verstoß gegen § 1 Abs. 2 KSchG

Die Unzulässigkeit der Verdachtskündigung wird teilweise mit der Begründung auf einen Verstoß gegen § 1 KSchG gestützt, die Verdachtskündigung weiche von der in § 1 Abs. 2 KSchG vorgesehenen Dreiteilung in personen-, verhaltens- und betriebsbedingte Kündigungsgründe ab. Die ordentliche Verdachtskündigung stelle einen durch unzulässige Rechtsfortbildung geschaffenen vierten sozialen Rechtfertigungsgrund des KSchG dar.[133]

1. Zur Literatur

Nach einer teilweise vertretenen Ansicht können bei der Verdachtskündigung weder gegen die Person noch gegen das Verhalten des Arbeitnehmers arbeitgeberseitig Einwände erhoben oder gar bewiesen werden.
Die Einordnung der Verdachtskündigung als verhaltensbedingte Kündigung wird mit der Begründung abgelehnt, diese Subsumtion sei einmal insbesondere dann völlig ohne Bezug zum Verhalten des Arbeitnehmers, wenn dieser zu den Indizien nichts beigetragen hat.[134] Auf der anderen Seite sei bei der Verdachtskündigung nicht ein nachzuweisendes konkretes Verhalten Kündigungsgrund, sondern eine Vorstufe, nämlich der dringende Verdacht. Eine verhaltensbedingte Kündigung setze jedoch ein tatsächliches Verhalten voraus, nicht nur einen bloßen Verdacht.

Eine personenbedingte Kündigung scheitere daran, dass sich der Arbeitnehmer seiner Person nach geeignet und tadelfrei verhalten habe. Gegenteiliges könne ihm nicht nachgewiesen werden.[135] Ein Kündigungsgrund sei nur durch die Person des Arbeitnehmers bedingt, wenn er in der Person wurzelt, also die Ursache der Kündigung bei der Person selbst zu suchen sei. Eine personenbedingte Kündigung scheide

---

[132] *Isele*, in: Festschrift für Molitor, S. 107, 117 ff., 120; *Joachim*, ArbuR 1964, 33, 38; *Moritz*, NJW 1978, 402, 405.
[133] *Schütte*, NZA 1991, Beil. 2, 17, 21; *Dorndorf*, in: HeidelbergKomm-KSchG, § 1 Rn. 844; *Naujok*, ArbuR 1998, 398, 399; *B. M. Schmidt*, S. 152.
[134] *Ascheid*, Beweislastfragen, S. 136.
[135] *Joachim*, ArbuR 1964, 33, 36.

dann aber aus, weil der Verdacht nicht geeignet sei, das Vertrauen des Arbeitgebers zu seinem Arbeitnehmer zu zerstören. Im Rahmen der Verdachtskündigung gehe der Verdacht jedoch vom Arbeitgeber aus; er setze die Vermutung, dass eine Straftat begangen worden ist, in Beziehung zu einem bestimmten Arbeitnehmer, der erst dadurch verdächtig wird. Der Verdacht könne somit schon begriffsnotwendig kein personenbedingter Kündigungsgrund sein.[136]

2. Kritik

Diese Kritikpunkte gehen fehl. Zum einen sieht § 626 Abs. 1 BGB eine solche Dreiteilung gar nicht vor.[137] Das Problem besteht also zunächst einmal nur bei Anwendbarkeit des KSchG. Die Typisierung der Kündigungsgründe in § 1 Abs. 2 KSchG dient lediglich der Erleichterung der Überprüfung, erhebt aber nach dem Gesetzeswortlaut keinen Anspruch auf Vollständigkeit.[138] Für die materielle Rechtfertigung ist die Abgrenzung ohnehin ohne größere Bedeutung.[139]

Zum anderen dürfte es keinen außerordentlichen Kündigungsgrund geben, der sich nicht in die Dreiteilung einordnen ließe.[140] Das *BAG* hat zwar bisher eine Einordnung als personen- oder verhaltensbedingte Kündigung vermieden.[141] Nach nahezu einhelliger Auffassung in der Literatur ist jedoch eine Einordnung möglich; umstritten ist nur, ob eine ordentliche Verdachtskündigung eine verhaltens- oder personenbedingte Kündigung darstellt.[142] Teilweise wird die Verdachtskündigung überhaupt nur als ordentliche Kündigung für zulässig gehalten.[143] Die Kritik übersieht zudem die Möglichkeit der Existenz von Mischtatbeständen.[144] Lässt sich ein Kündigungsgrund nämlich nicht eindeutig i. S. der in § 1 Abs. 2 S. 2 KSchG vorgesehenen Dreiteilung qualifizieren, führt das nicht etwa zur Unwirksamkeit der Kündigung. Umfasst ein einheitlicher Lebenssachverhalt mehrere der in § 1 Abs. 2 KSchG genannten Kündigungsgründe, differenziert die h. M. nach der eigentlichen Störungsquelle und untersucht diese dann auf ihre soziale Rechtfertigung hin.[145]

---

136 *Naujok*, ArbuR 1998, 398, 399.

137 *Lücke*, BB 1997, 1842, 1845.

138 *Appel/Gerken*, ArbuR 1995, 201, 205; *Belling*, SAE 1994, 210, 213.

139 *Popp*, in: HAS, § 19 B Rn. 429; *Kiel*, in: Ascheid/Preis/Schmidt, § 1 KSchG Rn. 206.

140 *Preis*, Prinzipien, S. 483.

141 Vgl. zuletzt *BAG*, Urt. v. 10.2.2005 – 2 AZR 189/04 (LAG Berlin), AP § 1 KSchG 1969 Nr. 79 = EzA § 1 KSchG -Verdachtskündigung- Nr. 3 = NZA 2005, 1056, = ArbuR 2005, 343 = EzA-SD 2005, Nr. 18, 11 = NJW-Spezial 2005, 467.

142 Vgl. dazu 2. Teil, B V 3.

143 *Egli*, S. 101 ff., 104.

144 Vgl. dazu *Rüthers/Henssler*, ZfA 1988, 31 ff.; *Preis*, DB 1988, 1444, 1449; *Hergenröder*, in: MünchKomm-BGB[4], § 1 KSchG Rn. 92 ff.

145 *BAG*, Urt. v. 20.11.1997 – 2 AZR 643/96 (LAG Niedersachsen), BAGE 87, 153 = AP § 1 KSchG 1969 Nr. 43 = BB 1998, 429 = NZA 1998, 323 = RzK I 5i Nr. 129 = FA 1998, 97 = ZTR 1998, 171 = EzA § 1 KSchG -Verhaltensbedingte Kündigung- Nr. 52 = NJW 1998, 2157 = AR-Blattei ES 1010.9 Nr. 89 = EzBAT § 53 BAT -Verhaltensbedingte Kündigung- Nr. 41 =

Für die materielle Rechtfertigung der Kündigung ist die Abgrenzung zwischen personen- und verhaltensbedingter Kündigung ohnehin nicht ausschlaggebend.[146]

3. Ergebnis

Die Verdachtskündigung verstößt nicht gegen § 1 Abs. 2 KSchG.[147]

IV. Umkehrung der Beweislastverteilung

Gegen die Zulässigkeit der Verdachtskündigung wird weiter vorgetragen, sie kehre die im Kündigungsschutzprozess grundsätzlich angelegte Beweislastverteilung um und der Arbeitnehmer werde als Täter stigmatisiert. Da letztlich der Arbeitnehmer beweisen müsse, dass die gegen ihn erhobenen Verdachtsmomente ohne Basis im Tatsachenbereich sind, er also keine schwerwiegende Pflichtverletzung oder Straftat begangen hat, führe die Rechtsprechung des *BAG* zu einer Umkehr der gesetzlich vorgesehenen Beweislastverteilung.[148] Nach der derzeitigen gesetzlichen Lage trägt die Arbeitgeberseite das Risiko, eine Kündigung auszusprechen und die gesetzlich normierten Kündigungsgründe nicht beweisen zu können. Bei der Verdachtskündigung reiche indes die Tatsachenbasis nicht für eine Tatkündigung – das *non-liquet* des Tatnachweises werde zu einem eigenen Tatbestandsmerkmal erhoben.[149] Die Verdachtskündigung sei danach geringeren Anforderungen unterworfen als die außerordentliche Kündigung wegen nachgewiesener Pflichtverletzung.[150]
Grunsky[151] geht einen Schritt weiter. Zunächst formuliert er, der Verdacht als solcher könne kein materiell-rechtlicher Kündigungsgrund sein – die Verdachtskündigung verdanke ihre Existenz allein der Tatsache, dass man das Ergebnis der normalen Beweislastverteilung im Kündigungsschutzprozess korrigieren wolle. Im Tatbestandsbereich unterschieden sich Tatkündigung und Verdachtskündigung nur geringfügig voneinander, so dass es nicht befriedigen könne, diametral entgegengesetzte Rechtsfolgen an die Begründung der Kündigung zu knüpfen. Das Risiko der Unaufklärbarkeit solle auf den Arbeitnehmer abgewälzt werden. Letztlich kündige der Arbeitgeber materiell-rechtlich aber wegen der Tat, die er nur nicht beweisen könne. Es seien Fälle möglich, in denen Beweislastentscheidungen gegen den Arbeitnehmer in einzelnen Fällen der Verdachtskündigung gerechtfertigt seien – dabei

---

DB 1998, 2226: unter II 2 der Gründe; *Becker*, in: KR[4], § 1 KSchG Rn. 176; *Etzel*, in: KR[7], § 1 KSchG Rn. 256; *Kittner*, in: Kittner/Däubler/Zwanziger, § 1 KSchG Rn. 58; *Hergenröder*, in: MünchKomm-BGB[4], § 1 KSchG Rn. 96.

146 *Etzel*, in: KR[7], § 1 KSchG Rn. 397; *Kiel*, in: Ascheid/Preis/Schmidt, § 1 KSchG Rn. 206.

147 Zur Frage der Zulässigkeit und Einordnung der ordentlichen Verdachtskündigung siehe unten (2. Teil, B V).

148 *Schütte*, NZA 1991, Beil. 2, 17, 21.

149 *K. M. Dörner*, NZA 1992, 865, 867; *Ascheid*, Beweislastfragen, S. 137 ff.; *ders.*, KSchR, Rn. 161.

150 So *K. M. Dörner*, NZA 1992, 865, 867. *Joachim*, ArbuR 1964, 33, 37: „Bagatellisierung der arbeitgeberseitigen Beweislast".

151 *Grunsky*, ZfA 1977, 167; *ders.*, AP § 626 BGB -Ausschlußfrist- Nr. 2.

obliege die Beweislast dem Arbeitnehmer. Hieraus folgert *Grunsky* eine allgemeine Beweislastumkehr im Rahmen der Verdachtskündigung. Diese Ansicht ist einhellig auf Ablehnung gestoßen.[152]

Zwar ist *Grunsky* zugute zu halten, nur deskriptiv die vermeintlich gängige Praxis wiedergeben zu wollen; insoweit sind dessen Ausführungen sicherlich fehlinterpretiert worden. Aber auch die Richtigkeit *Grunsky*'s vermeintlicher Beobachtungen ist in Abrede zu stellen. Denn eine Beweislastumkehr findet bei der Verdachtskündigung weder faktisch statt noch ist sie gar konstitutiv zu fordern. Der Arbeitgeber hat, wie in den übrigen Fällen des § 626 Abs. 1 BGB, den wichtigen Grund – hier die Zerstörung des Vertrauens durch den Verdacht – darzulegen und gegebenenfalls zu beweisen. Keinesfalls muss der Arbeitnehmer seine Unschuld beweisen, vielmehr obliegt dem Arbeitgeber der Nachweis, dass ausreichend Verdachtsmomente gegeben sind, die eine Fortsetzung des Arbeitsverhältnisses unzumutbar machen.[153]

V. Fehlende Rechtsgrundlage

Nicht nur vereinzelt wird kritisiert, der Verdachtskündigung ermangele es an einer Rechtsgrundlage.

1. Verdachtskündigung als Ergebnis einer Auslegung?

Gegen das Institut der Verdachtskündigung wird in diesem Zusammenhang zunächst vorgebracht, es sei unter Beachtung allgemeiner Auslegungsgrundsätze nicht aus § 626 BGB ableitbar, da die Zerstörung des Vertrauensverhältnisses keine Tatsache i. S. d. § 626 Abs. 1 BGB darstelle, sondern lediglich auf der Motivationsebene des Arbeitgebers anzusiedeln sei.[154]

Zunächst wird die Tatsachenqualität eines Vertrauensverlustes bezweifelt. Eine außerordentliche Kündigung nach § 626 BGB erfordert Tatsachen, aufgrund deren Vorliegen dem Kündigenden unter Berücksichtigung aller Umstände des Einzelfalls die Fortsetzung des Dienstverhältnisses bis zum Ablauf der Kündigungsfrist nicht zugemutet werden kann. Ein gestörtes Vertrauen in die Redlichkeit des Arbeitnehmers sei jedoch keine Tatsache, sondern lediglich Motivation für den Beendigungswillen.[155] Ein Verdacht sei eine Schlussfolgerung, die zwar nach der Rechtsprechung des *BAG* objektiv durch bestimmte Tatsachen begründet sein muss, es werde jedoch eine zweite Ebene gebildet. Hierfür fehle es an einer gesetzlichen Grundlage. § 626 BGB verlange Tatsachen und Tatsachen müssen bewiesen werden. Es sei weder im Gesetzestext noch in den Gesetzesmaterialien erkennbar, dass von Tatsachen abgesehen werden kann, wenn dringende Umstände lediglich für einen Verdacht sprechen.[156]

---

[152] *Hillebrecht*, in: KR[4], § 626 BGB Rn. 174; *Schütte*, NZA 1991, Beil. 2, 17, 20.
[153] *Appel/Gerken*, ArbuR 1995, 201, 205; *Lücke*, BB 1997, 1842, 1845.
[154] *Schütte*, NZA 1991, Beil. 2, 17, 21.
[155] *Schütte*, NZA 1991, Beil. 2, 17, 21.
[156] *Schütte*, NZA 1991, Beil. 2, 17, 21.

K. M. Dörner sieht in der Herleitung der Verdachtskündigung aus § 626 Abs. 1 BGB einen Zirkelschluss. Nur weil ein praktisches Bedürfnis dafür bejaht werde, in bestimmten Fällen auch bei objektiv gegebenen, § 626 Abs. 1 BGB nicht genügenden Tatsachen die Beendigungsmöglichkeit der außerordentlichen Kündigung zuzulassen, werde ohne nähere Begründung vorausgesetzt, dass aus dieser Norm im Wege der Gesetzesauslegung die Legitimation für eine Verdachtskündigung entnommen werden kann. Dies gelte es aber vorher zunächst aus § 626 Abs. 1 BGB zu begründen.[157]
Darüber hinaus sieht *K. M. Dörner* dem Arbeitgeber dadurch einen nicht kontrollierbaren Prognosespielraum eingeräumt, dass nach Ansicht des *BAG* bei der Verdachtskündigung die subjektive Einschätzung entscheidend sein soll.[158] Er folgert daraus, dass eine Verdachtskündigung dann nicht gegeben sein soll, wenn der Arbeitgeber – obgleich er nur einen Verdacht hegt – die Verfehlung des Arbeitnehmers gleichwohl als sicher hinstellt und mit dieser Begründung die Kündigung erklärt, dass es für die zu treffende Prognose auf die subjektive Einschätzung des Arbeitgebers ankommen soll.[159] Das widerspreche dem Grundsatz, dass es für die Beurteilung der Voraussetzungen des § 626 Abs. 1 BGB weder auf den subjektiven Kenntnisstand noch auf subjektive Standpunkte der Parteien entscheidend ankommen könne. Auf diesem Wege erhalte der Arbeitgeber einen nicht kontrollierbaren Prognosespielraum.[160]

2. Unzulässige Rechtsfortbildung

Daneben wird die Ansicht vertreten, die Verdachtskündigung ergebe sich nicht aus einer Auslegung, sondern aus einer richterlichen Rechtsfortbildung. Innerhalb dieser Ansicht wiederum ist die Zulässigkeit dieser – angenommenen – Rechtsfortbildung umstritten.
Während *Preis* die Rechtsfortbildung als zulässig erachtet, indem er die erforderliche Legitimationsgrundlage in der Befugnis zur Interessenabwägung sieht, da der Gesetzgeber den zugrundeliegenden Konflikt nicht gelöst habe,[161] halten *Schütte*, *K. M. Dörner* und *Naujok* die Rechtsfortbildung für unzulässig, weil angesichts der Regelung in § 9 Abs. 1 S. 2 KSchG die erforderliche Regelungslücke nicht gegeben sei[162]. Nach § 9 Abs. 1 S. 2, S. 3 KSchG ist im Falle der Unwirksamkeit der ordentlichen Kündigung auf Antrag des Arbeitgebers die Auflösung möglich, falls eine weitere dienliche Zusammenarbeit nicht zu erwarten ist. Dies gilt nach § 13 Abs. 1 KSchG jedoch nicht für die außerordentliche Kündigung. Dementsprechend sei es

[157] *K. M. Dörner*, NZA 1992, 865, 872, 873.
[158] *K. M. Dörner*, NZA 1992, 865, 868.
[159] Vgl. *Rüthers/Bakker*, EzA § 102 BetrVG 1972 Nr. 63.
[160] *K. M. Dörner*, AiB 1993, 147, 155.
[161] *Preis*, DB 1988, 1444, 1448. Ähnlich *Hoefs*, S. 74 ff., 82, 100.
[162] *Schütte*, NZA 1991, Beil. 2, 17, 21; *K. M. Dörner*, NZA 1992, 865, 868; *ders.*, NZA 1993, 873, 877; *ders.*, AiB 1993, 147, 173; *Naujok*, ArbuR 1998, 398, 402.

bedenklich, den Verdacht bei der Verdachtskündigung ausreichen zu lassen, da bei ausschließlich erklärter außerordentlicher Tatkündigung nicht einmal die Auflösung möglich wäre.

Zudem verweist *Schütte* auf § 104 BetrVG. § 104 BetrVG sei die einzige gesetzliche Norm, die im Zusammenhang mit der Beendigung von Arbeitsverhältnissen gesetzwidriges Verhalten anspreche. Der Wertungswiderspruch zwischen dieser Norm und der *BAG*-Rechtsprechung zum Institut der Verdachtskündigung sei aufzuheben.[163] Es sei völlig unumstritten, dass im Bereich des § 104 S. 1 BetrVG der Betriebsrat vom Arbeitgeber die Entlassung eines Arbeitnehmers nicht verlangen kann, wenn nur ein Verdacht gesetzwidrigen Verhaltens vorliegt. Vielmehr sei voller Beweis erforderlich. Der zugrundliegende Konflikt sei demgemäß vom Gesetzgeber gelöst und in Ermangelung einer Regelungslücke verstoße die Verdachtskündigung als richterliche Rechtsfortbildung gegen das Rechtsstaatsgebot gemäß Art. 20 Abs. 3 GG.[164] Selbst wenn man unterstellen würde, dass der Gesetzgeber trotz des Stufengefüges der § 626 BGB, §§ 1, 9 KSchG den Bestandskonflikt zwischen Arbeitgeber und Arbeitnehmer im Hinblick auf die Beendigung des Arbeitsverhältnisses nicht umfassend gelöst habe, so stehe Art. 12 Abs. 1 GG i.V.m. Art. 20 Abs. 1 GG sowohl einer gesetzesimmanenten Rechtsfortbildung (Analogie, Korrektur des Gesetzeswortlauts nach Sinn und Zweck des Gesetzes) als auch einer gesetzesübersteigenden Rechtsfortbildung (z. B. mit Rücksicht auf die Bedürfnisse des Rechtsverkehrs, die „Natur der Sache“ oder ein rechtsethisches Prinzip) des Inhalts, dass eine Verdachtskündigung überhaupt und unter den von der Rechtsprechung des *BAG* entwickelten Voraussetzungen zulässig sein soll, entgegen.[165]

3. Zwischenergebnis

Diese Kritikpunkte lassen sich nicht en passant widerlegen. Möglich ist eine Widerlegung nur durch einen Nachweis, dass sich die Verdachtskündigung entgegen der hier geäußerten Kritik doch aus einer Auslegung ergibt. An dieser Stelle kann darauf nicht in der erforderlichen Breite eingegangen werden, vielmehr wird dieser Kritikpunkt im eigenen Lösungsansatz (unter 1. Teil, C) ausgiebig untersucht.

VI. Rechtsunsicherheit

Gegen die Rechtsprechung des *BAG* wird zudem vorgebracht, sie führe zu großer Rechtsunsicherheit mit der Folge, dass die Parteien die Wirksamkeit einer Verdachtskündigung nicht sicher einschätzen könnten und so zum Vergleich gezwungen würden. Die Kündigung ist ein Gestaltungsrecht und mit der Bedingungsfeindlichkeit der Gestaltungsrechte sei es unvereinbar, nach Ausspruch bzw. Zugang liegende Ereignisse zu berücksichtigen. Soweit man einen anderen maßgeblichen Be-

[163] *Schütte*, NZA 1991, Beil. 2, 17, 21, 22.
[164] *K. M. Dörner*, NZA 1993, 873, 877; *ders.*, AiB 1993, 147, 173.
[165] *K. M. Dörner*, NZA 1993, 873, 877; *ders.*, AiB 1993, 147, 173.

urteilungszeitpunkt annimmt, spricht das nicht gegen die grundsätzliche Unzulässigkeit der Verdachtskündigung, sondern allenfalls gegen die konkrete Ausgestaltung der Verdachtkündigung durch das *BAG*. Die Kritik greift nur dann durch, wenn man die Maßstäbe des – 2. Senates des – *BAG* anlegt. Das schließt jedoch nicht eine dem Bedürfnis des allgemeinen Rechtsverkehrs gerecht werdende Berücksichtigung der Grundsätze von Rechtssicherheit und Rechtsklarheit aus. Zur Problematik vgl. unten (2. Teil, B II, III).

VII. Zusammenfassung

Sämtliche Kritikpunkte, die noch nicht abschließend beurteilt werden konnten, sind im Rahmen eines eigenen – im Anschluss dargelegten – Lösungsansatzes zur Zulässigkeit der Verdachtskündigung auf ihre Stichhaltigkeit hin zu überprüfen. Diese Vorgehensweise wird gewählt, da sich die verbliebenen Kritikpunkte ohne die Darstellung eines eigenen Konzepts an dieser Stelle nicht erschöpfend abhandeln lassen. An geeigneter Stelle wird dann auf die verbliebenen Kritikpunkte eingegangen werden.

C. Eigener Lösungsansatz

Die Entwicklung einer eigenen dogmatischen Begründung des Rechtsinstituts der Verdachtskündigung macht eine Darstellung der vom *BAG* und der Literatur entwickelten Lösungsansätze unumgänglich.

I. Kündigungsgrund bei der Verdachtskündigung

Die Zulässigkeitsprüfung erfordert die Herausarbeitung des rechtlich relevanten Kündigungsgrundes im Rahmen einer Verdachtskündigung.

1. Verdachtsbegriff

Ausgangspunkt aller Betrachtungen ist der Begriff des Verdachts. Im Polizeirecht findet sich der Gefahrenverdacht – als Grundlage für Maßnahmen präventiver Gefahrenabwehr – in verschiedenen Ausprägungen. Die StPO kennt Verdachtsformen unterschiedlichen Ausmaßes für Maßnahmen repressiver Strafverfolgung. Eine für die zivilrechtliche Untersuchung heranziehbare gesetzliche Definition für den ´Verdacht´ existiert indes nicht.

Der Verdacht der Tat ist in der psychologischen Kausalkette Durchgangsstadium hin zur Tat. Die Tat ist im Verhältnis zum Verdacht der Tat ein psychologischer Spezialsachverhalt.[166] Die Tat enthält sämtliche (Tatbestands-)Merkmale des Verdachts und darüber hinaus die Gewissheit als ein Plus. Zwischen dem Verdacht der Tat und der Tat besteht ein gradueller faktischer Unterschied. Da ein in der Vergangenheit liegendes Geschehen psychologische Wirkungen in Gegenwart und Zukunft entfal-

---

[166] Zum umstrittenen rechtlichen Verhältnis von Tatkündigung und Verdachtskündigung vgl. aber 2. Teil, B I 1 und II 3.

tet, wird die Beurteilung des Verdachts bzw. dessen Wahrscheinlichkeitsbestimmung auch zutreffend als „retrospektive Prognose“[167] beschrieben.

2. Ansatz des *BAG*

Das *BAG* nennt als Ausgangspunkt zwar seit Anbeginn seiner Rechtsprechung immer wieder den Vertrauensverlust als Kündigungsgrund, jedoch wurde dies nicht konsequent umgesetzt. So bezeichnete das *BAG* erst zuletzt[168] den dringenden Verdacht als wichtigen Grund zur außerordentlichen Kündigung. Bereits vorher[169] legte sich das *BAG* aber nicht genau fest, ob der Verdacht oder der Vertrauensverlust Kündigungsgrund ist. So wurde – wie schon oft zuvor – die Vertrauensbeeinträchtigung eingangs zwar als Kündigungsgrund angeführt, am Ende des Urteils indes der Verdacht als wichtiger Grund bezeichnet. Den Verdacht als Kündigungsgrund zu sehen, ist jedoch problematisch. Denn wenn man bei der Verdachtskündigung den Verdacht, die verdachtsbegründenden Tatsachen oder die mutmaßliche Tatbegehung selbst als Kündigungsgrund sieht, stellt die Verdachtskündigung eine unter erleichterten Bedingungen zulässige Tatkündigung dar.[170]

Im Ergebnis lässt sich in der Rechtsprechung des *BAG* nicht nur bei der Verdachtskündigung, sondern allgemein bei allen Kündigungen ein alleiniges Abstellen auf den objektiven Kündigungstatbestand konstatieren. Dem subjektiven Tatbestand schenkt das *BAG* keinerlei Beachtung.[171]

3. Ansätze in der Literatur

In der Literatur werden verschiedene Ansätze vertreten.

a) Ansatz nach *Lücke*

Nach *Lücke* ist eine Kündigung nur aufgrund von feststehenden Tatsachen möglich, nicht jedoch lediglich aufgrund eines auf Tatsachen beruhenden dringenden Verdachts.[172] Danach müsse der Verdacht gerade aufgrund objektiver, nachgewiesener Tatsachen entstanden sein. Daraus folge, dass der Wortlaut als äußere Grenze einer zulässigen Auslegung gewahrt sei. Kündigungsgrund bei der Verdachtskündigung

---

167 *Kühne*, NJW 1979, 617, 619.

168 *BAG*, Urt. v. 27.3.2003 – 2 AZR 51/02 (LAG Schleswig-Holstein), NZA 2003, 1193 = AP § 87 BetrVG 1972 -Überwachung- Nr. 36 = NJW 2003, 3436 = DB 2003, 2230 = BB 2003, 2578 = JZ 2004, 366.

169 So z. B. *BAG*, Urt. v. 21.6.1995 – 2 AZR 735/94 (LAG Köln), RzK I 8c Nr. 37.

170 So zu Recht *K. M. Dörner*, NZA 1992, 865, 867; *Belling*, RdA 1996, 223, 224 f.; *Germakowski*, S. 9. *C. Weber*, SAE 1996, 57, 61: Verdachtskündigung problematisch als „degenerierte Version der Tatkündigung“.

171 Vgl. nur *BAG*, Urt. v. 16.2.1989 – 2 AZR 287/88 (LAG Düsseldorf), RzK I 6a Nr. 49: unter II 1 der Gründe. So auch *Hillebrecht*, in: KR^4, § 626 BGB Rn. 68, 70, andererseits Rn. 59a: Verbindung objektiver und subjektiver Umstände.

172 *Lücke*, BB 1997, 1842, 1844.

sei die Tatsache des Wegfalls des Vertrauensverhältnisses und nicht der Verdacht, der vielmehr nur Ursache und Auslöser des Vertrauensverlustes sei.[173]

b) Ansatz nach *Belling*

Belling sieht ebenfalls den Vertrauenswegfall als causa der Kündigung.[174] Danach sei die „Sonderrolle“ der Verdachtskündigung vermeidbar, wenn man nicht auf den Verdacht, sondern auf den Vertrauensverlust abstellt. Die Kenntnis bestimmter objektiver Tatsachen führe zu einer psychischen Reaktion, die sich zunächst als Verdachts- beziehungsweise Zweifelserregung äußere. Dies könne sich in einem Fortfall des Vertrauens niederschlagen, sofern hinsichtlich des Gegenstands des Zweifels eine Vertrauensgrundlage besteht. Der Verdacht sei bloß das erste Glied der im Subjektiven verlaufenden Kausalkette. Ein Kündigungsentschluss werde erst ausgelöst, wenn der Verdacht zu einem Vertrauensverlust geführt hat, was aber längst keine zwingende Folge sei.

Die wichtigste und eigentliche causa der Kündigung sei mangels feststehender objektiver Tatsachen der Vertrauenswegfall. Der Vertrauenswegfall sei Kündigungsgrund und nicht lediglich Aspekt für die Zumutbarkeitsabwägung.[175]

Nach *Belling* sind bei einer Gemengelage von objektivem Kündigungsanlass und subjektiven Motiven des Arbeitgebers nur die objektiven Tatsachen als Kündigungsgründe anzuerkennen.[176] Dies folge aus dem Dogma vom objektiven Kündigungsgrund, dem pragmatische Erwägungen wie die der Rechtssicherheit zugrunde liegen. Bei einer natürlichen psychologischen Betrachtungsweise sei bei der Tatkündigung oftmals nicht allein die objektive Verfehlung, sondern vielmehr seien die subjektiven Konsequenzen, die für den Arbeitgeber daraus folgen, ausschlaggebend. Es bestehe hier eine Konkurrenz zwischen einem vergangenheitsbezogenen Sanktionswillen und dem zukunftsbezogenen Vertrauensverlust. Im Rahmen von § 626 Abs. 1 BGB sei rechtlich bedeutend nicht der tatbezogene Sanktionsaspekt, sondern allein der zukunftsbezogene Vertrauensaspekt. Nach dem Wortlaut der Vorschrift sei von zentraler Bedeutung die Unzumutbarkeit der weiteren Fortsetzung des Arbeitsverhältnisses in der Zukunft. Bei einer gefilterten natürlichen Betrachtungsweise liege auch bei der Tatkündigung der tragende Kündigungsgrund im Subjektiven. Die „Unzumutbarkeit“ werde nicht durch die Tat selbst begründet, sondern durch den von ihr ausgelösten Vertrauenswegfall für die Zukunft.

Aus Gründen der Praktikabilität und Rechtssicherheit werde zu Recht die objektive Tatsache der Verfehlung als „Tatsache“ im Sinne des § 626 Abs. 1 BGB eingeordnet. Daher liege der Schluss nahe, den an sich maßgeblichen subjektiven Bereich

---

[173] *Lücke*, BB 1997, 1842, 1844; ebenso *Appel/Gerken*, ArbuR 1995, 201, 205.
[174] *Belling*, RdA 1996, 223, 225.
[175] *Belling*, RdA 1996, 223, 225.
[176] *Belling*, RdA 1996, 223, 225.

wegen seiner schweren Zugänglichkeit zu meiden. Es bestehe kein Anlass, sich auf die Ebene des Subjektiven zu begeben, wenn schwerwiegende objektive Tatsachen feststehen, mit deren Vorliegen der Vertrauenswegfall typisch einhergeht.[177]
Bei der Feststellung einer Verfehlung als objektive Tatsache sei zugleich der Schluss auf einen typisierten Vertrauenswegfall gerechtfertigt. Somit beruhe das Dogma vom objektiven Kündigungsgrund bei der Tatkündigung wegen einer schweren Verfehlung auf einer Typisierung des Vertrauenswegfalls. In diesem Fall werde der Vertrauenswegfall im Wege einer Beweiserleichterung vermutet, so dass ein Arbeitgeber, der eine relevante Tat beweist, nicht zusätzlich noch nachweisen müsse, dass dadurch sein Vertrauen zerstört worden ist. Diese Verschiebung des Betrachtungsausschnitts vom Subjektiven zum Objektiven sei aber nicht gerechtfertigt, wenn es an einer feststehenden objektiven Tat fehlt. Dann könne nur der subjektive Umstand des Vertrauenswegfalls Kündigungsgrund sein. Bei der Verdachtskündigung sei der wahre Kündigungsgrund nicht der Verdacht, sondern der Vertrauensverlust. Jedoch müsse der im Subjektiven liegende Kündigungsgrund objektiviert werden.
Die Verdachtskündigung sei keine rechtsfortbildende Abweichung vom Grundsatz, dass nur erwiesene Tatsachen einen Kündigungsgrund abgeben können, denn die Tatsache, die bewiesen werden müsse, sei der Vertrauenswegfall.

c) Ansatz nach *Heilmann*

Heilmann hält aufgrund der komplexen Eigenschaft des Verdachtsbegriffs eine Verbindung objektiver und subjektiver Elemente für erforderlich, wobei die Vertrauenszerrüttung wichtigste Voraussetzung der Verdachtskündigung sein soll. Die Verdachtskündigung lasse sich wegen des Begriffs des Vertrauens nicht nur nach objektiven Kriterien beurteilen. Grundsätzlich aber sei danach zu fragen, ob ein vernünftig und gerecht denkender Arbeitgeber in gleicher Lage das Vertrauen zu dem Verdächtigten restlos verlieren kann.[178]

d) Schlussfolgerung

Der Ansatz der drei dargestellten Autoren ist vielversprechend. Er bedarf jedoch der Korrektur und Präzisierung. Dazu soll der Zusammenhang zwischen Vertrauensverlust und Lösungsmöglichkeiten bei Dauerschuldverhältnissen außerhalb des arbeitsrechtlichen Dienstvertrages untersucht werden.

II. Allgemeine Grundsätze zur Lösung von Dauerschuldverhältnissen auf der Grundlage ausgewählter Gerichtsentscheidungen

Einführend ist zu bemerken, dass ein im Subjektiven liegender Kündigungsgrund wie der Vertrauenswegfall auf den ersten Blick nicht in das herkömmliche System der Kündigungsgründe zu passen scheint. Der Arbeitsvertrag bzw. Dienstvertrag ist

---

177 So auch *Gentges*, S. 252.
178 *Heilmann*, S. 42.

den Dauerschuldverhältnissen zuzuordnen.[179] Zur Überprüfung sollen daher die Möglichkeiten der Lösung von Dauerschuldverhältnissen untersucht werden. Die Untersuchung soll sich aber nicht auf Dauerschuldverhältnisse beschränken, sondern darüber hinaus ganz allgemein auf Dauerrechtsverhältnisse beziehen.

Bereits in der Rechtsprechung von *RG* und *RAG* war anerkannt, dass Rechtsverhältnisse, die „... ein gutes Einvernehmen, ein ungestörtes gegenseitiges Vertrauen der Beteiligten erfordern“, aus wichtigem Grund kündbar sind, wenn diese Grundlage des Vertrages weggefallen ist.[180] Dieser Grundsatz hat sich in der späteren Rechtsprechung der ordentlichen Gerichtsbarkeit perpetuiert.

1. Kündigung eines Musikverlagsvertrags

Ein Musikverlagsvertrag ist als ein ein besonderes Vertrauensverhältnis voraussetzendes Dauerschuldverhältnis aus wichtigem Grund kündbar. Ein Verlagsvertrag ist eine Vereinbarung über die Vervielfältigung und Verbreitung eines Werkes, wobei der Autor dem Verleger das Recht zur Vervielfältigung und Verbreitung einräumt. Der Autor wird verpflichtet, z. B. ein Manuskript in druckreifem Zustand beim Verleger abzuliefern, im Gegenzug schuldet der Verleger in erster Linie ein Autorenhonorar. Musikverlagsverträge sind auf Musikwerke bezogen.
Musikverlagsverträge sind regelmäßig auf eine außerordentlich lange Zeitdauer angelegt und in besonderem Maße vom ungetrübten Fortbestand des Vertrauensverhältnisses der Vertragsparteien abhängig. Daher liegt ein wichtiger Grund vor, wenn die Vertrauensgrundlage zerstört ist und die Fortsetzung des Vertragsverhältnisses wegen der Störung der Vertrauensgrundlage dem kündigenden Vertragspartner nicht mehr zugemutet werden kann.[181] Entscheidend ist dabei, wie die festgestellten Umstände auf den Kündigenden wirken und ob sie geeignet sind, sein Vertrauen in die Vertragstreue und Redlichkeit seines Vertragspartners zu erschüttern.[182]

Der *BGH* hat in diesem Zusammenhang auch über eine Verdachtskündigung entschieden. Der fehlende Nachweis einer strafbaren Handlung schließe danach nicht

---

[179] *Oetker*, Dauerschuldverhältnis, S. 153.

[180] Vgl. nur *RAG*, Urt. v. 23.6.1934 – RAG. 318/33 (LAG Köln), ARS Bd. 21, S. 145.

[181] *BGH*, Urt. v. 11.6.1969 – I ZR 54/67 (KG Berlin) “Musikverleger”, LM § 17 VerlG Nr. 2/3 = NJW 1969, 2223 = GRUR 1970, 40; *BGH*, Urt. v. 1.12.1972 – I ZR 81/70, I ZR 18/71 (KG Berlin) “Musikverleger II“, LM § 41 UrhG Nr. 1 = GRUR 1973, 328f. = MDR 1973, 294 = BB 1973, 397; *BGH*, Urt. v. 25.2.1977 – I ZR 67/75 (KG Berlin) “Textdichteranmeldung”, LM § 31 UrhG Nr. 7 = GRUR 1977, 551, 554 = MDR 1977, 647 = NJW 1977, 1777; *BGH*, Urt. v. 2.10.1981 – I ZR 81/79 (OLG München) “Musikverleger III“, LM § 626 BGB Nr. 24 = NJW 1982, 641 = MDR 1982, 204 = WM 1981, 1339 = GRUR 1982, 41; *BGH*, Urt. v. 14.12.1989 – I ZR 56/88 (OLG Frankfurt) “Musikverleger IV”, GRUR 1990, 443 = LM § 8 UrhG Nr. 2 = NJW 1990, 1989 = MDR 1990, 899.

[182] *BGH*, Urt. v. 14.12.1989 – I ZR 56/88 (OLG Frankfurt) “Musikverleger IV”, GRUR 1990, 443 = LM § 8 UrhG Nr. 2 = NJW 1990, 1989 = MDR 1990, 899.

aus, dass gleichwohl das Vertrauensverhältnis zerstört ist, denn schon der dringende Verdacht, eine solche strafbare Tat begangen zu haben, kann einem Musikverlagsvertrag die Vertrauensgrundlage entziehen oder das Vertragsverhältnis unzumutbar belasten.[183] In Übereinstimmung mit dem *BAG*[184] geht der *BGH* hier davon aus, dass in diesen Fällen eine Verdachtskündigung nicht nur möglich, sondern gar erforderlich ist. Voraussetzung ist danach nur, dass der Verdacht objektiv durch konkrete Tatsachen begründet ist und der Verdächtigte durch sein Verhalten erhebliche Gründe für den Verdacht gegeben hat. Das Vertrauensverhältnis kann aber selbst dann derart erschüttert sein, dass ein gedeihliches Zusammenwirken der Parteien nach den Gesamtumständen nicht mehr zu erwarten steht, wenn es an einem Verschulden fehlt.[185]
Ein Musikverlagsvertrag kann aufgrund persönlicher Zerwürfnisse fristlos gekündigt werden. Ehrverletzende Äußerungen sowie die Mitteilung ehrenrühriger Vertraulichkeiten und Indiskretionen können die Fortsetzung des Vertragsverhältnisses wegen der Störung der Vertrauensgrundlage unzumutbar machen. Je nach Eigenheit des konkreten Vertrauensverhältnisses kommt eine Zerstörung des Vertrauensverhältnisses umso eher in Betracht, je enger die persönliche Bindung zwischen Künstler und Verleger ist. Die endgültige Zerstörung der Vertrauensgrundlage kann dabei letztlich auch durch Umstände ausgelöst werden, die für sich allein zu einer Vertragsauflösung nicht ausreichen würden.[186]

2. Subverlagsvertrag
Der Subverlagsvertrag ist ein Dauerschuldverhältnis. Beim Subverlagsvertrag ist in Abgrenzung zum Verlagsvertrag neben dem Originalverleger ein Subverleger beteiligt.
Tiefgreifende persönliche Zerwürfnisse zwischen Künstler und Subverleger können die notwendige Vertrauensgrundlage im Verhältnis zum Originalverleger erschüttern und zur Auflösung des Subverlagsvertrages berechtigen. Nicht entscheidend ist dabei, ob sich der Originalverleger ein Verhalten des Subverlegers (nach § 278 BGB) zurechnen lassen muss. Denn wenn der Vertragszweck durch ein Verhalten des Subverlegers gefährdet wird, kommt es insoweit nur darauf an, ob der Originalverleger das Verhalten des Subverlegers deckt oder für Abhilfe sorgt.[187] Bereits ein auf den Abschluss von Verträgen gerichteter Vorvertrag begründet ein Dauer-

183 *BGH*, Urt. v. 25.2.1977 – I ZR 67/75 (KG Berlin) "Textdichteranmeldung", LM § 31 UrhG Nr. 7 = GRUR 1977, 551, 554 = NJW 1977, 1777.
184 *BAG*, Urt. v. 4.6.1964 – 2 AZR 310/63 (LAG München), BAGE 16, 72, 81 = AP § 626 BGB - Verdacht strafbarer Handlung- Nr. 13 = DB 1964, 1229 = EzA § 626 BGB Nr. 5 = NJW 1964, 1918 = JuS 1964, 500 = BB 1964, 1045 = SAE 1965, 65, 71 = ArbuR 1965, 91.
185 *BGH*, Urt. v. 25.2.1977 – I ZR 67/75 (KG Berlin) „Textdichteranmeldung", LM § 31 UrhG Nr. 7 = GRUR 1977, 551, 554 = NJW 1977, 1777.
186 *BGH*, Urt. v. 2.10.1981 – I ZR 81/79 (OLG München) „Musikverleger III", LM § 626 BGB Nr. 24 = NJW 1982, 641 = MDR 1982, 204 = WM 1981, 1339 = GRUR 1982, 41.
187 *BGH*, Urt. v. 13.12.1963 – Ib ZR 75/62 (KG Berlin), GRUR 1964, 326 = LM § 1 VerlG Nr. 4.

schuldverhältnis zwischen den Parteien, das infolge der damit verbundenen engen Interessenverknüpfung der Parteien im besonderen Maße gegenseitiges Vertrauen voraussetzt. Ein wichtiger Grund zur Lösung besteht auch dann, wenn es an einem Verschulden fehlt oder beiden Vertragsparteien ein Verschulden zur Last fällt. Maßgeblich ist allein, ob das Vertrauensverhältnis derart erschüttert ist, dass ein gedeihliches Zusammenwirken der Parteien nach den Gesamtumständen des Falles nicht mehr zu erwarten steht.[188]

3. Lizenzvertrag

Der Lizenzvertrag ist rechtlich als Dienstvertrag einzustufen. Ein Lizenzvertrag ist ein Vertrag, durch den ein Nutzungsrecht, Patent, Gebrauchsmuster oder eine Marke vom Urheber oder Inhaber teilweise oder ganz auf eine andere Person übertragen wird. Der Lizenzgeber wird in erster Linie zur Einräumung des Benutzungsrechts verpflichtet, der Lizenznehmer insbesondere zur Zahlung der vereinbarten Lizenzgebühr.[189] Eine vorzeitige außerordentliche Kündigung setzt den Verlust des Vertrauensverhältnisses im Dauerschuldverhältnis voraus.[190] Ein Vertrauensverhältnis ist im Rahmen des Lizenzvertrages wegen der persönlichen Natur der Lizenz gegeben bei Vereinbarung einer Nichtangriffsabrede, einer Pflicht zur Erzielung von Mindestumsatz, bei Vorliegen eines Überwachungsrechtes des Lizenzgebers oder etwa bei Verpflichtung zur Überlassung von Verbesserungserfindungen.[191] Die Fortsetzung dieses Dauerschuldverhältnisses ist nicht zumutbar bei irreparabler Zerstörung des Vertrauensverhältnisses. Nicht ausreichend ist, wenn die zum Anlass für die Kündigung angegebenen Gründe die „Zuverlässigkeit und wirtschaftliche Leistungsfähigkeit" des Kündigungsgegners „nicht in einem günstigen Licht erscheinen ließen".[192]

4. Vertriebsvertrag

Der Vertriebsvertrag ist ein Dauerschuldverhältnis, bei dem ein wichtiger Grund im Sinne des § 626 Abs. 1 BGB gegeben ist, wenn Tatsachen vorliegen, auf Grund deren dem kündigenden Teil unter Berücksichtigung aller Umstände des Einzelfalls und unter Abwägung der Interessen beider Vertragsteile die Fortsetzung des Vertrages bis zu dessen vereinbarter Beendigung nicht zugemutet werden kann. Die grundlose Weigerung, den Vertrag weiter zu erfüllen, ist geeignet, das Vertrauensverhält-

---

[188] *BGH*, Urt. v. 20.6.1958 – I ZR 132/57 (KG Berlin), GRUR 1959, 51 = NJW 1958, 1531 = BB 1958, 821 = DB 1958, 955.

[189] Vgl. die Definition bei *Creifelds*, S. 844.

[190] *BGH*, Urt. v. 29.4.1997 – X ZR 127/95 (OLG Karlsruhe) „Tinnitus-Masker", WRP 1997, 765 = BB 1997, 1503 = WM 1997, 1767 = LM § 15 PatG 1981 Nr. 6 = GRUR 1997, 610 = NJW-RR 1997, 1467: Lizenzvertrag über Patent.

[191] *Bartenbach/Gennen*, Rn. 2440.

[192] *BGH*, Urt. v. 29.4.1997 – X ZR 127/95 (OLG Karlsruhe) „Tinnitus-Masker", WRP 1997, 765 = BB 1997, 1503 = WM 1997, 1767 = LM § 15 PatG 1981 Nr. 6 = GRUR 1997, 610 = NJW-RR 1997, 1467.

nis der Parteien so nachhaltig zu erschüttern, dass eine Fortführung des Dauerschuldverhältnisses unzumutbar ist.[193] Bei der Beurteilung der Zumutbarkeit spielt im Rahmen der Gesamtwürdigung regelmäßig das eigene Verhalten der kündigenden Partei eine erhebliche Rolle.[194]

5. Internatsschulvertrag

Ein Internatsschulvertrag ist ein Dienstvertrag. Zwar sind auch Elemente anderer Vertragstypen enthalten, jedoch bilden die für die Schulausbildung und die erzieherische Betreuung erforderlichen Dienstleistungen den Schwerpunkt der Vertragspflichten.[195] Ein ernsthafter Selbstmordversuch eines Internatsschülers, der nicht im Internat bleiben will, kann ein zur fristlosen Kündigung des Internatsschulvertrages durch die Eltern des Schülers berechtigender wichtiger Grund sein. Für eine fristlose Kündigung nach § 626 BGB ist ein vertragswidriges oder gar schuldhaftes Verhalten des Kündigungsempfängers keine Voraussetzung. Auch Umstände, die der andere Teil nicht zu vertreten hat, können dem Kündigenden die Fortsetzung des Vertragsverhältnisses unzumutbar machen. Eine Einschränkung gilt insoweit nur für solche Umstände, die im Rahmen des vom Kündigenden vertraglich übernommenen Risikos liegen.[196]

6. Schiedsvertrag

Der Schiedsvertrag ist ein Dauerschuldverhältnis. Ein Schiedsvertrag soll nach seinem Inhalt, Sinn und Zweck bei bestimmten Rechtsstreitigkeiten den Rechtsschutz vom staatlichen Gericht auf ein privates Schiedsgericht verlagern. Er beinhaltet für beide Schiedsparteien eine dauernde Verfahrensförderungspflicht, in deren Ausübung sie auch gegebenenfalls persönlich zusammenzuwirken haben.[197] Er soll aber nicht einer Partei jeglichen Rechtsschutz abschneiden. Erweist sich daher ein Schiedsvertrag – gleichviel aus welchem Grunde – als praktisch undurchführbar, so hat jede Partei das Recht, ihn aus wichtigem Grunde zu kündigen.[198] Das Kündi-

---

193 *BGH*, Urt. v. 2.2.1989 – IX ZR 182/87 (OLG Hamm), LM § 765 BGB Nr. 64 = DB 1989, 1081 = MDR 1989, 631 = NJW 1989, 1482.

194 *BGH*, Urt. v. 29.11.1965 – VII ZR 202/63 (OLG Hamm), BGHZ 44, 271, 275 = LM § 89a HGB Nr. 7 = AP § 628 BGB Nr. 3 = JZ 1966, 273 = BB 1965, 1426 = DB 1965, 1905 = MDR 1966, 317 = NJW 1966, 347; *BGH*, Urt. v. 11.2.1981 – VIII ZR 312/79 (OLG Hamm), NJW 1981, 1264 = LM § 242 BGB [Bc] BGB Nr. 26 = MDR 1981, 839 = JuS 1981, 535 = BB 1981, 872 = WM 1981, 331.

195 *BGH*, Urt. v. 24.5.1984 – IX ZR 149/83 (OLG Düsseldorf), LM § 626 BGB Nr. 27 = NJW 1984, 2091 = JZ 1984, 1046 = MDR 1985, 51.

196 *BGH*, Urt. v. 24.5.1984 – IX ZR 149/83 (OLG Düsseldorf), LM § 626 BGB Nr. 27 = NJW 1984, 2091 = JZ 1984, 1046 = MDR 1985, 51.

197 *BGH*, Urt. v. 30.1.1964 – VII ZR 5/63 (OLG Frankfurt), BGHZ 41,104 = LM § 1025 ZPO Nr. 22 = NJW 1964, 1129 = MDR 1964, 410 = BB 1964, 282.

198 *BGH*, Urt. v. 30.1.1957 – V ZR 80/55 (OLG Koblenz), BGHZ 23, 198 = LM § 1025 ZPO Nr. 11 = BB 1957, 378 = NJW 1957, 589 = JZ 1957, 348; *BGH*, Urt. v. 30.1.1964 – VII ZR 5/63

gungsrecht aus wichtigem Grund ergibt sich dann aus § 242 BGB. Dauerschuldverhältnisse, insbesondere wenn sie ein persönliches Zusammenwirken der Vertragsteile erfordern, aber auch solche anderer Art, sind aus wichtigem Grunde kündbar, wenn die Durchführung des Vertrages erheblich gefährdet und daher dem Kündigenden nicht mehr zuzumuten ist.[199]

7. Gesellschaftsvertrag

Gesellschaftsverträge sind aus wichtigem Grund kündbar.

a) GbR

Ein zur Kündigung einer Gesellschaft bürgerlichen Rechts berechtigender wichtiger Grund i. S. d. § 723 Abs. 1 BGB liegt vor, wenn die Fortsetzung dem kündigenden Teil nicht zumutbar ist, zum Beispiel wenn ein geschäftsführender Gesellschafter seine Vollmacht missbraucht,[200] wenn ein Gesellschafter die Gesellschaft schädigt, erheblich gefährdet oder sonst das gesellschaftliche Vertrauensverhältnis nachhaltig zerstört[201]. Die Zerstörung des Vertrauensverhältnisses muss nicht stets einen wichtigen Grund ergeben, es kommt auf die Gesamtwürdigung im Einzelfall an. Der wichtige Grund setzt nicht das Verschulden des Mitgesellschafters voraus.[202] Auch ein Zerwürfnis allein genügt, wenn ein gedeihliches Zusammenwirken nicht mehr zu erwarten ist, z. B. bei Weigerung der übrigen Mitgesellschafter einen Gesellschafter auszuschließen, der sich eines versuchten Totschlags schuldig gemacht hat.[203]

b) Bruchteilsgemeinschaft

Die Gemeinschaft nach Bruchteilen (§§ 741 ff. BGB) ist aufhebbar, soweit ein wichtiger Grund gemäß § 749 Abs. 2 S. 1 BGB vorliegt.

Ein wichtiger Grund liegt erst vor, wenn die Fortsetzung der Gemeinschaft unzumutbar ist. Erforderlich ist, dass eine ordnungsgemäße gemeinschaftliche Nutzung unmöglich ist und der die Aufhebung Begehrende den wichtigen Grund nicht allein oder überwiegend herbeigeführt hat. Es reicht aus, wenn sich der gemeinschaftliche Gegenstand wegen Zerstörung des Vertrauensverhältnisses nicht mehr verwalten

---

(OLG Frankfurt), BGHZ 41, 104 = LM § 1025 ZPO Nr. 22 = NJW 1964, 1129 = MDR 1964, 410 = BB 1964, 282; *Wieczorek*[2], § 1025 B I c 2; *Albers*, in: Baumbach/Lauterbach/Albers/Hartmann[61], § 1029 Rn. 7.

199 *BGH*, Urt. v. 15.6.1951 – V ZR 86/50 (OLG Celle), LM § 242 (Ba) BGB Nr. 2 = NJW 1951, 836 = MDR 1951, 610; *BGH*, Urt. v. 13.1.1959 – I ZR 47/58 (OLG Frankfurt), LM § 242 (Bc) BGB Nr. 8 = MDR 1959, 547 = BB 1959, 538 = DB 1959, 594 = GRUR 1959, 384; *BGH*, Urt. v. 23.6.1960 – VIII ZR 115/59 (OLG Bamberg), LM B § 242 (Bc) BGB Nr. 10 = MDR 1960, 921 = BB 1960, 836 = NJW 1960, 1614.

200 *BGH*, Urt. v. 25.2.1985 – II ZR 99/84 (OLG Düsseldorf), WM 1985, 997, 998: kollusives Zusammenwirken mit Drittem.

201 *BGH*, Urt.v.11.10.1965 – II ZR 205/63, WM 1966, 31.

202 *BGH*, Urt. v. 18.11.1974 – II ZR 107/73 (OLG Saarbrücken), WM 1975, 329, 330.

203 *RG*, Urt. v. 17.1.1940 – II 126/39 (OLG München), RGZ 162, 388, 392.

und nutzen lässt, auch nicht etwa durch Einschalten neutraler Dritter, wobei es auf ein Verschulden der Beteiligten nicht ankommt.[204]

c) Ausschluss von Gesellschaftern

Im Rahmen der Auflösung (§ 133 HGB) und der Ausschließung (§ 140 HGB) wird zwischen verhaltensbezogenen und nicht verhaltensbezogenen Gründen unterschieden.[205] Die Ausschließung von Gesellschaftern aus der Gesellschaft ist möglich bei Veruntreuung[206], unberechtigten Entnahmen[207], objektiv begründetem Verdacht grober Unredlichkeit, wie z. B. Verschleierung von Sonderentnahmen[208], Aushöhlung des Gesellschaftsunternehmens und Aufbau eines eigenen in Erwartung der Trennung[209], Schädigung der Gesellschaft im Zusammenwirken mit Dritten[210] oder Übervorteilung bei gemeinsamer Steuerhinterziehung[211]. Persönliche Spannungen und gesellschaftsbezogene Meinungsverschiedenheiten genügen nur in Ausnahmefällen, etwa bei geschäfts- und gesellschaftsschädigenden Aussagen gegenüber Dritten oder bei Weitergabe von Interna.[212] Es können nicht vorwerfbare Umstände genügen, z. B. Krankheit oder eine nicht vorwerfbare, aber mit dem Gesellschaftsverhältnis unvereinbare Bindung.[213]

Der wichtige Grund ist ein Prognosetatbestand.[214] Entscheidend ist nicht ein in der Vergangenheit liegendes Verschulden des Gesellschafters, sondern die Beurteilung, ob ein künftiges Zusammenwirken unzumutbar ist.[215]

---

204 *BGH*, Urt. v. 30.4.1984 – II ZR 202/83 (OLG Hamburg), WM 1984, 873 = DNotZ 1986, 143.

205 *Karsten Schmidt*, in: MünchKomm-HGB, § 140 Rn. 22.

206 *BGH*, Urt. v. 17.2.1955 – II ZR 316/53 (OLG Stuttgart), BGHZ 16, 317, 323; *BGH*, Urt. v. 25.1.1960 – II ZR 22/59 (OLG Frankfurt), BGHZ 32, 17 = NJW 1960, 866 = LM § 551 ZPO Nr. 4 = MDR 1960, 644.

207 *BGH*, Urt. v. 23.2.1981 – II ZR 229/79 (OLG Celle), BGHZ 80, 346, 350 = NJW 1981, 2302 = ZIP 1981, 985 = DB 1981, 1972 = BB 1981, 1729 = MDR 1981, 912 = JZ 1981, 752 = GmbHR 1981, 290 = WM 1981, 936.

208 *BGH*, Urt. v. 17.12.1959 – II ZR 32/59 (OLG Düsseldorf), BGHZ 31, 295, 304 = WM 1960, 106; *Karsten Schmidt*, in: MünchKomm-HGB, § 140 Rn. 46.

209 *BGH*, Urt. v. 3.10.1967 – VI ZR 35/66 (OLG Stuttgart), DB 1967, 2036 = VersR 1967, 1068 = MDR 1968, 39 = BB 1967, 1486 = JR 1968, 340 = LM § 1542 RVO Nr. 56.

210 *BGH*, Urt. v. 25.2.1985 – II ZR 99/84 (OLG Düsseldorf), WM 1985, 997.

211 *BGH*, Urt. v. 21.3.1957 – II ZR 97/56 (KG Berlin), LM § 142 HGB Nr. 9 = WM 1957, 582, 583 = NJW 1957, 872 = BB 1957, 380; *BGH*, Urt. v. 17.12.1959 – II ZR 32/59 (OLG Düsseldorf), BGHZ 31, 295 = LM § 140 HGB Nr. 7 = NJW 1960, 625 = WM 1960, 106 = MDR 1960, 203 = BB 1960, 150.

212 *BGH*, Urt. v. 12.12.1994 – II ZR 206/93 (OLG Karlsruhe), NJW 1995, 597 = ZIP 1995, 113 = WM 1995, 250 = BB 1995, 215 = LM § 140 HGB Nr. 23 = MDR 1995, 272 = DB 1995, 923.

213 *BGH*, Urt. v. 9.7.1952 – II ZR 145/51 (OLG Frankfurt), LM § 140 HGB Nr. 2: wichtiger Grund auch ohne schuldhaftes Handeln; *Hopt*, in: Baumbach/Hopt, § 140 Rn. 7.

214 *Karsten Schmidt*, in: MünchKomm-HGB, § 140 Rn. 18.

215 *Karsten Schmidt*, in: MünchKomm-HGB, § 140 Rn. 46.

8. Verwaltervertrag (WEG)

Die Abberufung eines Verwalters im Wohnungseigentumsrecht ist aus wichtigem Grund gemäß § 26 Abs. 1 S. 3 WEG möglich. Grundsätzlich sind zwar die Abberufung und die Kündigung des Verwaltervertrages zu trennen – im Falle eines Eigentümerbeschlusses über die fristlose Kündigung des Verwaltervertrages wird man darin gleichzeitig eine Abberufung erblicken können.[216]

Ein wichtiger Grund für eine vorzeitige Abberufung des Verwalters liegt vor, wenn den Wohnungseigentümern unter Berücksichtigung aller – nicht notwendig vom Verwalter verschuldeter – Umstände nach Treu und Glauben eine Fortsetzung der Zusammenarbeit mit dem Verwalter nicht mehr zugemutet werden kann und deshalb das erforderliche Vertrauensverhältnis zerstört ist.[217] Wichtige Gründe sind z. B. die Missachtung des Willens der Wohnungseigentümer oder die Verletzung der Verwalterpflichten. Die grobe Missachtung der Wünsche einer Vielzahl von Wohnungseigentümern durch den Verwalter sowie Angriffe des Verwalters gegen den Verwaltungsbeirat und dessen Abqualifizierung und die erklärte Verweigerung einer Zusammenarbeit mit diesem stellen Angriffe gegen die Wohnungseigentümergemeinschaft und eine grobe Verletzung des Verwaltervertrages dar, die einen wichtigen Grund für die fristlose Kündigung des Verwaltervertrages darstellen können.[218] Wer unter Verletzung des Grundsatzes der Höchstpersönlichkeit des Verwalteramtes seine Stellung auf eine andere Person überträgt und dabei die Willensbildung der Wohnungseigentümer ausschaltet, missachtet die von ihnen getroffene Verwalterwahl und entzieht so einer weiteren Zusammenarbeit der Gemeinschaft mit ihm die Vertrauensbasis.[219] Abberufung und Kündigung des Verwalters sind auch möglich, wenn der Verwalter nach Entstehen der Eigentümergemeinschaft eineinhalb Jahre lang keine Eigentümerversammlung einberuft.[220]

Dabei ist nach herrschender Rechtsauffassung die Kündigung innerhalb angemessener Frist vorzunehmen; hierfür wird die Ausschlussfrist des § 626 Abs. 2 S. 1 BGB herangezogen und lediglich den besonderen Verhältnissen der Wohnungseigentümergemeinschaft Rechnung tragend angewendet.[221]

---

216 *BayObLG*, Beschl. v. 30.4.1999 – 2 Z BR 3/99 (LG Regensburg), ZMR 1999, 575 = NZM 1999, 844 = NJW-RR 1999, 1390 = Wohnungseigentümer 1999, 124 = WuM 2000, 270; *Engelhardt*, in: MünchKomm-BGB^4, § 26 WEG Rn. 14.

217 *BayObLG*, Beschl. v. 6.8.1985 – BReg 2 Z 45/85, ZMR 1985, 390, 391 = NJW-RR 1986, 445, 446; *OLG Hamm*, Beschl. v. 3.5.1990 – 15 W 8/90 (LG Bielefeld), WuM 1991, 218; *Engelhardt*, in: MünchKomm-BGB^4, § 26 WEG Rn. 13; *Pick*, § 26 Rn. 34.

218 *OLG Frankfurt*, Beschl. v. 19.5.1988 – 20 W 206/87, NJW-RR 1988, 1169 = WuM 1988, 323 = ZMR 1988, 348 = MDR 1988, 780.

219 *OLG Hamm*, Beschl. v. 3.5.1990 – 15 W 8/90 (LG Bielefeld), WuM 1991, 218.

220 *BayObLG*, Beschl. v. 30.4.1999 – 2 Z BR 3/99 (LG Regensburg), ZMR 1999, 575 = NZM 1999, 844 = NJW-RR 1999, 1390 = Wohnungseigentümer 1999, 124 = WuM 2000, 270.

221 *BayObLG*, Beschl. v. 30.4.1999 – 2 Z BR 3/99 (LG Regensburg), ZMR 1999, 575 = NZM

9. Insolvenzverwalter, Zwangsverwalter

Die Entlassung des vorläufigen Insolvenzverwalters ist aus wichtigem Grund dann möglich, wenn das Vertrauensverhältnis zwischen Verwalter und Gericht in einem Maße gestört bzw. zerrüttet ist, dass ein gedeihliches Zusammenarbeiten ausgeschlossen ist.[222] Zugrunde liegen die §§ 21 Abs. 2 Nr. 1, 59 Abs. 1 InsO.

Die Entlassung des Insolvenzverwalters kommt gemäß § 59 Abs. 1 InsO in Betracht, soweit eine die gedeihliche Zusammenarbeit ausschließende Störung oder gar Zerrüttung des Verhältnisses zwischen Insolvenzverwalter und Gericht oder zum Gläubigerausschuss gegeben ist.[223] Die Vertrauensbeziehung zu dem Insolvenzgericht kann beispielsweise zerstört werden durch unpassende, anmaßende und beleidigende Vorwürfe gegenüber dem Insolvenzrichter oder durch in hohem Maße unsachliche Schreiben, wonach eine weitere Zusammenarbeit zwischen Gericht und Insolvenzverwalter schlechthin untragbar erscheint.[224]

Im Rahmen des Entlassungsverfahrens hat das Gericht auf Antrag die erforderlichen Ermittlungen von Amts wegen (§ 5 InsO) anzustellen; am Ende der Ermittlungen muss der wichtige Grund zur Überzeugung des Gerichts feststehen. Zwar ist bereits jeder böse Schein einer Pflichtverletzung zu vermeiden und ein bloßer Verdacht auf begangene Verfehlungen des Insolvenzverwalters reicht grundsätzlich noch nicht aus, da die Ausübung des Insolvenzverwalteramtes dem Schutz von Art. 12 GG unterliegt.[225] Besteht jedoch die Gefahr, dass der Insolvenzverwalter größere Ausfälle der Gläubiger zu vertreten hat, genügt auch ein entsprechender Verdacht zur Entlassung.[226]

Das Vollstreckungsgericht kann einen Zwangsverwalter gemäß § 153 Abs. 2 S. 1 ZVG entlassen, wenn gegen den Verwalter Anklage wegen Untreue und Erpressung bzw. versuchter Erpressung in einer Mehrzahl von Fällen erhoben wird, auch wenn die Tatvorwürfe nicht im unmittelbaren Zusammenhang mit dessen Tätigkeit als Zwangsverwalter stehen.[227]

1999, 844 = NJW-RR 1999, 1390 = Wohnungseigentümer 1999, 124 = WuM 2000, 270; *OLG Frankfurt*, Beschl. v. 13.9.1974 – 20 W 475/74, NJW 1975, 545 = MDR 75, 319; *OLG Frankfurt*, Beschl. v. 19.5.1988 – 20 W 206/87, NJW-RR 1988, 1169 = WuM 1988, 323 = ZMR 1988, 348 = MDR 1988, 780; *Pick*, § 26 Rn. 36.

222 *OLG Zweibrücken*, Beschl. v. 25.9.2000 – 3 W 205/00, NJW-RR 2001, 631 = NZI 2000, 535 = ZInsO 2000, 611.

223 *Eickmann*, in: HeidelbergKomm-InsO, § 59 Rn. 3; *Kind*, in: FrankfurtKomm-InsO, § 59 Rn. 10.

224 *OLG Zweibrücken*, Beschl. v. 31.5.2000 – 3 W 94/00 (LG Zweibrücken), NZI 2000, 373.

225 *Carl*, DZWiR 1994, 78, 80 f.; *Kind*, in: FrankfurtKomm-InsO, § 59 Rn. 10.

226 *AG Halle-Saalkreis*, Beschl. v. 13.10.1993 – 50 N 15/92, ZIP 1993, 1743, 1748; *Carl*, DZWiR 1994, 78, 81; *Kind*, in: FrankfurtKomm-InsO, § 59 Rn. 10; a. A. *LG Halle*, Beschl. v. 22.10.1993 – 2 T 247/93 (AG Halle-Saalkreis), ZIP 1993, 1739 = DZWiR 1994, 74: Entlassung nur bei Nachweis der Verfehlungen.

227 *BGH*, Beschl. v. 5.3.1998 – IX ZB 13/98 (OLG Karlsruhe), WM 1998, 993 = KTS 1998, 622

10. Testamentsvollstrecker

Der Testamentsvollstrecker kann gemäß § 2227 BGB entlassen werden, soweit ein wichtiger Grund vorliegt. Beispielhaft angeführte Gründe sind eine grobe Pflichtverletzung oder die Unfähigkeit zur ordnungsgemäßen Geschäftsführung.
Neben den genannten Gründen kann sich ein wichtiger Grund zur Entlassung ohne Rücksicht auf ein Verschulden des Testamentsvollstreckers dann ergeben, wenn der Testamentsvollstrecker begründeten Anlass zur Annahme gibt, dass ein weiteres Verbleiben im Amt der Ausführung des Erblasserwillens hinderlich sei oder dass dadurch anderenfalls eine Schädigung oder erhebliche Interessengefährdung der am Nachlass Beteiligten zu befürchten ist.[228]
Der wichtige Grund muss auf objektiven Tatsachen beruhen. Es ist ein strenger Maßstab anzulegen, so dass nicht ein lediglich den Erben lästiger Testamentsvollstrecker aus dem Amt gedrängt werden kann.[229] Ein wichtiger Grund kann vorliegen, wenn der Testamentsvollstrecker Anlass für ein Misstrauen in die unparteiliche Amtsführung gegeben hat, z. B. durch einseitige oder eigennützige Auslegung[230], durch pflichtwidrige Honorarentnahmen[231], oder wenn der Testamentsvollstrecker verdächtig ist, eine Generalvollmacht des Erblassers kurz vor dem Erbfall zum eigenen Vorteil genutzt[232] oder sich selbst ein Darlehen aus dem Nachlass gewährt zu haben[233].

11. Handelsvertretervertrag

Die Kündigung des Handelsvertreters aus wichtigem Grund ist gemäß § 89a HGB möglich, wenn das Vertrauensverhältnis derart zerrüttet ist, dass ein gedeihliches Zusammenarbeiten der Parteien nicht mehr zu erwarten steht.

= NJWE-WettbE 1999, 28.

228 *BayObLG*, Beschl. v. 28.7.2003 – 1 Z BR 140/02 (LG München I), BayObLGR 2004, 149 = NJW-RR 2004, 366 = Rpfleger 2003, 655 = FamRZ 2004, 740.

229 *OLG Hamm*, Beschl. v. 6.11.2000 – 15 W 314/00, Rpfleger 2001, 132 = NJWE-FER 2001, 77 = ZEV 2001, 278 = FamRZ 2001, 1178; *BayObLG*, Beschl. v. 8.6.2001 – 1 Z BR 74/00 (LG Traunstein), Rpfleger 2001, 548 = NJWE-FER 2001, 317 = ZEV 2001, 24 = FamRZ 2002, 991; *BayObLG*, Beschl. v. 28.7.2003 – 1 Z BR 140/02 (LG München I), BayObLGR 2004, 149 = NJW-RR 2004, 366 = Rpfleger 2003, 655 = FamRZ 2004, 740; *Edenhofer*, in: Palandt[62], § 2227 Rn. 5.

230 *BayObLG*, Beschl. v. 13.8.1985 – BReg 1 Z 10/85, BayObLGZ 85, 296, 298 = Rpfleger 1985, 444 = FamRZ 1986, 104; *BayObLG*, Beschl. v. 11.7.2001 – 1 Z BR 131/00 (LG Bamberg), BayObLGZ 2001, 167 = NJW-RR 2002, 77 = Rpfleger 2001, 593 = FamRZ 2002, 272 = ZEV 2002, 157; *BayObLG*, Beschl. v. 28.7.2003 – 1 Z BR 140/02 (LG München I), BayObLGR 2004, 149 = NJW-RR 2004, 366 = Rpfleger 2003, 655 = FamRZ 2004, 740.

231 *OLG Köln*, Beschl. v. 5.10.1987 – 2 Wx 27/87 (LG Aachen), OLGZ 1988, 26 = JMBl. NW 1988, 19 = NJW-RR 1987, 1414.

232 *BayObLG*, Beschl. v. 11.4.1995 – 1 Z BR 86/94 (LG München I), BayObLGR 1995, 59 = NJW-RR 1996, 714 = ZEV 1995, 366 = FamRZ 1996, 186 = DNotZ 1996, 110.

233 *OLG Frankfurt*, Beschl. v. 6.2.1998 – 20 W 51/95 (LG Frankfurt), OLGR 1998, 225 = NJW-RR 1998, 795 = FamRZ 1998, 926 = ZEV 1998, 350.

Zunächst einmal ist in der Rechtsprechung anerkannt, dass der Verdacht eines pflichtwidrigen Verhaltens einen wichtigen Grund zur fristlosen Kündigung begründen kann.[234] Es braucht sich nicht um den Verdacht eines strafbaren Tuns zu handeln, vielmehr genügt der Verdacht eines sonstigen Vertrauensbruchs.[235] Dies ergibt sich aus dem Begriff des wichtigen Grundes, der nur einen Sachverhalt voraussetzt, der bei vernünftigem Ermessen einem Unternehmer die Fortsetzung eines Dienstverhältnisses nicht mehr zumutbar erscheinen lässt.[236]
Dass eine versuchte Straftat zum Nachteil des Prinzipals, auch wenn sie nicht im Rahmen des Handelsvertretervertrages, sondern „nur" im Rahmen eines daneben bestehenden „privaten" Vertragsverhältnisses begangen wurde, dessen Vertrauen in die Person des Handelsvertreters so nachhaltig erschüttert, dass hierdurch die fristlose Kündigung selbst eines langjährigen Vertragsverhältnisses gerechtfertigt ist, unterliegt keinem vernünftigem Zweifel.[237] Dies gilt jedoch nicht erst im Falle einer rechtskräftigen strafrechtlichen Verurteilung des Handelsvertreters, sondern bereits dann, wenn sich dieser Verdacht hinreichend erhärtet hat, was jedenfalls dann der Fall ist, wenn gegen den Handelsvertreter das gemäß § 203 StPO einen hinreichenden Tatverdacht erfordernde strafrechtliche Hauptverfahren eröffnet wird, ohne dass der Handelsvertreter dem gegen ihn erhobenen Tatvorwurf in der Sache hinreichend entgegengetreten ist.[238]
Eine Beleidigung oder Missachtung des Unternehmers durch den Handelsvertreter kann ein wichtiger Grund zur fristlosen Kündigung sein, und zwar auch dann, wenn sich das beleidigende Verhalten nicht gegen den Inhaber der vertretenen Firma selbst, sondern gegen dessen leitende Angestellte richtet. Ein nur unziemliches Verhalten des Handelsvertreters ist dagegen kein wichtiger Grund zur fristlosen Kündigung. Ein wichtiger Grund für die fristlose Kündigung kann ferner vorliegen, wenn der Handelsvertreter den Interessen des Unternehmers zuwider handelt.[239] Durch Aufnahme einer ungenehmigten Tätigkeit kann das Vertrauensverhältnis so schwer beeinträchtigt werden, dass eine Fortsetzung bis zum Ablauf der Frist unzumutbar ist.[240]

---

[234] *RAG*, Urt. v. 23.6.1934 – RAG. 318/33 (LAG Köln), ARS Bd. 21, S. 145; *BAG*, Urt. v. 24.3.1958 – 2 AZR 587/55 (LAG Baden-Württemberg, Kammern Freiburg i. Br.), AP § 626 - Verdacht strafbarer Handlung- Nr. 5 (m. Anm. *A. Hueck*).

[235] *RAG*, Urt. v. 22.9.1937 – RAG. 82/37 (LAG Breslau), ARS Bd. 31, S. 260, 264.

[236] Vgl. *BGH*, Urt. v. 5.2.1959 – II ZR 107/57 (OLG München), BGHZ 29, 275 = LM § 89b HGB Nr. 7 = NJW 1959, 878 = JZ 1959, 252 = MDR 1959, 368 = BB 1959, 317 = DB 1959, 345 = VersR 1959, 268 = JR 1960, 59.

[237] *KG Berlin*, Urt. v. 22.1.1999 – 14 U 4581/97 (LG Berlin), NJW-RR 2000, 1566 = NZA-RR 2000, 639.

[238] Vgl. *BGH*, Urt. v. 5.2.1959 – II ZR 107/57 (OLG München), BGHZ 29, 275 = LM § 89b HGB Nr. 7 = NJW 1959, 878 = JZ 1959, 252 = MDR 1959, 368 = BB 1959, 317 = JR 1960, 59 = DB 1959, 345 = VersR 1959, 268.

[239] *OLG Stuttgart*, Urt. v. 9.6.1960 – 2 U 13/60 (LG Stuttgart), BB 1960, 956.

[240] *BGH*, Urt. v. 17.1.2001 – VIII ZR 186/99 (OLG Dresden), VersR 2001, 370 = BB 2001, 645

Hat der Handelsvertreter durch sein Verhalten die Vertrauensgrundlage für das Vertragsverhältnis schwer und nachhaltig erschüttert, ist eine fristlose Kündigung des Vertragsverhältnisses ´Agenturvertrag´ ohne vorherige Abmahnung jedenfalls dann wirksam, falls die Störung des Vertrauensverhältnisses so gravierend ist, dass sie eine Billigung des Verhaltens offensichtlich ausschließt, beziehungsweise die Vertrauensbasis so erschüttert ist, dass sie durch eine Abmahnung nicht wiederhergestellt werden kann,[241] so z. B. bei Mehraufschreibungen von Kundenbestellungen[242] oder unerlaubter Vertretung einer Konkurrenzfirma[243]. Trotz der langjährigen Zusammenarbeit der Parteien kann eine – nicht nur unerhebliche – Täuschungshandlung die Kündigung ohne Abmahnung rechtfertigen, weil ein Vertragspartner, der zu einer derartigen Täuschungsaktion überhaupt einmal bereit gewesen ist, eine schon als verwerflich zu bezeichnende Grundhaltung zeigt, die jede Basis für eine vertrauensvolle Zusammenarbeit zerstört.[244]

Bei einem Vertragshändlervertrag, welcher – dem Handelsvertretervertrag ähnlich – als Dauerschuldverhältnis in besonderem Maße gegenseitiges Vertrauen voraussetzt, kann ein wichtiger Grund auf Lösung der Vertragsbeziehungen auch dann gegeben sein, wenn beiden Vertragsparteien ein Verschulden zur Last fällt.[245] Maßgebend ist allein, ob das Vertrauensverhältnis derart zerrüttet ist, dass ein gedeihliches Zusammenwirken der Parteien nach den Gesamtumständen nicht mehr zu erwarten steht.[246] Ein nachhaltiges, die fristlose Kündigung rechtfertigendes Zerwürfnis wurde bei einer Herabwürdigung des Unternehmers und Untergrabung seiner Autorität angenommen[247], ebenso bei Erhebung einer Klage, ohne zuvor eine Klärung der aufgetretenen Misshelligkeiten versucht zu haben[248].

12. Bankverträge

Eine Bank ist zur fristlosen Kündigung eines Girokontos berechtigt, über das der Bankkunde Anlagegeschäfte für eine Organisation abwickelt, die im Verdacht steht,

---

= WM 2001, 1031 = DB 2001, 1195 = MDR 2001, 637 = NJW-RR 2001, 677 = EWiR 2001, 483 = NJ 2001, 590; *OLG Nürnberg*, Urt. v. 2.2.1967 – 2 U 98/66, VersR 1968, 298.

241 *Küstner/Thume*, Rn. 1750; *Westphal*, Rn. 797.

242 *BGH*, Urt. v. 21.11.1980 – I ZR 118/78 (OLG München), LM § 89a HGB Nr. 15 = WM 1981, 172 = AP § 89a HGB Nr. 1 = VersR 1981, 190 = MDR 1981, 376 = DB 1981, 987.

243 *OLG Nürnberg*, Urt. v. 2.2.1967 – 2 U 98/66, VersR 1968, 298.

244 *OLG Köln*, Urt. v. 20.10.2000 – 19 U 86/00 (LG Köln), OLGR 2001, 32 = NJW-RR 2001, 820 = VersR 2001, 1023 = EWiR 2001, 121.

245 *OLG Saarbrücken*, Urt. v. 10.2.1999 – 1 U 35/99-15 (LG Saarbrücken), OLGR 1999, 156 = NJW-RR 1999, 1339, 1340 = EWiR 1999, 1175.

246 *BGH*, Urt. v. 29.10.1959 – II ZR 27/58 (OLG München), BB 1960, 381 = VersR 1960, 246; *OLG Stuttgart*, Urt. v. 9.6.1960 – 2 U 13/60 (LG Stuttgart), BB 1960, 956.

247 *OLG Nürnberg*, Urt. v. 14.2.1967 – 7 U 100/66, VersR 1968, 298.

248 *OLG Celle*, BB 1963, 711.

nach dem sogenannten Schneeballsystem zu arbeiten.[249] Ein Darlehensvertrag kann gemäß §§ 626, 554a a. F. (543 n. F.) BGB außerordentlich gekündigt werden bei Verdacht des Vermögensverfalls oder ganz allgemein bei Zerrüttung eines bei Vertragsschluss bestehenden Vertrauensverhältnisses. § 490 Abs. 1 BGB gilt bei Vermögensverschlechterung des Darlehensnehmers, in sonstigen Fällen ist gemäß § 490 Abs. 3 BGB die allgemeine Regelung des § 314 BGB anwendbar.[250]

13. Reisevertrag

Der Reisevertrag wurde ursprünglich zwar dem Werkvertrag nachgebildet, ist jedoch ein Vertrag eigener Art[251]. Da der Leistungserfolg bei der Erbringung einzelner Reiseleistungen nicht auf einen Zeitpunkt beschränkt werden kann, hat der Reisevertrag zumindest auch den Charakter eines Dauerschuldverhältnisses.[252]
Das Reisevertragsrecht sieht für den Reisenden ein ausgeklügeltes System von Beendigungsmöglichkeiten vor. Neben dem Rücktrittsrecht (§ 651a Abs. 5 und § 651i BGB) und dem Kündigungsrecht (§ 651e und § 651j BGB) kann der Reisende folglich nur sehr eingeschränkt auf ein Recht zur außerordentlichen Kündigung zurückgreifen. Anerkannt ist es bei Bedrohung und unberechtigtem Verweis des Reisenden durch den Hotelier[253] oder bei Tod oder schwerer Krankheit des Reisenden oder nahestehender Personen nach[254] Reisebeginn[255].
Der Reiseveranstalter hat grundsätzlich nur die Kündigungsmöglichkeit wegen höherer Gewalt (§ 651j BGB). Er kann jedoch analog §§ 242, 626 BGB außerordentlich kündigen, wenn eine Fortsetzung der Reise mit dem Reisenden unzumutbar ist. Derartig schwerwiegende Gründe können vorliegen bei erheblicher Beeinträchtigung von Mitreisenden – beispielsweise durch fortgesetzte Beleidigungen, Pöbeleien etc. – oder des Reiseveranstalters bzw. dessen Leistungsträger, z. B. bei dauerhaften und nachhaltigen Störungen des Hausfriedens. Drogenkonsum im Rahmen einer Jugendreise stellt einen wichtigen Grund dar.[256]

14. Mietvertrag

Nach § 543 Abs. 1 S. 1 BGB kann jede Vertragspartei das Mietverhältnis aus wichtigem Grund außerordentlich fristlos kündigen. Ein wichtiger Grund liegt vor, wenn

---

[249] *OLG München*, Urt. v. 5.5.1995 – 14 U 875/94 (LG Kempten), OLGR 1995, 187 = NJW-RR 1996, 370 = WM 1996, 1623 = VuR 1996, 383.
[250] *Von Hase*, NJW 2002, 2278.
[251] BT-Drs. 8/786, S. 9; *Führich*, Rn. 78.
[252] *Führich*, Rn. 78.
[253] *LG Frankfurt/M.*, Urt. v. 1.8.1983 – 2/24 S 66/83, NJW 1983, 2884; *Führich*, Rn. 308.
[254] *Vor* Reisebeginn ist Rücktritt gemäß § 651i BGB möglich.
[255] *J. Eckert*, in: Staudinger, § 651e Rn. 7.
[256] *AG Bielefeld*, Urt. v. 13.11.1998 – 42 C 732/98, RRa 1999, 174: Haschisch-Konsum. *LG Frankfurt/M.*, Urt. v. 29.11.1993 – 2/24 S 350/92, NJW-RR 1994, 375: wichtiger Grund, soweit sich Reisender bei Buchung eines halben Doppelzimmers im Bett des fremden Mitreisenden mit einer Prostituierten vergnügt.

die Fortsetzung des Mietverhältnisses dem Kündigenden bis zur sonstigen Beendigung unzumutbar ist (Abs. 1 S. 2). § 543 Abs. 2 BGB (Zahlungsverzug) sowie § 569 Abs. 1 und Abs. 2 BGB enthalten gesetzlich definierte Kündigungsgründe. § 569 BGB enthält nur Ergänzungen[257] zur außerordentlichen Kündigung, die in § 543 BGB für alle Mietverhältnisse geregelt ist (Gesundheitsgefährdung, Störung des Hausfriedens, Ergänzungen zum Kündigungsgrund Zahlungsverzug). Die den wichtigen Grund ergebenden Tatsachen müssen aus dem Risikobereich des Kündigungsempfängers herrühren. Ein Verschulden ist hier – ausnahmsweise sogar im Gesetz verankert – nicht erforderlich. Die endgültige Zerstörung des Vertrauensverhältnisses kann die Unzumutbarkeit begründen.[258]

15. Anstellungsverhältnisse

Nutzt ein Geschäftsführer (einer GmbH) seine Stellung dazu aus, ein vorteilhaftes Geschäft, das ihm nur mit Rücksicht auf diese Stellung angetragen wird, ohne Unterrichtung der anderen Gesellschaftsorgane für eigene Rechnung abzuschließen, so bedeutet das in der Regel einen schweren Vertrauensbruch, der die außerordentliche Kündigung des Anstellungsvertrages auch dann rechtfertigen kann, wenn das Geschäft selbst die Interessen der Gesellschaft nicht beeinträchtigt hat.[259] Zuwendungen an Gesellschaftsorgane, um beim Abschluss von Verträgen bevorzugt zu werden, verstoßen selbst dann, wenn sie im Einzelfall keinen Nachteil für die Gesellschaft mit sich gebracht haben, gegen die Grundregeln des geschäftlichen Anstands[260]; die Annahme solcher Zuwendungen bedeutet daher regelmäßig auch eine grobe Pflichtverletzung des Organs. Auch ohne Beeinträchtigung der Interessen der Gesellschaft liegt in der Regel darin ein schwerer Vertrauensbruch, dass der Geschäftsführer seine Stellung missbraucht, um hinter dem Rücken der Gesellschaft für eigene Rechnung und zum eigenen Vorteil Geschäfte zu machen.[261]

16. Zwischenergebnis

Die Betrachtung von Lösungsmöglichkeiten[262] im Bereich der Dauerschuld- bzw. – ganz allgemein – Dauerrechtsverhältnisse hat die Erkenntnis zutage gefördert, dass die Fortsetzung von Dauerrechtsbeziehungen bzw. Dauerschuldverhältnissen regelmäßig unzumutbar ist bei irreparabler Zerstörung des Vertrauensverhältnisses. Ein

---

[257] *Weidenkaff*, in: Palandt[62], § 569 Rn. 1.

[258] *BGH*, Urt. v. 4.6.1969 – VIII ZR 134/67 (OLG Schleswig), NJW 1969, 1845 = LM § 254 (Cb) BGB Nr. 3 = MDR 1969, 1003 = BB 1969, 895: beiderseitiges Verschulden.

[259] *BGH*, Urt. v. 8.5.1967 – II ZR 126/65 (OLG Karlsruhe), LM § 626 BGB Nr. 14 = MDR 1967, 820 = JZ 1967, 497 = BB 1967, 731 = DB 1967, 1170.

[260] *BGH*, Urt. v. 26.3.1962 – II ZR 151/60 (OLG Karlsruhe), LM § 138 [Cb] BGB Nr. 13 = DB 1962, 634.

[261] *BGH*, Urt. v. 26.10.1964 – II ZR 127/62, WM 1964, 1320.

[262] Es handelt sich vorliegend keinesfalls um eine abschließende Darstellung, vielmehr ließen sich ohne weiteres das – hier gefundene – Ergebnis stützende zusätzliche Lösungsmöglichkeiten im Rahmen weiterer Dauerrechtsverhältnisse ins Feld führen.

Verdacht ist nur eine Möglichkeit unter vielen, das erforderliche Vertrauen entfallen zu lassen. Eine Sonderrolle der Verdachtskündigung ist insoweit folglich nicht erkennbar. Es lässt sich darüber hinaus sogar ein allgemeines zivilrechtliches Prinzip formulieren: Dauerschuldverhältnisse können bei Vertrauensverlust aus wichtigem Grund gelöst werden, selbst wenn eine ausdrückliche gesetzliche Regelung fehlt.[263]

Die Auflösbarkeit einer Dauerrechtsbeziehung aus wichtigem Grund ist ein allgemeiner Rechtsgrundsatz.[264] Dabei kann die endgültige Zerstörung des Vertrauensverhältnisses dessen Fortführung unzumutbar machen. § 626 BGB verkörpert das Prinzip, dass Dienstverhältnisse wegen Unzumutbarkeit der Fortführung aus wichtigem Grund gekündigt werden können.[265] Dieser Grundsatz wurde im Wege einer Gesamtanalogie zu den §§ 554a (jetzt: 543), 626, 723 BGB und unter Heranziehung des Grundsatzes von Treu und Glauben (§ 242 BGB) auch auf andere (Dauer-)Schuldverhältnisse angewendet[266]; heute existiert die Regelung des § 314 BGB. Daneben existieren zahlreiche (spezielle) Ausgestaltungen dieses Prinzips, z. B. in den § 89a HGB, §§ 133, 140 HGB[267] oder §§ 60, 61 GmbHG.

Die Kündigung ist als Anpassungsinstrument wegen der Eigenschaft des Arbeitsverhältnisses als Dauerrechtsverhältnis nötig, weil wegen der Dauer des Arbeitsverhältnisses ein besonderer Anpassungs- und Flexibilisierungsbedarf besteht.[268] Die Kündigung ermöglicht die Beendigung nicht mehr funktionierender Arbeitsverhältnisse.[269] Da ein auf objektive Tatsachen gestützter Verdacht die Vertrauensgrundlage zerstören kann, berechtigt ein solcher „qualifizierter" Verdacht zur Kündigung.

---

263 *Oetker*, Dauerschuldverhältnis, S. 265 ff.; *Edenfeld*, JA 1996, 379. Diese Ansicht wurde durch die nunmehr erfolgte Regelung des § 314 Abs. 1 BGB bestätigt.

264 *Karsten Schmidt*, in: MünchKomm-HGB, § 133 Rn. 46.

265 *Mugdan*, S. 912 ff.; *Jakobs/Schubert*, S. 814 ff.; *Belling*, in: Erman[11], § 626 Rn. 2.

266 *BGH*, Urt. v. 30.1.1964 – VII ZR 5/63 (OLG Frankfurt), BGHZ 41, 104 = LM § 1025 ZPO Nr. 22 = NJW 1964, 1129 = MDR 1964, 410 = BB 1964, 282; *BGH*, Urt. v. 2.2.1989 – IX ZR 182/87 (OLG Hamm), LM § 765 BGB Nr. 64 = NJW 1989, 1482 = MDR 1989, 631 = DB 1989, 1081 = WM 1989, 521 = NJW-RR 1989, 819; *BGH*, Urt. v. 26.9.1996 – I ZR 265/95 (OLG Stuttgart), BGHZ 133, 316 = BGHR BGB § 242 -Kündigung, wichtiger Grund- Nr. 12 = NJW 1997, 1702 = ZIP 1997, 331 = DB 1997, 721 = GRUR 1997, 382 = MDR 1997, 569 = JZ 1997, 900 = EWiR 1997, 277 = BB 1997, 599; *BGH*, Urt. v. 17.12.1998 – I ZR 106/96 (OLG München), NJW 1999, 1177 = LM § 242 (Bc) BGB Nr. 45 = TranspR 1999, 168 = BB 1999, 974 = WM 1999, 1013 = MDR 1999, 858 = BGHR BGB § 242 -Kündigung, wichtiger Grund- Nr. 15 = EWiR 1999, 303; *Oetker*, Dauerschuldverhältnis, S. 264 ff.; *Belling*, in: Erman[11], § 626 Rn. 2.

267 Gesellschafterbezogene Gründe rechtfertigen sowohl die Auflösung der Gesellschaft (§ 133 HGB) als auch die Ausschließung des Gesellschafters (§ 140 HGB); i. d. R. ist die Auflösung subsidiär, d. h. die Ausschließung hat Vorrang vor der Auflösung (*Karsten Schmidt*, in: MünchKomm-HGB, § 133 Rn. 19).

268 *Fastrich*, in: Festschrift für Wiedemann, S. 252, 254 f.

269 *Feuerborn*, S. 234.

Eine Kündigungsmöglichkeit aufgrund eines Verdachts ist folglich im Zivilrecht vorgesehen und diesem keineswegs fremd. Die Verdachtskündigung findet sich auch außerhalb des Arbeitsrechts; sie lässt sich mit dem Instrumentarium des § 626 Abs. 1 BGB im Wege der Auslegung erfassen.[270] § 626 Abs. 1 BGB verlangt Tatsachen sowie Unzumutbarkeit der Fortsetzung des Dienstverhältnisses bis zum Ablauf der Kündigungsfrist. Bei der Verdachtskündigung liegen beide Voraussetzungen vor. Wie gezeigt, ist ein im Subjektiven liegender Kündigungsgrund dem Zivilrecht keineswegs fremd, sondern es ist im Gegenteil gar ein zivilrechtliches Prinzip, dass Dauerschuldverhältnissen durch einen Vertrauensverlust der vertragliche Boden entzogen werden kann[271] und infolgedessen ein Recht zur außerordentlichen Kündigung besteht, ja, geradezu bestehen muss!

III. Kritische Beurteilung der Lösungsansätze

Unter diesem Blickwinkel sind die verschiedenen Lösungsansätze zu beurteilen.

1. Zur Subjektiven Theorie

Daraus folgt, dass der wahre Kündigungsgrund nicht der Verdacht, sondern der durch den Verdacht verursachte Vertrauensverlust ist.
Zwar wird dem vereinzelt entgegen gehalten, subjektive Umstände seien als rechtlich relevante „Tatsachen" a priori ausgeschlossen.[272] Dem entgegen ist keineswegs ersichtlich, weshalb subjektive Umstände ausgeschlossen sein sollten.[273] Tatsachenerhebliche subjektive Umstände sind der Rechtsordnung keineswegs fremd. So subsumiert die Rechtsprechung auch sonst „Geschehnisse und Zustände des menschlichen Seelenlebens" unter den Tatsachenbegriff.[274] Rein innerseelische Vorgänge und Verhaltensweisen, Gedanken, Empfindungen, Meinungen, Glaubensüberzeugungen, Sympathien und Antipathien sind ihrer Natur nach einer rechtlichen Regelung nicht zugänglich. Sie können zwar in Verbindung mit solchen Handlungen, in denen sie sich äußern, von der Rechtsordnung gewertet werden, sind aber als solche kein Gegenstand rechtlicher Regelung.[275] Ein im Subjektiven liegender Kündigungsgrund ist nur schwer überprüfbar und unter dem Gesichtspunkt der Rechtssicherheit bedenklich. Daher ist zwingend eine Objektivierung des im Subjektiven liegenden Kündigungsgrundes vorzunehmen.[276] Unter dieser Prämisse stellt die

---

270 A. A. *Preis*, DB 1988, 1444, 1448; *Schütte*, NZA 1991, Beil. 2, 17, 21; *Hoefs*, S. 82.

271 *Feuerborn*, S. 236. *Belling* (RdA 1996, 223, 229 f.) spricht von einem „Entfallen der Geschäftsgrundlage".

272 *Schütte*, NZA 1991, Beil. 2, 17, 21: keine Tatsachenqualität, sondern lediglich Motivation für Beendigungswillen; *Kittner*, in: Kittner/Trittin, § 626 BGB Rn. 35 f.

273 *Appel/Gerken*, ArbuR 1995, 201, 205; *Belling*, RdA 1996, 223, 226.

274 *BGH*, Urt. v. 26.3.1981 – IVa ZR 141/80 (KG Berlin), WM 1981, 744 = NJW 1981, 1562 = LM § 288 ZPO Nr.5 = MDR 1981, 829 = FamRZ 1981, 767: Willensrichtung bei Testamentserrichtung; *BGH*, Urt. v. 18.10.1973 – III ZR 192/71, DRiZ 1974, 27.

275 *Larenz/Canaris*, S. 192.

276 *Galperin*, DB 1964, 1114, 1115; *C. Weber*, SAE 1996, 57, 59.

Verdachtskündigung keine rechtsfortbildende Abweichung vom Grundsatz dar, dass nur erwiesene Tatsachen einen Kündigungsgrund abgeben können. Die zu beweisende Tatsache ist der Vertrauenswegfall. Der Nachweis wiederum ist nur möglich über objektive Verdachtstatsachen.[277] Das entspricht den Anforderungen, die § 626 BGB an eine wirksame Kündigung stellt. Die Verdachtskündigung fügt sich folglich dogmatisch in das System des Kündigungsrechts ein.[278] Die Verdachtskündigung ergibt sich nicht aus einer Rechtsfortbildung, sondern aus einer Auslegung des § 626 Abs. 1 BGB.[279]

2. Notwendigkeit einer Objektivierung

Ein Vertrauenswegfall allein genügt also nicht, erforderlich ist auch ein objektiv begründeter Verdacht.[280]

So kann der Vertrauensverlust seine Ursache im rein privaten Verhalten des Arbeitnehmers haben und auf nicht allgemein anerkannten oder sogar von der Rechtsordnung missbilligten Gründen beruhen. So zum Beispiel, wenn der Arbeitnehmer vom Arbeitgeber gewissermaßen „erwartete" Pflichtwidrigkeiten oder gar Straftaten *nicht* begeht oder der Arbeitgeber einfach nur ein „schlechtes Gefühl" hinsichtlich des Arbeitnehmers hat. Beispiele sind die Annahme des Arbeitgebers, der Arbeitnehmer habe etwa ein schlechtes Karma oder eine ungünstige Konstellation der Sterne oder der Arbeitnehmer sympathisierte mit der – aus Sicht des Arbeitgebers – „falschen" politischen Anschauung oder gar mit dem „falschen" Fußball- bzw. Sportverein. Hier kann dem Arbeitgeber schlechterdings kein Kündigungsrecht eingeräumt werden; sein Vertrauen ist hier nicht schutzwürdig. Insofern ist für einen Ausschluss „egozentrischer Exzesse" des Arbeitgebers zu sorgen.[281]

Umgekehrt reicht ein objektiver Verdacht allein aber ebenfalls nicht. Denn ein objektiver Verdacht hat nicht zwangsläufig einen Vertrauensverlust zur Folge. Dies stellt im Grunde eine Selbstverständlichkeit dar, zumal in diesen Fallgestaltungen ja ohnehin kein Arbeitgeber die Kündigung ausspricht. Als Beispiel anführen lässt sich

---

[277] Nach der h. M. muss der *Verdacht* objektiv durch bestimmte Tatsachen begründet sein. Vgl. *BAG*, Urt. v. 14.9.1994 – 2 AZR 164/94 (LAG Hessen), BAGE 78, 18 = AP § 626 BGB -Verdacht strafbarer Handlung- Nr. 24 = SAE 1996, 57 = DB 1995, 534 = MDR 1995, 505 = EzA § 626 BGB -Verdacht strafbarer Handlung- Nr. 5 = NZA 1995, 269 = NJW 1995, 1110 = ArbuR 1995, 229 = BB 1995, 1358 = JR 1995, 220 = RzK I 8c Nr. 33 = WiB 1995, 473 = AiB 1995, 663; *K. M. Dörner*, in: Ascheid/Preis/Schmidt, § 626 BGB Rn. 357; *Müller-Glöge*, in: ErfurtKomm^5, § 626 BGB Rn. 212; *Henssler*, in: MünchKomm-BGB^4, § 626 Rn. 245.

[278] *C. Weber*, SAE 1996, 57.

[279] Anders *Larenz/Canaris*, S. 187: ergibt sich aus Lückenausfüllung.

[280] Das vertritt *Hahn* zwar einerseits (S. 73, 74), andererseits will er nachträglich bekannt gewordene Entlastungstatsachen aber nicht im Hinblick auf die Wirksamkeit der Verdachtskündigung berücksichtigen (S. 116).

[281] Vgl. auch *Enderlein*, RdA 2000, 325, 326 ff., 330; *Deinert*, AuR 2005, 285, 289: kein Raum für „paranoide Ängste".

ein Verdacht[282] einer Pflichtwidrigkeit oder Straftat, aber im Einzelfall billigt oder fördert der Arbeitgeber das dem Verdacht zugrunde liegende Verhalten des Arbeitnehmers gar. Oder es besteht der Verdacht einer grundsätzlich schweren persönlichen Verfehlung, dem Arbeitgeber ist dies aber – aus nicht vorhersehbaren Gründen – gleichgültig oder ausnahmsweise sogar recht. In Betracht kommt des Weiteren ein Verdacht pflichtwidriger oder gar strafbarer Handlungen des Arbeitnehmers, jedoch beanstandet das der Arbeitgeber nicht, sondern nutzt es, um den Arbeitnehmer „in der Hand zu haben", oder der Arbeitgeber sieht die von ihm vorausgesetzten Charaktereigenschaften für einen harten Konkurrenzkampf als erfüllt an. Ist der Arbeitnehmer hier vielleicht im Auftreten gegenüber Dritten aggressiv oder „wenig zimperlich", kann ihm das im Einzelfall als Bonus statt als Malus gewertet werden. Auch hier kann dem Arbeitgeber kein Kündigungsrecht eingeräumt werden.[283]

Im Ergebnis kann also allein das Vorliegen eines objektiven Kündigungsgrundes nicht zu einer Lösung des Arbeitsverhältnisses führen. Es sind Fälle denkbar, in denen zwar objektiv ein Kündigungsgrund gegeben ist, der Arbeitgeber aber trotzdem entweder kein tatsächliches Interesse oder zumindest kein schutzwürdiges Interesse an einer Lösung des Arbeitsverhältnisses hat. § 626 Abs. 1 BGB verlangt Tatsachen sowie die Unzumutbarkeit der Fortsetzung des Arbeits- bzw. Dienstverhältnisses. Daraus folgt, dass nur beide Glieder der Kausalkette zusammen den Kündigungsgrund ergeben. Die Kausalkette besteht aus den Verdachtstatsachen, die einen Verdacht erzeugen, welcher wiederum zu einem Vertrauenswegfall führt. In diesem Sinne hält *Heilmann* aufgrund der komplexen Eigenschaft des Verdachtsbegriffs eine Verbindung objektiver und subjektiver Elemente für erforderlich, wobei die Vertrauenszerrüttung wichtigste Voraussetzung der Verdachtskündigung sein soll. Die Verdachtskündigung lasse sich wegen des Begriffs des Vertrauens nicht nur nach objektiven Kriterien beurteilen. Grundsätzlich aber sei danach zu fragen, ob ein vernünftig und gerecht denkender Arbeitgeber in gleicher Lage das Vertrauen zu dem Verdächtigten restlos verlieren kann.[284] Dem ist beizupflichten.[285]

Lücke und *Belling* sehen den Vertrauensverlust als die den Kündigungsgrund bildende Tatsache.[286] Somit wird eine im Subjektiven liegende Tatsache als causa

---

282 Das gilt auch für eine „Tat", da es sich hier um ein allgemeines Prinzip bei sämtlichen außerordentlichen Kündigungen handelt.

283 Das erscheint als Selbstverständlichkeit, da der Arbeitgeber hier schon gar nicht kündigen will.

284 *Heilmann*, S. 41, 42; *Popp*, in: HAS, § 19 B Rn. 432.

285 *BAG*, Urt. v. 14.9.1994 – 2 AZR 164/94 (LAG Hessen), BAGE 78, 18 = AP § 626 BGB - Verdacht strafbarer Handlung- Nr. 24 = SAE 1996, 52 = DB 1995, 534 = MDR 1995, 505 = EzA § 626 BGB -Verdacht strafbarer Handlung- Nr. 5 = NZA 1995, 269 = NJW 1995, 1110 = ArbuR 1995, 229 = BB 1995, 1358 = JR 1995, 220 = RzK I 8c Nr. 33 = WiB 1995, 473 = AiB 1995, 663; *Müller-Glöge*, in ErfurtKomm[5], § 626 BGB Rn. 212.

286 Ebenso *Bülow*, S. 166.

gesehen. Das ist einerseits mangels objektiver Überprüfbarkeit vor allem aus Gründen der Rechtssicherheit und Rechtsklarheit sehr bedenklich. Es greift darüber hinaus auch zu kurz. Übersehen wird vor allem, dass ein Vertrauensverlust rechtlich irrelevant ist, wenn in objektiver Hinsicht keine Tatsachen vorliegen, die in irgendeiner Form einen Vertrauensverlust rechtfertigen.[287]
Wenn *Belling* ausführt, der Vertrauensverlust sei die wichtigste und eigentliche causa, liegt zunächst einmal der Schluss nahe, dass es auch noch andere, weniger wichtige causae geben muss. Scheint dies sprachlich nicht nur möglich, sondern sogar nahe liegend, ergibt sich aus dem Zusammenhang der Ausführungen ein anderes Bild. *Belling* macht nämlich klar, dass der Vertrauenswegfall allein Kündigungsgrund sein soll. Dem kann so nicht gefolgt werden. Richtigerweise ist der Vertrauenswegfall nicht nur Aspekt für die Zumutbarkeitsabwägung, jedoch genauso wenig alleiniger Kündigungsgrund. Feststehende Tatsachen fehlen bei der Verdachtskündigung nämlich gerade nicht.[288] Denn die nach § 626 Abs. 1 BGB erforderlichen Tatsachen liegen vor in Gestalt der objektiven Verdachtstatsachen. Wenn *Belling* hier objektive Tatsachen vermisst, verlangt er an dieser Stelle Tatsachen für den Nachweis der Tat im Sinne einer Tatkündigung. Insoweit erscheint er an dieser Stelle inkonsequent und unterliegt hier demselben Irrtum wie das *BAG*, welches dann lediglich noch einen Schritt weiter geht und – im Ergebnis – nurmehr ganz auf den Verdacht abstellt.
Nach *Belling* ist einerseits der im Subjektiven liegende Kündigungsgrund zu objektivieren, andererseits führt er aus, die Verdachtskündigung sei keine rechtsfortbildende Abweichung vom Grundsatz, dass nur erwiesene Tatsachen einen Kündigungsgrund abgeben können, da der Vertrauenswegfall die zu beweisende Tatsache darstelle. Das lässt sich aber nicht miteinander vereinbaren. Ein im Subjektiven liegender Vertrauensverlust kann unter Gewährung von Rechtssicherheit nur nachgewiesen werden, wenn objektive Tatsachen vorgetragen werden, die gewöhnlicherweise nach allgemeiner Lebenserfahrung zu einem Vertrauensverlust führen. Eine Objektivierung des Vertrauensverlustes ist also nur möglich über objektive Verdachtstatsachen. Das aber führt zu einem gemischt objektiv-subjektiven Kündigungstatbestand.[289]

3. Gemischt objektiv-subjektiver Kündigungstatbestand

Objektive und subjektive Elemente sind eng miteinander verflochten – ihre Beziehung zueinander lässt sich in einem Stufenverhältnis erfassen. Auf der einen Seite erzeugen objektive Tatsachen ohne Vertrauensverlust keinerlei Wirkung, auf der anderen Seite ist ein etwaiger Vertrauensverlust ohne objektive Tatsachen ohnehin irrelevant und wird gar nicht mehr geprüft. Ein Kündigungsgrund besteht einzig und

---

287 So auch *Germakowski*, S. 10 f.

288 Anders *Moritz*, NJW 1978, 402, 403: „bei der Verdachtskündigung (...) ist der Beweis der Tatsachen nicht zu erbringen."

289 *Germakowski*, S. 11.

allein dann, wenn objektive Tatsachen in einem Vertrauensverlust kulminieren. Demzufolge ist der Kündigungstatbestand zweistufig: Auf der ersten Stufe sind zwingend erforderlich objektive Tatsachen. Diese Tatsachen müssen geeignet sein, bei einem vernünftig und gerecht denkenden durchschnittlichen Arbeitgeber[290], einen Vertrauensverlust herbeizuführen, infolgedessen diesem die Fortführung des Arbeitsverhältnisses selbst bis zum Ablauf der Kündigungsfrist unzumutbar ist.

Auf der zweiten Stufe muss ein Vertrauenswegfall eingetreten sein. Da es sich um einen inneren Vorgang handelt, genügt es, wenn sich der Arbeitgeber auf einen Vertrauenswegfall beruft. Dies ist auch konkludent möglich. Beruft sich der Arbeitgeber auf einen objektiv schwerwiegenden zu einer außerordentlichen Kündigung berechtigenden Sachverhalt, liegt darin regelmäßig gleichzeitig die Geltendmachung des Vertrauenswegfalls. Hätte der Arbeitgeber sein Vertrauen in den Arbeitnehmer nicht verloren, würde er den objektiven Sachverhalt gar nicht erst geltend machen. Der Vertrauenswegfall wird – rein faktisch – widerleglich vermutet.[291] Der Arbeitnehmer muss diese Vermutung widerlegen. Er muss also nachweisen, dass die Vertrauensgrundlage tatsächlich nicht durch die objektiv angegebenen Tatsachen entfallen ist. Denkbar ist eine solche Widerlegung beziehungsweise Gegenbeweis etwa dergestalt, dass der Arbeitgeber bei vergleichbarem Sachverhalt anderen Arbeitnehmern zuvor nicht gekündigt hatte, dort also die Vertrauensgrundlage nicht entfallen war. Gelingt dem Arbeitnehmer dieser Nachweis, obliegt es wiederum dem Arbeitgeber darzulegen und zu beweisen, weshalb im konkret zu beurteilenden Sachverhalt trotz allem ein Vertrauensverlust eingetreten ist. Praktisch gesehen stehen aber der Beweis beziehungsweise Gegenbeweis der objektiven Tatsachen im Vordergrund, da der Arbeitnehmer den vermuteten Vertrauenswegfall bei einem feststehenden Sachverhalt nur selten wird erschüttern können.

Die Verbindung von objektiven und subjektiven Elementen stellt also den Normalfall der Kündigung aus wichtigem Grund dar.[292] Objektive Tatsachen sind in der

---

290 *Joachim*, ArbuR 1964, 33, 38: „vernünftiger Arbeitgeber"; *Heilmann*, S. 41, 42: „vernünftig und gerecht denkender Arbeitgeber"; *A. Otto*, S. 49: "idealer Arbeitgeber"; *Trappe* (S. 214) und *Etzel* (in: KR[7], § 1 KSchG Rn. 508): „verständig und gerecht abwägender Arbeitgeber".

291 Der Anscheinsbeweis wird in erster Linie zum Nachweis eines ursächlichen Zusammenhangs herangezogen. Vorliegend dagegen ist nach allgemeiner Lebenserfahrung ein Vertrauensverlust gegeben, wenn der Arbeitgeber die Kündigung mit objektiven Tatsachen begründet. Bei der (Verdachts-)Kündigung wird also kein naturwissenschaftlicher Zusammenhang, sondern ein „Motivations-Zusammenhang" nachgewiesen. Der Arbeitnehmer muss den äußeren Geschehensablauf, also die objektiven (Verdachts-)Tatsachen, widerlegen oder darlegen, dass trotz gegebenem äußeren Geschehensablauf doch kein Vertrauensverlust eingetreten ist. In Letzterem liegt eine Abweichung vom herkömmlichen Anscheinsbeweis. Es lässt sich jedoch festhalten, dass diese Vermutung dem Anscheinsbeweis zumindest ähnlich ist.

292 So auch *Hillebrecht*, in: KR[4], § 626 BGB Rn. 59a.

Kausalkette unverzichtbar[293], das Hauptgewicht[294] bzw. auslösende Moment liegt aber im Vertrauensverlust[295], da hierdurch erst ein möglicher Kündigungsentschluss ausgelöst werden kann. Diese Ausführungen beschreiben wie gesagt keine Besonderheit der Verdachtskündigung. Unabhängig vom Kündigungsgrund ist nämlich stets eine objektivierte Prognose erforderlich; der Prognose muss dabei stets eine hinreichend abgesicherte, objektiv nachvollziehbare Tatsachengrundlage zugrunde liegen.[296] Nicht nur bei der Verdachtskündigung hängen die objektive und die subjektive Ebene derartig zusammen, sondern grundsätzlich bei allen Kündigungen[297], also auch bei der Tatkündigung.[298] Bei der Tatkündigung ist lediglich die objektive Ebene derartig ausgeprägt, dass ein Vertrauensverlust so selbstverständlich ist, dass man diesen vernünftigerweise nicht in Frage stellt bzw. stellen kann. Die Verdachtskündigung passt in das „Normal-Schema" des § 626 Abs. 1 BGB und stellt folglich keinen Sonderfall der Kündigung aus wichtigem Grund dar.

An diesem Befund kann auch die Existenz des § 104 BetrVG nichts ändern. Ist dort zwar ausdrücklich von „gesetzwidrigem Verhalten" die Rede, bleibt doch ein auf objektiven Verdachtstatsachen beruhender Vertrauensverlust dessen ungeachtet unter § 626 Abs. 1 BGB subsumierbar. Die einzige Besonderheit der Verdachtskündigung liegt im rein tatsächlichen Bereich. Der Verdacht ist lediglich rein tatsächlich weniger als eine (komplette) Tat.[299] Um den Verdacht als graduelles faktisches, nicht aber rechtliches Minus zur Tat auszugleichen, ist lediglich ein strenger Maßstab an die Verdachtstatsachen anzulegen.

Der entscheidungserhebliche Zeitpunkt ist bei der Tatkündigung zwar nicht rechtlich, aber rein faktisch bis zum Schluss der letzten mündlichen Verhandlung in der Tatsacheninstanz verschoben, denn soweit sich die Unschuld auch erst aus nachträglich entstandenen Tatsachen ergibt, so war der Arbeitnehmer zum Zeitpunkt des Zugangs der Kündigung doch unschuldig. Genau hierin liegt der entscheidende Unterschied zwischen Tatkündigung und Verdachtskündigung; dazu ausführlich unten (2. Teil, B I 3). Der Unterschied liegt folglich nicht auf der Tatbestandsseite, sondern ergibt sich erst auf der prozessualen Ebene. Das kann aber in keinem Falle zur Unwirksamkeit einer Verdachtskündigung als solcher führen. Die Verdachtskündigung ist vielmehr zulässig.

---

293 Bei der Tatkündigung sind sie gewissermaßen „selbstverständlich" gegeben.

294 Es handelt sich um eine Frage der Gewichtung bzw. Betonung.

295 *Hillebrecht*, in: KR[4], § 626 BGB Rn. 174; *Germakowski*, S. 9; *Feuerborn*, S. 236.

296 *Preis*, LAGE § 611 BGB -Einstellungsanspruch- Nr. 1; *C. Weber*, SAE 1996, 57, 59; *Germakowski*, S. 7.

297 Ausnahme ist die betriebsbedingte Kündigung, da die tragenden Gründe aus der Sphäre des Kündigenden selbst stammen.

298 *C. Weber*, SAE 1996, 57, 58, 60.

299 Siehe auch unten (2. Teil, B I).

4. Voraussetzungen einer Verdachtskündigung
Aus obigen Ausführungen ergibt sich die Zulässigkeit einer Verdachtskündigung. Nunmehr kann auf deren Voraussetzungen eingegangen werden.

a) Kündigungsrelevanz der Pflichtverletzung
Eine Verdachtskündigung kommt selbstverständlich nur dann in Betracht, wenn – die Nachweisbarkeit der Pflichtverletzung unterstellt – der der Kündigung zugrunde liegende Sachverhalt eine außerordentliche Tatkündigung rechtfertigen könnte.[300] Bei Straftaten wird das regelmäßig der Fall sein; bei Pflichtwidrigkeiten ist dagegen zu prüfen, ob bei feststehender Pflichtverletzung eine Kündigung gerechtfertigt wäre. Es lassen sich Fallgruppen bilden, in denen eine Verdachtskündigung in Frage kommt: sittliche Verfehlungen gegenüber Mitarbeitern oder gegenüber Schutzbefohlenen bzw. sexueller Missbrauch von Kindern, Eigentums- und Vermögensdelikte zulasten des Arbeitgebers, Annahme von Schmiergeldzahlungen, Werkspionage, Verdacht der Mitgliedschaft in verbotenen politischen Parteien oder religiös motivierten Bekenntnisgemeinschaften. Der Verdacht der Mitgliedschaft in NSDAP, SS oder SA[301] und die Betätigung für die – verbotene – KPD wurden vom *BAG* als kündigungsrelevant angesehen. Eine Verdachtskündigung ist ebenfalls zuzulassen beim Verdacht der Tätigkeit für das MfS bzw. AfNS;[302] die Verdachtskündigung ist nicht ausgeschlossen durch das – für den öffentlichen Dienst konzipierte – Sonderkündigungsrecht nach Anl. I Kap. XIX Sachgeb. A Abschn. II Nr. 1 Abs. 5 Ziff. 2 des Einigungsvertrages.[303]

b) Zusammenhang zwischen Verdacht und geschuldeter Tätigkeit
Zwischen dem einen Verdacht erzeugenden Verhalten und der vertraglich geschuldeten Tätigkeit des Arbeitnehmers muss ein kündigungsrechtlich erheblicher Zu-

---

[300] *BAG*, Urt. v. 23.2.1961 – 2 AZR 187/59 (LAG Düsseldorf), BAGE 11, 6 = AP § 626 BGB -Verdacht strafbarer Handlung- Nr. 9 = ArbuR 1961, 315 = NJW 1961, 1133 = EzA BGB § 626 -Verdacht strafbarer Handlungen- Nr. 2 = DB 1961, 680 = MDR 1961, 540 = AR-Blattei Kündigung IX Entsch. 17 = AR-Blattei ES 1010.9 Nr. 17; *BAG*, Urt. v. 26.2.1987 – 2 AZR 170/86 (LAG Niedersachsen), RzK I 8c Nr. 13: unter B I der Gründe; *BAG*, Urt. v. 12.8.1999 – 2 AZR 923/98 (LAG Hamburg), BAGE 92, 184 = AP § 626 BGB -Verdacht strafbarer Handlung- Nr. 28 = NZA 2000, 421 = NJW 2000, 1969 = SAE 2001, 211 = EzA § 626 BGB -Verdacht strafbarer Handlung- Nr. 8 = ZTR 2000, 135 = AiB 2000, 173 = MDR 2000, 279 = AR-Blattei ES 1010.8 Nr. 84 = DB 2000, 48 = RzK I 8c Nr. 48 = EWiR 2000, 329; *BAG*, Urt. v. 6.7.2000 – 2 AZR 454/99 (LAG Hamburg), RzK I 8c Nr. 54 = FA 2000, 394; *Busch*, MDR 1995, 217; *A. Otto*, S. 215; *Däubler*, in: Kittner/Däubler/Zwanziger, § 626 BGB Rn. 154; *Etzel*, in: KR[6], § 1 KSchG Rn. 508; *Fischermeier*, in: KR[6], § 626 BGB Rn. 213.

[301] *Migsch*, S. 144: „Verdacht qualifizierter nationalsozialistischer Betätigung“.

[302] *Belling*, in: Festschrift für Kissel, S. 11, 30; *Hoefs*, S. 339.

[303] *BAG*, Urt. v. 28.1.1993 – 8 AZR 415/92 (LAG Berlin), NJ 1993, 379 = ArbuR 1993, 279 = RzK I 8m dd Nr. 36 = DZWiR 1995, 298 (m. Anm. *Kohte*): unter B II 1 der Gründe; *Belling*, in: Festschrift für Kissel, S. 11, 29.

sammenhang bestehen. Vereinzelt wird die Anwendbarkeit der Verdachtskündigung verneint, soweit sich die Kündigung auf ein außerdienstliches Verhalten des Arbeitnehmers stützt. Den erforderlichen Zusammenhang zwischen Verdachtshandlung und geschuldeter Tätigkeit vermisste beispielsweise das *LAG Köln* – von vornherein – bei einem in der Berufsbildung tätigen Sozialpädagogen, der im Verdacht eigenmächtiger Urlaubsverlängerung durch vorgetäuschte Arbeitsunfähigkeit und damit im Verdacht des Erschleichens von Leistungen stand.[304]

Diese Einschätzung ist kritikwürdig, denn aufgrund eines solchen Verdachts dürfte das Vertrauen des Beklagten in die persönliche und charakterliche Geeignetheit und Redlichkeit des Klägers im Rahmen der ihm obliegenden Ausbildungsarbeit wohl[305] zerstört sein. Das Urteil wurde dann auch zu Recht vom *BAG* aufgehoben.[306] Das *BAG* setzt dabei nicht voraus, sondern wertet es als erschwerend, wenn die Straftat bzw. Pflichtverletzung mit der vertraglich geschuldeten Tätigkeit des Arbeitnehmers zusammenhängt, der Arbeitnehmer eine sich aus dem Arbeitsvertrag ergebende Obhutspflicht verletzt und das Delikt bei Gelegenheit der Arbeitsleistung verübt.[307]

c) Begrenzung auf besondere Vertrauensverhältnisse?

Teilweise wird die Verdachtskündigung auf Arbeitsverhältnisse mit besonderen Vertrauenspositionen beschränkt. Nach *Moritz* besteht nur bei besonderen Vertrauenspositionen ein besonderes Vertrauen, das bereits durch einen Verdacht zerstört werden kann. Die Vertrauensstellung korreliere mit dem Handlungsspielraum des Arbeitnehmers, in dem er vom Arbeitgeber nicht kontrolliert werden könne, so dass sich der Arbeitgeber insoweit auf ihn verlassen müsse. Besteht ein solcher Handlungsspielraum nicht, sei ein Abwarten, ob sich der Verdacht bestätigt oder nicht, zumutbar.[308] Nach *Moritz* hatte das *BAG* bis dahin faktisch, aber unausgesprochen, eine Begrenzung auf Mitarbeiter in besonderen Vertrauensverhältnissen vorgenom-

---

[304] *LAG Köln*, Urt. v. 16.1.1990 – 11 Sa 853/89 (ArbG Köln), LAGE § 1 KSchG -Verhaltensbedingte Kündigung- Nr. 27 = DB 1990, 1337 = ARSt 1990, 105. Kritisch *Henssler*, LAGE § 1 KSchG -Verhaltensbedingte Kündigung- Nr. 27.

[305] Hierbei handelt es sich um eine Frage des Einzelfalls.

[306] *BAG*, Urt. v. 6.9.1990 – 2 AZR 162/90 (LAG Köln), EzA § 1 KSchG -Verdachtskündigung- Nr. 1.

[307] *BAG*, Urt. v. 12.8.1999 – 2 AZR 923/98 (LAG Hamburg), BAGE 92, 184 = AP § 626 BGB -Verdacht strafbarer Handlung- Nr. 28 = NZA 2000, 421 = NJW 2000, 1969 = SAE 2001, 211 = EzA § 626 BGB -Verdacht strafbarer Handlung- Nr. 8 = ZTR 2000, 135 = AiB 2000, 173 = MDR 2000, 279 = AR-Blattei ES 1010.8 Nr. 84 = DB 2000, 48 = RzK I 8c Nr. 48 = EWiR 2000, 329; *BAG*, Urt. v. 27.3.2003 – 2 AZR 51/02 (LAG Schleswig-Holstein), AP § 87 BetrVG 1972 -Überwachung- Nr. 36 = NZA 2003, 1193 = NJW 2003, 3436 = DB 2003, 2230 = BB 2003, 2578 = JZ 2004, 366 = EzA § 611 BGB 2002 -Persönlichkeitsrecht- Nr. 1 = EzBAT § 54 BAT -Strafbare Handlung- Nr. 22 = AR-Blattei ES 1010.9 Nr. 100; *BAG*, Urt. v. 10.2.2005 – 2 AZR 189/04 (LAG Berlin), AP § 1 KSchG 1969 Nr. 79 = EzA § 1 KSchG -Verdachtskündigung- Nr. 3 = NZA 2005, 1056, = ArbuR 2005, 343 = EzA-SD 2005, Nr. 18, 11 = NJW-Spezial 2005, 467.

[308] *Moritz*, NJW 1978, 402, 405 f.

men.[309] *Däubler* will die Verdachtskündigung nur bei engem persönlichem Kontakt zwischen Arbeitgeber und Arbeitnehmer zulassen.[310] Nach *Hillebrecht* ist eine Verdachtskündigung nur zulässig, wenn besonderes Vertrauen arbeitsvertraglich geschuldet ist. Eine Beschränkung auf besondere Vertrauenspositionen nimmt er aber nicht vor, da dadurch zusätzliche Zweifelsmomente an einer Verdachtskündigung im Einzelfall entstünden.[311]

Die These, das *BAG* habe faktisch eine Begrenzung auf Mitarbeiter in besonderen Vertrauensverhältnissen vorgenommen, lässt sich bereits mit dem Hinweis auf die der Rechtsprechung des *BAG* bis zu diesem Zeitpunkt zugrundeliegenden Fallgestaltungen entkräften. Zudem ist der von *Moritz* gezogene Schluss möglicherweise davon beeinflusst, dass die bis zum Ersten Arbeitsrechtsbereinigungsgesetz[312] gültigen Vorschriften der §§ 123, 124 GewO die außerordentliche Kündigung auf typisierte Fallgestaltungen katalogartig beschränkten, zu denen der Verdacht einer Katalogtat nicht gehörte. Die Verdachtskündigung war bis dahin einem sehr weiten Feld entzogen.[313] Da die Verdachtskündigung im Anwendungsbereich der GewO ausgeschlossen war, konnte sich die Rechtsprechung zur Verdachtskündigung nur mit anderen Arbeits- und Dienstverhältnissen auseinander setzen.

Eine wie auch immer geartete Beschränkung des Instituts der Verdachtskündigung auf Arbeitnehmer mit besonderer Vertrauensposition ist nicht gerechtfertigt.[314] Jedes Arbeitsverhältnis ist auf Treue und Fürsorge aufgebaut und setzt daher im Gegensatz zu anderen Schuldverhältnissen das Vorhandensein eines besonderen Vertrauenstatbestandes voraus.[315] Umgekehrt lässt sich festhalten, dass das Vertrauen umso anfälliger für einen Verdacht ist, je stärker das Vertrauen ausgeprägt ist.[316]

d) Dringlichkeit des Verdachts

Dringlichkeit des Verdachts ist Voraussetzung für eine Vertrauenszerrüttung, da nur dann das Vertrauen völlig zerrüttet sein kann.[317] Der Verdacht muss objektiv durch bestimmte Tatsachen begründet sein.[318] Er muss darüber hinaus auch dringend sein. Der eine Verdachtskündigung rechtfertigende Verdacht muss so dringend sein, dass er nur knapp unter der Schwelle der Gewissheit liegt und nachhaltigen Zweifeln

---

309 *Moritz*, NJW 1978, 402, 405 f.

310 *Däubler*, ArbR, Rn. 866.

311 *Hillebrecht*, in: KR⁴, § 626 BGB Rn. 175, 176.

312 BGBl. 1969 I, S. 1317.

313 *Herschel*, BlStSozArbR 1977, 113: durch die Neuregelung des § 626 BGB „wurde der Verdachtskündigung quantitativ das Tor geöffnet".

314 *LAG Berlin*, Urt. v. 9.7.1990 – 9 Sa 42/90 (ArbG Berlin), DB 1990, 2477 = RzK I 8c Nr. 17; *Lücke*, BB 1997, 1842, 1846; *Egli*, S. 142.

315 So bereits *LAG Schleswig-Holstein*, Urt. v. 31.1.1985 – 5 Sa 340/84 (ArbG Kiel), BB 1986, 1017 = RzK I 8c Nr. 4. Ebenso *A. Otto*, S. 217.

316 *Belling*, in: Festschrift für Kissel, S. 11, 27; *A. Otto*, S. 221.

317 *Heilmann*, S. 42 f.; *Ascheid*, KSchR, Rn. 162.

318 *Dorndorf*, in: HeidelbergKomm-KSchG, § 1 Rn. 847; *Etzel*, in: KR[6], § 1 KSchG Rn. 508.

Schweigen gebietet.[319] Es ist also zu prüfen, ob eine auf Beweisanzeichen (Indizien) gestützte große Wahrscheinlichkeit dafür besteht, dass der gekündigte Arbeitnehmer eine Straftat begangen hat.[320]
Abhängig vom Kündigungsgrund wird teilweise die Verhaftung des Arbeitnehmers für ausreichend erachtet, auch wenn es nicht zur Eröffnung des Hauptverfahrens kommt und das Verfahren mangels Beweisen eingestellt wird.[321] Die Tatsache einer Untersuchungshaft allein vermag einen wichtigen Kündigungsgrund jedoch nicht in jedem Falle zu begründen. Es kommt auf die Umstände an, die zur Untersuchungshaft führten.[322] Umgekehrt kann allein aus der Entlassung aus einer eintägigen Untersuchungshaft nicht geschlossen werden, dass kein dringender Tatverdacht mehr besteht.[323]
Der dringende Verdacht einer strafbaren Handlung ist immer ausreichend, wenn die Anklage wegen der Tat, die den Verdacht einer strafbaren Handlung begründet, erhoben wurde.[324] Mit Blick auf § 14 Abs. 2 Ziff. 1 EGZPO stellt dies keine rechtlich zwingende Folge dar, jedoch wird ein Arbeitgeber rein faktisch zumindest dann wohl auch von einem dringenden Verdacht ausgehen können, wenn ihm weitere Ermittlungsmaßnahmen nicht möglich sind. Demgegenüber wurde eine dem Arbeit-

---

319 *LAG Köln*, Urt. v. 10.8.1999 – 13 Sa 220/99 (ArbG Köln), ArbuR 2000, 157 = PersR 2000, 137 = FA 2000, 170 = EzA-SD 2000, Nr. 9, 13 = PersV 2000, 334 = ARSt 2000, 161 = RzK I 6a Nr. 178.

320 *BAG*, Urt. v. 4.6.1964 – 2 AZR 310/63 (LAG München), BAGE 16, 72, 81 = AP § 626 BGB - Verdacht strafbarer Handlung- Nr. 13 = SAE 1965, 65, 71 = ArbuR 1965, 91 = DB 1964, 1229 = EzA BGB § 626 Nr. 5 = NJW 1964, 1918 = JuS 1964, 500 = BB 1964, 1045; *BAG*, Urt. v. 30.6.1983 – 2 AZR 540/81 (LAG Düsseldorf), [nicht veröffentlicht]: unter II 2 der Gründe; *BAG*, Urt. v. 28.9.1989 – 2 AZR 111/89 (LAG Köln), NZA 1990, 568: unter II 3 a der Gründe; *LAG Köln*, Urt. v. 10.8.1999 – 13 Sa 220/99 (ArbG Köln), ArbuR 2000, 157 = FA 2000, 170 = EzA-SD 2000, Nr. 9, 13 = ARSt 2000, 161 = RzK I 6a Nr. 178: Verdacht so dringend, dass er nur knapp unter der Schwelle der Gewissheit liegt und nachhaltigen Zweifeln Schweigen gebietet. *Schwerdtner*, in: MünchKomm-BGB[3], § 626 Rn. 175; *Henssler*, in: MünchKomm-BGB[4], § 626 Rn. 246 f.; *Corts*, in: Schliemann, § 626 Rn. 175; *von Hoyningen-Huene/Linck*, § 1 Rn. 264; *Gallner*, in: HandKomm-KSchG, § 1 Rn. 575; *Müller-Glöge*, in: ErfurtKomm[5], § 626 BGB Rn. 212; *Deinert*, AuR 2005, 285, 286.

321 *LAG München*, Urt. v. 23.5.1958 – Sa 68/58/V N, DB 1958, 1188 = WA 1958, 178: Kündigung wegen Verdacht staatsfeindlicher Umtriebe.

322 *LAG Hamm*, Urt. v. 20.5.1960 – 5 Sa 797/58, SAE 1961, 107.

323 *BAG*, Urt. v. 6.11.2003 – 2 AZR 631/02 (LAG München), AP § 626 BGB -Verdacht strafbarer Handlung- Nr. 39 = NZA 2004, 919 = EzA § 626 BGB 2002 -Verdacht strafbarer Handlung- Nr. 2 = DB 2004, 1212 = AiB 2004, 322 = FA 2004, 220 = SAE 2004, 203.

324 *BAG*, Urt. v. 6.11.2003 – 2 AZR 631/02 (LAG München), AP § 626 BGB -Verdacht strafbarer Handlung- Nr. 39 = NZA 2004, 919 = EzA § 626 BGB 2002 -Verdacht strafbarer Handlung- Nr. 2 = DB 2004, 1212 = AiB 2004, 322 = FA 2004, 220 = SAE 2004, 203; *LAG München*, Urt. v. 30.6.1958 – N 157/57/VI, AMBl. BY 1958, C130 = WA 1959, 6; *LAG Köln*, Urt. v. 31.10.1997 – 11 (8) Sa 665/97 (ArbG Aachen), LAGE § 626 BGB -Verdacht strafbarer Handlung- Nr. 7 = LAGE § 102 BetrVG 1972 Nr. 66 = EzA-SD 1998, 5 = RzK I 8c Nr. 43; *Müller-Glöge*, in: ErfurtKomm[5], § 626 BGB Rn. 214.

geber seitens einer staatlichen Ermittlungsbehörde zugeleitete Zusammenfassung von Ermittlungsergebnissen, wonach ein Arbeitnehmer den Arbeitgeber durch Diebstahl bzw. Unterschlagung nachhaltig geschädigt habe, allein noch nicht für ausreichend gehalten, den Ausspruch einer außerordentlichen Verdachtskündigung zu rechtfertigen.[325]
Neben der Anklageerhebung wirkt auch die Eröffnung des Hauptverfahrens verdachtsverstärkend.[326] Strafanzeige muss nicht erstattet werden.[327]
Eine Einstellung des Strafverfahrens nach § 170 Abs. 2 S. 1 StPO steht der Wirksamkeit einer Verdachtskündigung nicht entgegen, weil der Einstellung nach § 170 Abs. 2 S. 1 StPO keinerlei Rechtskraftwirkung zukommt und das Strafverfahren jederzeit wieder aufgenommen werden kann.[328] Selbst nach rechtskräftigem Freispruch kann ein die Verdachtskündigung tragender dringender Verdacht fortbestehen.[329] Wegen der fehlenden Bindungswirkung an die strafgerichtlichen Feststellungen (§ 14 Abs. 2 EGZPO) muss das Arbeitsgericht eigene Feststellungen zur Dringlichkeit des Verdachts treffen.

e) Verschulden an Verdachtsentstehung?

Teilweise wird bei der Verdachtskündigung wegen der drohenden beträchtlichen Nachteile in der sozialen Stellung und dem beruflichen Ansehen ausnahmsweise ein

[325] *LAG Hamm*, Urt. v. 20.7.2000 – 12 Sa 791/00 (ArbG Herne), NZA-RR 2001, 635 = RzK I 8c Nr. 59: Bericht des Zollfahndungsamtes. Zustimmend *K. M. Dörner*, in: Ascheid/Preis/Schmidt, § 626 BGB Rn. 358.

[326] *LAG Köln*, Urt. v. 31.10.1997 – 11 (8) Sa 665/97 (ArbG Aachen), LAGE § 626 BGB - Verdacht strafbarer Handlung- Nr. 7 = LAGE § 102 BetrVG 1972 Nr. 66 = EzA-SD 1998, 5 = RzK I 8c Nr. 43; *Sandmann*, in: Henssler/Willemsen/Kalb, § 626 BGB Rn. 348; *Müller-Glöge*, in: ErfurtKomm[5], § 626 BGB Rn. 214. Kritisch *Corts*, in: Schliemann, § 626 Rn. 176; *K. M. Dörner*, in: Ascheid/Preis/Schmidt, § 626 BGB Rn. 358.

[327] *BAG*, Urt. v. 28.9.1989 – 2 AZR 111/89 (LAG Köln), NZA 1990, 568: unter II 3 c der Gründe; *Hergenröder*, in: MünchKomm-BGB[4], § 1 KSchG Rn. 199.

[328] *BAG*, Urt. v. 20.8.1997 – 2 AZR 620/96 (LAG Düsseldorf), AP § 626 BGB -Verdacht strafbarer Handlung- Nr. 27 = EzA BGB § 626 -Verdacht strafbarer Handlung- Nr. 7 = NZA 1997, 1340 = ArbuR 1997, 447 = NJW 1998, 1171 = BB 1997, 2484 = RdA 1998, 62; *BAG*, Urt. v. 5.4.2001 – 2 AZR 217/00 (LAG Düsseldorf), AP § 626 BGB -Verdacht strafbarer Handlung- Nr. 34 = SAE 2002, 105 = NZA 2001, 837 = EzA § 626 BGB -Verdacht strafbarer Handlung- Nr. 10 = NJW 2001, 3068 = DB 2001, 1941 = BB 2001, 2062 = RzK I 8c Nr. 58 = AuA 2002, 87; *Meyer-Goßner*, § 170 Rn. 9; *Graalmann-Scheerer*, in: Löwe-Rosenberg, § 170 Rn. 49; *Schmid*, in: KarlsruheKomm-StPO, § 170 Rn. 23; *Thau*, SAE 2002, 108, 112; *Hoß*, MDR 1998, 869, 871; *Appel*, in: Kittner/Zwanziger, § 96 Rn. 34; *Kappelhoff*, in: Tschöpe, 3 E Rn. 33b; *Etzel*, in: KR[6], § 1 KSchG Rn. 505, 507; *Henssler*, in: MünchKomm-BGB[4], § 626 Rn. 247; *Hergenröder*, in: MünchKomm-BGB[4], § 1 KSchG Rn. 201.

[329] *BAG*, Urt. v. 12.5.1955 – 2 AZR 77/53 (LAG Hamm), BAGE 2, 1 = AP § 626 BGB -Verdacht strafbarer Handlung- Nr. 1; *Henssler*, in: MünchKomm-BGB[4], § 626 Rn. 247; zweifelnd *Schwerdtner*, in: MünchKomm-BGB[3], § 626 Rn. 175; a. A. *Hergenröder*, in: MünchKomm-BGB[4], § 1 KSchG Rn. 198, 201: Bindung an freisprechendes Strafurteil.

Verschulden des Arbeitnehmers für erforderlich gehalten.[330] Dem kann nicht gefolgt werden.[331] Wie oben dargestellt, kommt es einzig und allein auf die objektiven Verdachtstatsachen und den dadurch ausgelösten Vertrauensverlust an. Ob die Verdachtstatsachen vom Arbeitnehmer schuldhaft herbeigeführt wurden, ist für die Wirksamkeit der Verdachtskündigung irrelevant.[332] Von Bedeutung kann ein Verschulden allenfalls bei der Bemessung von Ausgleichsansprüchen werden (siehe 3. Teil, B IV).

f) Interessenabwägung

Wie bei jeder außerordentlichen Kündigung gemäß § 626 BGB sind auch bei einer Verdachtskündigung die gesamten für und wider eine sofortige Beendigung des Arbeitsverhältnisses sprechenden Umstände erschöpfend zu würdigen und gegeneinander abzuwägen.[333] Das entscheidende Gericht muss sich dabei aber stets vor Augen halten, dass eine auf Verdacht gestützte Kündigung meist ähnlich diskriminierend wirkt wie eine Strafe und für den entlassenen Arbeitnehmer nicht nur die augenblickliche (wirtschaftliche) Lebensgrundlage beseitigt, sondern auch die Erlangung eines neuen Arbeitsplatzes erschweren kann.[334]

Im Rahmen der Interessenabwägung sind Persönlichkeit und Stellung des Arbeitnehmers im Betrieb, mögliche Gefahren einer Weiterbeschäftigung für den Arbeitgeber sowie eine lange beanstandungsfreie Betriebszugehörigkeit zu berücksichtigen, die im Einzelfall eine außerordentliche Verdachtskündigung ausschließen und lediglich eine ordentliche Kündigung (zu deren Zulässigkeit siehe 2. Teil, B V) ermöglichen können.[335]

---

330 *ArbG Duisburg*, Urt. v. 27.11.1952 – 1 Ca 962/52, BB 1953, 472 (m. Anm. *Reckenfelderbäumer*); *Heilmann*, S. 65. Ähnlich *Ascheid*, in: ErfurtKomm[5], § 1 KSchG Rn. 297.

331 So auch *BAG*, Urt. v. 4.11.1957 – 2 AZR 57/56 (LAG Hamburg), AP § 1 KSchG Nr. 39 = AP § 626 BGB -Verdacht strafbarer Handlung- Nr. 7 = SAE 1958, 118: Verdacht eines Geschäftsdiebstahls; *Rüthers/Henssler*, ZfA 1988, 31, 45; *Deinert*, AuR 2005, 285, 286.

332 *Herschel*, BlStSozArbR 1977, 113; *Hergenröder*, in: MünchKomm-BGB[4], § 1 KSchG Rn. 198.

333 *BAG*, Urt. v. 4.6.1964 – 2 AZR 310/63 (LAG München), BAGE 16, 72, 81 = AP § 626 BGB -Verdacht strafbarer Handlung- Nr. 13 = SAE 1965, 65, 71 = ArbuR 1965, 91 = DB 1964, 1229 = EzA BGB § 626 Nr. 5 = NJW 1964, 1918 = JuS 1964, 500 = BB 1964, 1045: unter I 3 d der Gründe; *A. Hueck*, AP § 626 BGB -Verdacht strafbarer Handlung- Nr. 13; *A. Otto*, S. 215; *Ascheid*, KSchR, Rn. 164; *Corts*, in: Schliemann, § 626 Rn. 170; *K. M. Dörner*, in: Dörner/Luczak/Wildschütz, D Rn. 831 f.; *ders.*, in: Ascheid/Preis/Schmidt, § 626 BGB Rn. 359 f.; *Bernstein*, AP § 626 BGB -Verdacht strafbarer Handlung- Nr. 34; *Egli*, S. 71.

334 *BAG*, Urt. v. 4.6.1964 – 2 AZR 310/63 (LAG München), BAGE 16, 72, 81 = AP § 626 BGB -Verdacht strafbarer Handlung- Nr. 13 = SAE 1965, 65, 71 = ArbuR 1965, 91 = DB 1964, 1229 = EzA BGB § 626 Nr. 5 = NJW 1964, 1918 = JuS 1964, 500 = BB 1964, 1045: unter I 3 d der Gründe. Zur diskriminierenden Wirkung bereits einer Suspendierung vgl. *Luckey*, NZA 1992, 873, 876.

335 *Etzel*, in: KR[7], § 1 KSchG Rn. 509.

Eine unwiderrufliche Freistellung ist ebenfalls zu berücksichtigen.[336] Liegt das Schwergewicht der Störung des Arbeitsverhältnisses in der Wiederholungsgefahr und ist mangels Weiterbeschäftigung des Arbeitnehmers eine weitere Pflichtverletzung ausgeschlossen, kann die Fortsetzung des Arbeitsverhältnisses ausnahmsweise zumutbar sein,[337] was aber wiederum nicht bei endgültiger Zerstörung des arbeitgeberseitigen Vertrauens gilt.[338]

Die Geringwertigkeit einer Sache im Zusammenhang mit einem Diebstahl bzw. einer Unterschlagung ist im Rahmen einer Interessenabwägung, nicht dagegen schon bei Prüfung der Frage, ob ein Kündigungsgrund an sich vorliegt, zu berücksichtigen.[339] Beruht die Verdachtskündigung auf einer Ehrlichkeitskontrolle oder einem Zuverlässigkeitstest, ist das Schaffen der „Verführungssituation" durch den Arbeitgeber selbst dann zu berücksichtigen, wenn der Test an sich zulässig ist.[340]

Ein Geständnis des Arbeitnehmers ist im Rahmen der Interessenabwägung zu berücksichtigen. Beschränkt sich der Arbeitgeber ausschließlich auf den Ausspruch einer Verdachtskündigung, soll ein beharrliches Leugnen der Tat zulasten des Arbeitnehmers wirken können, soweit sich der Verdacht nach Überzeugung des Gerichts zur Gewissheit verdichtet. Der durch den Verdacht beim Arbeitgeber eingetre-

---

[336] *BAG*, Urt. v. 5.4.2001 – 2 AZR 217/00 (LAG Düsseldorf), AP § 626 BGB -Verdacht strafbarer Handlung- Nr. 34 = SAE 2002, 105 = NZA 2001, 837 = EzA BGB § 626 -Verdacht strafbarer Handlung- Nr. 10 = NJW 2001, 3068 = DB 2001, 1941 = BB 2001, 2062 = RzK I 8c Nr. 58 = AuA 2002, 87; *von Hoyningen-Huene/Linck*, § 1 Rn. 263; *Fuchs*, in: Bamberger/Roth, § 626 Rn. 21; *Thies*, in: Henssler/Willemsen/Kalb, § 1 KSchG Rn. 164; *K. M. Dörner*, in: Dörner/Luczak/Wildschütz, D Rn. 831 f.; *ders.*, in: Ascheid/Preis/Schmidt, § 626 BGB Rn. 360a.

[337] *BAG*, Urt. v. 17.2.1982 – 7 AZR 663/79 (LAG Baden-Württemberg), [nicht veröffentlicht]: außerordentliche Kündigung eines ruhenden Arbeitsverhältnisses (aufgrund Ableistung des zivilen Ersatzdienstes) wegen außerdienstlichem Fehlverhalten.

[338] *BAG*, Urt. v. 5.4.2001 – 2 AZR 217/00 (LAG Düsseldorf), AP § 626 BGB -Verdacht strafbarer Handlung- Nr. 34 = SAE 2002, 105 = NZA 2001, 837 = EzA BGB § 626 -Verdacht strafbarer Handlung- Nr. 10 = NJW 2001, 3068 = DB 2001, 1941 = BB 2001, 2062 = RzK I 8c Nr. 58 = AuA 2002, 87: insbes. Abfindungszahlung in sechsstelliger Höhe (hier: 106.000 DM) dann unzumutbar.

[339] *BAG*, Urt. v. 12.8.1999 – 2 AZR 923/98 (LAG Hamburg), BAGE 92, 184 = AP § 626 BGB -Verdacht strafbarer Handlung- Nr. 28 = NZA 2000, 421 = NJW 2000, 1969 = SAE 2001, 211 = EzA § 626 BGB -Verdacht strafbarer Handlung- Nr. 8 = ZTR 2000, 135 = AiB 2000, 173 = MDR 2000, 279 = AR-Blattei ES 1010.8 Nr. 84 = DB 2000, 48 = RzK I 8c Nr. 48 = EWiR 2000, 329.

[340] *BAG*, Urt. v. 18.11.1999 – 2 AZR 743/98 (LAG Mecklenburg-Vorpommern), BAGE 93, 1 = AP § 626 BGB -Verdacht strafbarer Handlung- Nr. 32 = NZA 2000, 418 = BB 2000, 672 = DB 2000, 726 = NJW 2000, 1211 = ZIP 2000, 762 = RzK I 8c Nr. 5 = AR-Blattei ES 1010.8 Nr. 85 = EzA § 626 BGB -Verdacht strafbarer Handlung- Nr. 9 = RdA 2001, 49 = SAE 2001, 177 = JuS 2000, 930 = AuA 2001, 138 = EWiR 2000, 613 = ArbuR 2000, 156 = ZTR 2000, 277: unter II 2 c aa der Gründe; *Fuchs*, in: Bamberger/Roth, § 626 Rn. 21 a. E.

tene Vertrauensverlust werde nicht dadurch geringer, dass dem in Verdacht geratenen Arbeitnehmer sinnvoll nichts anderes übrig bleibt, als bis zum Tatnachweis sein Fehlverhalten zu leugnen.[341]

[341] *BAG*, Urt. v. 3.7.2003 – 2 AZR 437/02 (LAG Hessen), AP § 626 BGB -Verdacht strafbarer Handlung- Nr. 38 = EzA § 1 KSchG -Verdachtskündigung- Nr. 2 = NZA 2004, 307 = FA 2004, 251: unter II 2 e bb der Gründe.

2. TEIL: PROBLEMFELDER BEI DER ANWENDUNG DER VERDACHTSKÜNDIGUNG

A. Praktische Probleme bei der Verdachtskündigung

Bei der Anwendung und Umsetzung der Verdachtskündigung ergeben sich vielfältige Fragestellungen.

I. Die Anhörungspflicht

In Rechtsprechung und Literatur ist weitestgehend anerkannt, dass vor Ausspruch einer Verdachtskündigung der betreffende Arbeitnehmer anzuhören ist.

1. Vorherige Anhörung des Arbeitnehmers als formelle Wirksamkeitsvoraussetzung?

Das *BAG* erhob mit Urteil vom 11.4.1985[342] die Anhörung des Arbeitnehmers zu einer formellen Wirksamkeitsvoraussetzung.

a) Ausgangspunkt

Begründet wurde die Festschreibung der Anhörung als formelle Wirksamkeitsvoraussetzung mit der besonderen Schutzwürdigkeit des Arbeitnehmers, der ja immerhin unschuldig sein könnte. Wenn schon ein Nachschieben von Kündigungsgründen zulässig sei, dann sei es im Bereich Verdachtskündigung nur „recht und billig", auch entlastende Tatsachen zu berücksichtigen.[343] Schließlich bestehe auch bei einer krankheitsbedingten Kündigung das Risiko für den Kündigenden, dass die negative Gesundheitsprognose im Kündigungsschutzverfahren widerlegt werden kann.

b) Kritik

Dazu ist zunächst anzumerken, dass die Zulässigkeit des Nachschiebens von Kündigungsgründen nicht einfach unterstellt werden kann. Es ist dazu vielmehr eine eingehende Untersuchung erforderlich, die aber entgegen der Ansicht des *BAG* – sowie der diesbezüglich herrschenden Ansicht – zum Ergebnis führt, dass das Nachschieben von Kündigungsgründen nur in ganz beschränktem Umfang in Frage kommt, nämlich nur im Hinblick auf dem Arbeitgeber zum Zeitpunkt des Kündigungszugangs bekannte Tatsachen, welche er innerhalb der Zwei-Wochen-Frist des § 626 Abs. 2 BGB nachschiebt.

---

342 *BAG*, Urt. v. 11.4.1985 – 2 AZR 239/84 (LAG Hamburg), BAGE 49, 39 = AP § 102 BetrVG 1972 Nr. 39 = AP § 626 BGB -Verdacht strafbarer Handlung- Nr. 17 = EzA § 102 BetrVG 1972 Nr. 62 = NZA 1986, 674 = DB 1986, 1068 = ZIP 1986, 1068 = MDR 1986, 785 = NJW 1986, 674 = BB 1987, 1316 = AR-Blattei Kündigung IX Entsch. 69 = AR-Blattei ES 1010.9 Nr. 69 = RzK I 8c Nr. 6 = RzK I 10g Nr. 3.

343 *LAG Schleswig-Holstein*, Urt. v. 3.11.1988 – 6 Sa 463/88 (ArbG Flensburg), NZA 1989, 798 = RzK I 8c Nr. 15.

An dieser Stelle kann nur auf die später vorgenommene eingehende Untersuchung verwiesen werden (vgl. 2. Teil, B II). Somit entfällt bereits der Ausgangspunkt der vom *BAG* vorgenommenen Argumentation im Wege eines Erst-recht-Schlusses.

Die Rechtsprechung des *BAG* überzeugt nicht, da für sie weder ein praktisches Bedürfnis besteht noch eine überzeugende Begründung geliefert wird. Bis zur Entscheidung vom 11.4.1985 ging das *BAG* selbst noch davon aus, es gebe keinen allgemeinen Rechtssatz des Inhalts, dass eine außerordentliche Kündigung stets ausgeschlossen sei, wenn der Arbeitnehmer zu den Kündigungsgründen nicht vorher angehört worden ist.[344] Vielmehr richte es sich nach den Umständen des Einzelfalles, ob eine solche Anhörung geboten ist.[345] Die Anhörung vermöge an dem objektiven Tatbestand des wichtigen Grundes nichts zu ändern.[346] Diese dogmatisch tragfähige Linie hat das *BAG* mit der durch das Urteil vom 11.4.1985 begründeten gefestigten Rechtsprechung aufgegeben. Die Änderung in der Rechtsprechung ist kritikwürdig.

Einmal sind Wirksamkeitsvoraussetzungen Verschuldensmomente fremd.[347] Die Anhörungspflicht im Rahmen der Verdachtskündigung hat entgegen der Ansicht des *BAG* nicht den Charakter einer formellen Wirksamkeitsvoraussetzung, sondern vielmehr den Charakter einer Obliegenheit.[348]
Zum anderen beruht das gesamte Kündigungsschutzrecht ohnehin auf dem ultima-ratio-Prinzip, so dass die rechtsschöpferische Erhebung der vorherigen Anhörung zur formellen Wirksamkeitsvoraussetzung einer arbeitgeberseitigen Kündigung überflüssig ist.[349] Unbestritten ist eine Verdachtskündigung nur unter engen Voraussetzungen und vor allem dann zuzulassen, wenn dem Arbeitnehmer für eine etwaige Entkräftung der Vorwürfe Gelegenheit zur Stellungnahme eingeräumt wird. Zum Schutz des Arbeitnehmers ist es aber völlig ausreichend, bei fehlender vorheriger

[344] *BAG*, Urt. v. 8.8.1968 – 2 AZR 348/67 (LAG Hamm), AP § 626 BGB Nr. 57 (m. Anm. *Herschel*) = ArbuR 1969, 61 (m. Anm. *Frey*) = SAE 1969, 50 = BB 1968, 1201 = DB 1968, 1816 = EzA § 13 KSchG Nr. 1; *BAG*, Urt. v. 23.3.1972 – 2 AZR 226/71 (LAG München), AP § 626 BGB Nr. 63 = DB 1972, 1539 = AR-Blattei Kündigung VIII Entsch. 35 = EzA § 626 BGB nF Nr. 11 = AR-Blattei ES 1010.8 Nr. 35; *BAG*, Beschl. v. 10.2.1977 – 2 ABR 80/76 (LAG Düsseldorf), BAGE 29, 7 = NJW 1977, 1413 = AP § 103 BetrVG 1972 Nr. 9 = EzA § 103 BetrVG 1972 Nr. 18 = BB 1977, 945 = DB 1977, 1273 = BlStSozArbR 1977 = SAE 1978, 171.

[345] *BAG*, Urt. v. 8.8.1968 – 2 AZR 348/67 (LAG Hamm), AP § 626 BGB Nr. 57 = ArbuR 1969, 61 = SAE 1969, 50 = BB 1968, 1201 = DB 1968, 1816 = EzA § 13 KSchG Nr. 1.

[346] *BAG*, Beschl. v. 10.2.1977 – 2 ABR 80/76 (LAG Düsseldorf), BAGE 29, 7 = NJW 1977, 1413 = AP § 103 BetrVG 1972 Nr. 9 = EzA § 103 BetrVG 1972 Nr. 18 = BB 1977, 945 = DB 1977, 1273 = BlStSozArbR 1977 = SAE 1978, 171.

[347] *Popp*, in: HAS, § 19 B Rn. 439; *Preis*, DB 1988, 1444, 1449. So auch *K. M. Dörner*, NZA 1992, 865, 870.

[348] *Popp*, in: HAS, § 19 B Rn. 438; *Preis*, DB 1988, 1444, 1449; *Schönfeld*, NZA 1999, 299, 302; *Egli*, S. 122; *Müller-Glöge*, in: ErfurtKomm[6], § 626 BGB Rn. 71.

[349] *Lücke*, BB 1997, 1842, 1847.

Anhörung entweder die Dringlichkeit des Verdachts zu verneinen[350] oder aber die Verletzung der Aufklärungsverpflichtung des Arbeitgebers anzunehmen, deren schuldhafte Verletzung zur Unwirksamkeit der Verdachtskündigung führt. Schließlich bleibt noch die Möglichkeit, bei unterlassener Anhörung einen zur Unwirksamkeit der Verdachtskündigung führenden Verstoß gegen den Verhältnismäßigkeitsgrundsatz anzunehmen.[351] Das scheint das *BAG* mittlerweile übrigens ähnlich zu sehen, wenn es wie zuletzt ausführt, die Kündigung verstoße bei nicht ordnungsgemäß durchgeführter Anhörung gegen den Grundsatz der Verhältnismäßigkeit.[352]

Die Annahme, eine vorherige Anhörung sei (formelle) Wirksamkeitsvoraussetzung für die Verdachtskündigung, lässt sich nicht nur nicht an gesetzlichen Vorschriften festmachen, sondern steht sogar im Widerspruch zu geltenden Vorschriften. So ist die Mitteilung der Gründe gemäß § 626 Abs. 2 S. 3 BGB nur auf Verlangen vorgesehen. Eine Begründung ist als Wirksamkeitsvoraussetzung für eine Kündigung ansonsten nur in § 15 Abs. 3 BBiG ausdrücklich vorgesehen. Unverständlich bleibt zudem, weshalb die vorherige Anhörung formelle Wirksamkeitsvoraussetzung nur im Rahmen der Verdachtskündigung sein soll, wohingegen das gleiche Schutzbedürfnis auch bei anderen (Tat-)Kündigungen besteht.[353] Nicht einmal bei der eingriffsintensiven Druckkündigung postuliert das *BAG* eine vorherige Anhörung als Wirksamkeitsvoraussetzung.[354]

c) Konsequenzen

Verletzt der Arbeitgeber schuldhaft die ihm obliegende Pflicht, den Arbeitnehmer vor Ausspruch einer Verdachtskündigung zu den gegen ihn erhobenen Vorwürfen zu hören, ist – in Konsequenz der Rechtsprechung – die auf den Verdacht gestützte Kündigung unwirksam.[355] Im Ergebnis ist die Ausgestaltung der Anhörung als for-

---

350 So z. B. *Ascheid*, KSchR, Rn. 163; *ders.*, in: ErfurtKomm[5], § 1 KSchG Rn. 303; *Egli*, S. 122 f.

351 *Müller-Glöge*, in: ErfurtKomm[6], § 626 BGB Rn. 213.

352 *BAG*, Urt. v. 26.9.2002 – 2 AZR 424/01 (LAG Hamburg), AP § 626 BGB -Verdacht strafbarer Handlung- Nr. 37 = EzA § 626 BGB 2002 -Verdacht strafbarer Handlung- Nr. 1 = NZA 2003, 991 = NJOZ 2003, 2259. So zuletzt auch Mitglieder des 2. Senats, die aber trotzdem am Charakter einer formellen Wirksamkeitsvoraussetzung festhalten (*Eylert/Friedrichs*, DB 2007, 2203).

353 *Schönfeld*, NZA 1999, 299, 301 f.: Übertragung des für die Verdachtskündigung entwickelten Rechtsschutzsystems auf die unechte Tatkündigung (d. h. jede Tatkündigung, die nicht auf eine rechtskräftige strafgerichtliche Verurteilung gestützt wird).

354 *BAG*, Urt. v. 4.10.1990 – 2 AZR 201/90 (LAG Köln), AP § 626 BGB -Druckkündigung- Nr. 12 = NZA 1991, 468 = EzA § 626 BGB -Druckkündigung- Nr. 2 = NJW 1991, 2307 = ARSt 1991, 128 = AuA 1991, 376 = ArztR 1992, 12 = AR-Blattei Kündigung XII Entsch. 3 = RzK I 8d Nr. 4 = AR-Blattei ES 1010.12 Nr. 3; *Popp*, in: HAS, § 19 B Rn. 414; *Rahmstorf*, S. 84; *Fischermeier*, in: KR[6], § 626 BGB Rn. 207.

355 *BAG*, Urt. v. 26.9.2002 – 2 AZR 424/01 (LAG Hamburg), AP § 626 BGB -Verdacht strafbarer Handlung- Nr. 37 = EzA § 626 BGB 2002 -Verdacht strafbarer Handlung- Nr. 1 = NZA

melle Wirksamkeitsvoraussetzung mit der Unwirksamkeitsfolge bei Verstoß gegen die Anhörungspflicht zwar abzulehnen. Der Arbeitgeber kann die Kündigung jedoch – nach den Grundsätzen zur Betriebsratsanhörung – nicht auf ihm im Kündigungszeitpunkt bekannte verdachtsbegründende oder verdachtsverstärkende Tatsachen stützen, wenn der Arbeitnehmer hierzu nicht angehört wurde.[356] Sinn und Zweck der Anhörung vor Ausspruch einer Verdachtskündigung gebieten zudem konsequenterweise eine Erstreckung der Anhörungspflicht auch auf die ordentliche Verdachtskündigung;[357] zur Verdachtskündigung als ordentliche Kündigung vgl. 2. Teil, B V.

2. Ausgestaltung der Anhörungspflicht

Im Rahmen der Ausgestaltung der Anhörung ergeben sich weitere Problemfelder.

a) Konkretisierungspflicht hinsichtlich der Vorwürfe

Die Vorwürfe, die dem verdächtigen Arbeitnehmer von Seiten des Arbeitgebers gemacht werden, sind jedenfalls soweit zu konkretisieren, dass sich der Arbeitnehmer substantiiert hierauf einlassen kann; auch dürfen dem Arbeitnehmer keine bereits gewonnenen Erkenntnisse vorenthalten werden.[358]

Der Arbeitnehmer muss die Möglichkeit erhalten, die Verdachtsgründe zu entkräften und Entlastungstatsachen anzuführen.[359] Deshalb reicht eine Konfrontierung des Arbeitnehmers mit einer völlig unsubstantiierten Wertung nicht aus. Die Anhörung muss sich vielmehr auf einen Sachverhalt beziehen, der jedenfalls soweit konkretisiert ist, dass sich der Arbeitnehmer darauf substantiiert einlassen kann.[360] Demzufolge reicht eine Anhörungs- bzw. Stellungnahmepflicht von zwei Tagen nicht, soweit dem eine umfangreiche – dem Arbeitnehmer noch nicht vorliegende – Anklageschrift bezüglich eines im Ausland begangenen Vermögensdeliktes zugrunde

---

2003, 991 = NJOZ 2003, 2259; *Eisemann*, in: Küttner, S. 2248.

356 *Lücke*, BB 1998, 2259, 2262.

357 *LAG Köln*, Urt. v. 6.5.1998 – 7 Sa 1564/97 (ArbG Köln), [nicht veröffentlicht]: unter II 2 der Gründe.

358 *BAG*, Urt. v. 13.9.1995 – 2 AZR 587/94 (LAG Hamburg), BAGE 81, 27 = AP § 626 BGB -Verdacht strafbarer Handlung- Nr. 25 (m. Anm. *Höland*) = EzA § 626 BGB -Verdacht strafbarer Handlung- Nr. 6 = BB 1995, 2655 = NZA 1996, 81 = DB 1996, 96 = NJW 1996, 540 = ArbuR 1996, 30 = JuS 1996, 561; *Fischer*, BB 2003, 522, 523.

359 *BAG*, Urt. v. 26.9.2002 – 2 AZR 424/01 (LAG Hamburg), AP § 626 BGB -Verdacht strafbarer Handlung- Nr. 37 = EzA § 626 BGB 2002 -Verdacht strafbarer Handlung- Nr. 1 = NZA 2003, 991 = NJOZ 2003, 2259; *LAG Köln*, Urt. v. 25.1.2001 – 6 Sa 1310/00 (ArbG Siegburg), LAGE § 626 BGB -Ausschlußfrist- Nr. 13 = EzBAT § 54 BAT Nr. 71 = BB 2001, 1748 = RzK I 8c Nr. 63.

360 *BAG*, Urt. v. 26.9.2002 – 2 AZR 424/01 (LAG Hamburg), AP § 626 BGB -Verdacht strafbarer Handlung- Nr. 37 = EzA § 626 BGB 2002 -Verdacht strafbarer Handlung- Nr. 1 = NZA 2003, 991 = NJOZ 2003, 2259; *Henssler*, in: MünchKomm-BGB^4, § 626 Rn. 249; *Eisemann*, in: Küttner, S. 2248; *K. M. Dörner*, in: Ascheid/Preis/Schmidt, § 626 BGB Rn. 351.

liegt.[361] Der Arbeitgeber darf dem Betroffenen keine wesentlichen Erkenntnisse vorenthalten, die er im Anhörungszeitpunkt bereits besitzt; anderenfalls ist er hiermit im Prozess ausgeschlossen.

Der Arbeitgeber muss im Vorfeld bei seiner Aufforderung zur Stellungnahme darauf hinweisen, dass es um die Ausräumung von Verdachtsmomenten im Hinblick auf eine drohende Kündigung des Arbeitsverhältnisses geht.[362] Fehlt der Hinweis auf die drohende Kündigung und macht der Arbeitnehmer infolgedessen keinen Gebrauch von seinem Recht, zur Anhörung gemäß § 82 Abs. 2 S. 2 BetrVG ein Betriebsratsmitglied beizuziehen, wird daraus teilweise eine fehlende Ordnungsgemäßheit der Anhörung geschlussfolgert.[363] Dem Arbeitnehmer wird ebenso ein Recht zur Beiziehung eines Rechtsanwalts[364] oder eines Gewerkschaftssekretärs[365] zugestanden. Der Gegenstand der Anhörung muss zwar grundsätzlich vorher nicht in allen Einzelheiten mitgeteilt werden, eine Ausnahme kann jedoch bei komplexen und umfangreichen Sachverhalten gelten.[366] Es ist jeweils abzuwägen zwischen der Fürsorgepflicht des Arbeitgebers und einer möglichen Verdunkelungsgefahr.[367]

Dem Arbeitgeber muss eine Anhörung des Arbeitnehmers zumutbar sein.[368] Bei Unzumutbarkeit ist eine Anhörung dementsprechend entbehrlich.
Den Arbeitnehmer trifft seinerseits eine Mitwirkungsobliegenheit. War der Arbeitnehmer von vornherein nicht bereit, sich zu den gegen ihn erhobenen Vorwürfen substantiiert zu äußern und so nach seinen Kräften an der Aufklärung mitzuwirken, kann dem Arbeitgeber keine schuldhafte Verletzung der Anhörungspflicht bzw. -obliegenheit vorgeworfen werden.[369] So kann ein Arbeitnehmer, der ihm bekannte

---

[361] *LAG Rheinland-Pfalz*, Urt. v. 27.11.2000 – 7 Sa 1075/00 (ArbG Mainz), ZTR 2001, 431 = RzK I 8c Nr. 62: 32-seitige Anklageschrift mit dem Vorwurf der Geldwäsche.

[362] *Fischer*, BB 2003, 522, 523.

[363] So *Fischer*, BB 2003, 522, 524.

[364] *Fischer*, BB 2003, 522, 524; *Eylert/Friedrichs*, DB 2007, 2203, 2204: zumindest dann, wenn auch der Arbeitgeber betriebsfremde Personen (z. B. Verbandsvertreter oder Rechtsanwalt) hinzuzieht.

[365] *Fischer*, BB 2003, 522, 524.

[366] *Lücke*, BB 1998, 2259, 2261.

[367] *Lücke*, BB 1998, 2259, 2261; *Egli*, S. 124.

[368] *LAG Düsseldorf*, Urt. v. 13.8.1998 – 13 Sa 345/98 (ArbG Krefeld), NZA-RR 1999, 640 = BB 1998, 2215 = AuA 1999, 140 = RzK I 8c Nr. 46.

[369] *BAG*, Urt. v. 30.4.1987 – 2 AZR 283/86 (LAG Hamburg), AP § 626 BGB -Verdacht strafbarer Handlung- Nr. 19 = EzA § 626 BGB -Verdacht strafbarer Handlung- Nr. 3 = BB 1987, 2020 = DB 1987, 1998 = NZA 1987, 699 = NJW 1987, 2540 = RzK I 8c Nr. 14; *BAG*, Urt. v. 26.9.2002 – 2 AZR 424/01 (LAG Hamburg), AP § 626 BGB -Verdacht strafbarer Handlung- Nr. 37 = EzA § 626 BGB 2002 -Verdacht strafbarer Handlung- Nr. 1 = NZA 2003, 991 = NJOZ 2003, 2259; *Schwerdtner*, in: MünchKomm-BGB[3], § 626 Rn. 172; *Preis*, in: Staudinger[13], § 626 Rn. 225; *Kappelhoff*, in: Tschöpe, 3 E Rn. 36; *Henssler*, in: MünchKomm-BGB[4], § 626 Rn. 249; *Gallner*, in: HandKomm-KSchG, § 1 Rn. 578; *Eisemann*, in: Küttner, S. 2248;

Entlastungstatsachen oder solche, die ihm bekannt sein mussten, bei seiner Anhörung verschweigt, im Kündigungsschutzprozess mit diesen Entlastungstatsachen, die er schon in der Anhörung hätte vorbringen können, präkludiert sein.[370] Das gilt jedoch nur, wenn dem Arbeitnehmer in einlassungsfähiger Weise der konkrete bekannte Sachverhalt vorgehalten worden ist, aus dem der Verdacht der Straftat oder sonstigen Verfehlung abgeleitet wird.[371] Unzumutbarkeit liegt vor, wenn feststeht, dass der Arbeitnehmer sich zu den erhobenen Vorwürfen nicht äußern und auch an der Aufklärung der Vorfälle nicht mitwirken will, etwa dann, wenn der Arbeitgeber die fehlende Bereitschaft des Arbeitnehmers zur Mitwirkung verlässlich kennt[372] oder der Arbeitnehmer lediglich pauschal bestreitet[373].

Befindet sich der Arbeitnehmer in Untersuchungshaft und richtet sich der durch einen Haftbefehl manifestierte dringende Tatverdacht auch auf Delikte zum Nachteil des Arbeitgebers, ist der Arbeitgeber von einer Anhörungspflicht des Arbeitnehmers entbunden.[374] Der Arbeitgeber genügt dem Anhörungserfordernis, wenn er dem Arbeitnehmer, der zu keiner Stellungnahme zu den gegenüber ihm geäußerten Vorwürfen bereit ist, Gelegenheit zur Stellungnahme gegeben hat.[375]

Der Arbeitgeber verletzt seine Aufklärungspflicht, wenn er seinen Verdacht aus einem umfangreichen Revisionsbericht mit zahlreichen Einzelvorfällen aus einem Zeitraum von mehreren Jahren herleitet, dessen Erstellung mehrere Monate gedauert hat, dem Arbeitnehmer in einer Einladung zur Anhörung jedoch nur pauschal mitteilt, er wolle ihn zu dem aus dem Revisionsbericht herrührenden Verdacht strafbarer Handlungen anhören, nachdem der Arbeitnehmer zuvor um Übersendung des Revisionsberichtes gebeten hat. Der Arbeitnehmer hat zwar keinen Anspruch auf Übersendung des Revisionsberichtes, aber in diesem Fall zumindest auf eine nach-

---

Sandmann, in: Henssler/Willemsen/Kalb, § 626 BGB Rn. 350; *Fischer*, BB 2003, 522, 524.

370 *Lücke*, BB 1998, 2259, 2262.

371 *LAG Hamburg*, Urt. v. 29.6.2001 – 6 Sa 9/01 (ArbG Hamburg), [nicht veröffentlicht].

372 *BAG*, Urt. v. 21.6.1995 – 2 AZR 735/94 (LAG Köln), RzK I 8c Nr. 37: unter II 1 c der Gründe; *BAG*, Urt. v. 26.9.2002 – 2 AZR 424/01 (LAG Hamburg), AP § 626 BGB -Verdacht strafbarer Handlung- Nr. 37 = EzA § 626 BGB 2002 -Verdacht strafbarer Handlung- Nr. 1 = NZA 2003, 991 = NJOZ 2003, 2259; *LAG Rheinland-Pfalz*, Urt. v. 9.10.1997 – 5 Sa 501/97 (ArbG Trier), LAGE § 626 BGB -Verdacht strafbarer Handlung- Nr. 8 = EzBAT § 54 BAT -Verdachtskündigung- Nr. 11 = ZTR 1998, 278 = RzK I 8c Nr. 44: nur pauschales Bestreiten der Vorwürfe, auch im anhängigen Strafverfahren keine Einlassung.

373 *Schwerdtner*, in: MünchKomm-BGB[3], § 626 Rn. 172.

374 *LAG Düsseldorf*, Urt. v. 13.8.1998 – 13 Sa 345/98 (ArbG Krefeld), NZA-RR 1999, 640 = BB 1998, 2215 = AuA 1999, 140 = RzK I 8c Nr. 46; *LAG Schleswig-Holstein*, Urt. v. 18.6.2002 – 5 Sa 53 c/02 (ArbG Elmshorn), SchlHA 2003, 302: unter I 4 der Gründe; *Müller-Glöge*, in: ErfurtKomm[5], § 626 BGB Rn. 213; *Eylert/Friedrichs* (DB 2007, 2203, 2204): anders aber, wenn dem Arbeitgeber eine Kontaktaufnahme mit dem inhaftierten Arbeitnehmer nicht verwehrt wird, eine Anhörung also faktisch möglich ist.

375 *Preis*, in: Stahlhacke/Preis/Vossen[7], Rn. 578; *Hoß*, MDR 1998, 869, 871.

vollziehbare schriftliche Darstellung der Vorfälle, auf die der Arbeitgeber seinen Verdacht stützt, anhand derer er sich auf die Anhörung vorbereiten kann. Solange der Arbeitgeber dem nicht nachkommt, kann er nicht davon ausgehen, der Arbeitnehmer wolle sich zu konkreten Verdachtsmomenten nicht substantiiert einlassen.[376]
Entzieht sich der Arbeitnehmer dem Gespräch zur Anhörung, soll es dem Arbeitgeber zumutbar sein, die Verdachtsumstände schriftlich substantiiert darzulegen verbunden mit der Aufforderung, innerhalb einer bestimmten Frist Stellung zu nehmen.[377]

Die Anhörung muss umgekehrt auch unter für den Arbeitnehmer zumutbaren Umständen erfolgen.[378] Auf persönliche Anwesenheit des betroffenen Arbeitnehmers wird man in der Regel nicht verzichten können.[379] So ist dem Arbeitnehmer nicht zuzumuten, sich telefonisch zu dem Vorwurf einer Kassenmanipulation zu äußern, wenn sich das Telefon im Ladenlokal befindet und unbeteiligte Dritte (z. B. Kunden) anwesend sind.[380]

b) Anspruch des Arbeitnehmers auf Vorlage etwaiger Beweismittel?

Teilweise wird eine Gegenüberstellung mit Belastungszeugen für notwendig erachtet,[381] andere verlangen eine Gegenüberstellung zumindest dann, wenn diese problemlos durchgeführt werden könne.[382]

Nach Ansicht des *BAG* liegt jedoch keine schuldhafte Verletzung der Aufklärungspflicht vor, wenn es der Arbeitgeber unterlässt, den Arbeitnehmer mit Belastungszeugen zu konfrontieren.[383] Eine Gegenüberstellung sei in der Mehrzahl der Fälle

---

376 *LAG Hessen*, Urt. v. 4.9.2003 – 9 Sa 1399/02 (ArbG Frankfurt), LAGE § 626 BGB -Verdacht strafbarer Handlung- Nr. 16 = EzA-SD 2003, Nr. 21, 11.

377 So jedenfalls *ArbG Frankfurt/M.*, Urt. v. 13.8.2001 – 1 Ca 778/01, EzA-SD 2001, Nr. 22, 8 = RzK I 8c Nr. 64.

378 *Kappelhoff*, in: Tschöpe, 3 E Rn. 36.

379 *Egli*, S. 125.

380 *LAG Köln*, Urt. v. 15.4.1997 – 13 (2) Sa 812/96 (ArbG Aachen), LAGE § 626 BGB -Verdacht strafbarer Handlung- Nr. 6 = EzBAT § 54 BAT -Verdachtskündigung- Nr. 10 = NZA 1998, 203 = RzK I 8c Nr. 41; *Egli*, S. 125; *Eylert/Friedrichs*, DB 2007, 2203, 2204.

381 *Däubler*, in: Kittner/Däubler/Zwanziger, § 626 BGB Rn. 155: Verzicht auf Konfrontation mit Belastungszeugen „nicht einsehbar“.

382 So *Fischermeier*, in: KR[7], § 626 BGB Rn. 230. *Hoefs* hält eine Gegenüberstellung nur dann für überflüssig, wenn der Belastungszeuge den bestimmten Arbeitnehmer unstreitig erkannt hat (S. 205 f.).

383 *BAG*, Urt. v. 26.2.1987 – 2 AZR 170/86 (LAG Niedersachsen), RzK I 8c Nr. 13; so auch *BAG*, Urt. v. 18.9.1997 – 2 AZR 36/97 (LAG Niedersachsen), AP § 626 BGB Nr. 138 = EzA § 626 BGB nF Nr. 169 = BB 1997, 2536 = DB 1998, 136 = NZA 1998, 95 = NJW 1998, 1508 = ZTR 1998, 191; so auch *LAG Hamm*, Urt. v. 18.6.1998 – 17 Sa 1967/97 (ArbG Herne), ZTR 1998, 513 = RzK I 6f Nr. 17: unter B I 2 d dd der Gründe. So auch *Henssler*, in: MünchKomm-BGB[4], § 626 Rn. 248; *Löwisch*, in: Löwisch/Spinner, § 1 Rn. 230: Gegenüberstellung liefe auf problematische „Privatbeweisaufnahme“ hinaus.

ohne größere Sicherheit für die Begründetheit des Verdachts.[384] Im Gegenteil würde sich der Arbeitgeber, der seinerseits von einer solchen Gegenüberstellung Gebrauch machen würde, damit möglicherweise sogar dem Vorwurf aussetzen, einen unzulässigen Druck auf die von ihm später im Prozess zu benennenden Zeugen ausgeübt oder die Rechte des Arbeitnehmers an einer vollständigen Sachverhaltsaufklärung unterbunden, verkürzt oder zumindest vernachlässigt zu haben.[385] Dem *BAG* ist zuzustimmen.[386]

Möglicherweise besteht ein Akteneinsichtsrecht des Arbeitnehmers. Die Aufklärungspflicht des Arbeitgebers vor Ausspruch einer Verdachtskündigung geht nicht soweit wie die staatsanwaltliche Ermittlungspflicht nach § 160 StPO. Der Arbeitgeber ist daher nicht verpflichtet, zur Identifizierung des Verdächtigen eine Wahllichtbildvorlage oder Wahlgegenüberstellung oder eine DNA-Analyse zu veranlassen. Der Arbeitgeber ist keine Strafverfolgungsbehörde, so dass seine Aufklärungspflicht mit der staatsanwaltschaftlichen Ermittlungspflicht nach § 160 StPO nicht vergleichbar ist. Dem Arbeitgeber stehen die Ermittlungsbefugnisse der Staatsanwaltschaft gemäß den §§ 160a, 161 StPO nicht zur Verfügung. Der Arbeitgeber ist auch nicht verpflichtet, die Staatsanwaltschaft einzuschalten.[387] Deshalb können die Grundsätze des Strafverfahrens bei der Verdachtskündigung eines privaten Arbeitgebers auch dann nicht herangezogen werden, wenn dieser einen eigenen Werksschutz unterhält. Maßgebend ist, ob die von ihm nach pflichtgemäßem Ermessen durchgeführten Ermittlungen unter Anlegung eines objektiven Maßstabes einen dringenden Tatverdacht rechtfertigen.[388] Es besteht folglich auch kein Akteneinsichtsrecht des verdächtigen Arbeitnehmers.[389] Es ist nicht sämtliches Belastungsmaterial vollständig mitzuteilen, da die Anhörung nach einhelliger Ansicht nicht den Anforderungen genügen muss, wie sie an die Anhörung des Betriebsrats gemäß § 102 Abs.1 BetrVG gestellt werden.[390]

---

[384] *BAG*, Urt. v. 26.2.1987 – 2 AZR 170/86 (LAG Niedersachsen), RzK I 8c Nr. 1: unter B III 2 der Gründe.

[385] *BAG*, Urt. v. 18.9.1997 – 2 AZR 36/97 (LAG Niedersachsen), AP § 626 BGB Nr. 138 = EzA § 626 BGB nF Nr. 169 = BB 1997, 2536 = DB 1998, 136 = NZA 1998, 95 = NJW 1998, 1508 = ZTR 1998, 191: unter II 2 b der Gründe; anders noch die Vorinstanz, die eine Gegenüberstellung für erforderlich hielt: *LAG Niedersachsen*, Urt. v. 2.12.1996 – 5 Sa 600/96 (ArbG Stade), LAGE § 626 BGB Nr. 106 = BB 1997, 581.

[386] *Gamillscheg*, ArbR I[8], S. 579; *Kappelhoff*, in: Tschöpe, 3 E Rn. 35; *Sandmann*, in: Henssler/Willemsen/Kalb, § 626 BGB Rn. 350; *K. M. Dörner*, in: Dörner/Luczak/Wildschütz, D Rn. 818; *ders.*, in: Ascheid/Preis/Schmidt, § 626 BGB Rn. 350.

[387] *BAG*, Urt. v. 28.9.1989 – 2 AZR 111/89 (LAG Köln), NZA 1990, 568: unter II 3 c; *Henssler*, in: MünchKomm-BGB[4], § 626 Rn. 248; *Sandmann*, in: Henssler/Willemsen/Kalb, § 626 BGB Rn. 350.

[388] *LAG Hamm*, Urt. v. 17.3.1999 – 2 Sa 1568/98 (ArbG Bochum), [nicht veröffentlicht]: unter I 1 der Gründe.

[389] *Ascheid*, KSchR, Rn. 163; *Lücke*, BB 1998, 2259, 2262; *Egli*, S.124; *Eylert/Friedrichs*, DB 2007, 2203, 2205.

[390] *Fischermeier*, in: KR[6], § 626 BGB Rn. 231; *Egli*, S. 126; *Gallner*, in: HandKomm-KSchG, §

Auch bei der Betriebsratsanhörung ist eine vollständige Mitteilung nicht erforderlich, sondern es gilt der Grundsatz der sog. subjektiven Determinierung der Kündigungsgründe. Danach sind dem Betriebsrat zwar gemäß § 102 Abs. 1 S. 2 BetrVG die Gründe für die Kündigung mitzuteilen. Dazu gehört jedoch nicht die Vorlage von Beweismaterial; etwas anderes ergibt sich auch nicht aus § 80 Abs. 2 BetrVG.[391]
Der verdächtige Arbeitnehmer hat im Ergebnis keinen Anspruch auf Vorlage etwaiger Beweismittel.

c) Zeitpunkt der Anhörung
Fraglich ist, zu welchem Zeitpunkt der Arbeitnehmer anzuhören ist. Da der Arbeitnehmer grundsätzlich zu allen den Verdacht begründenden Erkenntnissen anzuhören ist, macht eine Anhörung erst Sinn nach Abschluss der arbeitgeberseitigen Ermittlungen.[392]

d) Darlegungs- und Beweislast für die ordnungsgemäße Anhörung
Allgemeinen Grundsätzen folgend ist jede Partei jeweils hinsichtlich der ihr günstigen Tatsachen darlegungs- und beweispflichtig.[393] Da die Anhörung im Rahmen der Verdachtskündigung als Wirksamkeitsvoraussetzung behandelt wird (vgl. 2. Teil, A I), trifft in erster Linie den Arbeitgeber die Darlegungs- und Beweislast für eine ordnungsgemäße Durchführung der Anhörung.
Der Arbeitgeber muss also nachweisen, dass er die Anhörung ordnungsgemäß durchgeführt hat. Insbesondere muss er die Tatsachen darlegen, aus denen sich eine mangelnde Kooperationsbereitschaft des Arbeitnehmers bezüglich der Durchführung der Anhörung ergibt. Zu Beweiszwecken empfiehlt sich die Anfertigung eines von den Beteiligten zu unterzeichnenden Protokolls.[394] Legt der Arbeitgeber entsprechende Tatsachen dar, obliegt nunmehr dem Arbeitnehmer der Gegenbeweis.

3. Betriebsratsanhörung
Eine ohne Anhörung des Betriebsrats ausgesprochene Kündigung ist gemäß § 102 Abs. 1 S. 3 BetrVG unwirksam. Mit der einhelligen Auffassung in Rechtsprechung[395] und Literatur[396] ist davon auszugehen, dass die Kündigung nach § 102 Abs.

---

1 Rn. 579.

[391] *BAG*, Urt. v. 26.1.1995 – 2 AZR 386/94 (LAG Hamm), AP § 102 BetrVG 1972 Nr. 69 = DB 1995, 1134 = NZA 1995, 672 = EzA § 102 BetrVG 1972 Nr. 87 = ARSt 1995, 170 = AR-Blattei ES 530.14.3 Nr. 153 = RzK III 1a Nr. 68 = NJW 1995, 2743 = SAE 1996, 368.

[392] *BAG*, Urt. v. 13.9.1995 – 2 AZR 587/94 (LAG Hamburg), BAGE 81, 27 = AP § 626 BGB -Verdacht strafbarer Handlung- Nr. 25 (m. Anm. *Höland*) = EzA BGB § 626 -Verdacht strafbarer Handlung- Nr. 6 = BB 1995, 2655 = NZA 1996, 81 = DB 1996, 96 = NJW 1996, 540 = ArbuR 1996, 30 = JuS 1996, 561; *Egli*, S. 124 f.

[393] *Ascheid*, Beweislastfragen, S. 25.

[394] *Busch*, MDR 1995, 217, 219; *Egli*, S. 125.

[395] *BAG*, Urt. v. 16.9.1993 – 2 AZR 267/93 (LAG Köln), BAGE 74, 185 = AP § 102 BetrVG

1 S. 3 BetrVG nicht nur dann unwirksam ist, wenn der Arbeitgeber gekündigt hat, ohne den Betriebsrat zuvor überhaupt beteiligt zu haben, sondern auch dann, wenn der Arbeitgeber seiner Unterrichtungspflicht nach § 102 Abs. 1 BetrVG nicht richtig, insbesondere nicht ausführlich genug nachkommt.[397] Zutreffenderweise ist ein Umgehen des Anhörungserfordernisses zu verhindern, was nicht zuletzt in Missbrauchsfällen, in denen der Betriebsrat bewusst irregeführt werden soll, offenkundig wird.[398]

Das Verfahren der Betriebsratsanhörung vor einer Kündigung soll den Betriebsrat nicht nur unterrichten, sondern ihm darüber hinaus Gelegenheit geben, seine Überlegungen zu der Kündigungsabsicht aus Sicht der Arbeitnehmervertretung zur Kenntnis zu bringen. Insofern kann es nicht genügen, wenn der Arbeitgeber die Kündigungsgründe nur pauschal, schlagwort- und stichwortartig vorträgt, vielmehr ist der für die Kündigung maßgebende Sachverhalt so zu umschreiben, dass der Betriebsrat ohne zusätzliche eigene Nachforschungen in die Lage versetzt wird, die Stichhaltigkeit der Kündigungsgründe zu prüfen und sich über eine Stellungnahme schlüssig zu werden.[399] Die Mitteilung muss vollständig sein, das heißt sie muss all diejenigen Umstände umfassen, die den Arbeitgeber (subjektiv) zur Kündigung veranlassen.[400] Ausnahmsweise soll jedoch die pauschale Umschreibung des Kündi-

---

1972 Nr. 62 = DB 1994, 381 = BB 1994, 429 = EzA § 102 BetrVG 1972 Nr. 84 = NZA 1994, 311 = AiB 1994, 318 = MDR 1994, 697 = AuA 1994, 331 = EWiR 1994, 175 = NJW 1994, 1365: zu II 1 der Gründe; *BAG*, Urt. v. 22.9.1994 – 2 AZR 31/94 (LAG Köln), BAGE 78, 39 = AP § 102 BetrVG 1972 Nr. 68 = DB 1995, 477 = NZA 1995, 363 = EzA § 102 BetrVG 1972 Nr. 86 = JuS 1995, 748 = MDR 1995, 830 = AuA 1995, 429 = SAE 1996, 22 = NJW 1995, 1854; *BAG*, Urt. v. 29.1.1997 – 2 AZR 292/96 (LAG Baden-Württemberg), BAGE 85, 114 = AP § 626 BGB Nr. 131 = DB 1997, 1411 = NZA 1997, 813 = EzA § 611 BGB -Aufhebungsvertrag- Nr. 27 = RzK I 9i Nr. 48 = JuS 1998, 89.

[396] *Etzel*, in: KR[7], § 102 BetrVG Rn. 106 f.; *von Hoyningen-Huene*, § 14 IV 2 (S. 330 ff.); *Preis*, in: Stahlhacke/Preis/Vossen[7], Rn. 259 ff.

[397] Kritisch zu dieser Entfernung vom Wortlaut des § 102 Abs. 1 BetrVG: *Oetker*, SAE 1989, 302 ff.; ähnlich *Boecken*, SAE 1996, 28 ff.

[398] *BAG*, Urt. v. 22.9.1994 – 2 AZR 31/94 (LAG Köln), BAGE 78, 39 = AP § 102 BetrVG 1972 Nr. 68 = DB 1995, 477 = NZA 1995, 363 = EzA § 102 BetrVG 1972 Nr. 86 = JuS 1995, 748 = MDR 1995, 830 = AuA 1995, 429 = SAE 1996, 22 = NJW 1995, 1854.

[399] *BAG*, Urt. v. 13.7.1978 – 2 AZR 717/76 (LAG Düsseldorf), BAGE 30, 386 = AP § 102 BetrVG 1972 Nr. 17 = DB 1979, 314 = BB 1979, 322 = MDR 1979, 434 = NJW 1979, 1677 = SAE 1979, 206 = EzA § 102 BetrVG 1972 Nr. 35; *BAG*, Urt. v. 24.5.1989 – 2 AZR 399/88 (LAG Baden-Württemberg), RzK III 1a Nr. 38: unter II 1 der Gründe; *BAG*, Urt. v. 15.11.1995 – 2 AZR 974/94 (LAG Köln), AP § 102 BetrVG 1972 Nr. 73 = DB 1995, 2378 = NZA 1996, 419 = ZIP 1996, 648 = NJW 1996, 1556 = EzA § 102 BetrVG 1972 Nr. 89 = AR-Blattei ES 1010.8 Nr. 76 = RzK III 1c Nr. 5 = AiB 1997, 665: unter II 1 der Gründe; *BAG*, Urt. v. 29.1.1997 – 2 AZR 292/96 (LAG Baden-Württemberg), BAGE 85, 114 = AP § 626 BGB Nr. 131 = DB 1997, 1411 = NZA 1997, 813 = EzA § 611 BGB -Aufhebungsvertrag- Nr. 27 = RzK I 9i Nr. 48 = JuS 1998, 89: unter II 1 der Gründe.

[400] *BAG*, Urt. v. 24.11.1983 – 2 AZR 347/82 (LAG Hamm), BAGE 44, 249 = AP § 102 BetrVG 1972 Nr. 30 = NZA 1984, 93 = BB 1984, 1045 = DB 1984, 1149 = MDR 1984, 611 =

gungsgrundes durch ein Werturteil (z. B. „nicht hinreichende Arbeitsleistungen") ausreichen, wenn der Arbeitgeber seine Motivation nicht mit konkreten Tatsachen belegen kann.[401]

Nachgeschobene Kündigungsgründe, die bereits vor Ausspruch der Kündigung entstanden und dem Arbeitgeber bekannt gewesen sind, die er aber nicht dem Betriebsrat mitgeteilt hat, sind im Kündigungsschutzprozess jedenfalls dann nicht zu verwerten, wenn der Betriebsrat der Kündigung nicht bereits aufgrund der ihm mitgeteilten Gründe zugestimmt hat, oder wenn der Arbeitgeber den Betriebsrat wegen der nachgeschobenen Gründe weder erneut angehört, noch dem Betriebsrat diese Gründe nachträglich mitgeteilt hat.[402] Hat der Arbeitgeber eine ordnungsgemäße Anhörung des Betriebsrats gemäß § 102 BetrVG im Detail schlüssig dargelegt, so muss der Arbeitnehmer nach den Grundsätzen der abgestuften Darlegungslast deutlich machen, welche der Angaben er aus welchem Grund weiterhin bestreiten will. Soweit es um Tatsachen außerhalb seiner eigenen Wahrnehmung geht, kann der Arbeitnehmer sich dabei gemäß § 138 Abs. 4 ZPO auf Nichtwissen berufen; ein pauschales Bestreiten des Arbeitnehmers ohne jede Begründung genügt dagegen nicht.[403]

Ist das Anhörungsverfahren fehlerhaft, so wirkt sich das auf die Wirksamkeit der Kündigung dann nicht aus, wenn die Fehler in dem Bereich liegen, für den der Betriebsrat zuständig ist.[404] Scheitert eine Kündigung, zu der der Betriebsrat ordnungsgemäß angehört worden ist und der er ausdrücklich und vorbehaltlos zugestimmt hat, an dem fehlenden Zugang an den Kündigungsgegner, so ist vor einer erneuten Kündigung eine nochmalige Anhörung des Betriebsrats dann entbehrlich, wenn sie in engem zeitlichen Zusammenhang ausgesprochen und auf denselben Sachverhalt gestützt wird.[405]

BlStSozArbR 1984, 291 = EzA § 102 BetrVG 1972 Nr. 54: unter B I 1 der Gründe; *BAG*, Urt. v. 24.5.1989 – 2 AZR 537/88 (LAG Hessen), [nicht veröffentlicht]: unter III 1 der Gründe.

401 *BAG*, Urt. v. 8.9.1988 – 2 AZR 103/88 (LAG Hamm), BAGE 59, 295 = DB 1989, 1575 = ZIP 1989, 1008 = EzA § 102 BetrVG 1972 Nr. 73 = AP § 102 BetrVG 1972 Nr. 49 = NZA 1989, 852 = SAE 1989, 299 = NJW 1990, 69. Kritisch *Oetker*, SAE 1989, 302 ff.

402 *BAG*, Urt. v. 18.12.1980 – 2 AZR 1006/78 (LAG Düsseldorf), BAGE 34, 309 = AP § 102 BetrVG 1972 Nr. 22 = DB 1981, 1624 = ZIP 1981, 767 = MDR 1981, 875 = NJW 1981, 2316 = BlStSozArbR 1981, 250 = BB 1981, 1895 = EzA § 102 BetrVG 1972 Nr. 44; *BAG*, Urt. v. 26.2.1987 – 2 AZR 170/86 (LAG Niedersachsen), RzK I 8c Nr. 13.

403 *BAG*, Urt. v. 16.3.2000 – 2 AZR 75/99 (LAG Hessen), AP § 102 BetrVG 1972 Nr. 114 = DB 2000, 1524 = BB 2000, 1677 = EzA § 626 BGB nF Nr. 179 = NZA 2000, 1332 = SAE 2001, 32 = RzK 10h Nr. 50 = AR-Blattei ES 1010.14 Nr. 1 = EzBAT § 54 BAT Nr. 61.

404 *BAG*, Urt. v. 20.12.1989 – 2 AZR 195/89 (LAG Nürnberg), RzK III 1a 42.

405 *BAG*, Urt. v. 11.10.1989 – 2 AZR 88/89 (LAG Hamm), AP § 102 BetrVG 1972 Nr. 55 = NZA 1990, 748 = NJW 1990, 2489 = BB 1990, 1701 = ARSt 1990, 142 = DB 1990, 1974.

II. Zur Verwertbarkeit von Beweismitteln

Die Verwertung von unter Verletzung des Persönlichkeitsrechts des Arbeitnehmers gemachten Videoaufzeichnungen im Kündigungsschutzverfahren zur Begründung der Kündigung und zu Beweiszwecken ist unzulässig.[406] Zuvor ist demzufolge die Frage zu klären, wann Beweismittel rechtswidrig erlangt sind.

1. Heimliches Mithörenlassen von Telefongesprächen

Das heimliche Mithörenlassen von Telefongesprächen ist grundsätzlich unzulässig, da es das Persönlichkeitsrecht des Gesprächspartners verletzt. Maßgeblich ist dabei, ob der Gesprächspartner auf die Vertraulichkeit des gesprochenen Wortes vertrauen durfte oder nicht. Durfte der Gesprächspartner auf Vertraulichkeit vertrauen, dürfen nach herrschender Ansicht dennoch auf diese Weise erlangte Beweismittel nicht verwertet werden.[407] Nur in Ausnahmefällen kann die Abwägung ergeben, dass die Verwertung eines unter Verstoß gegen das Persönlichkeitsrecht des Gesprächspartners erworbenen Beweismittels zulässig ist.[408]

2. Heimliche Videoüberwachung

Die h. M. nimmt eine Abwägung zwischen dem Interesse des Arbeitnehmers am Erhalt seines Arbeitsplatzes und seiner sozialen Rechte einerseits und dem Interesse des Arbeitgebers an einer Beendigung des durch das fortgefallene Vertrauen in die Redlichkeit des Arbeitnehmers belasteten Arbeitsverhältnisses andererseits vor.[409]

---

406 *LAG Hamm*, Urt. v. 24.7.2001 – 11 Sa 1524/00 (ArbG Siegen), NZA-RR 2002, 464 = RDV 2001, 288 = DuD 2002, 108 = JurBüro 2002, 390 = RzK I 10h Nr. 53.

407 *BAG*, Urt. v. 29.10.1997 – 5 AZR 508/96 (LAG Köln), BAGE 87, 31 = AP § 611 BGB -Persönlichkeitsrecht- Nr. 27 = DB 1998, 371 = ArbuR 1998, 130 = BB 1998, 431 = MDR 1998, 421 = NZA 1998, 307 = NJW 1998, 1331 = JZ 1998, 790 = SAE 1998, 285 = ZTR 1998, 188 = EzA § 611 BGB -Persönlichkeitsrecht- Nr. 12 = AR-Blattei ES 1260 Nr. 11; *LAG Berlin*, Urt. v. 19.2.1974 – 4 Sa 94/73 (ArbG Berlin), DB 1974, 1243 = BB 1974, 1535; *LAG Hessen*, Urt. v. 13.9.1979 – 9 Sa 82/79, LAGE Art. 2 GG Nr. 1 = EzA Art. 2 GG Nr. 1 = AR-Blattei Arbeitsgerichtsbarkeit VII Entsch. 148 = AR-Blattei ES 160.7 Nr. 148; *LAG Köln*, Urt. v. 27.8.1992 – 5 Sa 394/92 (ArbG Bonn), LAGE § 611 BGB -Persönlichkeitsrecht- Nr. 3 = RzK I 6e Nr. 7; *LAG Hamm*, Urt. v. 1.9.1995 – 10 Sa 1909/94, LAGE § 611 BGB -Persönlichkeitsrecht- Nr. 7 = EzA-SD 1995, Nr. 25, 15; *LAG Köln*, Urt. v. 30.9.1992 – 2 Sa 351/92 (ArbG Aachen), LAGE § 284 ZPO Nr. 1: Verwertung möglich, soweit mitgehörtes Gespräch ohne vertraulichen Inhalt.

408 *BAG*, Urt. v. 29.10.1997 – 5 AZR 508/96 (LAG Köln), BAGE 87, 31 = AP § 611 BGB -Persönlichkeitsrecht- Nr. 27 = DB 1998, 371 = ArbuR 1998, 130 = BB 1998, 431 = MDR 1998, 421 = NZA 1998, 307 = NJW 1998, 1331 = JZ 1998, 790 = SAE 1998, 285 = ZTR 1998, 188 = EzA § 611 BGB -Persönlichkeitsrecht- Nr. 12 = AR-Blattei ES 1260 Nr. 11: unter IV der Gründe; *LAG Köln*, Urt. v. 27.8.1992 – 5 Sa 394/92 (ArbG Bonn), LAGE § 611 BGB -Persönlichkeitsrecht- Nr. 3 = RzK I 6e Nr. 7; *LAG Bremen*, Urt. v. 25.2.1994 – 4 Sa 13/93 (ArbG Bremen), LAGE § 611 BGB -Persönlichkeitsrecht- Nr. 6 = MDR 1994, 597 = BB 1994, 1150 = ArbuR 1994, 199 = DB 1994, 2630.

409 *BAG*, Urt. v. 7.10.1987 – 5 AZR 116/86 (LAG München), NZA 1988, 92 = AP § 611 BGB -

Nach Ansicht des *BAG* ist eine verdeckte Videoüberwachung zulässig, wenn sich der Arbeitgeber als Beweisführer in einer Notwehrsituation oder einer notwehrähnlichen Lage befindet. Dies ist der Fall, wenn der konkrete Verdacht einer strafbaren Handlung oder einer anderen schweren Verfehlung zu Lasten des Arbeitgebers besteht, weniger einschneidende Mittel zur Aufklärung des Verdachts ausgeschöpft sind, die verdeckte Videoüberwachung praktisch das einzig verbleibende Mittel darstellt und insgesamt nicht unverhältnismäßig ist.[410]

Erforderlich ist also ein konkreter Verdacht. Überwachungsmaßnahmen ohne konkreten Verdacht sind rechtswidrig. So ist die Videoüberwachung zulässig z. B. bei vermuteter Manipulation der Zeiterfassung durch die gesamte Nachtschicht unter Beteiligung des Nachtschichtleiters, wenn der Täter zwar nicht erkennbar ist, aus den Zeitpunkten der Manipulation mit seiner Stechkarte in Verbindung mit den Aufzeichnungen aber auf ihn geschlossen werden kann.[411] Dagegen verstößt ein Video-Spähangriff eines Arbeitgebers gegen eine Kassiererin eines Einzelhandelsbetriebes gegen das allgemeine Persönlichkeitsrecht, wenn vor Beginn des Angriffs kein durch Tatsachen begründeter Tatverdacht einer vorsätzlichen schweren Vertragsverletzung oder Straftat gerade gegen diese, sondern nur ein pauschaler Verdacht gegen die gesamte Belegschaft bestanden hat.[412]
Entscheidend für die Beurteilung der Geeignetheit und Erforderlichkeit der Überwachungsmaßnahmen sind jedenfalls die Gegebenheiten des jeweiligen Betriebes. Die Überwachung kann zulässig sein, wenn Leistungs- und Verhaltenskontrollen ausgeschlossen sind, der Betrieb der Anlage auf festgelegte Stundenkontingente beschränkt ist, die Anlage nur durch den Betriebsrat und den Arbeitgeber gemeinsam

---

Persönlichkeitsrecht- Nr. 15 = EzA § 611 BGB -Persönlichkeitsrecht- Nr. 6 = ArbuR 1987, 415 = JZ 1988, 108 = BB 1988, 137 = DB 1988, 403; *BAG*, Urt. v. 27.3.2003 – 2 AZR 51/02 (LAG Schleswig-Holstein), AP § 87 BetrVG 1972 -Überwachung- Nr. 36 = NZA 2003, 1193 = NJW 2003, 3436 = DB 2003, 2230 = BB 2003, 2578 = JZ 2004, 366; *LAG Köln*, Urt. v. 26.2.1999 – 11 Sa 795/98 (ArbG Köln), ARSt 1999, 235; *LAG Schleswig-Holstein*, Urt. v. 4.12.2001 – 1 Sa 392 b/01 (ArbG Elmshorn), [nicht veröffentlicht]; *LAG Niedersachsen*, Urt. v. 19.12.2001 – 6 Sa 1376/01 (ArbG Hildesheim), [nicht veröffentlicht].

410 *BAG*, Urt. v. 27.3.2003 – 2 AZR 51/02 (LAG Schleswig-Holstein), AP § 87 BetrVG 1972 -Überwachung- Nr. 36 = NZA 2003, 1193 = NJW 2003, 3436 = DB 2003, 2230 = BB 2003, 2578 = JZ 2004, 366 = EzA § 611 BGB 2002 -Persönlichkeitsrecht- Nr. 1 = EzBAT § 54 BAT -Strafbare Handlung- Nr. 22 = AR-Blattei ES 1010.9 Nr. 100; *LAG Thüringen*, Urt. v. 9.12.2003 – 5 Sa 157/02 (ArbG Gera), [nicht veröffentlicht]: auch für Diebstahl oder Unterschlagung von Sachen mit geringem Wert; *ArbG Ludwigshafen*, Urt. v. 6.6.2002 – 4 Ca 827/02, NZA-RR 2004, 16; *Eisemann*, in: Küttner, S. 2248.

411 *LAG Sachsen*, Urt. v. 12.6.2003 – 2 Sa 790/02 (ArbG Bautzen), EzA-SD 2004, Nr. 3, 9.

412 *LAG Baden-Württemberg*, Urt. v. 6.5.1998 – 12 Sa 115/97 (ArbG Mannheim), BB 1999, 1439 = ArbuR 1999, 491 = RDV 2000, 27 = FA 1999, 300 = RzK I 9i Nr. 67; *LAG Berlin*, Beschl. v. 5.3.2003 – 10 TaBV 2089/02 (ArbG Berlin), [nicht veröffentlicht]: Briefverteilungszentrum der Deutschen Post AG – Vertraulichkeit von Briefsendungen als wichtiges Gemeinschaftsgut anerkannt, vgl. das Postgeheimnis gemäß Art. 10 GG.

betrieben werden kann und dem Betriebsrat bei Aufzeichnung, Auswertung, Aufbewahrung und Vernichtung des Datenmaterials hinreichende Kontrollmöglichkeiten eingeräumt sind.[413]
Fraglich ist dagegen, ob der Grundsatz der Verhältnismäßigkeit die Aufstellung sichtbarer Kameras gebietet.[414] Zwar würden dadurch die Persönlichkeitsrechte weniger beeinträchtigt, indes dürfte regelmäßig bereits die Geeignetheit dieser Maßnahme in Frage stehen. Auch bei Aufstellen sichtbarer Kameras, die nicht erkennen lassen, wann sie in Betrieb sind, wird der Arbeitnehmer einem ständigen Überwachungsdruck ausgesetzt und es liegt folglich ein Eingriff in das allgemeine Persönlichkeitsrecht der betroffenen Arbeitnehmer dar. Dem können andere schutzwerte Rechtspositionen gegenüberstehen, die unter Berücksichtigung aller Umstände des Einzelfalls gegeneinander abzuwägen sind. So ist bei der Überwachung in einem Briefverteilungszentrum auch das Postgeheimnis gemäß Art. 10 GG zu beachten und nach den jeweiligen Umständen des Einzelfalls gegen die Verletzung des allgemeinen Persönlichkeitsrechts abzuwägen.[415] Die dauerhafte Einrichtung einer verdachtsunabhängigen Videoüberwachung durch in der Halle sichtbar angebrachte Kameras wöchentlich bis zu 50 Stunden stellt einen unzulässigen Eingriff in das allgemeine Persönlichkeitsrecht der Arbeitnehmer dar.[416] Erkenntnisse aus einer von der Staatsanwaltschaft angeordneten Videoüberwachung sind jedenfalls verwertbar.[417]
Die gleichen Grundsätze gelten für die Überwachung durch einen vom Arbeitgeber eingeschalteten Detektiv. Routineüberwachungen ohne konkreten Verdacht sind rechtswidrig.[418] Bei bestehendem Verdacht ist die Einschaltung einer Detektei nur

---

413 *LAG Brandenburg*, Beschl. v. 13.2.2003 – 3 TaBV 15/01 (ArbG Potsdam), AP § 87 BetrVG 1972 -Überwachung- Nr. 37: „§ 4 Ausschluss von Leistungs- und Verhaltenskontrollen: Erkenntnisse aus dem Betrieb der Videoanlage dürfen Anlass und Entscheidungsgrundlage für arbeits- und dienstrechtliche Maßnahmen sowie haftungsrechtliche Forderungen nur sein, soweit es sich um strafbare Handlungen oder den dringenden Verdacht strafbarer Handlungen handelt. Ansonsten dürfen etwaige Erkenntnisse aus dem Betrieb der Videoanlage nicht Anlass oder Entscheidungsgrundlage für arbeits- und dienstrechtliche Maßnahmen oder haftungsrechtliche Forderungen sein und auch nicht verwertet werden.“.

414 So jedenfalls *LAG Niedersachsen*, Urt. v. 19.12.2001 – 6 Sa 1376/01 (ArbG Hildesheim), [nicht veröffentlicht].

415 *BAG*, Beschl. v. 29.6.2004 – 1 ABR 21/03 (LAG Berlin), AP § 87 BetrVG 1972 -Überwachung- Nr. 41 = NZA 2004, 1278 = DB 2004, 2377 = NJW 2005, 313 = BB 2005, 102 = MDR 2005, 152 = EzA § 611 BGB 2002 -Persönlichkeitsrecht- Nr. 2 = BAGReport 2005, 15 = ZTR 2005, 99 = AuA 2005, 119 = AR-Blattei ES 530.14.2.1 Nr. 6.

416 *BAG*, Beschl. v. 29.6.2004 – 1 ABR 21/03 (LAG Berlin), AP § 87 BetrVG 1972 -Überwachung- Nr. 41 = NZA 2004, 1278 = DB 2004, 2377 = NJW 2005, 313 = BB 2005, 102 = MDR 2005, 152 = EzA § 611 BGB 2002 -Persönlichkeitsrecht- Nr. 2 = BAGReport 2005, 15 = ZTR 2005, 99 = AuA 2005, 119 = AR-Blattei ES 530.14.2.1 Nr. 6.

417 *ArbG Frankfurt/M.*, Urt. v. 31.1.2001 – 7 Ca 3997/00, SuP 2001, 539: Gepäck-Diebstahl auf Flughafen.

418 *Becker*, S. 27; *Ruhnke*, S. 177.

dann verhältnismäßig, wenn weniger eingriffsintensive Maßnahmen erfolglos geblieben oder nicht erfolgversprechend sind.[419] Erhärtet sich ein anfangs nur sehr vager Verdacht aufgrund der – rechtswidrigen – Ermittlungen des Detektivs, scheidet zwar eine unmittelbare Verwertung der hergestellten Beweismittel aus, jedoch kann der Detektiv als Zeuge vernommen werden.[420]

3. Kollektivrechtliche Beschränkungen

Maßnahmen zur Beweiserhebung können zudem kollektivrechtlichen Beschränkungen unterliegen. Die herausgreifende Kontrolle der Telefondaten der Betriebsratsvorsitzenden ohne besondere Anhaltspunkte und außerhalb einer Stichproben-Regelung verstößt gegen die §§ 75, 78 BetrVG. Die Erfassung von Telefondaten entgegen der Regelung einer Betriebsvereinbarung ist rechtswidrig.[421]

Sogenannte Ehrlichkeitskontrollen gegenüber dem Arbeitnehmer durch Mitarbeiter des Arbeitgebers sind nur bei Zuhilfenahme einer technischen Einrichtung nach § 87 Abs. 1 Nr. 1 oder Nr. 6 BetrVG mitbestimmungspflichtig.[422] So unterliegt etwa das Aufstellen von Kameras der Mitbestimmung.[423] Gleiches muss für den Einsatz von Testkäufern und die Vornahme von Taschen- und Torkontrollen gelten. Stichprobenartige Taschenkontrollen sind nicht mitbestimmungspflichtig.[424]

---

419 *Ruhnke*, S. 177.

420 *Ruhnke*, S. 177, 178.

421 *LAG Sachsen-Anhalt*, Beschl. v. 23.11.1999 – 8 TaBV 6/99 (ArbG Dessau), LAGE § 103 BetrVG 1972 Nr. 15 = NZA-RR 2000, 476 = RDV 2001, 28 = ArbuR 2000, 359 = EzA-SD 2000, Nr. 20, 14 = RzK I 8I Nr. 32.

422 *BAG*, Urt. v. 18.11.1999 – 2 AZR 743/98 (LAG Mecklenburg-Vorpommern), BAGE 93, 1 = AP § 626 BGB -Verdacht strafbarer Handlung- Nr. 32 = NJW 2000, 1211 = NZA 2000, 418 = BB 2000, 672 = ZIP 2000, 762 = DB 2000, 726 = ArbuR 2000, 156 = ZTR 2000, 277 = EWiR 2000, 613 = JuS 2000, 930 = RzK I 8c Nr. 5 = AR-Blattei ES 1010.8 Nr. 85 = EzA § 626 BGB -Verdacht strafbarer Handlung- Nr. 9 = RdA 2001, 49 = SAE 2001, 177 = AuA 2001, 138.

423 *BAG*, Urt. v. 27.3.2003 – 2 AZR 51/02 (LAG Schleswig-Holstein), AP § 87 BetrVG 1972 -Überwachung- Nr. 36 = NZA 2003, 1193 = NJW 2003, 3436 = DB 2003, 2230 = BB 2003, 2578 = JZ 2004, 366 = EzA § 611 BGB 2002 -Persönlichkeitsrecht- Nr. 1 = EzBAT § 54 BAT -Strafbare Handlung- Nr. 22 = AR-Blattei ES 1010.9 Nr. 100; *BAG*, Beschl. v. 29.6.2004 – 1 ABR 21/03 (LAG Berlin), AP § 87 BetrVG 1972 -Überwachung- Nr. 41 = NZA 2004, 1278 = DB 2004, 2377 = NJW 2005, 313 = BB 2005, 102 = MDR 2005, 152 = EzA § 611 BGB 2002 -Persönlichkeitsrecht- Nr. 2 = BAGReport 2005, 15 = ZTR 2005, 99 = AuA 2005, 119 = AR-Blattei ES 530.14.2.1 Nr. 6: Videokameras in Briefverteilungszentrum.

424 *BAG*, Urt. v. 12.8.1999 – 2 AZR 923/98 (LAG Hamburg), BAGE 92, 184 = AP § 626 BGB -Verdacht strafbarer Handlung- Nr. 28 = NZA 2000, 421 = NJW 2000, 1969 = SAE 2001, 211 = EzA § 626 BGB -Verdacht strafbarer Handlung- Nr. 8 = ZTR 2000, 135 = AiB 2000, 173 = MDR 2000, 279 = AR-Blattei ES 1010.8 Nr. 84 = DB 2000, 48 = RzK I 8c Nr. 48 = EWiR 2000, 329; *von Hoyningen-Huene/Linck*, § 1 Rn. 264a.

Der Einsatz von Detektiven ist dann gemäß § 99 Abs. 1 BetrVG mitbestimmungspflichtig, wenn eine Eingliederung vorliegt und der Arbeitgeber weisungsbefugt ist; nicht aber bei Beauftragung von Fremdfirmen, wie z. B. einer externen Detektei.[425]

Fraglich ist, ob mitbestimmungswidrig erlangte Beweismittel ein Beweisverwertungsverbot nach sich ziehen. Teilweise wird vertreten, Erkenntnisse mitbestimmungswidrig eingesetzter Detektive unterlägen keinem Beweisverwertungsverbot.[426] Dem kann mit Blick auf den Schutzzweck des § 99 BetrVG nicht zugestimmt werden, vielmehr sind durch rechtswidrigen Einsatz von Detektiven erlangte Beweismittel grundsätzlich nicht verwertbar.[427] Anders nur, soweit der Betriebsrat der Verwendung des Beweismittels und der darauf gestützten Kündigung zustimmt und die Beweisverwertung nach den allgemeinen Grundsätzen gerechtfertigt ist.[428]

Der Arbeitnehmer hat dem Arbeitgeber die durch das Tätigwerden eines Detektivs entstandenen notwendigen Kosten zu ersetzen, wenn der Arbeitgeber anlässlich eines konkreten Tatverdachts gegen den Arbeitnehmer einem Detektiv die Überwachung des Arbeitnehmers überträgt und der Arbeitnehmer einer vorsätzlichen vertragswidrigen Handlung überführt wird.[429] Dabei sind die Notwendigkeit und der Umfang der Ermittlungen durch Vorlage von Ermittlungsberichten nachzuweisen. Der Rechtsprechung des *BAG* haben sich auch die Instanzgerichte angeschlossen.[430]

---

425 *Lingemann/Göpfert*, DB 1997, 374 f.; *Fischer*, BB 1999, 154.

426 *Lingemann/Göpfert*, DB 1997, 374, 375.

427 *Fischer*, BB 1999, 154, 156: der Arbeitnehmer kann dagegen mitbestimmungswidrig erlangte Entlastungstatsachen in den Prozess einführen.

428 *BAG*, Urt. v. 27.3.2003 – 2 AZR 51/02 (LAG Schleswig-Holstein), AP § 87 BetrVG 1972 -Überwachung- Nr. 36 = NZA 2003, 1193 = NJW 2003, 3436 = DB 2003, 2230 = BB 2003, 2578 = JZ 2004, 366 = EzA § 611 BGB 2002 -Persönlichkeitsrecht- Nr. 1 = EzBAT § 54 BAT -Strafbare Handlung- Nr. 22 = AR-Blattei ES 1010.9 Nr. 100: entgegen § 87 Abs. 1 Nr. 6 BetrVG ohne vorherige Zustimmung des Betriebsrates durchgeführte Videoüberwachung. *Grosjean* (DB 2003, 2650 ff.): Verletzung der Mitbestimmungsrechte aus § 87 Abs. 1 Nr. 1 und Nr. 6 BetrVG führt nicht zu einem Beweisverwertungsverbot.

429 *BAG*, Urt. v. 3.12.1985 – 3 AZR 277/84 (LAG Niedersachsen), BB 1987, 689; *BAG*, Urt. v. 17.9.1998 – 8 AZR 5/97 (LAG Niedersachsen), BAGE 90, 1 = AP § 611 BGB -Haftung des Arbeitnehmers- Nr. 133 = BB 1998, 2475 = NJW 1999, 308 = DB 1998, 2473 = NZA 1998, 1334 = EzA § 249 BGB Nr. 23 = AuA 1999, 135 = MDR 1999, 165; *BAG*, Urt. v. 17.9.1998 – 8 AZR 5/97 (LAG Niedersachsen), BAGE 90, 1 = AP § 611 BGB -Haftung des Arbeitnehmers- Nr. 133 = BB 1998, 2475 = NJW 1999, 308 = DB 1998, 2473 = NZA 1998, 1334 = EzA § 249 BGB Nr. 23 = AuA 1999, 135 = MDR 1999, 165 = AiB 2000, 53 = AR-Blattei ES 1400 Nr. 68.

430 *LAG Düsseldorf*, Urt. v. 4.4.1995 – 7 Ta 243/94 (ArbG Wesel), JurBüro 1995, 477 = NZA 1995, 808; *LAG Rheinland-Pfalz*, Urt. v. 15.6.1999 – 5 Sa 540/99 (ArbG Koblenz), LAGE § 249 BGB Nr. 15 = NZA 2000, 260 = EzBAT § 14 BAT Nr. 30 = BB 2000, 155 = ArbuR 2000, 77 = ZTR 2000, 36 = FA 2000, 98; *LAG Hamm*, Urt. v. 5.4.2000 – 10 Sa 2239/99 (ArbG Detmold), MDR 2000, 1255 = BB 2000, 1842 = BuW 2001, 352: unter II 1 der

4. Verarbeitung personenbezogener Daten

Die Verarbeitung von personenbezogenen Daten der Arbeitnehmer, z. B. durch Speicherung von Zielnummern bei ausgehenden Dienst- und Privatgesprächen durch den Arbeitgeber, unterliegt dem BDSG.[431]

Die Verwertung personenbezogener Daten ohne Einwilligung des Betroffenen verletzt grundsätzlich das Persönlichkeitsrecht des Arbeitnehmers. Sie ist gemäß § 4 Abs. 1 BDSG datenschutzrechtlich aber dann zulässig, wenn sie durch Rechtsvorschriften, etwa durch eine Dienstvereinbarung, oder durch Einwilligung der Betroffenen besonders erlaubt wird.

Das aus einer Verletzung des Persönlichkeitsrechts resultierende Verwertungsgebot erfährt indes unter dem Gesichtspunkt einer Güterabwägung eine Einschränkung, das heißt das Beweismittel ist verwertbar, wenn es zur Abwehr größeren Unrechts verschafft worden ist und bei doloser Ausnutzung der Beweisnot seitens des Gegners. Dies bedeutet im Einzelfall eine Abwägung der widerstreitenden Interessen.[432]

B. PROZESSUALES

In diesem Abschnitt werden prozessuale Problemfelder beleuchtet.

I. Verhältnis zwischen Tatkündigung und Verdachtskündigung

Zunächst ist das rechtliche Verhältnis zwischen den beiden Kündigungsarten zu untersuchen.

1. Tatbestandliches Verhältnis

Eine Verdachtskündigung liegt nur dann vor, wenn die Kündigung ausschließlich mit dem Verdacht einer Straftat oder einer schweren Pflichtverletzung begründet wird. Andererseits genügt eine Formulierung des Arbeitgebers, wonach er aufgrund bestimmter Tatsachen nicht mehr mit dem Arbeitnehmer vertrauensvoll zusammenarbeiten könne. Bei Ausspruch muss die Kündigung noch nicht auf den Verdacht gestützt werden, sondern es ist vielmehr ausreichend, wenn die Kündigung erst in der Tatsacheninstanz auf den Verdacht gestützt wird. Entscheidend ist ohnehin nur ein objektivierter Vertrauenswegfall, gleichgültig ob durch „Tat" oder „Verdacht" begründet. Das gilt jedenfalls, solange die Kündigung nicht ausdrücklich als Tatkündigung bezeichnet wurde. Zu beachten ist die Erforderlichkeit der Anhörung

---

Gründe; *ArbG Berlin*, Urt. v. 21.11.2000 – 1 Ca 15886/00, 1 Ca 28360/00, NZA-RR 2001, 527; *Schaub*, ArbRHandb[9], § 52 IV 4 b Rn. 27; *Lepke*, DB 1985, 1231, 1232; a. A. *LAG Nürnberg*, Beschl. v. 12.9.1994 – 7 Ta 104/94 (ArbG Würzburg), LAGE § 91 ZPO Nr. 24 = JurBüro 1995, 90 = NZA 1995, 808.

[431] *LAG Sachsen-Anhalt*, Beschl. v. 23.11.1999 – 8 TaBV 6/99 (ArbG Dessau), LAGE § 103 BetrVG 1972 Nr. 15 = NZA-RR 2000, 476 = RDV 2001, 28 = ArbuR 2000, 359 = EzA-SD 2000, Nr. 20, 14 = RzK I 8I Nr. 32: unter II 2 a der Gründe.

[432] *ArbG Kiel*, Urt. v. 1.2.2001 – ö.D. 2 Ca 2248 d/00, DuD 2001, 687: Dienstvereinbarung erforderte i. v. F. die Einwilligung des Betroffenen.

im Rahmen der Verdachtskündigung. Wurde zu beiden Aspekten angehört, kann die Kündigung sowohl als Tat- als auch als Verdachtskündigung ausgesprochen werden.[433]

Wie bereits oben (1. Teil, C I 1) dargestellt, ist der Verdacht der Tat in der psychologischen Kausalkette Durchgangsstadium hin zur Tat und die Tat im Verhältnis zum Verdacht der Tat ein psychologischer Spezialsachverhalt.[434] Die Tat enthält dabei sämtliche Tatbestandsmerkmale des Verdachts und zusätzlich die Gewissheit als ein Plus. Zwischen dem Verdacht der Tat und der Tat besteht ein gradueller faktischer Unterschied. Daraus lässt sich aber nicht etwa der Schluss ziehen, die Tatkündigung sei lex generalis im Verhältnis zur Verdachtskündigung. Zwar liegt dieser Schluss angesichts der rechtlichen Vertatbestandlichung von Tat und Verdacht in Tatkündigung und Verdachtskündigung zunächst nahe und konstruktiv liegt an dieser Stelle auch der Ausgangspunkt. Jedoch wurde in das ursprünglich vorliegende Spezialitätsverhältnis insofern eingegriffen, als die Voraussetzungen an die Verdachtskündigung erhöht wurden. Zu denken ist hier in erster Linie an die Anhörung, die nur im Bereich der Verdachtskündigung – und dort sogar – als Wirksamkeitsvoraussetzung verstanden wird. Konsequenz ist, dass bei Ausspruch einer Tatkündigung nicht jeder Tatnachweis auch eine Verdachtskündigung begründet, sondern nur dann, wenn bei ausgesprochener Tatkündigung auch zum Verdacht angehört wurde. Umgekehrt ist die ausgesprochene Verdachtskündigung – bei Beachtung der höheren Voraussetzungen – immer begründet und damit wirksam, soweit ein Tatnachweis vorliegt.[435] Im Ergebnis haben Tatkündigung und Verdachtskündigung folglich grundsätzlich eigene Anwendungsbereiche.[436] Die Verdachtskündigung stellt einen von dem der Tatkündigung abweichenden eigenständigen Kündigungsgrund dar.[437]

---

433 *BAG*, Urt. v. 20.8.1997 – 2 AZR 620/96 (LAG Düsseldorf), AP § 626 BGB -Verdacht strafbarer Handlung- Nr. 27 = EzA § 626 BGB -Verdacht strafbarer Handlung- Nr. 7 = NZA 1997, 1340 = ArbuR 1997, 447 = NJW 1998, 1171 = BB 1997, 2484 = RdA 1998, 62; *LAG Düsseldorf*, Urt. v. 18.9.2001 – 6 Sa 849/01 (ArbG Oberhausen), ZMV 2001, 303; *LAG Köln*, Urt. v. 22.5.2003 – 6 (3) Sa 194/03 (ArbG Köln), LAGE § 626 BGB Nr. 150 = ZTR 2003, 623 = EzBAT § 54 BAT -Unkündbare Angestellte- Nr. 16 = AuA 2003, 42: Verdacht langfristiger Gleitzeitmanipulationen.

434 Diese Fragestellung ist nicht zu verwechseln mit dem umstrittenen rechtlichen Verhältnis von Tatkündigung und Verdachtskündigung (siehe dazu 2. Teil, B I 1 und II 3).

435 *Griese*, BB 1990, 1899, 1901.

436 Das verkennt *LAG Köln*, Urt. v. 26.11.1999 – 11 Sa 1025/99 (ArbG Köln), ARSt 2000, 162: „Die Verdachtskündigung ist ein subsidiäres Institut, das der Beweisnot des Arbeitgebers Rechnung tragen soll" [unter 2) der Gründe].

437 *BAG*, Urt. v. 26.3.1992 – 2 AZR 519/91 (LAG Hamm), AP § 626 BGB -Verdacht strafbarer Handlung- Nr. 23 = NZA 1992, 1121 = DB 1992, 2194 = EzA § 626 BGB -Verdacht strafbarer Handlung- Nr. 4 = NJW 1993, 83 = AuA 1993, 285 = RzK I 8c Nr. 26 = JR 1993, 176; *BAG*, Urt. v. 5.4.2001 – 2 AZR 217/00 (LAG Düsseldorf), AP § 626 BGB -Verdacht strafbarer Handlung- Nr. 34 = SAE 2002, 105 = NZA 2001, 837 = EzA § 626 BGB -Verdacht strafbarer Handlung- Nr. 10 = NJW 2001, 3068 = DB 2001, 1941 = BB 2001, 2062 = RzK I 8c Nr.

Die beiden Kündigungsgründe stehen aber nicht beziehungslos nebeneinander.[438] Aufgrund der Eigenständigkeit der Kündigungsgründe liegen unterschiedliche Streitgegenstände vor, so dass die Rechtskraft eines Urteils hinsichtlich des einen Kündigungsgrundes einem späteren Urteil bezüglich des anderen nicht gemäß § 322 Abs. 1 ZPO entgegensteht.[439] Praktische Bedeutung gewinnt diese Tatsache dann, wenn eine der beiden Kündigungen rechtskräftig – etwa wegen Versäumung der Ausschlussfrist – für unwirksam erklärt worden ist.

2. Auswirkungen eines Strafverfahrens

Fraglich sind die Auswirkungen eines Strafverfahrens auf die Wirksamkeit der Verdachtskündigung. Grundsätzlich sind Zivilgerichte und damit auch Arbeitsgerichte nicht an die Beweiserhebung und -würdigung des Strafgerichts gebunden. Dieser Grundsatz war vormals in § 14 Abs. 2 Ziff. 1 EGZPO verankert. Danach traten landesrechtliche Regelungen über die bindende Kraft des strafgerichtlichen Urteils für den Zivilrichter ausdrücklich außer Kraft. § 14 Abs. 2 EGZPO ist mittlerweile gegenstandslos[440] geworden, da entsprechende landesrechtliche Vorschriften nicht mehr existieren.[441] Das Prinzip der fehlenden Bindungswirkung des Zivilrichters an rechtskräftige Strafurteile gilt auch weiterhin. Der Zivilrichter darf also abweichend von rechtskräftigen Feststellungen des Strafgerichts entscheiden. Der Zivilrichter

---

58 = AuA 2002, 87; *Hanau*, in: Erman[8], § 626 Rn. 71; *Schwerdtner*, in: MünchKomm-BGB[3], § 626 Rn. 171; *Preis*, in: Stahlhacke/Preis/Vossen[7], Rn. 578; *Griese*, BB 1990, 1899, 1901; *Egli*, S. 10, 42 ff.; *Thau*, SAE 2002, 108, 112; *Kappelhoff*, in: Tschöpe, 3 E Rn. 32; *Fischermeier*, in: KR[6], § 626 BGB Rn. 215; *Gallner*, in: HandKomm-KSchG, § 1 Rn. 564; *Henssler*, in: MünchKomm-BGB[4], § 626 Rn. 240; *Hergenröder*, in: MünchKomm-BGB[4], § 1 KSchG Rn. 195; *Thies*, in: Henssler/Willemsen/Kalb, § 1 KSchG Rn. 164; *Fuchs*, in: Bamberger/Roth, § 626 Rn. 21; *Müller-Glöge*, in: ErfurtKomm[5], § 626 BGB Rn. 210, 216; *Deinert*, AuR 2005, 285, 286.

438 *BAG*, Urt. v. 6.12.2001 – 2 AZR 496/00 (LAG Hamm), AP § 626 BGB -Verdacht strafbarer Handlung- Nr. 36 = EzA § 626 BGB -Verdacht strafbarer Handlung- Nr. 11 = NJW 2002, 3651 = NZA 2002, 847 = DB 2002, 1779 = ZTR 2002, 497 = BB 2002, 1920 = RzK I 8c Nr. 67; *BAG*, Urt. v. 3.7.2003 – 2 AZR 437/02 (LAG Hessen), AP § 626 BGB -Verdacht strafbarer Handlung- Nr. 38 = EzA § 1 KSchG -Verdachtskündigung- Nr. 2 = NZA 2004, 307 = FA 2004, 251; *Popp*, in: HAS, § 19 B Rn. 449; *Fischermeier*, in: KR[7], § 626 BGB Rn. 217.

439 *BAG*, Urt. v. 12.12.1984 – 7 AZR 575/83 (LAG Düsseldorf), BAGE 47, 307 = AP § 626 BGB -Ausschlußfrist- Nr. 19 = AP § 626 BGB -Verdacht strafbarer Handlung- Nr. 15 = NZA 1985, 623 = EzA § 626 BGB nF Nr. 97 = BB 1985, 1734 = MDR 1985, 874 = BlStSozArbR 1985, 307 = NJW 1985, 3094; *Ascheid*, KSchR, Rn. 167; *Etzel*, in: KR[7], § 1 KSchG Rn. 511; *Fischermeier*, in: KR[7], § 626 BGB Rn. 218; *Kappelhoff*, in: Tschöpe, 3 E Rn. 39a; *Gallner*, in: HandKomm-KSchG, § 1 Rn. 572 f.; *Eisemann*, in: Küttner, S. 2249; *K. M. Dörner*, in: Ascheid/Preis/Schmidt, § 626 BGB Rn. 364.

440 *Gallner*, in: HandKomm-KSchG, § 1 Rn. 582.

441 Vgl. die Nachweise bei *M. Wolf* (in: MünchKomm-ZPO, § 14 EGZPO Rn. 5): zuvor abweichende landesrechtliche Regelungen über den Ausschluss oder die Beschränkung einzelner Arten von Beweismitteln in Bayern (Art. 399 BayZPO) und in einigen Ländern noch geltende Vorschriften des französischen Rechts (Artt. 1341 bis 1348, 1353 Code Civil).

kann die tatsächlichen Feststellungen im Rahmen freier Beweiswürdigung gemäß § 286 ZPO zwar übernehmen, bleibt in der rechtlichen Bewertung jedoch frei.[442] Ein Strafurteil kann allerdings die Funktion einer Beweisurkunde gemäß §§ 415, 417, 418 ZPO haben, soweit ein entsprechender Beweisantrag gestellt wird. Anstelle des Urkundenbeweises können die Parteien auch unmittelbar Zeugenbeweise antreten.[443]

Das hat zur Folge, dass trotz eines Freispruchs im Strafverfahren in dubio pro reo eine wirksame Verdachtskündigung möglich ist. Gleiches gilt, wenn die Staatsanwaltschaft das Ermittlungsverfahren einstellt.[444] Der Verdacht allein reicht zwar möglicherweise nicht für eine strafrechtliche Verurteilung, zivilrechtliche Folgen sind indes trotzdem möglich. So macht ein Freispruch eine Verdachtskündigung nicht etwa unmöglich.[445] Ein Freispruch im Strafurteil kann aber jedenfalls tatsächlich – und im Rahmen der Beweiswürdigung (§ 286 ZPO) zu berücksichtigen – entlastend wirken.[446]

Umgekehrt kann sich ein Strafurteil nicht nachträglich auf die bereits arbeitsgerichtlich festgestellte Wirksamkeit einer Verdachtskündigung auswirken. So wird selbst bei einem Freispruch im Strafverfahren wegen „erwiesener Unschuld" eine bereits für wirksam erachtete Verdachtskündigung nicht im Nachhinein unwirksam. Denk-

---

[442] *BAG*, Urt. v. 22.1.1998 – 2 AZR 455/97 (LAG Schleswig-Holstein), AP § 79 ArbGG 1979 Nr. 3 = NZA 1998, 726 = AR-Blattei ES 1010.9 Nr. 90 = EzA § 580 ZPO Nr. 3 = NJW 1999, 82 = DB 1998, 268 = BuW 1998, 160 = FA 1998, 126 = BB 1998, 376 = ArbuR 1998, 252 = ZTR 1998, 333 = RdA 1998, 253 = JR 1999, 131 = AP § 580 ZPO Nr. 14; *M. Wolf*, in: MünchKomm-ZPO, § 14 EGZPO Rn. 4; *Gummer*, in: Zöller, § 14 EGZPO Rn. 2; *Albers*, in: Baumbach/Lauterbach/Albers/Hartmann, § 14 EGZPO Rn. 1; *Gallner*, in: HandKomm-KSchG, § 1 Rn. 572.

[443] *BGH*, Urt. v. 14.7.1952 – IV ZR 25/52 (OLG München), BGHZ 7, 116; *BAG*, Urt. v. 26.3.1992 – 2 AZR 519/91 (LAG Hamm), AP § 626 BGB -Verdacht strafbarer Handlung- Nr. 23 = NZA 1992, 1121 = DB 1992, 2194 = EzA § 626 BGB -Verdacht strafbarer Handlung- Nr. 4 = NJW 1993, 83 = AuA 1993, 285 = RzK I 8c Nr. 26 = JR 1993, 176: unter B II 4 a der Gründe; *BAG*, Urt. v. 22.1.1998 – 2 AZR 455/97 (LAG Schleswig-Holstein), AP § 79 ArbGG 1979 Nr. 3 = NZA 1998, 726 = AR-Blattei ES 1010.9 Nr. 90 = EzA § 580 ZPO Nr. 3 = NJW 1999, 82 = DB 1998, 268 = BuW 1998, 160 = FA 1998, 126 = BB 1998, 376 = ArbuR 1998, 252 = ZTR 1998, 333 = RdA 1998, 253 = JR 1999, 131 = AP § 580 ZPO Nr. 14: unter II 2 b der Gründe; *Gummer*, in: Zöller, § 14 EGZPO Rn. 2; *von Hoyningen-Huene/Linck*, § 1 Rn. 262b; *Gallner*, in: HandKomm-KSchG, § 1 Rn. 572.

[444] *BAG*, Urt. v. 20.8.1997 – 2 AZR 620/96 (LAG Düsseldorf), AP § 626 BGB -Verdacht strafbarer Handlung- Nr. 27 = EzA § 626 BGB -Verdacht strafbarer Handlung- Nr. 7 = NZA 1997, 1340 = ArbuR 1997, 447 = NJW 1998, 1171 = BB 1997, 2484 = RdA 1998, 62; *Hoß*, MDR 1998, 869, 871; *K. M. Dörner*, in: Dörner/Luczak/Wildschütz, D Rn. 835; *ders.*, in: Ascheid/Preis/Schmidt, § 626 BGB Rn. 363.

[445] Anders aber *Däubler*, in: Kittner/Däubler/Zwanziger, § 626 BGB Rn. 219.

[446] *BAG*, Urt. v. 24.4.1975 – 2 AZR 118/74 (LAG Baden-Württemberg), BAGE 27, 113 = AP § 103 BetrVG 1972 Nr. 3 = EzA § 103 BetrVG Nr. 8 = SAE 1977, 3 = EzA § 103 BetrVG 1972 Nr. 8 = BB 1975, 1014 = DB 1975, 1610 = MDR 1975, 876 = ArbuR 1975, 184 = WM 1975, 1067 = JuS 1975, 669; *Müller-Glöge*, in: ErfurtKomm[5], § 626 BGB Rn. 217.

bar ist hier lediglich ein Restitutionsverfahren gemäß §§ 580 ff. ZPO.[447] Eine unwirksame Verdachtskündigung bleibt auch dann unwirksam, wenn das Strafgericht den Arbeitnehmer verurteilt. Dem Arbeitgeber bleibt hier jedoch die Möglichkeit, eine auf die Verurteilung gestützte Tatkündigung aussprechen.

II. Entscheidungserheblicher Zeitpunkt

Fraglich ist der für die Beurteilung der Wirksamkeit einer Verdachtskündigung maßgebliche Zeitpunkt.

1. Ausgangspunkt

Das *BAG* wählt als Ausgangspunkt für die Wirksamkeitsbeurteilung der Verdachtskündigung zunächst den Zeitpunkt des Zugangs der Kündigungserklärung.[448] Der *BGH* legt ebenfalls den Zeitpunkt des Zugangs der Kündigungserklärung zugrunde.[449] Da es dabei passieren kann, dass eine Verdachtskündigung trotz Wegfalls des Kündigungsgrundes wirksam ist, müsste das Gericht, selbst wenn der Verdacht im vollen Umfang widerlegt wäre, auf Wirksamkeit der Kündigung erkennen. Das wird als nicht interessengerecht („ungerecht“) empfunden. Um dem zu begegnen, stellt das *BAG* – teilweise, jedenfalls nicht einheitlich – auf den Schluss der mündlichen Verhandlung in der letzten Tatsacheninstanz ab. Die Verdachtskündigung werde unwirksam, wenn sich noch während des Kündigungsschutzprozesses die Unschuld des gekündigten Arbeitnehmers herausstellt.[450] Entfällt der Kündigungsgrund bis zu diesem späten Zeitpunkt, habe der „entfallene“ Kündigungsgrund niemals vorgele-

---

[447] Dazu *BAG*, Urt. v. 22.1.1998 – 2 AZR 455/97 (LAG Schleswig-Holstein), AP § 79 ArbGG 1979 Nr. 3 = NZA 1998, 726 = AR-Blattei ES 1010.9 Nr. 90 = EzA § 580 ZPO Nr. 3 = NJW 1999, 82 = DB 1998, 268 = BuW 1998, 160 = FA 1998, 126 = BB 1998, 376 = ArbuR 1998, 252 = ZTR 1998, 333 = RdA 1998, 253 = JR 1999, 131 = AP § 580 ZPO Nr. 14; *Eisemann*, in: Küttner, S. 2249.

[448] *BAG*, Urt. v. 4.6.1964 – 2 AZR 310/63 (LAG München), BAGE 16, 72 = AP § 626 BGB -Verdacht strafbarer Handlung- Nr. 13 = SAE 1965, 65, 71 = ArbuR 1965, 91 = DB 1964, 1229 = EzA § 626 BGB Nr. 5 = NJW 1964, 1918 = JuS 1964, 500. Ebenso *Hoefs*, S. 272; *Henssler*, in: MünchKomm-BGB[4], § 626 Rn. 252.

[449] *BGH*, Urt. v. 13.7.1956 – VI ZR 88/55 (OLG Schleswig), AP § 611 BGB -Fürsorgepflicht- Nr. 2 = AP § 626 BGB -Verdacht strafbarer Handlung- Nr. 4 = NJW 1956, 1513 = DB 1956, 944 = SAE 1957, 1.

[450] *BAG*, Urt. v. 4.6.1964 – 2 AZR 310/63 (LAG München), BAGE 16, 72 = AP § 626 BGB -Verdacht strafbarer Handlung- Nr. 13 = SAE 1965, 65, 71 = ArbuR 1965, 91 = DB 1964, 1229 = EzA § 626 BGB Nr. 5 = NJW 1964, 1918 = JuS 1964, 500; *BAG*, Urt. v. 24.4.1975 – 2 AZR 118/74 (LAG Baden-Württemberg), BAGE 27, 113 = AP § 103 BetrVG 1972 Nr. 3 = EzA § 103 BetrVG Nr. 8 = SAE 1977, 3 = BB 1975, 1014 = DB 1975, 1610 = MDR 1975, 876 = ArbuR 1975, 184 = WM 1975, 1067 = JuS 1975, 669: unter II 5 b der Gründe; *BAG*, Urt. v. 24.1.1985 – 2 AZR 317/84 (LAG Düsseldorf), AP § 1 TVG Nr. 8 = DB 1985, 1485 = EzA § 4 TVG -Einzelhandel- Nr. 2 = NZA 1986, 25: unter III 4 d bb der Gründe; *BAG*, Urt. v. 20.2.1986 – 2 AZR 201/85 (LAG Berlin), NZA 1988, 94, 95 = RzK I 5h Nr. 2: unter II 3 b der Gründe.

gen.[451] Nach Ansicht des *BAG* sollen nachträglich bekannt gewordene oder entstandene Tatsachen berücksichtigt werden können, wenn sie geeignet sind, einen bestehenden Verdacht zu entkräften oder zu verstärken.[452]

Dabei formulierte das *BAG* zunächst noch zurückhaltend, das Nachschieben von erst nach der Kündigung entstandenen Kündigungsgründen sei zwar nicht zulässig, nachträglich entstandene Kündigungsgründe könnten allerdings insofern von Bedeutung sein, als sie das frühere Verhalten des Gekündigten in einem neuen Licht erscheinen lassen.[453] Schon bald aber sprach man sich für eine vollumfängliche Berücksichtigung nachträglich entstandener Entlastungstatsachen aus.[454] Nach Ansicht des *BAG* sei ein Verdacht, der später widerlegt sei, schon bei Ausspruch der Kündigung objektiv gesehen unbegründet. Das ergebe sich bei Berücksichtigung des objektiven Sachverhalts. Es wird auf die allgemein anerkannte Möglichkeit des Nachschiebens von Kündigungsgründen bzw. von Tatsachen hingewiesen. Im Ergebnis seien bei der Verdachtskündigung auch entlastende Umstände zu beachten. Die richterliche Aufklärungspflicht dauere während des Kündigungsschutzprozesses an.[455] In diesem Zusammenhang wird gelegentlich[456] auf das Baurecht verwiesen: ein ma-

---

451 Vgl. nur *BAG*, Urt. v. 4.6.1964 – 2 AZR 310/63 (LAG München), BAGE 16, 72 = AP § 626 BGB -Verdacht strafbarer Handlung- Nr. 13 = SAE 1965, 65, 71 = ArbuR 1965, 91 = DB 1964, 1229 = EzA § 626 BGB Nr. 5 = NJW 1964, 1918 = JuS 1964, 500.

452 *BAG*, Urt. v. 15.12.1955 – 2 AZR 228/54 (LAG München), BAGE 2, 245 = AP § 67 HGB Nr. 1 = ArbuR 1956, 158 = SAE 1956, 70 = BlStSozArbR 1956, 362 = NJW 1956, 807 = AR-Blattei ES 1270 Nr. 1; *BAG*, Urt. v. 4.6.1964 – 2 AZR 310/63 (LAG München), BAGE 16, 72, 81 = AP § 626 BGB -Verdacht strafbarer Handlung- Nr. 13 = SAE 1965, 65, 71 = ArbuR 1965, 91 = DB 1964, 1229 = EzA § 626 BGB Nr. 5 = NJW 1964, 1918 = JuS 1964, 500 = BB 1964, 1045; *BAG*, Urt. v. 9.7.1981 – 2 AZR 206/79 (LAG Hamm), [nicht veröffentlicht]: unter A II 4 c der Gründe; *BAG*, Urt. v. 30.6.1983 – 2 AZR 540/81 (LAG Düsseldorf), [nicht veröffentlicht]: unter III 6 der Gründe. Für Berücksichtigung auch nachträglich entstandener Entlastungstatsachen *LAG Schleswig-Holstein*, Urt. v. 3.11.1988 – 6 Sa 463/88 (ArbG Flensburg), NZA 1989, 798 = RzK I 8c Nr. 15.

453 *BAG*, Urt. v. 15.12.1955 – 2 AZR 228/54 (LAG München), BAGE 2, 245 = AP § 67 HGB Nr. 1 = ArbuR 1956, 158 = SAE 1956, 70 = BlStSozArbR 1956, 362 = NJW 1956, 807 = AR-Blattei ES 1270 Nr. 1.

454 *BAG*, Urt. v. 4.6.1964 – 2 AZR 310/63 (LAG München), BAGE 16, 72, 81 = AP § 626 BGB - Verdacht strafbarer Handlung- Nr. 13 = SAE 1965, 65, 71 = ArbuR 1965, 91 = DB 1964, 1229 = EzA § 626 BGB Nr. 5 = NJW 1964, 1918 = JuS 1964, 500 = BB 1964, 1045: unter I 3 c der Gründe; *BAG*, Urt. v. 24.4.1975 – 2 AZR 118/74 (LAG Baden-Württemberg), BAGE 27, 113 = AP § 103 BetrVG 1972 Nr. 3 = SAE 1977, 3 = EzA § 103 BetrVG 1972 Nr. 8 = BB 1975, 1014 = DB 1975, 1610 = MDR 1975, 876 = ArbuR 1975, 184 = WM 1975, 1067 = JuS 1975, 669. Zustimmend wohl *Eisemann*, in: Küttner, S. 2249; *K. M. Dörner*, PraktArbR, S. 173.

455 *BAG*, Urt. v. 4.6.1964 – 2 AZR 310/63 (LAG München), BAGE 16, 72 = AP § 626 BGB - Verdacht strafbarer Handlung- Nr. 13 = SAE 1965, 65, 71 = ArbuR 1965, 91 = DB 1964, 1229 = EzA § 626 BGB Nr. 5 = NJW 1964, 1918 = JuS 1964, 500 = BB 1964, 1045.

456 *Däubler*, ArbR 2, S. 499.

teriell rechtswidriges Bauwerk ist nur dann abzureißen, wenn es noch im Zeitpunkt der letzten mündlichen Verhandlung in der Tatsacheninstanz rechtswidrig ist.[457]

Die Ansicht des *BAG* ist insoweit nicht überzeugend, als sie auch nachträglich entstandene Tatsachen berücksichtigen will. Aus Gründen der Rechtssicherheit und Rechtsklarheit muss die Beurteilung, ob ein Verdacht objektiv besteht, nach den zum Zeitpunkt des Kündigungszugangs vorliegenden Verdachtsmomenten erfolgen.[458] Sind Tatsachen vorhanden, aus denen sich ein Verdacht ergibt, ist die Verdachtssituation objektiv vorhanden, der Kündigungsgrund „Verdacht" besteht. Ein späterer Wegfall des Verdachts ändert daran nichts. Auswirken können sich allenfalls Tatsachen, die im Zeitpunkt der Wirksamkeitsbeurteilung objektiv vorlagen, möglicherweise aber erst später bekannt werden. Was nicht vorlag, war die Tat, derer der Arbeitnehmer verdächtigt wurde. Bei der Verdachtskündigung ist bereits der durch den objektiv tatsachengestützten Verdacht ausgelöste Vertrauensverlust Kündigungsgrund, nicht aber die Tat. Das *BAG* sieht den materiellen Kündigungsgrund in Wirklichkeit nicht im Verdacht, sondern in der Tat.

Dogmatisch tragfähig kann bei jeder Kündigung aufgrund der aus dem Gebot der Rechtssicherheit resultierenden Bedingungsfeindlichkeit[459] von Gestaltungsrechten nur der Zeitpunkt des Zugangs der Kündigung sein.[460] Zwar besteht die Bedingungsfeindlichkeit von Gestaltungrechten nicht uneingeschränkt. So sieht § 569 Abs. 3 Nr. 2 S. 1 BGB n. F. (= § 543 Abs. 2 S. 3 BGB a. F.) bei nachträglicher Entrichtung des Mietzinses ein Unwirksamwerden der außerordentlichen Kündigung vor.[461] Jedoch stellt diese Vorschrift eine auf den Bereich des Mietrechts beschränkte Ausnahmevorschrift dar.[462] Die Bedingungsfeindlichkeit von Kündigungen wurde offensichtlich auch vom Gesetzgeber als allgemeingültiger Grundsatz gesehen, so

---

[457] *BVerwG*, Urt. v. 14.11.1957 – 1 C 168.56, BVerwGE 5, 351, 352.

[458] *Vom Stein*, RdA 1991, 85, 86; *Belling*, RdA 1996, 223, 237; *Dorndorf*, in: HeidelbergKomm-KSchG, § 1 Rn. 849; *von Hoyningen-Huene/Linck*, § 1 Rn. 266.

[459] *Schwerdtner*, in: MünchKomm-BGB[3], Vor § 620 Rn. 66; *Gentges*, S. 302; *Westermann*, in: MünchKomm-BGB[4], § 158 Rn. 28; *Nädler*, S. 32 ff.; *Kontusch*, S. 10, 15; *Bülow*, S. 27.

[460] *Preis*, Prinzipien, S. 140 ff.; *Honstetter*, S. 127 ff.; *Boewer*, NZA 1999, 1121, 1125; *Hillebrecht*, in: KR[4], § 626 BGB Rn. 180; *Etzel*, in: KR[7], § 1 KSchG Rn. 729; *Kaiser*, ZfA 2000, 205, 206; *Hoefs*, S. 271; *Kort*, SAE 2001, 131; *Thau*, SAE 2002, 108, 112; *Müller-Glöge*, in: ErfurtKomm[5], § 626 BGB Rn. 217; *Pflüger*, S. 59, 69, 239.

[461] Nach § 9 Abs. 1 Nr. 4 BKleingG kann der Verpächter eines Kleingartens kündigen, soweit er schutzwürdig an einer anderen wirtschaftlichen Nutzung gehindert wird. Ist der Kündigungsgrund bei Ablauf der Kündigungsfrist wieder entfallen, so ist die Kündigung nicht mehr gerechtfertigt und ein Festhalten an der Kündigung kann eine unzulässige Rechtsausübung darstellen (*BGH*, Urt. v. 25.1.1991 – V ZR 116/90 (OLG Hamburg), BGHZ 113, 290 = NJW 1991, 1348 = ZMR 1991, 213 = MDR 1991, 517 = WM 1991, 1175 = LM BKleingG Nr. 4: unter II 1 der Gründe).

[462] Vgl. hierzu *von Stebut*, NJW 1985, 289, 290.

dass er im Mietrecht eine gesetzliche Ausnahmeregelung für notwendig hielt. Aus dem Fehlen einer entsprechenden Vorschrift im Arbeitsrecht folgt im Umkehrschluss der Vorrang der Rechtssicherheit in diesem Bereich.[463]
Die Berücksichtigung nachträglicher Entwicklungen lässt sich auch nicht mit den §§ 4, 7 KSchG vereinbaren. Nach § 4 S. 1 KSchG beginnt die Klagefrist mit Zugang der Kündigung beim Arbeitnehmer. In diesem Zeitpunkt muss dann folglich auch die Wirksamkeit der Kündigung festgestellt werden können.[464] Bei Berücksichtigung nachträglicher Umstände würde man dem entgegen die Wirksamkeit über diesen Zeitpunkt hinaus überprüfen.[465] Nach den §§ 4, 7 KSchG erfolgt jedoch keine Wirksamkeitsprüfung i. S. einer allgemeinen Feststellungsklage gemäß § 256 ZPO, sondern ausschließlich eine punktuelle Überprüfung einer konkreten Kündigung.[466] Die Verschiebung des Beurteilungszeitpunktes auf die letzte mündliche Verhandlung in der Tatsacheninstanz ist ohne gesetzliche Grundlage und führt auch zu rechtsstaatlich nicht hinnehmbaren Ergebnissen.[467] Es ist nicht ungewöhnlich, dass sich eine Prognose nach Kündigungsausspruch als fehlerhaft erweisen kann. Ganz im Gegenteil beinhaltet ein Verdacht denkgesetzlich immer auch die Möglichkeit der Unschuld.[468] *Ascheid* ist zuzustimmen, wenn er in der Verlagerung des Beurteilungszeitpunktes eine Umwandlung der Kündigung wegen Verdachts in eine durch den Unschuldsbeweis auflösend bedingte Tatkündigung sieht.[469] Die ohnehin schwierige Abschätzung des Prozessrisikos wird noch spekulativer. Eine Prognosekontrolle im Wege der objektivierten ex-ante-Betrachtung ist daher ein Gebot der gerechten Verteilung des Prozessrisikos.[470]

Die das Baurecht betreffende Rechtsprechung führt zu keiner abweichenden Bewertung. Derartige Ergebnisse – dass ein ursprünglich rechtswidriges, nunmehr aber rechtmäßiges Bauwerk, welches grundsätzlich den Schutz des Art. 14 GG genießt, abzureißen ist – sind im Arbeitsrecht nicht möglich. Insoweit fehlt es an einer vergleichbaren Ausgangs- und Interessenlage.[471]

In diesem Punkt erfährt die Praxis des *BAG* also berechtigtermaßen Kritik. Folge ist aber nicht etwa die Unwirksamkeit[472] der Verdachtskündigung, sondern vielmehr ist von einem dogmatisch begründbaren Zeitpunkt für die Beurteilung der ihrerseits dogmatisch begründbaren Verdachtskündigung auszugehen.

---

463 So auch *Bülow*, S. 33.
464 *Raab*, RdA 2000, 147, 152.
465 *Kaiser*, ZfA 2000, 205, 214.
466 *Adam*, ZTR 1999, 113; *Kaiser*, ZfA 2000, 205, 214; *Bülow*, S. 34.
467 *Schütte*, NZA 1991, Beil. 2, 17, 22.
468 *Ascheid*, Beweislastfragen, S. 139; ebenso *K. M. Dörner*, NZA 1992, 865, 870.
469 *Ascheid*, Beweislastfragen, S. 139.
470 *K. M. Dörner*, NZA 1992, 865, 870; *Feuerborn*, S. 243.
471 *Pflüger*, S. 67 f.
472 Zu diesem Ergebnis kommt *K. M. Dörner*, NZA 1992, 865, 870.

2. Maßgeblicher Beurteilungszeitpunkt bei anderen Kündigungen

Zur Herausarbeitung des maßgeblichen Beurteilungszeitpunktes für die Verdachtskündigung wird eine Betrachtung der rechtlichen Situationen bei anderen Kündigungen vorgenommen.

a) Krankheitsbedingte Kündigung

Nach Ansicht des *BAG* ergibt sich der Kündigungsgrund bei einer krankheitsbedingten Kündigung aus objektiven Umständen, die darauf schließen lassen, die krankheitsbedingten Störungen werden fortdauern (sog. negative Gesundheitsprognose) und die mit der Krankheit verbundenen wirtschaftlich-betrieblichen Nachteile eine Weiterbeschäftigung unzumutbar machen. Ist die Prognose falsch, kommt ein Wiedereinstellungsanspruch in Betracht.

Der maßgebliche Beurteilungszeitpunkt wurde selbst innerhalb des *BAG* kontrovers gehandhabt.[473]
Der 2. Senat zog den weiteren Krankheitsverlauf heran, da es unvertretbar und für die Parteien nicht einsehbar sei, wenn sie aufgrund einer ärztlichen Prognose den Prozess verlören, die im Widerspruch zur tatsächlichen späteren Entwicklung des Arbeitnehmers steht.[474] Die Rechtsprechung des 2. Senats stieß auf Bedenken des 7. Senats, weil der Arbeitgeber bei Ausspruch einer krankheitsbedingten Kündigung deren Rechtmäßigkeit kaum noch einigermaßen zuverlässig beurteilen könne und der Ausgang seines Kündigungsschutzprozesses nicht nur für den Arbeitgeber, sondern wegen der möglichen Berücksichtigung einer späteren Verschlechterung seines Gesundheitszustandes auch für den Arbeitnehmer immer weniger vorhersehbar werden würde.[475] Nunmehr stellt auch der 2. Senat auf die Verhältnisse im Zeitpunkt des Kündigungszugangs ab.[476]
Ob die Zukunftsprognose bei der krankheitsbedingten Kündigung zutrifft, ist ungewiss. Darin liegt eine Parallele zur Verdachtskündigung, denn bei der Verdachtskündigung besteht lediglich ein Verdacht; ob die Tat wirklich begangen wurde, steht

---

473 Vgl. dazu *Mathern*, NJW 1996, 818.

474 *BAG*, Urt. v. 10.11.1983 – 2 AZR 291/82 (LAG Düsseldorf), DB 1984, 832 = BB 1984, 917 = SAE 1984, 205 = NJW 1984, 1417 = BlStSozArbR 1984, 228 = EzA § 1 KSchG -Krankheit- Nr. 14 = AP § 1 KSchG 1969 -Krankheit- Nr. 11.

475 *BAG*, Urt. v. 15.8.1984 – 7 AZR 536/82 (LAG Baden-Württemberg), NZA 1985, 357 = BB 1985, 800 = AP § 1 KSchG 1969 -Krankheit- Nr. 16 = DB 1985, 976 = EzA § 1 KSchG -Krankheit- Nr. 16 = JuS 1985, 649 = NJW 1985, 2783 = ZfA 1985, 610 = SAE 1986, 70.

476 *BAG*, Urt. v. 29.4.1999 – 2 AZR 431/98 (LAG Brandenburg), BAGE 91, 271 = AP § 1 KSchG 1969 -Krankheit- Nr. 36 = NZA 1999, 978, 980 = BuW 1999, 720 = DB 1999, 1861 = NJW 2000, 893 = BB 2000, 49 = EzA § 1 KSchG -Krankheit- Nr. 46 = RzK I 5g Nr. 71 = AiB 2000, 450; *BAG*, Urt. v. 17.6.1999 – 2 AZR 639/98 (LAG Hamburg), BAGE 92, 96 = AP § 1 KSchG 1969 -Krankheit- Nr. 37 = RzK I 15 Nr. 14 = NJW 2000, 2762 = SAE 2000, 93, 96 = EzA § 1 KSchG -Wiedereinstellungsanspruch- Nr. 4 = MDR 1999, 1511 = NZA 1999, 1328: unter II b aa der Gründe.

nicht fest. Bei beiden Kündigungen bleibt ein zukünftiger Kausalverlauf, eine etwaige Genesung bzw. ein Unschuldsnachweis, außerhalb der Wirksamkeitsbeurteilung der Kündigung selbst.

b) Betriebsbedingte Kündigung

Der maßgebliche Zeitpunkt für die Wirksamkeitsüberprüfung einer betriebsbedingten Kündigung ist nach ständiger Rechtsprechung des *BAG* der Zugang der Kündigung.[477] Bei einer betriebsbedingten Kündigung, die in objektiven nicht vom Arbeitnehmer beeinflussbaren Tatsachen wurzelt[478], entsteht gleichzeitig mit Wegfall des Kündigungsgrundes der für die Wiedereinstellung geeignete Arbeitsplatz neu. Man könnte dem *BAG* deshalb kritisch unterstellen, den Zeitpunkt nur deswegen dogmatisch zutreffend gewählt zu haben, weil der Wiedereinstellungsanspruch regelmäßig erfolgreich sein wird. Falls das tatsächlich zutreffen sollte, handelte es sich um eine Argumentation allein vom – hier freilich zutreffenden – Ergebnis her. Dogmatisch tragfähig wäre eine solche Vorgehensweise nicht.

c) Schlussfolgerung

Maßgeblicher Zeitpunkt ist somit der Zugang der Kündigungserklärung. Nach Ansicht von *Hambitzer* ist die Sonderbehandlung der Verdachtskündigung auf die krankheitsbedingte Kündigung – die vom 2. Senat des *BAG* nunmehr aufgegeben wurde – nicht übertragbar.[479] Die Verdachtskündigung beruht auf einem objektiv feststehenden, aber für den Arbeitgeber zunächst nicht aufklärbarem Geschehen in der Vergangenheit, wobei der Vertrauensverlust für die Zukunft prognostiziert wird. Der Kausalverlauf ist sowohl bei der Verdachtskündigung als auch bei der krankheitsbedingten Kündigung im Zeitpunkt des Zugangs der Kündigung im Gegensatz zur Tatkündigung noch nicht abgeschlossen. Das ergibt sich durch Anlegen eines objektiven Beurteilungsmaßstabes im Zeitpunkt des Kündigungszugangs. Dieser objektive Beurteilungsmaßstab berücksichtigt im Zeitpunkt des Kündigungszugangs gewissermaßen das „gesamte Wissen der Menschheit“, welches in diesem Zeitpunkt zur Verfügung steht. In diesem Zeitpunkt ist ein später einsetzender Kausalverlauf, der neuartige Entlastungstatsachen generiert, auch mit vollumfänglichem Wissen ebenso wenig vorhersehbar wie eine sich später vollziehende Spontan- oder „Wunderheilung“. Darüber hinaus wird auch bei der betriebsbedingten Kündigung jedenfalls dann ein neuer Kausalverlauf in Gang gesetzt, wenn der Arbeitgeber im Zeit-

---

[477] *BAG*, Urt. v. 29.3.1960 – 3 AZR 568/58 (LAG Düsseldorf), BAGE 9, 131 = AP § 7 KSchG Nr. 7 = DB 1960, 984 = RiA 1960, 314 = MDR 1960, 957 = BB 1960, 904 = NJW 1960, 2022 = SAE 1961, 95 = ArbuR 1961, 223 = AR-Blattei ES 1020 Nr. 43; *BAG*, Urt. v. 15.7.1971 – 2 AZR 232/70 (LAG Rheinland-Pfalz), BAGE 23, 371 = AP § 1 KSchG Nr. 83 = ArbuR 1971, 304 = DB 1971, 2022 = JZ 1971, 785 = EzA § 1 KSchG Nr. 19 = AR-Blattei ES 1010.9 Nr. 36.

[478] *Frey*, ArbuR 1955, 140, 142: objektive Tatsachen, die „im toten Material wurzeln“.

[479] *Hambitzer*, Wiedereinstellungsanspruch, S. 127 ff., 130.

punkt des Zugangs der betriebsbedingten Kündigung an einen Erhalt oder eine Neuschaffung des Arbeitsplatzes oder eine Betriebsveräußerung nicht denkt. Die etwas abweichende Behandlung der betriebsbedingten Kündigung resultiert aus dem Faktum, einen nicht aus dem Einflussbereich des Arbeitnehmers stammenden Kündigungsgrund darzustellen. Entgegen *Hambitzer* ist folglich für die Frage des entscheidungserheblichen Beurteilungszeitpunktes eine unterschiedliche Behandlung von krankheitsbedingter Kündigung und Verdachtskündigung nicht angezeigt.
Im Ergebnis ist für die Beurteilung der Wirksamkeit einer Verdachtskündigung somit der Zeitpunkt des Kündigungszugangs maßgeblich.[480] Neue, nach Kündigungszugang entstehende Kausalverläufe machen eine neue Kündigung erforderlich.[481]

3. Unterschied zwischen Tatkündigung und Verdachtskündigung

Die Wirksamkeit von Gestaltungsrechten wie der Kündigung wird aus Gründen der Rechtssicherheit und Rechtsklarheit im Zeitpunkt des Zugangs der Kündigung beurteilt. Von diesem Grundsatz scheinbar abweichend, haben nachträgliche[482] Tatsachen unterschiedliche Auswirkungen auf Verdachtskündigung und Tatkündigung. Entscheidungserheblicher Zeitpunkt für die Beurteilung der Wirksamkeit einer Tatkündigung ist zwar selbstverständlich auch der Zeitpunkt der Kündigungserklärung beziehungsweise deren Zugang. Jedoch ist zum einen nur sehr schwer denkbar eine Fallgestaltung, in der sich die Unschuld bei einer Tatkündigung erst aus nachträglich entstandenen Tatsachen ergeben soll.[483] Häufig wird es um die Beurteilung der Glaubwürdigkeit von Zeugen gehen, welche zum Kündigungszeitpunkt bereits im Sinne des unschuldigen Arbeitnehmers hätte erfolgen können und müssen. Die Unschuld des verdachtsgekündigten Arbeitnehmers kann sich aber auch unabhängig davon aus anderen Tatsachen nachträglich ergeben.
Der entscheidungserhebliche Zeitpunkt ist bei der Tatkündigung zwar nicht rechtlich, aber rein faktisch bis zum Schluss der letzten mündlichen Verhandlung in der Tatsacheninstanz verschoben, denn soweit sich die Unschuld auch erst aus nach-

---

480 *Hillebrecht*, in: KR[4], § 626 BGB Rn. 179 f.; *Hanau*, in: Erman[8], § 626 Rn. 71; *Preis*, in: Staudinger[13], § 626 Rn. 229; *H. Otto*, in: Festschrift für Kraft, S. 451, 454, 463 f.; *Raab*, RdA 2000, 147, 151 f.; *Kort*, SAE 2001, 131, 133; *Bülow*, S. 45, 51, 54 ff.

481 So zu Recht *Preis*, in: Staudinger[13], § 626 Rn. 229; *Bülow*, S. 47 ff., 54, 55.

482 Zur Differenzierung zwischen nachträglich entstandenen und lediglich nachträglich bekannt gewordenen Tatsachen siehe 2. Teil, B III.

483 Im Zeitpunkt der Kündigung stand die Unschuld bereits fest. Unerheblich ist, ob dies auch bekannt war. Der Arbeitgeber geht mit Ausspruch der Tatkündigung das Risiko ein, dass sich die behauptete Pflichtverletzung noch im Kündigungsschutzprozess – unter Umständen aufgrund später bekannt gewordener oder gar erst später entstandener Tatsachen – als falsch oder doch zumindest nicht beweisbar herausstellt. Bei der Tatkündigung behauptet der Arbeitgeber mehr als er für eine wirksame Kündigung benötigt: einzig und allein einen auf objektiven Tatsachen beruhenden Vertrauensverlust. Mit Ausspruch einer Tatkündigung erweitert der Arbeitgeber in zeitlicher Hinsicht die Überprüfbarkeit der Kündigung bis zum Schluss der letzten mündlichen Verhandlung.

träglich entstandenen[484] Tatsachen ergibt, so war der Arbeitnehmer zum Zeitpunkt des Zugangs der Kündigung doch unschuldig.[485] Hierin liegt der entscheidende Unterschied zwischen Tatkündigung und Verdachtskündigung. Die Berücksichtigung nachträglich entstandener (Entlastungs-)Tatsachen bei der Tatkündigung steht nicht etwa im Widerspruch zu den bisherigen Ausführungen. Bei der Tatkündigung wird der Vertrauensverlust mit dem Vorwurf der Tatbegehung beziehungsweise Pflichtverletzung begründet. Der Arbeitgeber geht über das für eine außerordentliche Kündigung erforderliche Maß hinaus und behauptet mehr als für eine wirksame Kündigung erforderlich wäre. Eine Tatkündigung beinhaltet ein Unwerturteil von höherem Gewicht. Einer verstärkten Einwirkungsmöglichkeit müssen im Sinne eines angemessenen Ausgleichs der widerstreitenden Interessen verstärkte Abwehrrechte gegenüberstehen. Ein Tatnachweis in den Grenzen des § 286 ZPO einzig bezogen auf den Zeitpunkt des Zugangs der Kündigungserklärung würde dem nicht hinreichend Rechnung tragen. Jedoch sind bereits ohne wertende Betrachtung auch später entstandene Entlastungstatsachen rein faktisch zu berücksichtigen. Das ergibt sich aus einem entscheidenden Wesensunterschied der Tatkündigung im Vergleich zur Verdachtskündigung. Ein Wesensunterschied der Tatkündigung im Verhältnis zur krankheitsbedingten Kündigung, betriebsbedingten Kündigung und auch Verdachtskündigung besteht darin, dass bei der Tatkündigung der zur Beurteilung anstehende Kausalverlauf abgeschlossen ist: das Einzige, das sich durch nachträglich entstandene Tatsachen noch ändern kann, ist die Nachweisbarkeit. Das Faktum der Tat an sich – ob begangen oder nicht – ist abgeschlossen und unveränderlich. Beurteilungsmaßstab ist hinsichtlich der Tat der denkbar objektivste überhaupt: gewissermaßen das „gesamte Wissen der Menschheit“[486] im Zeitpunkt des Zugangs der Kündigung. Das bedeutet aber, dass sämtliche die Tatbegehung betreffende Tatsachen von vornherein vorliegen. Insoweit können Tatsachen, die sich auf die Tat selbst beziehen, nicht nachträglich entstehen, sondern allenfalls nachträglich bekannt werden.[487] Bei der Tatkündigung existiert folglich ein abweichender Be-

---

[484] Dazu sogleich unten (2. Teil, B III 1).

[485] Diese Überlegung wird – fälschlich – auch bei der Verdachtskündigung angestellt. Da für die Wirksamkeit einer Verdachtskündigung (zum Zeitpunkt des Zugangs der Kündigungserklärung) aber nur ein auf objektiven Verdachtstatsachen basierender Vertrauensverlust erforderlich ist, können nachträglich entstandene Entlastungstatsachen nicht berücksichtigt werden. Bei der Verdachtskündigung wird eben gerade nicht die Tatbegehung geprüft!

[486] Ein "idealer Arbeitgeber" (so *A. Otto*, S. 49) ist ein mit „idealem Wissen ausgestatteter objektiver Dritter“. Nach *Bülow* hatte der Gesetzgeber – im Rahmen von § 1 Abs. 2 KSchG – einen mit „idealem Wissen ausgestatteten objektiven Dritten“ vor Augen (S. 136).

[487] *B. M. Schmidt* führt zwar grundsätzlich richtig aus, „Schuld oder Unschuld (...) kann sich (...) nicht erst im Nachhinein entwickeln, sondern sich allenfalls nachträglich durch belastende oder entlastende Umstände herausstellen“ (S. 140), trennt dann aber nicht zwischen Tatkündigung und Verdachtskündigung und lässt die – für die Tatkündigung zutreffenden – Ausführungen auch für die Verdachtskündigung gelten, spricht sogar davon, bei der Verdachtskündigung gehe es „stets um alte Tatsachen“ (S. 144).

trachtungsausschnitt. Das lässt sich am folgenden Beispielsfall illustrieren. Ein Entlastungsbeweis „taucht" nachträglich auf, z. B. ein Videoband, das eine andere Person bei der Begehung der Tat zeigt, derer der Tatgekündigte bezichtigt wurde. Wenn das Beweismittel Videoband auch zuvor nicht zur Verfügung stand, ist es doch nicht nachträglich entstanden. Es existierte bereits vorher und lediglich sein Inhalt wurde erst nach Kündigungszugang bekannt. Daran änderte sich auch dann nichts, wenn das Beweismittel nachträglich hergestellt wurde, da die enthaltenen Daten bzw. Tatsachen auch vorher bereits vorlagen. Ein nachträgliches Entstehen von Entlastungstatsachen ist folglich undenkbar. Allenfalls die Nachweismöglichkeiten können sich nachträglich verändern. Eine abweichende Glaubwürdigkeitsbeurteilung von Zeugen etc. kann neue, nachträglich entstandene Tatsachen ohnehin nicht erzeugen; die zutreffende Beurteilung hätte von vornherein vorgenommen werden können.

Bei der krankheitsbedingten Kündigung kann man auch unter Zugrundelegung des „gesamten Wissens der Menschheit" bei Kündigungszugang einen unerwarteten Heilungsverlauf nicht sicher vorhersagen. Ebenso, wenn im Zeitpunkt der betriebsbedingten Kündigung der Unternehmer nicht an eine Neuschaffung des Arbeitsplatzes oder etwa an eine Betriebsveräußerung denkt. Vergleichbare Überlegungen greifen bei der Verdachtskündigung. Im Zeitpunkt der Wirksamkeitsbeurteilung ist die Verdachtsbewertung abgeschlossen, ein später einsetzender Kausalverlauf kann zu diesem Zeitpunkt selbst mit dem „gesamten Wissen der Menschheit" nicht sicher vorhergesagt werden. Es wird ja gerade nicht die Tat, sondern der Verdacht nachgewiesen.[488]

Der Verdacht ist in der psychologischen Kausalkette Durchgangsstadium hin zur Tat. Die Tat, nicht die Gewissheit, ist im Verhältnis zum Verdacht ein psychologischer Spezialsachverhalt.[489] Die Tat enthält sämtliche (Tatbestands-)Merkmale des Verdachts und darüber hinaus die Gewissheit als ein Plus. Der graduelle faktische Unterschied zwischen Verdacht und Tat lässt sich auch im umgekehrten Verhältnis erfassen: der Verdacht ist um die Gewissheit als Plus der Tat kupiert. Entsprechende Überlegungen lassen sich zum Nachweis (der zur Annahme eines wichtigen Grundes i. S. d. § 626 Abs. 1 BGB nicht erforderlich ist) anstellen: danach genügt im Rahmen der Verdachtskündigung ein kupierter Tatnachweis. Wie gezeigt, ist bei der Verdachtskündigung der Tatnachweis hauptsächlich in zeitlicher Hinsicht um die Gewissheit kupiert. Eine Ausnahme gilt für nachträglich bekannt gewordene Tatsa-

---

488 Das wird von der h. M. übersehen: nur exemplarisch *B. M. Schmidt* (S. 138 ff., 144 ff.) oder *Strathmann* (S. 40), die meinen, die Verdachtskündigung werde aufgrund von Tatsachen ausgesprochen, welche – im Fall der Unschuld – niemals vorgelegen hätten, wohingegen bei allen anderen Kündigungsarten im Zeitpunkt des Kündigungsausspruchs objektiv vorliegende Tatsachen Grundlage der Prognoseentscheidung seien; dies zu Recht ablehnend z. B. *Germakowski*, S. 83.

489 Diese Fragestellung ist nicht zu verwechseln mit der nach dem umstrittenen rechtlichen Verhältnis von Tatkündigung und Verdachtskündigung (siehe 2. Teil, B I 1 und II 3).

chen. Mit dem „gesamten Wissen der Menschheit" im Zeitpunkt des Kündigungszugangs hätten die Entlastungstatsachen von Anfang an in die Verdachtsbeurteilung einbezogen werden können und müssen. In diesem Fall wurde von einer falschen objektiven Grundlage ausgegangen, die es bei Bekanntwerden selbstverständlich zu berichtigen gilt.
Aus den Ausführungen ergibt sich eine wesensmäßige Ähnlichkeit und daraus resultierend Vergleichbarkeit der Verdachtskündigung mit der krankheitsbedingten Kündigung.[490] In beiden Fällen führt ein nach Zugang der Kündigungserklärung einsetzender Kausalverlauf zu tatsächlichen oder sog. echten nachträglich entstandenen Entlastungs- oder ganz allgemein Begünstigungstatsachen, wohingegen bei der Tatkündigung nur die Nachweisbarkeit betreffende Tatsachen nachträglich entstehen können, sog. unechte nachträglich entstandene Entlastungstatsachen.
Die Ausführungen ergeben nicht etwa eine Sonderrolle der Verdachtskündigung, sondern im Gegenteil eine Sonderstellung der Tatkündigung! Anderenfalls wäre der gekündigte Arbeitnehmer im Ergebnis noch härter getroffen als bei Ausspruch einer Verdachtskündigung, würde man dann nach Zugang der Kündigung „entstandene" bzw. zu Tage tretende Entlastungstatsachen im Prozess nicht berücksichtigen: einmal haftete dem Arbeitnehmer nicht nur das Stigma eines Verdachts, sondern sogar eines Tatnachweises an, zum anderen wären die Anforderungen an eine wirksame Tatkündigung, z. B. weil eine Anhörung nicht zwingend erforderlich ist[491], niedriger als an eine Verdachtskündigung[492]. Der solchermaßen Gekündigte wäre – was niemand ernsthaft behauptet – viel härter getroffen als bei einer Verdachtskündigung!

III. Nachschieben von Tatsachen

In der Praxis von großer Bedeutung ist das sog. Nachschieben von Tatsachen.

1. Grundsatz

Das *BAG* unterscheidet zwischen „Erläuterung" und „Nachschieben" von Kündigungsgründen. Danach dürfen lediglich Tatsachen, die nur der Substantiierung oder Konkretisierung der mitgeteilten Kündigungsgründe dienen, jederzeit im Kündigungsschutzprozess nachgeschoben werden.[493] Dem hat sich die herrschende Mei-

---

[490] Die grundsätzlich ebenfalls in Betracht kommende betriebsbedingte Kündigung bleibt außerhalb der Betrachtung, da der Kündigungsgrund aus der Sphäre des Arbeitgebers stammt.

[491] Vgl. dazu nur *BAG*, Urt. v. 26.2.1987 – 2 AZR 170/86 (LAG Niedersachsen), RzK I 8c Nr. 13; *BAG*, Urt. v. 18.9.1997 – 2 AZR 36/97 (LAG Niedersachsen), AP § 626 BGB Nr. 138 = EzA § 626 BGB nF Nr. 169 = BB 1997, 2536 = DB 1998, 136 = NZA 1998, 95 = NJW 1998, 1508 = ZTR 1998, 191: keine Ermittlungspflicht vor Tatkündigung – „Aufklärung (...) ist vielmehr Sache des Gerichts".

[492] Letzteres kann allerdings als eigenständiges Argument nicht angeführt werden, da erst die Annahme der erhöhten Gefährlichkeit überhaupt zur Erhöhung der Anforderungen an die Wirksamkeit einer Verdachtskündigung geführt hat. Dem liegt dann aber selbstverständlich die Prämisse einer erhöhten Gefährlichkeit der Verdachtskündigung zugrunde.

[493] *BAG*, Urt. v. 18.12.1980 – 2 AZR 1006/78 (LAG Düsseldorf), BAGE 34, 309, 319 f. = AP §

nung angeschlossen.[494] Ein Nachschieben von Kündigungsgründen liegt vor, wenn die ursprüngliche Begründung der Kündigung durch eine andere ersetzt oder erweitert wird.[495] Zur Beantwortung der Frage, ob und wie lange Tatsachenvortrag nachgeholt werden kann, wird von der herrschenden Meinung zunächst zutreffend danach differenziert, ob es sich um nachträglich entstandene oder lediglich nachträglich bekannt gewordene Tatsachen handelt.[496] Während grundsätzlich die Berücksichtigung nachträglich entstandener Tatsachen abgelehnt[497] wird (siehe oben unter 2. Teil, B II), werden bei bis zum Schluss der letzten mündlichen Verhandlung in der Tatsacheninstanz erfolgender Nachholung nachträglich bekannt gewordene Tatsachen berücksichtigt.[498]

---

102 BetrVG 1972 Nr. 22 = NJW 1981, 2316 = DB 1981, 1624 = ZIP 1981, 767 = MDR 1981, 875 = BlStSozArbR 1981, 250 = BB 1981, 1895 = EzA § 102 BetrVG 1972 Nr. 44.

494 Gegen diese Unterscheidung *Schwerdtner* (ZIP 1981, 809, 815 ff. und BlStSozArbR 1981, 145, 152): Abgrenzung schwer möglich. *Höland* (ZIP 1982, 143, 149) plädiert im Interesse der Effektivität des präventiven Rechtsschutzes für eine Deckungsgleichheit von Mitteilungspflicht gegenüber dem Betriebsrat und notwendigem Vortrag im Kündigungsschutzprozess.

495 *Schaub*, ArbRHandb[8], § 125 IV 3 (S. 1125); *Winterstein*, S. 7 ff., 13.

496 Anders aber *BAG*, Urt. v. 9.7.1981 – 2 AZR 206/79 (LAG Hamm), [nicht veröffentlicht]: Berücksichtigung sowohl nachträglich bekannt gewordener als auch nachträglich entstandener Entlastungstatsachen (unter II 4 c der Gründe).

497 *BAG*, Urt. v. 15.12.1955 – 2 AZR 228/54 (LAG München), BAGE 2, 245 = AP § 67 HGB Nr. 1 = ArbuR 1956, 158 = SAE 1956, 70 = BlStSozArbR 1956, 362 = AR-Blattei ES 1270 Nr. 1; *BAG*, Urt. v. 3.5.1956 – 2 AZR 388/54 (LAG Niedersachsen), BAGE 3, 12 = AP § 626 BGB Nr. 9 = SAE 1956, 149 = ArbuR 1957, 156; *LAG Hessen*, Urt. v. 1.9.1993 – 2 Sa 1274/92 (ArbG Frankfurt), LAGE § 626 BGB -Verdacht strafbarer Handlung- Nr. 4 = RzK I 10h Nr. 33 = BB 1994, 1150; *Preis*, in: Stahlhacke/Preis/Vossen[7], Rn. 444; *ders.*, in: Staudinger[13], § 626 Rn. 58; *von Hoyningen-Huene/Linck*, § 1 Rn. 266; *Berkowsky*, in: MünchHandbArbR II[2], § 134 Rn. 79; *Hillebrecht*, in: KR[4], § 626 BGB Rn. 126, 138; *Etzel*, in: KR[6], § 1 KSchG Rn. 246; *Hanau*, in: Erman[8], § 626 Rn. 28; *Raab*, RdA 2000, 148; *Egli*, S. 126; *Strathmann*, S. 22; *Germakowski*, S. 4 f.; *Bülow*, S. 20; *Gallner*, in: HandKomm-KSchG, § 1 Rn. 577; *Henssler*, in: MünchKomm-BGB[4], § 626 Rn. 353; *Müller-Glöge*, in: ErfurtKomm[5], § 626 BGB Rn. 78; a. A. *BAG*, Urt. v. 4.6.1964 – 2 AZR 310/63 (LAG München), BAGE 16, 72, 81 = AP § 626 BGB -Verdacht strafbarer Handlung- Nr. 13 = SAE 1965, 65, 71 = ArbuR 1965, 91 = DB 1964, 1229 = EzA § 626 BGB Nr. 5 = NJW 1964, 1918 = JuS 1964, 500; *Hambitzer*, Wiedereinstellungsanspruch, S. 114, 115: sonst „unbillige Härte"; *Gentges*, S. 373: zumindest bei Verdachtskündigung; *Adam*, ZTR 1999, 113, 114: de lege ferenda bedingte Kündigung.

498 *RG*, Urt. v. 11.10.1893 – Rep. I 209/93 (KG Berlin), RGZ 32, 249: nachträgliches Verhalten des Kündigungsempfängers kann Schadensersatzpflicht gemäß § 254 BGB herabsetzen; *RG*, Urt. v. 18.9.1928 – II 160/28 (OLG Hamburg), RGZ 122, 38, 40; *BAG*, Urt. v. 15.12.1955 – 2 AZR 228/54 (LAG München), BAGE 2, 245 = AP § 67 HGB Nr. 1 = ArbuR 1956, 158 = SAE 1956, 70 = BlStSozArbR 1956, 362 = AR-Blattei ES 1270 Nr. 1; *BAG*, Urt. v. 3.5.1956 – 2 AZR 388/54 (LAG Niedersachsen), BAGE 3, 12, 13, 15 = AP § 626 BGB Nr. 9 = SAE 1956, 149 = ArbuR 1957, 156; *BAG*, Urt. v. 27.2.1958 – 2 AZR 445/55 (LAG Düsseldorf), BAGE 6, 1, 3 = SAE 1958, 131 = AP § 1 KSchG -Betriebsbedingte Kündigung- Nr. 1 = AR-Blattei ES 1020 Nr. 35; *BAG*, Urt. v. 19.12.1958 – 2 AZR 390/58 (LAG Hamburg), BAGE 7,

2. Nachträgliche Belastungstatsachen

Fraglich ist die Berücksichtigungsfähigkeit nachträglicher Belastungstatsachen.

a) Grundsätze in der Rechtsprechung

Nachträglich entstandene Belastungstatsachen bzw. Kündigungsgründe heben ein Dienstverhältnis erst im Zeitpunkt ihrer Geltendmachung ex nunc auf. Eine Ausnahme macht die Rechtsprechung, soweit die nachträglichen Tatsachen mit dem ursprünglich angeführten Kündigungsgrund in einem inneren Zusammenhang stehen.[499] Dabei werde die Kündigung – allerdings ohne besondere Geltendmachung – erst ab dem Zeitpunkt des Entstehens des nachträglichen Kündigungsgrundes wirksam.[500] Danach können grundsätzlich zur Begründung einer außerordentlichen Kündigung, die aus dem bei der Kündigung angegebenen Grund unwirksam wäre, zur Zeit des Ausspruchs der Kündigung bereits vorhandene, mit der Kündigungserklärung nicht bekannt gegebene Gründe nachträglich mit der Wirkung geltend gemacht werden, dass sie die Kündigung bereits für den Zeitpunkt ihres Ausscheidens rechtfertigen. Im Einzelfall kann sich nach Treu und Glauben eine Beschränkung auf den zunächst angegebenen Kündigungsgrund ergeben.[501] Eine unberechtigte fristlose Kündigung wird nicht ohne weiteres dadurch wirksam, dass nachträglich ein Kündigungsgrund entsteht, der mit dem in der Kündigung angegebenen Grund in keinem inneren Zusammenhang steht. Es bedarf in solchen Fällen einer neuen Kündigung.[502] Nach Ansicht des *BGH* kann die aber in der Regel in dem „Nachschieben"

---

165 = BB 1959, 449 = AP § 133b GewO Nr. 1 = WA 1959, 74 = MDR 1959, 524 = NJW 1959, 1149 = AR-Blattei Kündigung IX Entsch. 13; *LAG Düsseldorf*, Urt. v. 6.7.1954 – 2b Sa 141/54, DB 1954, 764. *BAG*, Urt. v. 9.7.1981 – 2 AZR 206/79 (LAG Hamm), [nicht veröffentlicht], berücksichtigt sowohl nachträglich bekannt gewordene als auch nachträglich entstandene Entlastungstatsachen (unter II 4 c der Gründe).

499 *BAG*, Urt. v. 15.12.1955 – 2 AZR 228/54 (LAG München), BAGE 2, 245, 251 = AP § 67 HGB Nr. 1 = ArbuR 1956, 158 = SAE 1956, 70 = BlStSozArbR 1956, 362 = AR-Blattei ES 1270 Nr. 1; *BAG*, Urt. v. 3.5.1956 – 2 AZR 388/54 (LAG Niedersachsen), BAGE 3, 13 = AP § 626 BGB Nr. 9 = SAE 1956, 149 = ArbuR 1957, 156; *LAG Baden-Württemberg*, Urt. v. 1.9.1997 – 15 Sa 44/97 (ArbG Stuttgart), [nicht veröffentlicht].

500 *BGH*, Urt. v. 30.6.1954 – II ZR 26/53 (OLG Düsseldorf), LM § 89a HGB Nr. 1 = MDR 1954, 606 = BB 1954, 647.

501 *BGH*, Urt. v. 5.5.1958 – II ZR 245/56 (KG Berlin), BGHZ 27, 220, 221 = LM § 626 BGB Nr. 9 = NJW 1958, 1136 = MDR 1958, 583 = BB 1958, 667 = LM § 89a HGB Nr. 2; *BAG*, Urt. v. 6.11.2003 – 2 AZR 631/02 (LAG München), AP § 626 BGB -Verdacht strafbarer Handlung- Nr. 39 = NZA 2004, 919 = EzA § 626 BGB 2002 -Verdacht strafbarer Handlung- Nr. 2 = DB 2004, 1212 = AiB 2004, 322 = FA 2004, 220 = SAE 2004, 203.

502 *LAG München*, Urt. v. 20.11.2001 – 6 Sa 723/00 (ArbG München), [nicht veröffentlicht]; aufgehoben durch *BAG*, Urt. v. 6.11.2003 – 2 AZR 631/02 (LAG München), AP § 626 BGB -Verdacht strafbarer Handlung- Nr. 39 = NZA 2004, 919 = EzA § 626 BGB 2002 -Verdacht strafbarer Handlung- Nr. 2 = DB 2004, 1212 = AiB 2004, 322 = FA 2004, 220 = SAE 2004, 203.

des Kündigungsgrundes gesehen werden.[503] Lag der nachgeschobene Kündigungsgrund schon im Zeitpunkt der ursprünglichen Kündigung vor, ist die Kündigung aber damals auf diesen Grund nicht gestützt worden, möglicherweise weil er dem Kündigenden damals noch nicht bekannt war, so kann der Kündigende nach Ansicht des *BGH* den Grund nachschieben mit der Wirkung, dass der Vertrag zum Zeitpunkt der ursprünglichen fristlosen Kündigung endet. Anders ist es nur dann, wenn der Kündigungsgegner nach den besonderen Umständen des Falles darauf vertrauen darf (§ 242 BGB), der Kündigende werde sich auf den von ihm ursprünglich angegebenen Grund beschränken und weitere Gründe zur Rechtfertigung seiner Kündigung nicht heranziehen.[504] Dem kann mit der Einschränkung gefolgt werden, dass die Ausschlussfrist zu beachten ist. Wird ein Kündigungsgrund nachgeschoben, so kommt es nach der Rechtsprechung des *BGH* darauf an, ob nach der Sachlage, wie sie sich im Zeitpunkt der Nachschiebung stellt, objektiv im Zeitpunkt der Kündigung ein wichtiger Kündigungsgrund gegeben und dem Kündigenden daher die Fortsetzung des Vertrages nicht zuzumuten war.[505] Die Kenntnis des Kündigenden, z. B. von dem Verdacht einer strafbaren Handlung seines Vertragsgegners, könne je nach Sachlage einen wichtigen Grund abgeben, auch wenn sich später herausstellt, dass der Verdacht unbegründet war. Anders sei die Rechtslage jedoch, wenn es sich um einen nachgeschobenen Kündigungsgrund handelt. Hat der Kündigende keine Kenntnis von einem solchen Verdacht und stellt sich heraus, dass dieser Verdacht auch nicht begründet ist, so könne der Kündigende sich später nicht darauf berufen, er hätte kündigen können, wenn ihm der (tatsächlich unbegründete) Verdacht bekannt gewesen wäre. Der Verdacht als Kündigungsgrund trägt der subjektiven Einstellung des Kündigenden und seiner Mitwelt Rechnung. Ist bei der Nachschiebung ein solcher Verdacht nicht mehr gegeben, so kann der dem Kündigenden bei der Kündigung nicht bekannte Verdacht danach keine Rechtfertigung mehr für einen nachgeschobenen Kündigungsgrund geben.[506]

---

503 *BGH*, Urt. v. 5.5.1958 – II ZR 245/56 (KG Berlin), BGHZ 27, 221 f. = LM § 626 BGB Nr. 9 = NJW 1958, 1136 = MDR 1958, 583 = BB 1958, 667 = AP § 626 BGB Nr. 26 (m. zust. Anm. *A. Hueck*) = LM § 89a HGB Nr. 2 = JR 1959, 17 = DB 1958, 687; *BAG*, Urt. v. 15.12.1955 – 2 AZR 228/54 (LAG München), BAGE 2, 245 = AP § 67 HGB Nr. 1 = ArbuR 1956, 158 = SAE 1956, 70 = BlStSozArbR 1956, 362 = AR-Blattei ES 1270 Nr. 1; *BGH*, Urt. v. 28.4.1960 – VII ZR 218/59 (OLG Celle), AP § 626 BGB Nr. 41 (m. zust. Anm. *A. Hueck*) = LM § 626 BGB Nr. 10 = DB 1960, 1507 = BB 1961, 48 = VersR 1961, 29 = MDR 1961, 134; so auch *BAG*, Urt. v. 3.5.1956 – 2 AZR 388/54 (LAG Niedersachsen), BAGE 3, 13 = AP § 626 BGB Nr. 9 = SAE 1956, 149 = ArbuR 1957, 156.

504 *BGH*, Urt. v. 5.5.1958 – II ZR 245/56 (KG Berlin), BGHZ 27, 220, 221 = LM § 626 BGB Nr. 9 = NJW 1958, 1136 = MDR 1958, 583 = BB 1958, 667 = AP § 626 BGB Nr. 26 (m. zust. Anm. *A. Hueck*) = LM § 89a HGB Nr. 2 = JR 1959, 17 = DB 1958, 687.

505 Vgl. *BGH*, Urt. v. 17.12.1959 – II ZR 32/59 (OLG Düsseldorf), BGHZ 31, 295, 304 = WM 1960, 106: unter I 2 der Gründe.

506 *BGH*, Urt. v. 9.1.1967 – II ZR 226/64 (OLG München), LM § 626 BGB Nr. 13 = LM § 383 HGB Nr. 4 = WM 1967, 251 = MDR 1967, 384 = BB 1967, 229 = JR 1967, 218.

Ist der nachgeschobene Kündigungsgrund erst nach der ursprünglichen Kündigung entstanden, so endet nach der älteren Rechtsprechung der Vertrag auf Grund der früheren Kündigung im Zeitpunkt des Entstehens des neuen Kündigungsgrundes dann, wenn der neue Grund mit dem in der früheren Kündigung angegebenen Grund in innerem Zusammenhang steht; einer nochmaligen Kündigung bedarf es nicht. In solchen Fällen habe der Kündigende schon mit seiner früheren Kündigung deutlich zum Ausdruck gebracht, dass er aus einem Grunde von der Art, wie er später eingetreten ist, das Vertragsverhältnis fristlos beenden will. Eine Kündigung, die auf verbotenen Wettbewerb des Kündigungsgegners gestützt, aber wirkungslos war, weil der Kündigungsgegner damals noch keinen verbotenen Wettbewerb betrieben hatte, werde also in dem Zeitpunkt wirksam, in welchem er nachträglich zu verbotenem Wettbewerb übergehe.[507]

b) Kritik

Diese Ansicht ist abzulehnen. Zum einen bestand zur Zeit dieser Rechtsprechung noch keine gesetzliche Regelung der Ausschlussfrist: die Ausschlussfrist des § 626 Abs. 2 BGB wurde erst durch das Erste Arbeitsrechtsbereinigungsgesetz vom 14.8.1969 zum 1.9.1969 in Kraft gesetzt.[508] Zum anderen kann das Gestaltungsrecht Kündigung nicht unter eine (aufschiebende) Bedingung gestellt werden; die Bedingungsfeindlichkeit[509] der Kündigung wird aus dem § 388 S. 2 BGB und § 2180 Abs. 2 BGB zugrundeliegenden Rechtsgedanken hergeleitet. Bedingte Kündigungen sind nur in den – hier nicht vorliegenden – Ausnahmefällen der Änderungskündigung und bei der Kündigung unter einer Potestativbedingung zulässig.[510] Eine „Kündigung auf Vorrat" ist aus Gründen der Rechtssicherheit und Rechtsklarheit abzulehnen.[511]

Zudem führt allein die Existenz eines wichtigen Grundes zur fristlosen Kündigung noch nicht zur Auflösung des Vertrages.[512] Da es im alleinigen Ermessen des Ar-

---

507 *BGH*, Urt. v. 5.5.1958 – II ZR 245/56 (KG Berlin), BGHZ 27, 221 = LM § 626 BGB Nr. 9 = NJW 1958, 1136 = MDR 1958, 583 = BB 1958, 667 = AP § 626 BGB Nr. 26 (m. zust. Anm. *A. Hueck*) = LM § 89a HGB Nr. 2 = JR 1959, 17 = DB 1958, 687.

508 BGBl. 1969 I, S. 1106.

509 *BAG*, Urt. v. 16.1.1987 – 7 AZR 546/85 (LAG Düsseldorf), [nicht veröffentlicht]: nur die sog. Rechtsbedingung zulässig (außerordentliche Kündigungserklärung, die von der Unwirksamkeit einer früher ausgesprochenen ordentlichen Kündigung abhängig gemacht wird).

510 *Wank*, in: MünchHandbArbR II², § 118 Rn. 45, 46, 48.

511 Diese – soeben kritisch dargestellte – Rechtsprechung beruht wohl ohnehin auf einer Fehlinterpretation des Urteils des *RG* vom 11.10.1893 (Rep. I 209/93 (KG Berlin), RGZ 32, 249): dort ging es um ein nachträgliches Verhalten des Kündigungsempfängers im Rahmen einer Schadensersatzpflicht (§ 254 BGB), nicht aber um die Beurteilung der Wirksamkeit einer Kündigung unter Berücksichtigung nachträglich entstandener Tatsachen. Vgl. dazu *Molitor*, Die Kündigung, S. 193, 194 Fn. 25; *Winterstein*, S. 14 Fn. 66.

512 Das übersieht die h. M. schon beim Kündigungsgrund; dort soll ja bereits das objektive Vorliegen eines Kündigungsgrundes ausreichen (sog. Objektive Theorie).

beitgebers steht, ob er von der Möglichkeit einer Entlassung Gebrauch macht oder nicht, bedarf es vielmehr immer noch einer (einseitigen, empfangsbedürftigen) Willenserklärung des Kündigungsberechtigten: der Kündigung.[513] Die aus einem bestimmten Grund erklärte, im Zeitpunkt ihrer Erklärung unberechtigte und daher unwirksame Kündigung hat keine Dauerwirkung dahin, dass der spätere Eintritt irgendeines ganz anderen Kündigungsgrundes, der mit dem ursprünglich angegebenen in keinem inneren Zusammenhang steht, ohne erneute Kündigungserklärung des Kündigungsberechtigten das Vertragsverhältnis von selbst im Zeitpunkt des Entstehens des neuen Grundes beendigen würde. Es steht nicht fest, ob der Kündigende den neuen Grund überhaupt als Kündigungsgrund aufgreifen will, solange er keine dahingehende Erklärung abgibt. Die Rechtssicherheit verlangt, dass der Zeitpunkt der Vertragsbeendigung eindeutig feststellbar ist. Ein Kündigungsgrund ist kein automatisch wirkender Beendigungsgrund.[514] Die Rechtsordnung knüpft daher die Vertragsbeendigung grundsätzlich nicht an das Entstehen des Kündigungsgrundes, sondern an eine Willenserklärung des Berechtigten, eben die Kündigung, deren Zugangszeitpunkt vielfach leichter und eindeutiger zu ermitteln sein wird als der Zeitpunkt, in welchem der Kündigungsgrund entstanden ist. Die Rechtslage ändert sich nicht dadurch, dass der Kündigende zuvor irgendeine beliebige Kündigung ausgesprochen hat. Anderenfalls wäre jedem Arbeitgeber, der einen bestimmten Arbeitnehmer loswerden möchte, zu empfehlen, eine Kündigung aus irgendeinem irrelevanten Grund gleichsam „ins Blaue hinein"[515] auszusprechen. Das erst würde die Wirksamkeitsbeurteilung zum „unkalkulierbaren Lotteriespiel"[516] ausarten lassen und den Interessen des allgemeinen Rechtsverkehrs diametral entgegenstehen.
Dass der Kündigende den nachträglichen Kündigungsgrund unter Umständen erst längere Zeit nach seinem Entstehen erfährt, hat für ihn keine unzumutbare Härte zur Folge. Der Fall liegt dann nicht anders als bei der ursprünglichen Kündigung aus einem längere Zeit verborgen gebliebenen Grund. Auch eine solche Kündigung wirkt nicht auf den Zeitpunkt zurück, in welchem der Kündigungsgrund entstanden war. Es ist nicht einzusehen, warum die Rechtslage im Falle des Nachschiebens von Kündigungsgründen anders sein sollte. Zwar können nachträgliche Vorgänge insofern von Bedeutung sein, als sie frühere Vorgänge, die zur Kündigung Anlass gegeben haben, in einem neuen Licht erscheinen lassen, d. h. ihnen größeres Gewicht als Kündigungsgrund verleihen.[517] Das kann beispielsweise der Fall sein, wenn der ur-

[513] So schon *RG*, Urt. v. 18.9.1928 – II 160/28 (OLG Hamburg), RGZ 122, 38, 40; *Schröder*, § 89a Rn. 14.
[514] So schon *A. Hueck*, AP § 626 BGB Nr. 41.
[515] *Preis*, Prinzipien, S. 342; *Honstetter*, S. 128.
[516] *Preis* (Prinzipien, S. 344, 355) und *Hwang* (S. 95) verwenden diese Formulierung im Zusammenhang mit dem maßgeblichen Beurteilungszeitpunkt.
[517] *BAG*, Urt. v. 18.12.1980 – 2 AZR 1006/78 (LAG Düsseldorf), BAGE 34, 309 = AP § 102 BetrVG 1972 Nr. 22 = NJW 1981, 2316 = DB 1981, 1624 = ZIP 1981, 767 = MDR 1981, 875 = BlStSozArbR 1981, 250 = BB 1981, 1895 = EzA § 102 BetrVG 1972 Nr. 44; *Brunner*, S. 98; *Egli*, S. 133.

sprüngliche Verdacht einer strafbaren Handlung des Arbeitnehmers sich nachträglich verstärkt oder gar bis zur Überführung des Täters verdichtet.[518] Hier sind die Konkretisierung von Tatsachen und ein echtes Nachschieben zu unterscheiden. Ausschlaggebend ist der der Kündigung zugrundeliegende Lebenssachverhalt, nicht etwa vom Kündigenden gewählte Formulierungen. Unter Zugrundelegung des entscheidungserheblichen Zeitpunkts bei der Verdachtskündigung, nämlich des Zeitpunkts des Kündigungszugangs, sind nachträglich entstandene Tatsachen nicht berücksichtigungsfähig. Daran ändert auch ein etwa bestehender innerer Zusammenhang des erst nachträglich entstandenen Kündigungsgrundes mit dem geltend gemachten Grund nichts.[519] Später entstandene Gründe beenden den Arbeitsvertrag nicht von selbst, erforderlich ist vielmehr eine neue Kündigung.[520]
Die herrschende Ansicht in Rechtsprechung[521] und Literatur[522] lässt – ohne weitere Begründung[523] – einen objektiv vorliegenden Sachverhalt genügen und verzichtet auf subjektive Elemente wie die Kenntnis der kündigungsbegründenden Tatsachen. Dem muss ausdrücklich widersprochen werden. Eine dem Arbeitgeber später bekannt gewordene Tatsache kann dessen Vertrauensverlust nicht bewirkt haben – er

---

518 *BAG*, Urt. v. 15.12.1955 – 2 AZR 228/54 (LAG München), BAGE 2, 245, 252 = AP § 67 HGB Nr. 1 = ArbuR 1956, 158 = SAE 1956, 70 = BlStSozArbR 1956, 362 = AR-Blattei ES 1270 Nr. 1.

519 Anders *BGH*, Urt. v. 30.6.1954 – II ZR 26/53 (OLG Düsseldorf), LM § 89a HGB Nr. 1 = MDR 1954, 606 = BB 1954, 647; *BGH*, Urt. v. 12.3.2003 – VIII ZR 197/02 (OLG Köln), VersR 2003, 856 = NJW-RR 2003, 981 = RuS 2003, 308 = BGHR 2003, 874 = WM 2003, 2103 = EzA § 89a HGB Nr. 2.

520 So noch zutreffend *BAG*, Urt. v. 3.5.1956 – 2 AZR 388/54 (LAG Niedersachsen), BAGE 3, 12, 13 = AP § 626 BGB Nr. 9 = SAE 1956, 149 = ArbuR 1957, 156; *BAG*, Urt. v. 19.12.1958 – 2 AZR 390/58 (LAG Hamburg), BAGE 7, 165 = BB 1959, 449 = AP § 133b GewO Nr. 1 = MDR 1959, 524 = NJW 1959, 1149. Zustimmend *Molitor*, AP § 626 BGB Nr. 9; *Bülow*, S. 34.

521 *RG*, Urt. v. 22.2.1916 – Rep. III 355/15 (KG Berlin), RGZ 88, 127; *BAG*, Urt. v. 30.1.1963 – 2 AZR 143/62 (LAG Rheinland-Pfalz), BAGE 14, 65 = AP § 626 BGB Nr. 50 = EzA BGB § 626 Nr. 4 = NJW 1963, 1267 = BB 1963, 475 = DB 1963, 555 = JuS 1964, 97 = SAE 1963, 113; *BAG*, Urt. v. 18.1.1980 – 7 AZR 260/78 (LAG Niedersachsen), AP § 626 BGB - Nachschieben von Kündigungsgründen- Nr. 1 = NJW 1980, 2486 = EzA BGB § 626 nF Nr. 71; *BAG*, Urt. v. 24.3.1982 – 7 AZR 956/79 (LAG Saarland), [nicht veröffentlicht]: unter II 3 b aa der Gründe; *BAG*, Urt. v. 11.3.1999 – 2 AZR 51/98 (LAG Hamm), RzK I 10g Nr. 10.

522 *A. Hueck*, AP § 626 BGB Nr. 50; *Schwerdtner*, in: MünchKomm-BGB[3], § 626 Rn. 248, 250; *Henssler*, in: MünchKomm-BGB[4], § 626 Rn. 346, 350, zurückhaltender noch unter Rn. 126; *Preis*, in: Staudinger[13], § 626 Rn. 66; *Winterstein*, S. 52 ff.; *Enderlein*, RdA 2000, 325, 330; *Kaiser*, ZfA 2000, 205, 223; *Egli*, S. 84; *Wank*, in: MünchHandbArbR II[2], § 120 Rn. 117; *Fischermeier*, in: KR[7], § 626 BGB Rn. 216; *Etzel*, in: KR[7], § 1 KSchG Rn. 243; *K. M. Dörner*, in: Ascheid/Preis/Schmidt, § 626 BGB Rn. 49; *Müller-Glöge*, in: ErfurtKomm[5], § 626 BGB Rn. 78; a. A. *Knütel*, NJW 1970, 121, 122.

523 Beispielhaft *Enderlein* (RdA 2000, 325, 330), der – rein apodiktisch – ausführt, für die Begründung der Kündigung komme es auf objektive Tatsachen an.

kannte sie ja nicht.[524] Das gilt auch, falls ein innerer Zusammenhang besteht. Die Unzumutbarkeit im Rahmen von § 626 Abs. 1 BGB ist folglich subjektiv determiniert[525], da einzig dem Kündigenden bekannte Tatsachen Einfluss auf dessen Willensbildung haben können. Dagegen spricht in keiner Weise, dass die Zumutbarkeitserwägungen einem objektiven Maßstab zugänglich gemacht, objektiviert werden müssen. Das Anknüpfen allein an objektive Gegebenheiten führt im Ergebnis aber zu einem Kündigungsautomatismus, der mit den Grundsätzen von Rechtssicherheit und Rechtsklarheit nicht vereinbar ist und tatsächliche Gegebenheiten außer Acht lässt. Ein Arbeitgeber, der ohne Kenntnis vom Kündigungsgrund eine Kündigung aus völlig sachfremden Erwägungen ohne sachlichen Kern in unredlicher Weise ausspricht, würde nachträglich mit einer wirksamen Kündigung belohnt.[526] Diese Privilegierung ist durch nichts zu rechtfertigen.[527] Auch die immer wieder – gar als Grundsatz[528] – angeführte Prozessökonomie[529] lässt sich zugunsten der von der herrschenden Meinung vertretenen Objektiven Theorie genauso wenig als taugliches Argument ins Feld führen. Zusätzliche Prozesse stünden nicht zu befürchten, soweit man sich nur der prozessualen Möglichkeiten – z. B. nachträgliche Klagehäufung, Prozessverbindung etc. – bedient.
Schließlich lässt sich ein Nachschieben erst nach Kündigungsausspruch bekannt gewordener Verdachtsmomente auch nicht dadurch rechtfertigen, dass sich der Arbeitnehmer ansonsten bezahlten Urlaub verschaffen (§ 615 S. 1 BGB) könne, wenn er Entlastungstatsachen zurückhält und im Prozess erstmals vorträgt.[530] Dieses Argument erscheint doch einigermaßen lebensfremd; ein – angesichts der zahlreichen trotz allem mit dem Rechtsinstitut der Verdachtskündigung behafteten Unwägbarkeiten – derart riskantes Vorgehen ist in der Praxis nur schwer vorstellbar.

Der Grundsatz der subjektiven Determinierung wird übrigens im Bereich der Betriebsratsanhörung (§ 102 BetrVG) allgemein anerkannt.[531] Danach können Kündi-

---

[524] *Reuss*, ArbuR 1960, 1, 2; *Hillebrecht*, in: KR[4], § 626 BGB Rn. 68, 70a, 70b; *Bayer*, DB 1992, 782, 786; *Busch*, MDR 1995, 217, 218, 222; *Belling*, RdA 1996, 223, 237 f.; *Ricken*, NZA 1998, 460, 462.

[525] *Reuss*, ArbuR 1960, 1, 2; *Monjau*, BB 1969, 1042, 1045; *Knütel*, NJW 1970, 121, 122, 123; *Schwerdtner*, BlStSozArbR 1981, 145, 151; *ders.*, in: MünchKomm-BGB[3], § 626 Rn. 48.

[526] *Schwerdtner*, BlStSozArbR 1981, 145, 150; *Schütte*, NZA 1991, Beil. 2, 17, 22. Zur parallel gelagerten Problematik nach schweizerischem Recht *Brunner*, S. 105 f.

[527] Anders *Moritz* (NJW 1978, 402, 404): „Auch die völlig willkürliche Kündigung kann rechtmäßig sein, wenn nur im Prozeß genügend Material zusammengetragen wird."

[528] Vgl. nur *BAG*, Urt. v. 18.1.1980 – 7 AZR 260/78 (LAG Niedersachsen), AP § 626 BGB - Nachschieben von Kündigungsgründen- Nr. 1 (m. Anm. *Birk*) = NJW 1980, 2486 = EzA § 626 BGB nF Nr. 71; im Anschluss daran *Winterstein*, S. 55.

[529] Das eigentliche – und einzige – Argument der herrschenden Meinung; sachgerechtere Ergebnisse kann sie jedenfalls nicht vorweisen.

[530] So aber *Lücke*, BB 1998, 2259, 2262, 2263.

[531] Vgl. nur *BAG*, Urt. v. 16.9.1993 – 2 AZR 267/93 (LAG Köln), BAGE 74, 185 = AP § 102

gungsgründe, zu denen der Betriebsrat nicht vor Ausspruch der Kündigung angehört wurde, nicht nachgeschoben werden. Sinn und Zweck des Anhörungsverfahrens ist die ordnungsgemäße Beteiligung des Betriebsrates, primär aber nicht, eine allgemeine Sperre gegen das Nachschieben von Kündigungsgründen zu errichten. Vorrangiges Anliegen der Beteiligung ist eine Einflussnahme des Betriebsrates zu ermöglichen. Ist der Ausschluss solcher Kündigungsgründe auch nicht primäres Ziel, so lässt sich das Ziel auf anderem Wege jedoch nicht erreichen. Soll das Anhörungsverfahren effektiv sein, muss das gesamte Tatsachenmaterial vorgetragen werden. Der Arbeitgeber muss sich entscheiden, welche ihm bekannten Tatsachen die Kündigung stützen. Nachträglich bekannt gewordene oder entstandene Tatsachen sind gesondert zur Kündigungsgrundlage zu machen. Im Hinblick auf die Ausschlussfrist (§ 626 Abs. 2 BGB) entspricht das nur dem allgemeinen Befund im Rahmen der außerordentlichen Kündigung. Die betriebsverfassungsrechtlichen Besonderheiten der Betriebsratsanhörung erschöpfen sich in der Einflussnahmemöglichkeit auf die Kündigungsentscheidung. Ansonsten zeigt sich auch dort lediglich die allgemeine Problematik. Vor Ausspruch einer Verdachtskündigung muss der Arbeitgeber zudem den Arbeitnehmer anhören. Auch diese Anhörung soll eine Entlastung des Arbeitnehmers ermöglichen und im für ihn günstigsten Fall zu einem Absehen von einer Kündigung führen. Aufgrund dieser Parallelität zumindest bei der Verdachtskündigung ist nicht recht einsichtig, weshalb die herrschende Meinung den Grundsatz der subjektiven Determinierung nur im Rahmen der Betriebsratsanhörung anerkennt.
Im Übrigen beginnt die Ausschlussfrist nach § 626 Abs. 2 S. 2 BGB mit dem Zeitpunkt, in dem der Kündigungsberechtigte von den für die Kündigung maßgebenden Tatsachen Kenntnis erlangt.[532] Die Ausschlussfrist selbst stellt also auf den subjektiven Kenntnisstand des Kündigenden ab. Daher ist davon auszugehen, dass die Ausschlussfrist mit Kenntnis des kündigungsrelevanten Sachverhaltes zu laufen beginnen soll.[533] Solange der Kündigungsberechtigte diese Tatsachen nicht kennt, läuft die Frist noch nicht – bei Kenntnis neuer (nachträglich entstandener) Tatsachen beginnt eine neue Frist für eine neue Kündigung.

BetrVG 1972 Nr. 62 = DB 1994, 381 = BB 1994, 429 = EzA § 102 BetrVG 1972 Nr. 84 = RzK III 1a Nr. 59 = NZA 1994, 311 = AiB 1994, 318 = AR-Blattei ES 530.14.3 Nr. 146 = MDR 1994, 697 = AuA 1994, 331 = EWiR 1994, 175 = NJW 1994, 1365 = AP § 18 SchwbG 1986 Nr. 4; *BAG*, Urt. v. 18.5.1994 – 2 AZR 930/93 (LAG Nürnberg), AP § 626 BGB -Ausschlußfrist- Nr. 33 = NZA 1994, 1086 = EzA § 626 BGB -Ausschlußfrist- Nr. 6 = EzBAT § 54 BAT Nr. 36 = RzK I 6g Nr. 21 = DB 1994, 2553.

532 Dazu *Langer*, Ausschlußfristen, Rn. 26 ff.

533 Zu weit geht dagegen die Ansicht, aus § 626 Abs. 2 S. 3 BGB folge eine Begründungspflicht des Arbeitgebers, welche ihm ein Nachschieben nicht mitgeteilter Gründe verbiete (so *Monjau*, BB 1969, 1042, 1045; *Falkenberg*, BB 1970, 537, 538; *Neumann*, in: Staudinger[11], § 626 Rn. 28: nachschiebbar nur Gründe, die dem Kündigungsgegner schon bekannt oder unverzüglich mitteilbar sind).

Stellt man dagegen mit der überwiegend vertretenen Ansicht[534] ausschließlich auf das Vorliegen objektiver Tatsachen ab, kann man die Existenz des § 626 Abs. 2 S. 2 BGB nicht erklären. Wenn es ausschließlich auf das Vorliegen objektiver Tatsachen ankäme, wäre eine etwaige Kenntnis dieser Tatsachen entgegen § 626 Abs. 2 S. 2 BGB völlig irrelevant. Nachträglich bekannt gewordene Tatsachen wären entgegen Sinn und Zweck der Ausschlussfrist ad infinitum berücksichtigungsfähig und würden – wie zuvor nach der alten Rechtslage (!) – allenfalls der Verwirkung (§ 242 BGB) unterliegen. Die Ausschlussfrist wäre dann ohne Anwendungsbereich.

c) Ergebnis

Folglich ist ein Nachschieben belastender Umstände nur möglich bei dem Arbeitgeber im Zeitpunkt des Ausspruchs der Kündigung bekannten Tatsachen, etwa zunächst zurückgehaltenen Belastungstatsachen. Wegen der dabei zu beachtenden lediglich zweiwöchigen Ausschlussfrist dürfte diese Fallgestaltung kaum praktische Relevanz gewinnen. Denn jeder Kündigungsgrund muss, um Sinn und Zweck der Ausschlussfrist zu entsprechen, innerhalb von zwei Wochen ab Kenntnis geltend gemacht werden.[535] Das muss auch während eines laufenden Kündigungsschutzprozesses[536] gelten, denn auch hier muss sich der Kündigungsempfänger darauf einrichten können, ob nachträglich bekannt gewordene Tatsachen bzw. Gründe überhaupt geltend gemacht werden. Anderenfalls bräuchte der Kündigungsberechtigte nur eine – auch völlig abwegige – Kündigung aussprechen und müsste bei Bekanntwerden möglicherweise eine Kündigung tragender Gründe die Ausschlussfrist nicht mehr beachten. Auf diesem Wege würde die Ausschlussfrist des § 626 Abs. 2 BGB in nicht zu rechtfertigender Weise ausgehöhlt.

In diesen engen Grenzen ist ein Nachschieben von Kündigungsgründen möglich. Ansonsten ist eine neue Kündigung erforderlich.[537] Davon zu trennen ist die Frage,

---

[534] Vgl. nur *Winterstein*, S. 52 ff.

[535] *LAG Bremen*, Urt. v. 13.3.1996 – 2 Sa 146/95 (ArbG Bremen), [nicht veröffentlicht]; *LAG München*, Urt.v.20.11.2001 – 6 Sa 723/00 (ArbG München), [nicht veröffentlicht]; *Hanau*, BB 1972, 451, 453 Fn. 19; *Birk*, AP § 626 BGB -Nachschieben von Kündigungsgründen- Nr. 1; *Wank*, in: MünchHandbArbR II², § 120 Rn. 119; a. A. *BAG*, Urt. v. 4.6.1997 – 2 AZR 362/96 (LAG Bremen), BAGE 86, 88 = AP § 626 BGB -Nachschieben von Kündigungsgründen- Nr. 5 = EzA § 626 BGB nF Nr. 167 = NZA 1997, 1158 = BB 1998, 221 = NJW 1998, 101 = RzK I 6g Nr. 30 = DB 1997, 2080 = MDR 1997, 1130 = ZTR 1997, 566 = AuA 1998, 286 = NJ 1997, 667 = WiB 1997, 1255; *BAG*, Urt. v. 6.11.2003 – 2 AZR 631/02 (LAG München), AP § 626 BGB -Verdacht strafbarer Handlung- Nr. 39 = NZA 2004, 919 = EzA § 626 BGB 2002 -Verdacht strafbarer Handlung- Nr. 2 = DB 2004, 1212 = AiB 2004, 322 = FA 2004, 220 = SAE 2004, 203; *Winterstein*, S. 74.

[536] *Brill*, ArbuR 1971, 167, 172; *Schwerdtner*, BlStSozArbR 1981, 145, 148; a. A. *Winterstein*, S. 74.

[537] *LAG München*, Urt. v. 20.11.2001 – 6 Sa 723/00 (ArbG München), [nicht veröffentlicht]; *Bülow*, S. 34; *Hahn*, S. 135.

ob weitere Kündigungen nachgeschoben werden können. Diese Problematik ist jedoch nicht im materiellen Recht, sondern im Prozessrecht angesiedelt.
Bei einer Kündigungserklärung während des Prozesses durch den Rechtsanwalt des Arbeitgebers ist zu beachten, dass eine Prozessvollmacht nach § 81 ZPO in ihrem gesetzlichen Umfang nicht die Vollmacht einschließt, weitere Kündigungen auszusprechen.[538]

3. Nachträgliche Entlastungstatsachen

Nachträglich entstandene Entlastungstatsachen sind ebenfalls nicht berücksichtigungsfähig.[539] Hier bleibt nur die Möglichkeit eines Wiedereinstellungsanspruchs (siehe 3. Teil, A). Der Wiedereinstellungsanspruch wird als notwendiges Korrektiv dafür angesehen, dass bei der Prüfung der Rechtmäßigkeit der Kündigung wegen des in diesem Punkt vorzuziehenden Interesses der Rechtssicherheit allein auf den Zeitpunkt des Zugangs der Kündigung abgestellt werden kann.[540] Später bekannt gewordene, aber im Zeitpunkt der Kündigungserklärung bereits existente Entlastungstatsachen führen zur Unwirksamkeit der Verdachtskündigung, da die erforder-

---

538 *BAG*, Urt. v. 10.8.1977 – 5 AZR 394/76 (LAG Baden-Württemberg), AP § 81 ZPO Nr. 2 = EzA § 81 ZPO Nr. 1 = DB 1978, 167; *Hillebrecht*, in: KR^4, § 626 BGB Rn. 141; *von Hoyningen-Huene*, in: MünchKomm-HGB, § 89a Rn. 73; *Winterstein*, S. 62.

539 Anders *BAG*, Urt. v. 4.6.1964 – 2 AZR 310/63 (LAG München), BAGE 16, 72, 81 = AP § 626 BGB -Verdacht strafbarer Handlung- Nr. 13 = SAE 1965, 65, 71 = ArbuR 1965, 91 = DB 1964, 1229 = EzA § 626 BGB Nr. 5 = NJW 1964, 1918 = JuS 1964, 500; *BAG*, Urt. v. 9.7.1981 – 2 AZR 206/79 (LAG Hamm), [nicht veröffentlicht]: Berücksichtigung sowohl nachträglich bekannt gewordener als auch nachträglich entstandener Entlastungstatsachen (unter II 4 c der Gründe). Ebenso *LAG Schleswig-Holstein*, Urt. v. 3.11.1988 – 6 Sa 463/88 (ArbG Flensburg), NZA 1989, 798 = RzK I 8c Nr. 15.

540 *BAG*, Urt. v. 27.2.1997 – 2 AZR 160/96 (LAG Düsseldorf), BAGE 85, 194 = AP § 1 KSchG 1969 -Wiedereinstellung- Nr. 1 = NZA 1997, 757 = NJW 1997, 2257 = DB 1997, 1414 = MDR 1997, 749 = EzA § 1 KSchG -Wiedereinstellungsanspruch- Nr. 1 = BB 1997, 1953 = AiB 1997, 612 = SAE 1998, 98; *BAG*, Urt. v. 6.8.1997 – 7 AZR 557/96 (LAG Köln), BAGE 86, 194 = AP § 1 KSchG 1969 -Wiedereinstellung- Nr. 2 = EzA § 1 KSchG -Wiedereinstellung- Nr. 2 = NZA 1998, 254 = SAE 1998, 317 = DB 1998, 423 = MDR 1998, 422 = BB 1998, 538; *BAG*, Urt. v. 4.12.1997 – 2 AZR 140/97 (LAG Baden-Württemberg), BAGE 87, 221 = AP § 1 KSchG 1969 -Wiedereinstellung- Nr. 4 = FA 1998, 98 = DB 1998, 1087 = BB 1998, 1108 = NJW 1998, 2379 = NZA 1998, 701 = AiB 1998, 408 = EzA § 1 KSchG -Wiedereinstellungsanspruch- Nr. 3; *BAG*, Urt. v. 28.6.2000 – 7 AZR 904/98 (LAG Köln), BAGE 95, 171 = AP § 1 KSchG 1969 -Wiedereinstellung- Nr. 6 = RzK I 15 Nr. 21 = ZIP 2000, 1781 = DB 2000, 2171 = NZA 2000, 1097 = BuW 2000, 983 = MDR 2000, 1440 = EzA § 1 KSchG -Wiedereinstellungsanspruch- Nr. 5 = AR-Blattei ES 1010.10 Nr. 5 = BB 2001, 573 = NJW 2001, 1297 = SAE 2001, 125 = RdA 2001, 243; *LAG Hessen*, Urt. v. 1.9.1993 – 2 Sa 1274/92 (ArbG Frankfurt), LAGE § 626 BGB -Verdacht strafbarer Handlung- Nr. 4 = RzK I 10h Nr. 33 = BB 1994, 1150; *Preis*, Prinzipien, S. 345; *Bram/Rühl*, NZA 1990, 753 f.; *K. M. Dörner*, in: Ascheid/Preis/Schmidt, § 626 BGB Rn. 356; *Zwanziger*, in: Kittner/Däubler/Zwanziger, Einl. Rn. 390a; *von Hoyningen-Huene/Linck*, § 1 KSchG Rn. 266; *Etzel*, in: KR^7, § 1 KSchG Rn. 509.

liche objektive Tatsachenbasis entfallen[541] ist.[542] Genau genommen stellt sich hier nicht nachträglich die Unschuld heraus, sondern lediglich, dass ein Verdacht zum Zeitpunkt des Ausspruchs der Verdachtskündigung objektiv nicht gegeben war.[543] Die subjektive Komponente hat eben nur bei Vorliegen der objektiven Voraussetzungen rechtliche Relevanz. Anderenfalls würde man doch wieder einen allein subjektiven Kündigungsgrund zugrunde legen, dessen Schwächen bereits dargelegt wurden (1. Teil, C III 1). Es kommt zwar auf den durch sorgfältige Ermittlungen gewonnenen Wissensstand des Arbeitgebers zum Zeitpunkt der Kündigung an, zu diesem Zeitpunkt existente, dem Arbeitgeber nicht bekannte Entlastungstatsachen müssen jedoch ebenfalls berücksichtigt werden.[544]
Praktisch ist die Berücksichtigung möglich, solange der Kündigungsschutzprozess noch nicht abgeschlossen ist. Äußere Grenze ist hier lediglich die Beweisbarkeit bis zum Abschluss des Kündigungsschutzprozesses. Stellt sich erst nach rechtskräftigem[545] Abschluss des Kündigungsschutzprozesses anhand von bereits existenten, aber erst später bekannt gewordenen Tatsachen die Unschuld des Arbeitnehmers heraus, kann sich das auf die wirksame Verdachtskündigung nicht mehr auswirken; insofern steht die Rechtskraft des – klagabweisenden – Urteils entgegen. Das Risiko, dass sich die Verdachtskündigung aus Gründen, die im Zeitpunkt des Kündigungszugangs bereits – wenn auch unerkannt – vorlagen, als unberechtigt herausstellt, liegt eindeutig in der Sphäre des Kündigenden.[546]

---

[541] Der Vertrauensverlust ist ohne objektive Tatsachenbasis rechtlich irrelevant, er „hängt in der Luft“.

[542] *BAG*, Urt. v. 26.9.2002 – 2 AZR 424/01 (LAG Hamburg), AP § 626 BGB -Verdacht strafbarer Handlung- Nr. 37 = EzA § 626 BGB 2002 -Verdacht strafbarer Handlung- Nr. 1 = NZA 2003, 991 = NJOZ 2003, 2259; *BAG*, Urt. v. 6.11.2003 – 2 AZR 631/02 (LAG München), AP § 626 BGB -Verdacht strafbarer Handlung- Nr. 39 = NZA 2004, 919 = EzA § 626 BGB 2002 -Verdacht strafbarer Handlung- Nr. 2 = DB 2004, 1212 = AiB 2004, 322 = FA 2004, 220 = SAE 2004, 203; *Schwerdtner*, in: MünchKomm-BGB^3, § 626 Rn. 172; *Germakowski*, S. 83; *Henssler*, in: MünchKomm-BGB^4, § 626 Rn. 248; *Sandmann*, in: Henssler/Willemsen/Kalb, § 626 BGB Rn. 352; a. A. *Ricken*, NZA 1998, 460, 464; *Hoß*, MDR 1998, 869, 872; *Walker*, SAE 1998, 103, 105; *Thau*, SAE 2002, 108, 112; *Löwisch*, in: Löwisch/Spinner, § 1 Rn. 231; *Deinert*, AuR 2005, 285, 289: Berücksichtigung nachträglich bekannt gewordener Unschuld als „Austauschen des Kündigungsgrundes“.

[543] Das wird von der herrschenden Meinung – siehe nur *Krüll* (S. 129), *Pflüger* (S. 64) und *Hahn* (S. 116) – übersehen, indem nicht zwischen nachträglich bekannt gewordenen und nachträglich entstandenen Entlastungstatsachen differenziert und dementsprechend auch nachträglich bekannt gewordenes Entlastungsvorbringen für die Beurteilung der Wirksamkeit der Verdachtskündigung nicht berücksichtigt wird.

[544] Das übersieht *LAG Düsseldorf*, Urt. v. 22.5.1996 – 2 Sa 409/96 (ArbG Mönchengladbach), [nicht veröffentlicht].

[545] Hierfür maßgeblich ist der Schluss der letzten mündlichen Verhandlung in der letzten Tatsacheninstanz (LAG). Eine geänderte Tatsachengrundlage kann im Revisionsverfahren nicht mehr berücksichtigt werden; denkbar ist allenfalls ein Vorgehen nach § 321 ZPO.

[546] *Hoefs*, S. 274, 275; anders wohl *Hahn*, S. 115.

Etwas anderes ergibt sich auch nicht aus dem seit 1.1.2004 geltenden § 6 KSchG n. F., wonach bei Klagegeltendmachung innerhalb von drei Wochen auch eine spätere Berufung auf nicht geltend gemachte Gründe möglich ist. Denn § 6 KSchG betrifft seit jeher nicht das Nachschieben nachträglich bekannt gewordener oder gar nachträglich entstandener den Kündigungsempfänger begünstigender Tatsachen nach Klageerhebung, sondern ausschließlich das Verhältnis von Gründen, die die Sozialwidrigkeit i. S. v. § 1 Abs. 2 KSchG begründen, und anderen Unwirksamkeitsgründen.[547] Nach § 6 KSchG a. F. konnte der Arbeitnehmer nachträglich die Sozialwidrigkeit der Kündigung geltend machen, sofern er die Kündigungsschutzklage zunächst ausschließlich auf andere Unwirksamkeitsgründe gestützt hatte. Nach der Neuregelung besteht zusätzlich die Möglichkeit, bei vorheriger Beschränkung auf die Sozialwidrigkeit die Kündigungsschutzklage nachträglich auf andere Unwirksamkeitsgründe zu stützen. § 6 KSchG setzt nach wie vor einen feststehenden Kündigungssachverhalt voraus und betrifft nicht das Nachschieben von (Entlastungs-)Tatsachen.

IV. Beginn der Ausschlussfrist, § 626 Abs. 2 BGB

Für die Einhaltung der Ausschlussfrist kommt es entscheidend auf den Fristbeginn an.

1. Grundsatz

Die Ausschlussfrist gemäß § 626 Abs. 2 BGB[548] beginnt, soweit dem Kündigungsberechtigten die kündigungsrelevanten Tatsachen bekannt sind. Dem Kündigungsberechtigten muss soviel bekannt sein, dass er sich ein umfassendes Bild machen kann.[549] Die Frist beginnt, sobald der Kündigungsberechtigte eine zuverlässige und möglichst vollständige positive Kenntnis der für die Kündigung maßgebenden Tatsachen, des sogenannten Kündigungssachverhalts hat, die ihm die Entscheidung ermöglicht, ob die Fortsetzung des Arbeitsverhältnisses zumutbar ist oder nicht.[550] Zu

---

547 *Friedrich*, in: KR[7], § 6 KSchG Rn. 7; *Ascheid*, in: Ascheid/Preis/Schmidt, § 6 KSchG Rn. 2.

548 Vgl. die entsprechenden Ausschlussfristen in § 54 Abs. 2 BAT und § 15 Abs. 4 BBiG.

549 *BAG*, Urt. v. 28.10.1971 – 2 AZR 32/71 (LAG Baden-Württemberg), BAGE 23, 475 = AP § 626 BGB -Ausschlußfristen- Nr. 1 = DB 1972, 147 = BB 1972, 133 = SAE 1972, 209 = MDR 1972, 270 = NJW 1972, 463 = EzA § 626 BGB nF Nr. 8 = AR-Blattei ES 1010.8 Nr. 31; *Hanau*, in: Erman[8], § 626 Rn. 87; *Langer*, Ausschlußfristen, Rn. 26; *Ascheid*, KSchR, Rn. 152.

550 *BAG*, Urt. v. 27.1.1972 – 2 AZR 157/71 (LAG Baden-Württemberg), BAGE 24, 99 = AP § 626 BGB -Ausschlußfrist- Nr. 2 (m. Anm. *Grunsky*) = NJW 1972, 1486 = EzA § 626 BGB nF Nr. 10 = DB 1972, 1246 = BB 1972, 798 = MDR 1972, 809 = SAE 1972, 237 = JuS 1972, 542 = ArbuR 1972, 349; *BAG*, Urt. v. 6.7.1972 – 2 AZR 386/71 (LAG Hamburg), BAGE 24, 341 = AP § 626 BGB -Ausschlußfrist- Nr. 3 = SAE 1973, 134 = EzA § 626 BGB nF Nr. 15 = BB 1972, 1408 = DB 1972, 2119 = ArbuR 1973, 248 = NJW 1973, 214; *BAG*, Urt. v. 2.9.1981 – 7 AZR 405/79 (LAG Baden-Württemberg), [nicht veröffentlicht]; *BAG*, Urt. v. 1.2.2007 – 2 AZR 333/06 (LAG Niedersachsen), EzA § 626 BGB 2002 -Verdacht strafbarer Handlung- Nr. 3 = NZA 2007, 744 = AR-Blattei ES 1010.8 Nr. 109 = EzA-SD 2007, Nr. 13,

den für die Kündigung maßgebenden Tatsachen gehören sowohl die für als auch die gegen die Kündigung sprechenden Umstände. Möglich ist das in der Regel erst, nachdem der Arbeitnehmer über den Vorfall angehört ist, der zur Kündigung führen soll. Das gilt insbesondere bei der Verdachtskündigung.[551]

Die Ausschlussfrist ist jedenfalls so lange gehemmt, wie der Kündigungsberechtigte aus verständigen Gründen mit der gebotenen Eile noch Ermittlungen über den Kündigungssachverhalt anstellt und der Kündigungsgegner dies erkennen kann. Dies gilt gerade auch für den Fall, dass der Arbeitgeber vor Ausspruch der außerordentlichen Kündigung den Arbeitnehmer anhört. Diese Anhörung wirkt allerdings nur dann fristhemmend, wenn sie innerhalb kurzer Zeit stattfindet, nachdem der Arbeitgeber den Vorgang kennt, der zur außerordentlichen Kündigung führen könnte.

2. Hemmung während Sachverhaltsermittlung

Tatkündigung und Verdachtskündigung sind jeweils selbstständige Kündigungsgründe; infolgedessen wird die Ausschlussfrist unabhängig voneinander in Gang gesetzt.[552] Die Ausschlussfrist beginnt allerdings nicht notwendig mit der Kenntnis des Arbeitgebers von den wesentlichen Tatumständen der strafbaren Handlung, sondern kann je nach den Umständen auch erst mit seiner Kenntnis von der Rechtskraft des Strafurteils beginnen.[553] Der Zeitpunkt der Rechtskraft eines Strafurteils bzw. deren Kenntnis ist der äußerste Zeitpunkt, an dem die Ausschlussfrist zu laufen beginnt. Spätestens mit Kenntnis der Rechtskraft ist der Kündigungssachverhalt aufbereitet.

Indes scheidet eine auf ein rechtskräftiges Strafurteil gestützte Verdachtskündigung regelmäßig aus, da bei Kündigung auf der Grundlage eines Strafurteils vielmehr von einer Tatkündigung auszugehen ist.[554] Das gilt zumindest bei einer die Kündigung

---

8 = DB 2007, 1540 = NJW-Spezial, 2007, 372 = FA 2007, 327 = BB 2007, 2187; *BGH*, Urt. v. 2.7.1984 – II ZR 16/84 (OLG Düsseldorf), WM 1984, 1187 = ZIP 1984, 1113 = GmbHR 1985, 112; *LAG Rheinland-Pfalz*, Urt. v. 28.8.1979 – 3 Sa 209/79 (ArbG Koblenz), ArbuR 1980, 29; *Fischermeier*, in: KR[7], § 626 BGB Rn. 319.

[551] *BAG*, Urt. v. 6.7.1972 – 2 AZR 386/71 (LAG Hamburg), BAGE 24, 341 = AP § 626 BGB -Ausschlußfrist- Nr. 3 = SAE 1973, 134 = EzA § 626 BGB nF Nr. 15 = BB 1972, 1408 = DB 1972, 2119 = ArbuR 1973, 248 = NJW 1973, 214.

[552] *BAG*, Urt. v. 11.4.1985 – 2 AZR 239/84 (LAG Hamburg), BAGE 49, 39 = AP § 102 BetrVG 1972 Nr. 39 = AP § 626 BGB -Verdacht strafbarer Handlung- Nr. 17 = EzA § 102 BetrVG 1972 Nr. 62 = NZA 1986, 674 = DB 1986, 1726 = ZIP 1986, 1068 = MDR 1986, 785 = NJW 1986, 3159 = BB 1987, 1316 = AR-Blattei Kündigung IX Entsch. 69 = AR-Blattei ES 1010.9 Nr. 69 = RzK I 8c Nr. 6 = RzK I 10g Nr. 3; *Henssler*, in: MünchKomm-BGB[4], § 626 Rn. 315.

[553] *BAG*, Urt. v. 11.3.1976 – 2 AZR 29/75 (LAG Rheinland-Pfalz), AP § 626 BGB -Ausschlußfrist- Nr. 9 = NJW 1976, 1766 = EzA § 626 BGB nF Nr. 46 = JZ 1976, 577 = BB 1976, 884 = RdA 1976, 273 = DB 1976, 1338 = JR 1976, 557.

[554] Vgl. nur *BAG*, Urt. v. 18.11.1999 – 2 AZR 852/98 (LAG Baden-Württemberg), BAGE 93, 12 = AP § 626 BGB -Verdacht strafbarer Handlung- Nr. 33 = AP § 626 BGB Nr. 160 = NZA 2000, 381 = BB 2000, 935 = MDR 2000, 586 = ZTR 2000, 275 = EzA § 626 BGB -Ausschlußfrist- Nr. 14 = EWiR 2000, 721 = ZIP 2000, 1020 = RzK I 6g Nr. 37; *Schwerdtner*,

stützenden strafrechtlichen Verurteilung. Bei einem rechtskräftigen Freispruch dagegen bleibt eine Verdachtskündigung weiterhin möglich.[555] Wird rechtskräftig die Unwirksamkeit einer Tatkündigung festgestellt, kann letztlich auf eine Verdachtskündigung zurückgegriffen werden. Einer auf denselben Sachverhalt gestützten weiteren Tatkündigung stünde dagegen die Rechtskraft der ersten für unwirksam erklärten Tatkündigung entgegen. Es verbleibt die Möglichkeit einer Verdachtskündigung. Diese kann auf eine strafrechtliche Verurteilung gestützt werden. Die Rechtskraft der Tatkündigung steht aufgrund der tatbestandlichen Eigenständigkeit der Verdachtskündigung dieser selbst dann nicht entgegen, wenn dem Strafurteil derselbe Sachverhalt mit der Vernehmung derselben Zeugen etc. zugrunde liegt.[556] In dieser Konstellation ist also eine auf ein Strafurteil gestützte Verdachtskündigung denkbar. Dem Kündigenden steht grundsätzlich frei, anstatt eigene Ermittlungen durchzuführen, den Ausgang des Ermittlungs- bzw. Strafverfahrens abzuwarten.[557] Erst wenn der Arbeitgeber einen bestimmten Kenntnisstand für ausreichend hält, muss er innerhalb von zwei Wochen kündigen, nachdem er diesen Kenntnisstand erlangt hat.[558] Um ein Ausufern zu verhindern, sind dem allerdings Grenzen gesetzt. So kann der Arbeitgeber nicht trotz eines hinlänglich begründeten Anfangsverdachts zunächst von eigenen weiteren Ermittlungen absehen und den Verlauf des Ermittlungs- bzw. Strafverfahrens abwarten, und dann spontan – ohne dass sich neue Tatsachen ergeben hätten – zu einem willkürlich gewählten Zeitpunkt Monate später selbstständige Ermittlungen aufnehmen und dann zwei Wochen nach Abschluss dieser Ermittlungen kündigen.[559] Die Zwei-Wochen-Frist beginnt aber nicht bereits

---

in: MünchKomm-BGB³, § 626 Rn. 217, 219.

555 So schon zutreffend *BAG*, Urt. v. 12.5.1955 – 2 AZR 77/53 (LAG Hamm), BAGE 2, 1 = AP § 626 BGB -Verdacht strafbarer Handlung- Nr. 1. Zustimmend *A. Hueck*, AP § 626 BGB -Verdacht strafbarer Handlung- Nr. 1.

556 *LAG Düsseldorf*, Beschl. v. 8.12.1999 – 12 TaBV 35/99 (ArbG Wuppertal), ArbuR 2000, 191 = AiB 2000, 702 = RzK I 6e Nr. 22: Berücksichtigung der rechtskräftig für unwirksam erklärten Tatkündigung i. R. der Interessenabwägung.

557 *LAG Hamm*, Urt. v. 20.8.1999 – 19 Sa 2329/98 (ArbG Herne), DB 1999, 2068 = BB 1999, 2360 = FA 2000, 52 = RzK I 6g Nr. 36; *Brunner*, S. 83 f.; *Egli*, S. 141.

558 *BAG*, Urt. v. 29.7.1993 – 2 AZR 90/93 (LAG Hessen), AP § 626 BGB -Ausschlußfrist- Nr. 31 = AP § 626 BGB -Verdacht strafbarer Handlung- Nr. 22 = SAE 1994, 205 = DB 1994, 146 = NZA 1994, 171 = EzA § 626 BGB -Ausschlußfrist- Nr. 4 = NJW 1994, 1675 = AiB 1994, 438 = EzBAT § 54 BAT -Strafbare Handlung- Nr. 11 = AR-Blattei ES 1010.8.1 Nr. 2 = RzK I 6g Nr. 19; *LAG Köln*, Urt. v. 13.1.2000 – 6 Sa 1080/99 (ArbG Köln), MDR 2000, 775 = ZTR 2000, 274 = ArbuR 2000, 277 = RzK I 6g Nr. 38 = ARSt 2000, 212: unter II 1 der Gründe.

559 *BAG*, Urt. v. 29.7.1993 – 2 AZR 90/93 (LAG Hessen), AP § 626 BGB -Ausschlußfrist- Nr. 31 = AP § 626 BGB -Verdacht strafbarer Handlung- Nr. 22 = SAE 1994, 205 = DB 1994, 146 = NZA 1994, 171 = EzA § 626 BGB -Ausschlußfrist- Nr. 4 = NJW 1994, 1675 = AiB 1994, 438 = EzBAT § 54 BAT -Strafbare Handlung- Nr. 11 = AR-Blattei ES 1010.8.1 Nr. 2 = RzK I 6g Nr. 19; *LAG Hamm*, Urt. v. 20.8.1999 – 19 Sa 2329/98 (ArbG Herne), DB 1999, 2068 = BB 1999, 2360 = FA 2000, 52 = RzK I 6g Nr. 36; *Belling*, SAE 1994, 210, 215; *Henssler*, in: MünchKomm-BGB⁴, § 626 Rn. 314.

dann, wenn der Arbeitnehmer in Untersuchungshaft genommen wird; ausschlaggebend sind der Kenntnisstand und die eigene Bewertung des Arbeitgebers.[560] Umgekehrt muss der Arbeitgeber nicht den Abschluss des staatsanwaltlichen Ermittlungsverfahrens bis hin zur Anklageerhebung abwarten. Entscheidend ist, ob der Kündigungsberechtigte im Rahmen eigener Kenntniserlangung durch das Ermittlungsverfahren ein bestimmtes – zu belegendes – Zwischenergebnis erreicht hat.[561]

Die Ausschlussfrist beginnt in der Regel, soweit der Betroffene ein Geständnis ablegt.[562] Ist der Kündigungssachverhalt durch ein Geständnis des Dienstverpflichteten so weit geklärt, dass der Kündigungsberechtigte eine ausreichende Grundlage für seine Entscheidung über die Fortsetzung oder Beendigung des Dienstverhältnisses hat, so kann der Arbeitgeber durch weitere Ermittlungen den Lauf der Ausschlussfrist des § 626 Abs. 2 BGB im Allgemeinen nicht aufhalten.[563] Ausnahmen können aber dann gelten, wenn das Geständnis offensichtlich falsch ist und ersichtlich nur der Entlastung des wahren Täters dienen soll.
Die Aufklärung des Sachverhalts ist zügig und ohne Unterbrechungen voranzutreiben, wenn der Arbeitgeber bei strafbaren Vorwürfen Eigenermittlungen betreibt, statt Strafanzeige zu erstatten. Der Arbeitgeber trägt die Darlegungslast für die Abfolge von Maßnahmen, aus denen sich ein zügiges Aufklärungsbemühen ergibt.[564]

---

[560] *LAG Hessen*, Urt. v. 14.11.1989 – 5 Sa 706/89 (ArbG Wiesbaden), LAGE § 626 BGB -Verdacht strafbarer Handlung- Nr. 1 = BB 1990, 1280 = DB 1990, 2477 = RzK I 8c Nr. 16; *LAG Hamm*, Urt. v. 20.8.1999 – 19 Sa 2329/98 (ArbG Herne), DB 1999, 2068 = BB 1999, 2360 = FA 2000, 52 = RzK I 6g Nr. 36.

[561] *BAG*, Urt. v. 29.7.1993 – 2 AZR 90/93 (LAG Hessen), AP § 626 BGB -Ausschlußfrist- Nr. 31 = AP § 626 BGB -Verdacht strafbarer Handlung- Nr. 22 = SAE 1994, 205 = DB 1994, 146 = NZA 1994, 171 = EzA § 626 BGB -Ausschlußfrist- Nr. 4 = NJW 1994, 1675 = AiB 1994, 438 = EzBAT § 54 BAT -Strafbare Handlung- Nr. 11 = NJW 1994, 1675 = AR-Blattei ES 1010.8.1 Nr. 2 = RzK I 6g Nr. 19; *LAG Hamm*, Urt. v. 20.8.1999 – 19 Sa 2329/98 (ArbG Herne), DB 1999, 2068 = BB 1999, 2360 = FA 2000, 52 = RzK I 6g Nr. 36: nach Erhalt der staatsanwaltschaftlichen Vernehmungsprotokolle wichtiger Zeugen.

[562] *Hanau*, in: Erman^{8}, § 626 Rn. 88; *Schwerdtner*, in: MünchKomm-BGB^{3}, § 626 Rn. 205; *Ascheid*, KSchR, Rn. 154; *Däubler*, in: Kittner/Däubler/Zwanziger, § 626 BGB Rn. 212; *Fischermeier*, in: KR^{6}, § 626 BGB Rn. 320; *Eisemann*, in: Küttner, S. 2248.

[563] *BGH*, Urt. v. 24.11.1975 – II ZR 104/73 (OLG Hamm), LM § 626 BGB Nr. 18 = NJW 1976, 797 = MDR 1976, 380 = BB 1976, 271 = WM 1976, 77 = DB 1976, 249; *BGH*, Urt. v. 2.6.1997 – II ZR 101/96 (OLG Frankfurt), DStR 1997, 1338 = GmbHR 1997, 998 = WiB 1997, 1238.

[564] *BAG*, Urt. v. 29.7.1993 – 2 AZR 90/93 (LAG Hessen), AP § 626 BGB -Ausschlußfrist- Nr. 31 = AP § 626 BGB -Verdacht strafbarer Handlung- Nr. 22 = SAE 1994, 205 = DB 1994, 146 = NZA 1994, 171 = EzA § 626 BGB -Ausschlußfrist- Nr. 4 = NJW 1994, 1675 = AiB 1994, 438 = EzBAT § 54 BAT -Strafbare Handlung- Nr. 11 = AR-Blattei ES 1010.8.1 Nr. 2 = RzK I 6g Nr. 19; *BAG*, Urt. v. 14.9.1994 – 2 AZR 164/94 (LAG Hessen), BAGE 78, 18 = AP § 626 BGB -Verdacht strafbarer Handlung- Nr. 24 = SAE 1996, 57 = DB 1995, 534 = MDR 1995, 505 = EzA § 626 BGB -Verdacht strafbarer Handlung- Nr. 5 = NZA 1995, 269 = NJW 1995, 1110 = ArbuR 1995, 229 = BB 1995, 1358 = JR 1995, 220 = RzK I 8c Nr. 33 = AiB 1995,

3. Vorfrist?

Die Anhörung ist nach Ansicht der Rechtsprechung innerhalb einer Woche durchzuführen.[565] Im Ergebnis ergibt sich daraus faktisch eine Verlängerung der Ausschlussfrist um diese eine Woche auf dann insgesamt drei Wochen, was auf Kritik gestoßen ist.[566]

Der Kritik ist zwar zuzugeben, dass der Wortlaut des § 626 Abs. 2 BGB eine Vorfrist nicht vorsieht. Andererseits kommt es gerade bei der Verdachtskündigung auf eine sehr genaue Ermittlung des Sachverhalts an. Die Anhörung kann den in Verdacht geratenen Arbeitnehmer durch gegebenenfalls neues Vorbringen entlasten. Nicht zuletzt aus diesem Grunde wurde die Anhörung sogar zu einer Wirksamkeitsvoraussetzung erhoben, so dass es interessengerecht erscheint, gewissermaßen im Gegenzug dem Arbeitgeber die volle Zwei-Wochen-Frist ab Durchführung der Anhörung zugute kommen zu lassen. Setzt man die Anhörung des in Verdacht geratenen Arbeitnehmers als Wirksamkeitsvoraussetzung konsequent um, kann sichere Kenntnis regelmäßig erst nach der Anhörung des zu Kündigenden vorliegen. Die Anhörung soll zudem den Arbeitnehmer entlasten, nicht aber den Arbeitgeber insoweit bestrafen, als er unter großem Zeitdruck den Sachverhalt ermitteln und dann kündigen muss. In der Praxis würde dies vermutlich nur dazu führen, dass Verdachtskündigungen ohne den erforderlichen Kenntnisstand erklärt werden würden.

Zur Durchführung der Anhörung ist dem Arbeitgeber folglich eine Vorfrist von – mindestens – einer Woche einzuräumen,[567] und zwar auch dann, wenn die Maßnahme rückblickend zur Feststellung des Sachverhalts nichts beiträgt oder überflüssig erscheint.[568] Anderenfalls würde man den Kündigenden unter einen sinnwidrigen

---

663; *OLG Celle*, Urt. v. 5.3.2003 – 9 U 111/02 (LG Lüneburg), OLGR Celle 2003, 256 = GmbHR 2003, 773 = NZG 2003, 820 = DStZ 2003, 550: Anstellungsvertrag eines GmbH-Geschäftsführers.

565 *BAG*, Urt. v. 6.7.1972 – 2 AZR 386/71 (LAG Hamburg), BAGE 24, 341 = AP § 626 BGB -Ausschlußfrist- Nr. 3 = SAE 1973, 134 = EzA § 626 BGB nF Nr. 15 = BB 1972, 1408 = DB 1972, 2119 = ArbuR 1973, 248 = NJW 1973, 214; *LAG Hessen*, Urt. v. 8.10.1979 – 11 Sa 544/79 (ArbG Frankfurt), [nicht veröffentlicht]: soweit möglich, Anhörung auch während der Krankheitszeit des Arbeitnehmers durchzuführen; *OLG Düsseldorf*, Urt. v. 8.12.1983 – 8 U 234/82, ZIP 1984, 86. Vgl. auch *LAG Schleswig-Holstein*, Urt. v. 9.5.1983 – 5 (2) Sa 815/82 (ArbG Husum), [nicht veröffentlicht]: Anhörung binnen 10-12 Tagen nach erster Kenntniserlangung setzt 2-Wochen-Frist in Gang.

566 *Söllner*, AP § 626 BGB -Ausschlußfrist- Nr. 3; *Schwerdtner*, SAE 1973, 137 ff.

567 *Hoß*, MDR 1998, 869, 872; *Fischermeier*, in: KR[7], § 626 BGB Rn. 331; *K. M. Dörner*, in: Ascheid/Preis/Schmidt, § 626 BGB Rn. 362; *Henssler*, in: MünchKomm-BGB[4], § 626 Rn. 313; *Sandmann*, in: Henssler/Willemsen/Kalb, § 626 BGB Rn. 357. *Hanau*, in: Erman[8], § 626 Rn. 87: „in aller Regel nicht mehr als eine Woche".

568 So zutreffend *BAG*, Urt. v. 27.1.1972 – 2 AZR 157/71 (LAG Baden-Württemberg), BAGE 24, 99 = AP § 626 BGB -Ausschlußfrist- Nr. 2 = NJW 1972, 1486 = EzA § 626 BGB nF Nr. 10 = DB 1972, 1246 = BB 1972, 798 = MDR 1972, 809 = SAE 1972, 237 = JuS 1972, 542 = ArbuR 1972, 349.

zeitlichen Druck setzen, möglichst schnell eine Kündigung auszusprechen. Im Einzelfall kann auch eine längere Vorfrist gerechtfertigt sein.[569] Erhält der Arbeitgeber weder Akteneinsicht in die Strafakte noch Auskünfte des vorübergehend inhaftierten Arbeitnehmers zum Tatvorwurf, kann ein Überschreiten der Vorfrist um einen Monat gerechtfertigt sein.[570] Beim Verdacht der Hehlerei gegen die Mitarbeiterin einer Polizeibehörde in den Diensträumen wurde eine Ermittlungsdauer von vier Monaten für nicht unangemessen gehalten.[571]

4. Ausschlussfrist bei Nachschieben von Kündigungsgründen

Zur Wahrung der Ausschlussfrist des § 626 Abs. 2 S. 1 und S. 2 BGB im Falle des Nachschiebens von Kündigungsgründen ist nur erforderlich, dass der Kündigende von dem nachgeschobenen Grund nicht früher als zwei Wochen vor der Kündigung Kenntnis erlangt hat.[572] Bereits verfristete Gründe sind entgegen der Ansicht des *BAG*[573] indes nicht mehr nachschiebbar.[574] Die herrschende Meinung lässt – entgegen der hier vertretenen Auffassung (siehe 2. Teil, B III) – das objektive Vorliegen von Kündigungsgründen genügen und akzeptiert auch Gründe, die dem Kündigungsberechtigten erst nach Ausspruch der Kündigung bekannt werden (sog. Objektive Theorie). In diesem Fall soll dann auch die Ausschlussfrist keine Anwendung finden, da sich § 626 Abs. 2 BGB auf Gründe bezieht, die dem Kündigenden vor Ausspruch der Kündigung bekannt waren.[575] Eine zeitliche Grenze liefere dann § 242 BGB. Nicht zuletzt in dieser – zugegeben folgerichtigen – Konsequenz zeigt sich die Bedenklichkeit der Objektiven Theorie der herrschenden Meinung.

5. Sonderfall: Kündigung durch Personenmehrheiten

Bei Ausspruch der Kündigung durch Personenmehrheiten gilt die Ausschlussfrist in modifizierter Form. Bei der Arbeitgeberkündigung kann es auf die Kenntnis einer

---

569 *Ascheid*, KSchR, Rn. 155.

570 *LAG Köln*, Urt. v. 8.8.2000 – 5 Sa 452/00 (ArbG Köln), LAGE § 626 BGB -Verdacht strafbarer Handlung- Nr. 13 = NZA-RR 2001, 185 = EzBAT § 54 BAT -Strafbare Handlung- Nr. 20 = FA 2001, 159 = ARSt 2001, 43 = RzK I 8c Nr. 55. Zustimmend *K. M. Dörner*, in: Ascheid/Preis/Schmidt, § 626 BGB Rn. 362.

571 *ArbG Frankfurt/M.*, Urt. v. 8.10.1997 – 9 Ca 171/97, NZA-RR 1998, 355. Zustimmend *Belling*, in: Erman[11], § 626 BGB Rn. 78.

572 *BAG*, Urt. v. 17.8.1972 – 2 AZR 415/71 (LAG Berlin), BAGE 24, 401 = NJW 1973, 533 = MDR 1973, 344 = DB 1973, 481 = AP § 626 BGB Nr. 65 = BB 1973, 1396 = JuS 1973, 388 = SAE 1974, 42 = EzA § 626 BGB nF Nr. 22; bestätigt von *BGH*, Urt. v. 11.7.1978 – VI ZR 266/76 (KG Berlin), LM § 626 BGB Nr. 20 = MDR 1979, 128 = DB 1979, 117 = NJW 1978, 2093; *Birk*, AP § 626 BGB Nr. 65; *Ascheid*, KSchR, Rn. 150.

573 *BAG*, Urt. v. 17.8.1972 – 2 AZR 415/71 (LAG Berlin), BAGE 24, 401 = NJW 1973, 533 = MDR 1973, 344 = DB 1973, 481 = AP § 626 BGB Nr. 65 = BB 1973, 1396 = JuS 1973, 388 = SAE 1974, 42 = EzA § 626 BGB nF Nr. 22.

574 *Birk*, AP § 626 BGB Nr. 65.

575 *Hillebrecht*, in: KR[4], § 626 BGB Rn. 137a; *Schwerdtner*, ZIP 1981, 809, 811.

anderen Person nur ausnahmsweise ankommen, etwa dann, wenn diese eine ähnlich selbstständige Stellung wie ein gesetzlicher oder rechtsgeschäftlicher Stellvertreter des Arbeitgebers hat und nicht nur zur Meldung, sondern vorab auch zur Feststellung der für eine außerordentliche Kündigung maßgebenden Tatsachen verpflichtet ist.[576]
Die Frist zur Kündigung des GmbH-Geschäftsführers aus wichtigem Grund beginnt bei Zuständigkeit der Gesellschafterversammlung spätestens, wenn alle Gesellschafter Kenntnis von den Kündigungstatsachen erlangt haben, und endet zwei Wochen danach, sofern die Gesellschafterversammlung innerhalb dieser Frist gesetz- und satzungsgemäß zusammentreten, wirksam beschließen und die Kündigungserklärung dem Geschäftsführer zugehen lassen kann.[577] Auch bei der Genossenschaft beginnt die Zwei-Wochen-Frist des § 626 Abs. 2 BGB für die Kündigung eines Vorstandsmitglieds grundsätzlich erst, wenn die Generalversammlung Kenntnis von den Kündigungstatsachen erhält. Dabei muss sich die Genossenschaft jedoch so behandeln lassen, als ob die Generalversammlung bereits informiert wäre, sofern der Aufsichtsrat diese nicht in angemessen kurzer Zeit einberuft, nachdem er selbst jene Kenntnis erlangt hat. Auf die Kenntnis einer Minderheit der Genossen, die die Einberufung der Generalversammlung verlangen könnte, kommt es für den Lauf der Frist des § 626 Abs. 2 BGB nicht an.[578]

6. Rechtsfolge bei Verstoß

Trotz ungenutztem Ablauf der Zwei-Wochen-Frist zur außerordentlichen Kündigung eines Dienstverhältnisses kann nach Treu und Glauben die Rechtsfolge der Unwirksamkeit ausscheiden. Dies gilt unter Berücksichtigung aller Umstände des Einzelfalls z. B. dann, wenn eine GmbH ihrem Geschäftsführer auf dessen Wunsch oder von ihm darin bestärkt eine Bedenkzeit zur Prüfung der einvernehmlichen Beendigung des erkennbar kündigungsgefährdeten Dienstverhältnisses einräumt und nach fruchtlosem Ablauf der Bedenkzeit unverzüglich kündigt.[579]

7. Darlegungs- und Beweislast

Den Kündigenden trifft die Darlegungs- und Beweislast für die Einhaltung der Ausschlussfrist und dafür, dass er erst innerhalb der Frist Kenntnis von dem Kündi-

---

576 *BAG*, Urt. v. 28.10.1971 – 2 AZR 32/71 (LAG Baden-Württemberg), BAGE 23, 475 = AP § 626 BGB -Ausschlußfrist- Nr. 1 = DB 1972, 147 = BB 1972, 133 = SAE 1972, 209 = MDR 1972, 270 = NJW 1972, 463 = EzA § 626 BGB nF Nr. 8 = AR-Blattei ES 1010.8 Nr. 31.

577 *BGH*, Urt. v. 17.3.1980 – II ZR 178/79 (OLG München), LM § 626 BGB Nr. 21 = LM § 38 GmbHG Nr. 7 = NJW 1980, 2411 = MDR 1980, 998 = BB 1980, 1177 = WM 1980, 957 = DB 1980, 1686 = ZIP 1980, 661 = DNotZ 1981, 697; *Ascheid*, KSchR, Rn. 151.

578 *BGH*, Urt. v. 18.6.1984 – II ZR 221/83 (OLG Oldenburg), LM § 626 BGB Nr. 28 = NJW 1984, 2689 = MDR 1985, 121; *Ascheid*, KSchR, Rn. 151.

579 *BGH*, Urt. v. 5.6.1975 – II ZR 131/73 (OLG Stuttgart), SAE 1977, 27 = LM § 626 BGB Nr. 17 = NJW 1975, 1698 = MDR 1975, 822 = WM 1975, 793 = DB 1975, 1467.

gungssachverhalt erlangt hat.[580] Erstattet die Gesellschaft nicht Strafanzeige, sondern betreibt sie eigene Ermittlungen, so hat sie diese zügig und ohne Unterbrechungen voranzutreiben. Die Gesellschaft trägt die Darlegungslast für die Abfolge von Maßnahmen, aus denen sich ein zügiges Aufklärungsbemühen ergibt.[581]

V. Verdachtskündigung als ordentliche Kündigung?

Es kommt in der Praxis vor, dass eine Verdachtskündigung aus bestimmten Gründen des Einzelfalls – entgegen der Grundkonzeption der Verdachtskündigung – als ordentliche Kündigung ausgesprochen wird.

1. Übersicht

Die Zulässigkeit einer ordentlichen Verdachtskündigung wurde damit begründet, ein Arbeitgeber, der eine Frist einräumt, dürfe nicht schlechter stehen und für sein Entgegenkommen nicht etwa bestraft werden.[582]

Dem stehen Bedenken gegenüber; etwa die Vereinbarkeit der ordentlichen Kündigung mit dem Wesen der Verdachtskündigung, sofern man annimmt, der Vertrauensverlust erfordere bei Verdacht in der Regel eine sofortige Lösung.[583] In diesem Fall wäre an eine Umdeutung der ordentlichen Kündigung in eine außerordentliche Kündigung mit Auslauffrist (§ 140 BGB) zu denken.[584]

---

[580] *BAG*, Urt. v. 6.7.1972 – 2 AZR 386/71 (LAG Hamburg), BAGE 24, 341 = AP § 626 BGB -Ausschlußfrist- Nr. 3 = SAE 1973, 134 = EzA § 626 BGB nF Nr. 15 = BB 1972, 1408 = DB 1972, 2119 = ArbuR 1973, 248 = NJW 1973, 214; *BGH*, Urt. v. 2.7.1984 – II ZR 16/84 (OLG Düsseldorf), WM 1984, 1187 = ZIP 1984, 1113 = GmbHR 1985, 112.

[581] *OLG Celle*, Urt. v. 5.3.2003 – 9 U 111/02 (LG Lüneburg), OLGR Celle 2003, 256 = GmbHR 2003, 773 = NZG 2003, 820 = DStZ 2003, 550: Anstellungsvertrag eines GmbH-Geschäftsführers.

[582] *BAG*, Urt. v. 4.11.1957 – 2 AZR 57/56 (LAG Hamburg), AP § 1 KSchG Nr. 39 = AP § 626 BGB -Verdacht strafbarer Handlung- Nr. 7 = SAE 1958, 118; *BAG*, Urt. v. 30.4.1987 – 2 AZR 283/86 (LAG Hamburg), AP § 626 BGB -Verdacht strafbarer Handlung- Nr. 19 = EzA § 626 BGB -Verdacht strafbarer Handlung- Nr. 3 = BB 1987, 2020 = DB 1987, 1998 = NZA 1987, 699 = NJW 1987, 2540 = RzK I 8c Nr. 14; *BAG*, Urt. v. 3.7.2003 – 2 AZR 437/02 (LAG Hessen), AP § 626 BGB -Verdacht strafbarer Handlung- Nr. 38 = EzA § 1 KSchG -Verdachtskündigung- Nr. 2 = NZA 2004, 307 = FA 2004, 251; *Preis*, in: Stahlhacke/Preis/Vossen[7], Rn. 578; *Appel/Gerken*, ArbuR 1995, 201 ff.; *Busch*, MDR 1995, 217, 220; *Hoefs*, S. 259; *von Hoyningen-Huene/Linck*, § 1 Rn. 261, 263; *Löwisch*, in: Löwisch/Spinner, § 1 Rn. 232; *Kappelhoff*, in: Tschöpe, 3 E Rn. 33b; *Etzel*, in: KR[7], § 1 KSchG Rn. 505; *K. M. Dörner*, in: Dörner/Luczak/Wildschütz, D Rn. 845; *ders.*, in: Ascheid/Preis/Schmidt, § 626 BGB Rn. 369.

[583] *Kittner*, in: Kittner/Trittin, § 1 KSchG Rn. 249; *ders.*, in: Kittner/Däubler/Zwanziger, § 1 KSchG Rn. 152b; *Belling*, RdA 1996, 223, 234; *Dorndorf*, in: HeidelbergKomm-KSchG, § 1 Rn. 844.

[584] Zur Konversion vgl. *BGH*, Urt. v. 15.12.1955 – II ZR 204/54 (OLG Hamburg), BGHZ 19, 269, 275; *BAG*, Urt. v. 12.9.1974 – 2 AZR 535/73 (LAG Baden-Württemberg), EzA § 1 TVG

Umstritten ist letztlich auch die rechtliche Einordnung der Verdachtskündigung als verhaltensbedingte oder personenbedingte Kündigung (siehe 1. Teil, B III).[585]

2. Zulässigkeit

§ 1 Abs. 2 KSchG nennt drei verschiedene Arten von Kündigungen: die personenbedingte, die verhaltensbedingte und die betriebsbedingte Kündigung. Vor Erlass des KSchG war nur für die außerordentliche Kündigung ein Kündigungsgrund erforderlich, nicht dagegen für die ordentliche Kündigung; für freie Dienstverhältnisse gilt das immer noch. Das KSchG machte auch im Rahmen der ordentlichen Kündigung Gründe erforderlich, außerdem wurden dadurch die Anforderungen an die außerordentliche Kündigung erhöht.[586]

Die h. M. nimmt ein Stufenverhältnis zwischen ordentlicher und außerordentlicher Kündigung an.[587] Als Konsequenz ist eine außerordentliche Kündigung dann unwirksam, wenn schon eine ordentliche Kündigung unwirksam wäre.[588] Daraus wiederum wird gefolgert, auch der wichtige Grund nach § 626 Abs. 1 BGB sei nach den differenzierteren ordentlichen Kündigungsgründen des § 1 Abs. 2 KSchG zu bestimmen.[589] Die zu § 1 KSchG entwickelten Rechtsschranken seien bei der Konkretisierung des § 626 Abs. 1 BGB mitzudenken.[590] § 626 BGB verkörpert das Prinzip, dass Dienstverhältnisse wegen Unzumutbarkeit der Fortführung aus wichtigem Grund gekündigt werden können,[591] anwendbar ist dieses Prinzip auch auf andere Dauerschuldverhältnisse (siehe oben 1. Teil, C II).

Das KSchG wurde zeitlich erst nach der Regelung des § 626 BGB geschaffen: das KSchG datiert vom 10.8.1951[592] in der Fassung der Bekanntmachung vom 25.8.1969[593]. Dagegen war die Regelung des § 626 BGB im Wesentlichen schon von Anfang an im BGB enthalten und ist damit ein gutes halbes Jahrhundert älter als das KSchG.

-Auslegung- Nr. 3 = DB 1975, 214; ablehnend *Heinrichs*, in Palandt[62], § 140 Rn. 6, 9; *Preis*, in: Stahlhacke/Preis/Vossen[7], Rn. 341; *Winterstein*, S. 70.

585 Die Frage der rechtlichen Einordnung ergibt sich nicht nur bei der ordentlichen, sondern auch bei der außerordentlichen Kündigung.

586 *Galperin*, DB 1964, 1114, 1117; *Herschel*, BB 1982, 253, 254; *Preis*, Prinzipien, S. 482; *ders.*, in: Staudinger[13], § 626 Rn. 6; a. A. *Thau*, SAE 2002, 108, 109.

587 Vgl. nur *Oetker*, Dauerschuldverhältnis und Beendigung, S. 359; *Wank*, in: MünchHandbArbR II[1], § 117 Rn. 16; *ders.*, in: MünchHandbArbR II[2], § 118 Rn. 52; *Preis*, Prinzipien, S. 476, 478 ff., 482.

588 *Herschel*, BB 1982, 253, 254; *Preis*, Prinzipien, S. 482; *ders.*, in: Staudinger[13], § 626 Rn. 7.

589 *Preis*, Prinzipien, S. 476 f.; *Wank*, in: MünchHandbArbR II[1], § 117 Rn. 16.

590 *Hanau*, in: Erman[8], § 626 Rn. 45; *Wank*, in: MünchHandbArbR II[1], § 117 Rn. 38 ff.; *Preis*, in: Staudinger[13], § 626 Rn. 7, 55; *ders.*, in: Stahlhacke/Preis/Vossen[7], Rn. 611 ff.

591 *Mugdan*, S. 912 ff.; *Jakobs/Schubert*, S. 814 ff.; *Belling*, in: Erman[11], § 626 Rn. 2; *A. Otto*, S. 23, 59, 62.

592 BGBl. 1951 I, S. 499.

593 BGBl. 1969 I, S. 1317.

Die ordentliche Kündigung sollte grundsätzlich an die außerordentliche Kündigung gemäß § 626 BGB anknüpfen. Das § 626 BGB zugrundeliegende System unterscheidet bei genauerer Betrachtung in Frage kommender kündigungsrelevanter Sachverhalte einzig und allein danach, ob die Kündigungsgründe aus der Sphäre des Kündigungsempfängers bzw. Arbeitnehmers oder aus der Sphäre des Kündigenden bzw. Arbeitgebers entstammen.[594] Eine andere Einteilung ist nicht erkennbar.[595] Bei der Sphäre des Arbeitnehmers zuzurechnenden Gründen sind objektive Tatsachen und ein Vertrauensverlust erforderlich. Aus der Sphäre des Arbeitnehmers stammende Kündigungsgründe liegen der personenbedingten und der verhaltensbedingten Kündigung zugrunde. Dabei stellt die personenbedingte Kündigung die lex generalis dar: die personenbedingte Kündigung enthält den Grundtatbestand eines auf objektiven Tatsachen beruhenden Vertrauensverlustes. Bei Vorliegen weiterer Umstände, nämlich eines zum Vertrauensverlust führenden eigenen Verhaltens, sind die Voraussetzungen der verhaltensbedingten Kündigung im Sinne einer lex specialis erfüllt.
Bei korrekter Übertragung hätte § 1 Abs. 2 KSchG daran anknüpfen müssen. Der Gesetzgeber des KSchG hat das Spezialitätsverhältnis von personenbedingter und verhaltensbedingter Kündigung offensichtlich übersehen. Die abweichende Systematisierung entsprach stattdessen wohl der damaligen Vorstellung der gängigsten Kündigungsgründe; nur so lässt sich die in § 1 Abs. 2 KSchG vorgenommene, vom Grundkonzept des § 626 BGB abweichende Systematisierung erklären.

Die Verdachtskündigung kommt nur dann als ordentliche Kündigung in Betracht, wenn die ordentliche Kündigung voraussetzt, dass bei identischem Sachverhalt auch die entsprechende außerordentliche Kündigung begründet ist.[596] Hier würde man die ordentliche Kündigung im Wege eines argumentum a maiore/fortiori ad minus gewissermaßen als kleine außerordentliche Kündigung ansehen. Liegen aber lediglich

---

[594] Die herrschende Meinung nimmt diese Abgrenzung erst bei Mischtatbeständen zwischen personenbedingter und verhaltensbedingter Kündigung vor, vgl. *BAG*, Urt. v. 21.11.1985 – 2 AZR 21/85 (LAG Hamm), DB 1986, 2133 = NZA 1986, 713 = BB 1986, 2199 = EzA § 1 KSchG Nr. 42 = ARSt 1987, 57 = AP § 1 KSchG 1969 Nr. 12 = AR-Blattei Kündigungsschutz Entsch. 270 = SAE 1987, 188 = RzK I 5b Nr. 1 = NJW 1987, 516 = AR-Blattei ES 1020 Nr. 270; *Rüthers/Henssler*, ZfA 1988, 31, 43 ff.; *Schaub*, ArbRHandb[8], § 129 IX 3 (S. 1160).

[595] Dazu kommen atypische Sachverhalte, wie z. B. die außerordentliche Kündigung bei Ausschluss ordentlicher Kündbarkeit. Die Atypizität ergibt sich daraus, dass Sachverhalte, die grundsätzlich der ordentlichen Kündigung unterliegen, nunmehr die weitergehenden Anforderungen der außerordentlichen Kündigung erfüllen müssen, wobei die einfacheren Anforderungen der ordentlichen Kündigung zuvor noch aus der weitergehenden außerordentlichen Kündigung gewonnen wurden.

[596] So ganz allgemein zum Verhältnis der außerordentlichen zur ordentlichen Kündigung *Preis*, in: Staudinger[13], § 626 Rn. 6: zu § 1 KSchG entwickelte Grundsätze gelten auch i. R. v. § 626 BGB.

die geringeren Voraussetzungen der ordentlichen Kündigung vor, könnte das bedeuten, dass doch kein wichtiger Grund i. S. der – weiterreichenden – außerordentlichen Kündigung, innerhalb derer Maßstäbe die Verdachtskündigung schließlich entwickelt wurde, vorliegt. Da sich die ordentliche Kündigung von der außerordentlichen Kündigung ableitet, „hinge" die ordentliche Kündigung hier gleichsam „in der Luft", sie wäre jedenfalls nicht sicher begründet. Die ordentliche Kündigung wäre nur dann – in jedem Fall – begründet, wenn auch die außerordentliche Kündigung begründet ist. In dieser Situation entfiele also der Ausgangspunkt der Betrachtungsweise a maiore ad minus. Anschaulich wird das durch die Überlegung, die Voraussetzungen einer fristlosen Verdachtskündigung lägen nur dann vor, wenn das Vertrauensverhältnis in einer Weise, die keiner Kündigungsfrist zugänglich ist, zerrüttet bzw. zerstört ist. Umgekehrt formuliert könne ein derartiger Vertrauensverlust dann nicht vorliegen, wenn der Kündigende eine Frist einzuräumen bereit ist.

Dieser Befund ergibt sich jedoch auch bei einer herkömmlichen „normalen" verhaltensbedingten Kündigung. Hier könnte man ebenfalls vertreten, infolge des auch hier erforderlichen Vertrauensverlustes sei eine ordentliche Kündigung stets ausgeschlossen. In der Folge blieben kaum noch einer ordentlichen Kündigung zugängliche Fallgestaltungen übrig.[597] Das Institut der ordentlichen Kündigung hätte praktisch für sämtliche aus der Arbeitnehmer-Sphäre stammende Gründe keinen Anwendungsbereich mehr! Übrig blieben allenfalls Fallgestaltungen, in denen nach den jeweiligen Umständen des Einzelfalls ausnahmsweise doch ein Zuwarten bis Ablauf der Kündigungsfrist zumutbar ist, oder wenn eine außerordentliche Kündigung daran scheitert, dass der Arbeitgeber die Ausschlussfrist versäumt hat.[598]
Diese Konsequenz ist nicht hinnehmbar. Folglich muss eine Verdachtskündigung auch als ordentliche Kündigung ausgesprochen werden können.[599] Für eine Konversion (§ 140 BGB) der ordentlichen Kündigung in eine außerordentliche Kündigung bleibt infolge der Wirksamkeit der ordentlichen Kündigung dann kein Raum.[600] Begründet ist die ordentliche Verdachtskündigung trotzdem nur, soweit auch eine außerordentliche Verdachtskündigung möglich wäre.[601] Dies zwar nicht vom rechtlichen Ansatz her, da das im gleichen Maße auch für die verhaltensbedingte Kündigung – beispielsweise in Gestalt einer Tatkündigung – per se gelten müsste, sondern aus tatsächlicher Sicht. Ein Arbeitgeber, der sich des bisher doch sehr zweischneidi-

---

597 Abgesehen von extrem gelagerten Fallgestaltungen, in denen lediglich – aus anderen Gründen – die fristlose Kündigung nicht zumutbar ist.

598 Siehe *Etzel*, in: KR^7, § 1 KSchG Rn. 505.

599 *BAG*, Urt. v. 30.4.1987 – 2 AZR 283/86 (LAG Hamburg), AP § 626 BGB -Verdacht strafbarer Handlung- Nr. 19 = EzA § 626 BGB -Verdacht strafbarer Handlung- Nr. 3 = BB 1987, 2020 = DB 1987, 1998 = NZA 1987, 699 = NJW 1987, 2540 = RzK I 8c Nr. 14; *BAG*, Urt. v. 26.9.1990 – 2 AZR 602/89 (LAG Bremen), RzK I 8c Nr. 20: unter II 2 a aa der Gründe; *Becker*, in: KR^3, § 1 KSchG Rn. 287; *Gallner*, in: HandKomm-KSchG, § 1 Rn. 576.

600 *Schaub*, ArbRHandb^8, § 124 XI 4 (S. 1110), § 125 II 2 (S. 1121).

601 *Von Hoyningen-Huene/Linck*, § 1 Rn. 263.

gen Schwerts der Verdachtskündigung bedient, bringt i. d. R. seinen (sofortigen) Beendigungswillen unmissverständlich zum Ausdruck. Die ordentliche Verdachtskündigung hat folglich keinen eigenständigen Anwendungsbereich und wird auch in der Praxis keine große eigenständige Rolle spielen.[602] Sie wird wohl in erster Linie auf die Fälle beschränkt bleiben, in denen der Arbeitgeber die Zwei-Wochen-Frist des § 626 Abs. 2 BGB versäumt[603] hat oder er dem Arbeitnehmer aus anderen Gründen entgegenkommen möchte.

3. Rechtliche Einordnung

Die rechtliche Einordnung der ordentlichen Verdachtskündigung ist umstritten. Es wird sowohl die Einordnung als verhaltensbedingte[604] als auch als personenbedingte[605] Kündigung vertreten. Zudem existiert eine vermittelnde Ansicht, die danach differenziert, ob der Arbeitnehmer zu den Verdachtsmomenten selbst beigetragen hat (dann verhaltensbedingte Kündigung) oder nicht (dann personenbedingte Kündigung).[606] Da die Verdachtskündigung einen auf objektiven Tatsachen beruhenden Vertrauensverlust voraussetzt, kommen richtigerweise grundsätzlich sowohl der Ausspruch einer personenbedingten als auch einer verhaltensbedingten Kündigung in Betracht.

---

602 *Gallner* (in: HandKomm-KSchG, § 1 Rn. 576) spricht davon, „dass die Erfordernisse der außerordentlichen und der ordentlichen Kündigung auf der objektiven Ebene (...) vermengt werden, wenngleich sich der Arbeitgeber selbstverständlich damit begnügen kann, eine ordentliche Kündigung zu erklären."

603 So auch *Kappelhoff*, in: Tschöpe, 3 E Rn. 33b.

604 *LAG Köln*, Urt. v. 16.1.1990 – 11 Sa 853/89 (ArbG Köln), LAGE § 1 KSchG - Verhaltensbedingte Kündigung- Nr. 27 = DB 1990, 1337; *Schaub*, ArbRHandb[8], § 130 II Nr. 42 (S. 1187); *Bayer*, DB 1992, 782, 784; *Gentges*, S. 250; *C. Weber*, SAE 1996, 57, 60; *Hillebrecht*, in: KR[4], § 626 BGB Rn. 108 f.; *Etzel*, in: KR[7], § 1 KSchG Rn. 505; *Fuchs*, in: Bamberger/Roth, § 626 Rn. 21; *Bülow*, S. 169.

605 *LAG Hamburg*, Urt. v. 27.10.1999 – 8 Sa 63/99 (ArbG Hamburg), [nicht veröffentlicht]: unter 2 b aa der Gründe; *Belling*, in: Festschrift für Kissel, S. 11, 49; *ders.*, RdA 1996, 223, 226; *Schwerdtner*, in: MünchKomm-BGB[3], § 626 Rn. 171; *Hambitzer*, Wiedereinstellungsanspruch, S. 107; *Preis*, DB 1988, 1444, 1448; *ders.*, in: Stahlhacke/Preis/Vossen[7], Rn. 578; *Appel/Gerken*, ArbuR 1995, 201, 205; *Busch*, MDR 1995, 217, 220; *U. Meyer*, S. 117; *Egli*, S. 99; *von Hoyningen-Huene/Linck*, § 1 Rn. 261; *Löwisch*, in: Löwisch/Spinner, § 1 Rn. 232; *Fuchs*, in: Bamberger/Roth, § 626 Rn. 21; *Gallner*, in: HandKomm-KSchG, § 1 Rn. 566; *A. Otto*, S. 218; *Pflüger*, S. 10; *Henssler*, in: MünchKomm-BGB[4], § 626 Rn. 240; *Thies*, in: Henssler/Willemsen/Kalb, § 1 KSchG Rn. 164; *Deinert*, AuR 2005, 285, 287.

606 *Lücke*, BB 1997, 1842, 1845; *Berkowsky*, in: MünchHandbArbR II[2], § 141 Rn. 13; anders aber *ders.*, Die personen- und verhaltensbedingte Kündigung, § 26 Rn. 10 f.: personenbedingte Kündigung. Ähnlich auch *Fischermeier*, in: KR[7], § 626 BGB Rn. 211: grundsätzlich personenbedingte Kündigung; soweit der Arbeitnehmer jedoch durch eine schuldhafte Vertragsverletzung nachweisbar einen darüber hinaus gehenden Verdacht verursacht, kommt auch eine verhaltensbedingte Kündigung in Betracht.

Wie oben (siehe 2. Teil, B V 2) dargelegt, ist die personenbedingte Kündigung im Verhältnis zur verhaltensbedingten Kündigung lex generalis. Im Grundtatbestand ist die Verdachtskündigung folglich eine personenbedingte Kündigung, bei Vorliegen weiterer Umstände eine verhaltensbedingte Kündigung.[607] Eine personenbedingte Kündigung ist beispielsweise anzunehmen, wenn der Arbeitnehmer zur Verdachtsentstehung nichts beigetragen hat, die Verdachtsentstehung ohne Bezug zum Verhalten des Arbeitnehmers steht und der Verdacht gleichsam von außen kommt.[608] Hat der Arbeitnehmer zur Verdachtsentstehung beigetragen, ist dagegen von einer verhaltensbedingten Kündigung auszugehen.[609] Zur Abgrenzung ist das allgemeine Kriterium der Steuerbarkeit des Verhaltens des Arbeitnehmers heranzuziehen. Diese verhaltensbedingte Kündigung wird dabei verbreitet nicht als Verdachtskündigung behandelt, sondern als selbstständige (Tat-)Kündigung.[610] Das ist jedoch problematisch. Denn immer dann, wenn diese nachweisbare Pflichtverletzung per se für die Rechtfertigung einer verhaltensbedingten Tatkündigung nicht ausreicht, bestünde überhaupt keine Kündigungsmöglichkeit mehr. Diese nachweisbare Pflichtverletzung wird zwar in der Regel zu einem Gesamtbild hinsichtlich einer Verdachtslage beitragen, kann dabei aber nur einen kleinen Ausschnitt des kündigungsrelevanten Sachverhaltes `Verdacht` betreffen. Schuldhaftes Verhalten bei der Erregung des Verdachts soll ja doch verdachtsstärkend wirken,[611] was immerhin einen bereits bestehenden (Grund-)Verdacht voraussetzt. Wie bereits dargelegt, spricht die Nachweisbarkeit von Tatsachen eben nicht automatisch für das Vorliegen einer Tatkündigung, sondern vielmehr erfordert auch eine Verdachtskündigung objektiv nachweisbare Verdachtstatsachen. Die Nachweisbarkeit einzelner Tatsachen macht eine Verdachtskündigung nicht automatisch zu einer Tatkündigung.

Im Ergebnis ist folglich von einer verhaltensbedingten Verdachtskündigung auszugehen, soweit der Arbeitnehmer zur Verdachtsentstehung beigetragen hat.

---

607 Wohl eher unbeabsichtigt stützt *Schwerdtner* (in: MünchKomm-BGB³, § 626) diese These: zunächst sei die Verdachtskündigung ein Fall der personenbedingten Kündigung (Rn. 171), jedoch müsse der Verdacht stets auf ein *Verhalten* gerichtet sein, das als Grund zur fristlosen Kündigung ausreicht (Rn. 172).

608 *Ascheid*, Beweislastfragen, S. 115, 136.

609 So *Herschel*, BlStSozArbR 1977, 113, 114; *Berkowsky*, in: MünchHandbArbR II², § 144 Rn. 11; *ders.*, Personen- und verhaltensbedingte Kündigung, Rn. 397 ff.; *Lücke*, BB 1997, 1842, 1845; *Fischermeier*, in: KR⁷, § 626 BGB Rn. 211.

610 So *Berkowsky*, in: MünchHandbArbR II², § 144 Rn. 11; *ders.*, Personen- und verhaltensbedingte Kündigung, Rn. 397 ff.; *Löwisch*, § 1 Rn. 83, 92; *Fischermeier*, in: KR⁷, § 626 BGB Rn. 211.

611 *BAG*, Urt. v. 4.6.1964 – 2 AZR 310/63 (LAG München), BAGE 16, 72, 81 = AP § 626 BGB - Verdacht strafbarer Handlung- Nr. 13 = SAE 1965, 65, 71 = ArbuR 1965, 91 = DB 1964, 1229 = EzA BGB § 626 Nr. 5 = NJW 1964, 1918 = JuS 1964, 500 = BB 1964, 1045; *Isenhardt*, in: KasselHandbArbR, 6.3 Rn. 367.

VI. Darlegungs- und Beweislast im Kündigungsschutzprozess

Der Arbeitgeber hat allgemeinen Grundsätzen entsprechend sämtliche Tatsachen darzulegen und zu beweisen, die eine Verdachtskündigung rechtfertigen. Eine Besonderheit gilt insofern nur für den Reinigungsbeweis des verdächtigten Arbeitnehmers. Nach gefestigter Rechtsprechung ist das Vorbringen des Arbeitnehmers zur eigenen Unschuld vom Gericht (gemäß § 139 ZPO) vollständig aufzuklären, da ansonsten der materiell-rechtliche Begriff des wichtigen Grundes verletzt sei, wenn einschlägiger Prozessstoff entweder überhaupt außer Acht gelassen oder mit fehlerhafter Begründung nicht verwertet wird.[612] Diese Rechtsprechung verdient angesichts der hohen Eingriffsintensität bei der Verdachtskündigung Zustimmung.[613]

---

[612] *BAG*, Urt. v. 4.6.1964 – 2 AZR 310/63 (LAG München), BAGE 16, 72, 81 = AP § 626 BGB -Verdacht strafbarer Handlung- Nr. 13 = SAE 1965, 65, 71 = ArbuR 1965, 91 = DB 1964, 1229 = EzA BGB § 626 Nr. 5 = NJW 1964, 1918 = JuS 1964, 500 = BB 1964, 1045; *BAG*, Urt. v. 18.11.1999 – 2 AZR 743/98 (LAG Mecklenburg-Vorpommern), BAGE 93, 1 = AP § 626 BGB -Verdacht strafbarer Handlung- Nr. 32 = NJW 2000, 1211 = NZA 2000, 418 = BB 2000, 672 = ZIP 2000, 762 = DB 2000, 726 = RzK I 8c Nr. 5 = AR-Blattei ES 1010.8 Nr. 85 = EzA § 626 BGB -Verdacht strafbarer Handlung- Nr. 9 = RdA 2001, 49 = SAE 2001, 177 = JuS 2000, 930 = AuA 2001, 138 = EWiR 2000, 613 = ArbuR 2000, 156 = ZTR 2000, 277.

[613] *K. Gamillscheg*, SAE 2001, 182 ff.; *Ricken*, RdA 2001, 52 ff.; *Kappelhoff*, in: Tschöpe, 3 E Rn. 35; *Sandmann*, in: Henssler/Willemsen/Kalb, § 626 BGB Rn. 352; *K. M. Dörner*, in: Ascheid/Preis/Schmidt, § 626 BGB Rn. 357c.

3. TEIL: GEGENRECHTE DES UNSCHULDIGEN ARBEITNEHMERS

Für den Fall erwiesener Unschuld kommen diverse Gegenrechte in Betracht.

A. Wiedereinstellungsanspruch

Große Bedeutung kommt dem Wiedereinstellungsanspruch zu.

I. Verdachtswiderlegung

Stellt sich nachträglich die Unschuld des wirksam gekündigten Arbeitnehmers heraus, kann ein Anspruch auf Wiedereinstellung bestehen.

Anhand einer Prognose ist festzustellen, ob zukünftig eine weitere Zusammenarbeit zumutbar ist.[614] Dafür genügt nicht schon jede Entkräftung des Verdachts, vielmehr ist der Nachweis einer Fehlprognose erforderlich. Demzufolge reicht es nicht, dass die objektiven Verdachtstatsachen nunmehr eine Verdachtskündigung nicht mehr rechtfertigen würden. Es muss mit absoluter Gewissheit beziehungsweise mit einer an Gewissheit grenzenden Wahrscheinlichkeit feststehen, dass der Entlassene unschuldig ist – der Verdacht muss nachträglich vernichtet werden.[615] Steht die Unschuld nicht derart deutlich fest, kommt ein Wiedereinstellungsanspruch nicht in Betracht; insofern verwirklicht sich für den Arbeitnehmer lediglich das allgemeine Lebensrisiko. So genügt weder ein Freispruch des Arbeitnehmers im Strafverfahren aus Mangel an Beweisen[616] noch eine Einstellung des staatsanwaltlichen Ermittlungsverfahrens gemäß § 170 Abs. 2 StPO[617].

---

[614] *Pflüger*, S. 172.

[615] *BAG*, Urt. v. 20.8.1997 – 2 AZR 620/96 (LAG Düsseldorf), AP § 626 BGB -Verdacht strafbarer Handlung- Nr. 27 = EzA § 626 BGB -Verdacht strafbarer Handlung- Nr. 7 = NZA 1997, 1340 = ArbuR 1997, 447 = NJW 1998, 1171 = BB 1997, 2484 = RdA 1998, 62; *Heilmann*, S. 78; *Nicolai/Noack*, ZfA 2000, 87, 101; *Zwanziger*, in: Kittner/Däubler/Zwanziger, Einl. Rn. 390d; *Pflüger*, S. 172.

[616] *BAG*, Urt. v. 20.8.1997 – 2 AZR 620/96 (LAG Düsseldorf), AP § 626 BGB -Verdacht strafbarer Handlung- Nr. 27 = EzA § 626 BGB -Verdacht strafbarer Handlung- Nr. 7 = NZA 1997, 1340 = ArbuR 1997, 447 = NJW 1998, 1171 = BB 1997, 2484 = RdA 1998, 62; *Gallner*, in: HandKomm-KSchG, § 1 Rn. 582.

[617] *BAG*, Urt. v. 20.8.1997 – 2 AZR 620/96 (LAG Düsseldorf), AP § 626 BGB -Verdacht strafbarer Handlung- Nr. 27 = EzA § 626 BGB -Verdacht strafbarer Handlung- Nr. 7 = NZA 1997, 1340 = ArbuR 1997, 447 = NJW 1998, 1171 = BB 1997, 2484 = RdA 1998, 62; *LAG München*, Urt. v. 23.5.1958 – Sa 68/58/V N, DB 1958, 1188 = WA 1958, 178; *Linck*, FA 2000, 334, 337; *Westera*, S. 59; *Löwisch*, in: Löwisch/Spinner, § 1 Rn. 231; *Gallner*, in: HandKomm-KSchG, § 1 Rn. 581; *Henssler*, in: MünchKomm-BGB[4], § 626 Rn. 252; *Eisemann*, in: Küttner, S. 2249; *Sandmann*, in: Henssler/Willemsen/Kalb, § 626 BGB Rn. 356; *K. M. Dörner*, in: Dörner/Luczak/Wildschütz, D Rn. 848; *ders.*, in: Ascheid/Preis/Schmidt, § 626 BGB Rn. 371; *Kontusch*, S. 110; *Müller-Glöge*, in: ErfurtKomm[5], § 626 BGB Rn. 219; *Bülow*, S. 188; *Pflüger*, S. 173.

II. Historische Entwicklung

Der Wiedereinstellungsanspruch wurde Mitte bzw. Ende der 1930er Jahre entwickelt. Ursprünglich ging es dabei um Fälle der Wiedereinstellung nach Ende der Weltwirtschaftskrise, die zu Massenentlassungen geführt hatte.[618]

Es folgten nach dem Kriegsende 1945 die Fallgestaltungen der Wiedereinstellung nach erfolgter sog. Entnazifizierung. In den Besatzungszonen ergingen Entlassungsanordnungen der Militärregierungen.[619] Zur Vereinheitlichung der Entnazifizierung in allen vier Besatzungszonen erließ der Alliierte Kontrollrat die Direktive Nr. 24[620]. Ziel war die Entfernung aller Mitglieder der NSDAP aus öffentlichen Ämtern und verantwortlichen Stellungen in Privatunternehmen. Die Entlassungsanordnungen – und später die Direktive Nr. 24 – bewirkten keine automatische Beendigung des Arbeitsverhältnisses, stellten aber einen wichtigen Grund zur außerordentlichen Kündigung dar. Von dieser Kündigungsmöglichkeit machten die Arbeitgeber schon im eigenen vitalen Interesse regen Gebrauch. Entnazifizierten Arbeitnehmern, denen aufgrund Befehls der Militärregierung von ihren Arbeitgebern fristlos gekündigt wurde, gewährten die Entlassungsanordnungen allerdings keinen materiellrechtlichen Wiedereinstellungsanspruch.[621] Aufgrund des enormen Arbeitskräftebedarfs und mit zunehmendem Fortgang der sog. Entnazifizierungsverfahren wurde nach Wegen gesucht, einerseits den Arbeitnehmern, andererseits jedoch auch den Arbeitgebern eine Möglichkeit der Fortsetzung des früheren Arbeitsverhältnisses einzuräumen. Dabei nahmen insbesondere Arbeitnehmer im öffentlichen Dienst eine Sonderstellung ein, denen teilweise ein Rechtsanspruch auf Wiedereinstellung eingeräumt wurde.

Nur beispielhaft für die damaligen Bestrebungen in der Rechtsprechung sei auf das *LAG Hamburg* verwiesen.[622] Dieses hielt einen Wiedereinstellungsanspruch für gegeben, wenn die Entlassungsanordnung auf haltloser Denunziation beruht hatte, der Arbeitgeber in seinem Betrieb Arbeitskräfte von der Art des Entlassenen benötigte, die Wiedereinstellung vertraglich zugesichert war oder die Gleichbehandlung der Arbeitnehmer dieses Betriebes es erforderte.[623]

---

[618] Zu den Einzelheiten vgl. die Ausführungen bei *Heilmann*, S. 78, 81 ff.; *Hambitzer*, Wiedereinstellungsanspruch, S. 7 ff.; *Pflüger*, S. 7 f.; *B. M. Schmidt*, S. 27 ff.

[619] Vgl. z. B. den sog. Berry-Erlass für die Britische Zone, den sog. Schukow-Befehl für die Sowjetische Besatzungszone und das amerikanische Militärregierungsgesetz Nr. 8 (siehe dazu *Vollnhals*, S. 12).

[620] Direktive Nr. 24 des Alliierten Kontrollrates vom 12.1.1946, Amtsblatt des Kontrollrates in Deutschland 1946, S. 98 ff. (siehe *Vollnhals*, S. 9).

[621] *BAG*, Urt. v. 14.12.1956 – 1 AZR 29/55 (LAG Hamburg), BAGE 3, 332 = AP § 611 BGB - Fürsorgepflicht- Nr. 3 = DB 1957, 192 = RdA 1957, 361 = ArbuR 1958, 203 = DB 1958, 869 = AR-Blattei, Arbeitsvertrag-Arbeitsverhältnis X, Entsch. 2: für den Berry-Erlass in der britischen Zone.

[622] *LAG Hamburg*, Urt. v. 14.5.1949 – 20 Sa 57/49 (ArbG Hamburg), RdA 1950, 113 (m. Anm. *Reinhardt*).

[623] *LAG Hamburg*, Urt. v. 19.4.1949 – 20 Sa 91/49 (ArbG Hamburg), BB 1949, 372 (m. Anm.

Auch abseits dieser Fallgestaltungen, die aufgrund ihrer Besonderheiten auf andere Sachverhalte nicht übertragbar waren, wurde ein Wiedereinstellungsanspruch statuiert. Dabei ging es um die im Rahmen dieser Arbeit zu untersuchende Wiedereinstellung nach Ausspruch einer Verdachtskündigung. Der *BGH* sprach in seinem Urteil vom 13.7.1956[624] zum ersten Mal die Möglichkeit eines Wiedereinstellungsanspruchs an, soweit es dem Arbeitnehmer gelingt, den Verdacht zu entkräften oder sogar die Unschuld nachzuweisen. Dem schloss sich das *BAG* kurze Zeit später mit Urteil vom 14.12.1956[625] an.

III. Mögliche Grundlagen eines Wiedereinstellungsanspruchs

Ein Anspruch auf Wiedereinstellung findet sich in diversen gesetzlichen Regelungen.

1. Gesetzlich normierter Wiedereinstellungsanspruch

Nach § 34 Nr. 1 Bundesentschädigungsgesetz (BEG)[626] konnten Opfer nationalsozialistischer Verfolgung, die durch Entlassung, vorzeitiges Ausscheiden oder durch Versetzung in eine erheblich geringer entlohnte Beschäftigung geschädigt wurden, vom früheren Arbeitgeber Wiedereinstellung zu den alten Bedingungen verlangen. Da der Anspruch auf Fälle beschränkt war, in denen die Entlassung entgegen dem gesetzlichen Kündigungsschutz erfolgte[627], handelte es sich – im Grunde genommen und aus nachträglicher Sicht – um unrechtmäßige Kündigungen.

Ein Wiedereinstellungsanspruch nach rechtmäßiger, wirksamer Kündigung besteht nach beendetem Arbeitskampf. Er ist gesetzlich normiert in § 91 Abs. 6 SGB IX[628] für Schwerbehinderte, denen lediglich aus Anlass eines Streiks oder einer Aussperrung gekündigt wurde, für die Zeit nach Beendigung des Streiks oder der Aussperrung. Aus § 9 MuSchG wird ebenfalls ein Wiedereinstellungsanspruch nach beendeter Abwehraussperrung bei kollektiver Lösung hergeleitet.[629] Aus dem Kündigungs-

---

Paehler).

[624] *BGH*, Urt. v. 13.7.1956 – VI ZR 88/55 (OLG Schleswig), AP § 611 BGB -Fürsorgepflicht- Nr. 2 (m. Anm. *A. Hueck*) = AP § 626 BGB -Verdacht strafbarer Handlung- Nr. 4 = NJW 1956, 1513 = SAE 1957, 1 (m. Anm. *Molitor*) = DB 1956, 944.

[625] *BAG*, Urt. v. 14.12.1956 – 1 AZR 29/55 (LAG Hamburg), BAGE 3, 332 = AP § 611 BGB -Fürsorgepflicht- Nr. 3 (m. Anm. *Larenz*) = DB 1957, 192 = AR-Blattei, Arbeitsvertrag-Arbeitsverhältnis X, Entsch. 2 (m. Anm. *Molitor*).

[626] BGBl. I 1953, S. 1387, 1396.

[627] *Grünhage*, S. 124.

[628] Frühere Regelung in § 21 Abs. 6 SchwbG a. F.

[629] *BAG*, Urt. v. 19.10.1960 – 1 AZR 373/58 (LAG Bremen), BAGE 10, 111 = AP Art. 9 GG -Arbeitskampf- Nr. 11 = BB 1961, 49 = DB 1961, 69 = WA 1961, 19 = NJW 1961, 478 = JuS 1961, 165 = AR-Blattei Arbeitskampf III Entsch. 3 = AR-Blattei ES 170.3 Nr. 3: nach Beendigung des Arbeitskampfes im Regelfalle besondere sittliche und rechtliche Pflicht des Arbeitgebers, werdende Mütter und Wöchnerinnen wiedereinzustellen; *BAG*, Urt. v. 25.1.1963 –

verbot des § 2 ArbPlSchG und der Regelung des § 6 ArbPlSchG ergibt sich grundsätzlich ein Fortsetzungsanspruch nach beendetem Wehrdienst. Soweit ein Betriebsrat vorhanden ist, sieht § 102 Abs. 5 BetrVG nach Widerspruch des Betriebsrates einen Weiterbeschäftigungsanspruch bis zum rechtskräftigen Abschluss eines Kündigungsschutzprozesses vor.
Ein Wiedereinstellungsanspruch bei feststehender Unschuld nach wirksamer Verdachtskündigung ist dagegen nicht gesetzlich geregelt. Er ist jedoch allgemein anerkannt.[630]

2. Wiedereinstellungsanspruch aufgrund vertraglicher Vereinbarung
Ein Wiedereinstellungsanspruch kann sich zudem aus Tarifverträgen ergeben.
Ein Wiedereinstellungsanspruch besteht üblicherweise tariflich vereinbart nach witterungsbedingten Betriebsstilllegungen im Baugewerbe. Zudem gewährt zum Beispiel § 62 Abs. 5 Manteltarifvertrag für Arbeiter der Länder (= MTL II) Arbeitnehmern, die wegen Gewährung einer Zeitrente ausgeschieden sind, im Falle der Wiederherstellung der Berufsfähigkeit einen Wiedereinstellungsanspruch.[631] Nach § 59 Abs. 5 BAT kann ein Arbeitnehmer Wiedereinstellung bei der früheren Dienststelle verlangen, wenn die Berufsfähigkeit wiederhergestellt ist und dort ein freier Arbeitsplatz zur Verfügung steht.[632] Die Sollvorschrift des § 59 Abs. 5 BAT will nach Sinn und Zweck einen Wiedereinstellungsanspruch gewähren, wenn der Gesundheitszustand des Angestellten sich gebessert hat, seine Berufsfähigkeit wiederhergestellt ist und aus diesem Grund ein Entzug der Erwerbsunfähigkeitsrente durch Bescheid des Rentenversicherungsträgers nach vorheriger ärztlicher Feststellung des vorhandenen Leistungsvermögens erfolgt.[633]
Denkbar ist auch die Begründung eines Wiedereinstellungsanspruchs durch eine Betriebsvereinbarung, z. B. eine Betriebsvereinbarung zur Förderung der beruflichen

1 AZR 288/62 (LAG Nürnberg), BAGE 14, 52 = AP Art. 9 GG Nr. 24 = DB 1963, 625 = BB 1963, 561 = SAE 1963, 81 = RdA 1963, 120 = ArbuR 1963, 248 = NJW 1963, 1172 = AR-Blattei Arbeitskampf III Entsch. 4 = AR-Blattei ES 170.3 Nr. 4 = JZ 1964, 259.

[630] Anders nur *Kaiser*, ZfA 2000, 205, 228. Nach *Naujok* (ArbuR 1998, 398, 402) ergibt sich aus dogmatischer Nichtbegründbarkeit eines Wiedereinstellungsanspruchs bereits Unzulässigkeit einer Verdachtskündigung.

[631] *BAG*, Urt. v. 23.2.2000 – 7 AZR 891/98 (LAG Hamburg), AP § 62 MTL II Nr. 1 = NZA 2000, 894 = RzK I 15 Nr. 20 = ZTR 2000, 462 = EzA § 4 TVG -Wiedereinstellungsanspruch- Nr. 1 = AR-Blattei ES 1000 Nr. 200 = DB 2000, 2613.

[632] Vgl. *BAG*, Urt. v. 24.1.1996 – 7 AZR 602/95 (LAG Hamm), AP § 59 BAT Nr. 7 = NZA 1996, 823 = ARSt 1996, 169 = BB 1996, 1837 = ZTR 1996, 415 = EzA § 59 BAT Nr. 4 = AR-Blattei ES 1000 Nr. 193 = EzBAT § 59 BAT -Wiedereinstellung- Nr. 1 = RzK I 15 Nr. 6.

[633] *BAG*, Urt. v. 24.1.1996 – 7 AZR 602/95 (LAG Hamm), AP § 59 BAT Nr. 7 = NZA 1996, 823 = ARSt 1996, 169 = BB 1996, 1837 = ZTR 1996, 415 = EzA § 59 BAT Nr. 4 = AR-Blattei ES 1000 Nr. 193 = EzBAT § 59 BAT -Wiedereinstellung- Nr. 1 = RzK I 15 Nr. 6: unter II 3 a der Gründe.

Wiedereingliederung nach der Kindererziehung.[634] Ein Anspruch auf Wiedereinstellung kann sich zudem auch aus einer individualvertraglichen (Wieder-)Einstellungszusage ergeben.[635] Neben diesen grundsätzlichen immer in Betracht kommenden speziellen Möglichkeiten ist nunmehr die allgemeine Herleitbarkeit des Wiedereinstellungsanspruchs aus vertraglicher Grundlage zu untersuchen.

a) Auflösende Bedingung der Verdachtskündigung

Teilweise wird vertreten, die Verdachtskündigung stünde unter der auflösenden Bedingung späterer Rehabilitierung.[636] Bei feststehender Unschuld entfiele damit die Wirksamkeit der Verdachtskündigung. Es bedürfte dann folglich keines Wiedereinstellungsanspruchs, es genügte vielmehr Weiterbeschäftigung.

Stellt sich nachträglich die Unschuld heraus, wird jedoch dadurch – allein – die Verdachtskündigung nicht unwirksam. Dies wäre allenfalls unter der Prämisse der Fall, bei nachträglicher Beseitigung des Kündigungsgrundes werde die Kündigung ex tunc unwirksam und das Arbeitsverhältnis lebe wieder auf.[637] Andere sehen die Verdachtskündigung ausgestattet mit der Rechtsbedingung[638], dass sich der Verdacht bestätigt, oder verbunden mit einem Angebot – oder zumindest einer invitatio ad offerendum – gerichtet auf Neuabschluss, das bei Unbegründetheit des Verdachts in Kraft treten soll[639].

Diese Ansätze sind aber mit der Gestaltungswirkung der Kündigung unvereinbar, da bei dieser Annahme die Verdachtskündigung unter die auflösende Bedingung eines Unschuldsbeweises gestellt würde. Ein ipso iure erloschenes Rechtsverhältnis kann nicht wieder durch ein nachfolgendes pactum contrarium zur Wirksamkeit gelangen. Die Bedingungsfeindlichkeit der Kündigung hat ihren Sinn nicht zuletzt in der Herstellung eines rechtssicheren Zustandes. Würde nämlich das Arbeitsverhältnis bei Bedingungseintritt automatisch wieder aufleben, müsste der Arbeitnehmer auch gegen seinen Willen wieder für den Arbeitgeber arbeiten – anderenfalls geriete er in Verzug. Der Arbeitnehmer dürfte also zur Vermeidung der Verzugsfolgen keine andere Arbeit aufnehmen. Umgekehrt müsste der Arbeitgeber den Arbeitsplatz auf unbestimmte Zeit freihalten.

Das Mietrecht enthält im Hinblick auf die Bedingungsfeindlichkeit von Gestaltungserklärungen eine Sonderregel: nach § 543 Abs. 2 S. 3 BGB bzw. § 569 Abs. 3 Nr. 2 S. 1 BGB wird eine Kündigung unwirksam, wenn der (Wohnraum-)Mieter den

---

634 *LAG Hamm*, Urt. v. 4.3.1996 – 16 Sa 1407/95 (ArbG Herne), Streit 1997, 85; *LAG Hamm*, Urt. v. 4.5.1998 – 17 Sa 2270/97 (ArbG Herne), BuW 1998, 838.

635 Vgl. hierzu *Schrader/Straube*, NZA-RR 2003, 337 ff.

636 *Gentges*, S. 373; *Adam*, ZTR 1999, 113, 114, 115: de lege lata kein Wiedereinstellungsanspruch gegeben, jedoch – de lege ferenda – Kündigung unter die Bedingung zu stellen, dass sich Negativprognose bestätigt.

637 Vgl. *Mohnen* (RdA 1957, 405, 407): bei Verdachtskündigung fällt der Kündigungsgrund mit ex-tunc-Wirkung weg, bei Ausheilung einer Krankheit dagegen nur mit ex-nunc-Wirkung.

638 *Molitor*, SAE 1957, 5, 6, 7; *Seier*, Kündigungsbetrug, S. 368.

639 Dazu *von Bar*, AcP 179 (1979), 452, 472 ff.; *Seier*, Kündigungsbetrug, S. 368.

Vermieter nach Ausspruch einer auf Zahlungsverzug gestützten außerordentlichen Kündigung nachträglich befriedigt. Diese Regelung einer Schonfrist statuiert eine Ausnahme von der sonst geltenden Bedingungsfeindlichkeit der Gestaltungsrechte. Sie stellt nach ganz herrschender Meinung eine ausnahmsweise gewährte „Rechtswohltat“[640] dar, was sich bereits aus dem engen gesetzlichen Anwendungsbereich ergibt.

Das Fehlen einer vergleichbaren Regelung im Bereich der Dienst- und insbesondere Arbeitsverhältnisse zeigt, dass der Gesetzgeber die Interessenlagen nicht für vergleichbar hält bzw. gehalten hat. Als Sondervorschrift des sozialen Mieterschutzes ist diese Ausnahmeregelung überdies nicht analogiefähig.[641]

Eine Verdachtskündigung kann folglich nicht unter eine Bedingung gestellt werden.

b) Umdeutung

Teilweise wurde die Ansicht vertreten, die Verdachtskündigung sei in Ermangelung eines ausreichenden Kündigungsgrundes als nichtig anzusehen und in eine – bis zur Klärung des Vorwurfs andauernde – vorläufige Suspendierung[642] umzudeuten. In Verdachtsfällen solle sich der Arbeitgeber nach dem Verhältnismäßigkeitsgrundsatz mit einer Suspension begnügen.[643] Ein Wiedereinstellungsanspruch ist danach nicht erforderlich.[644] Es ist zwar eine vertragliche Vereinbarung möglich, eine nach der wahren Sachlage zu Unrecht erfolgte, gleichwohl wirksame Kündigung zurückzunehmen. Denkbar ist auch eine Wiedereinstellungszusage im Sinne einer eher unverbindlichen Zusicherung wohlwollender Berücksichtigung des gekündigten Arbeitnehmers bei neuem Bedarf an Arbeitskräften für den Fall der Rehabilitierung, wobei der Arbeitgeber dann den Arbeitnehmer auffordert, ein Vertragsangebot zu machen.[645] Aufgrund der Gestaltungswirkung der Kündigung reicht jedoch eine einseitige Rücknahme der Kündigung durch den Arbeitgeber nicht aus. Es lassen sich dieselben Bedenken anführen, die gegen eine Konstruktion der Verdachtskündigung unter der auflösenden Bedingung späterer Rehabilitierung sprechen.[646]

---

640 *Emmerich*, in: Staudinger, § 554 Rn. 62; *Kaiser*, ZfA 2000, 205, 214.

641 *Emmerich*, in: Staudinger, § 554 Rn. 62; *Kaiser*, ZfA 2000, 205, 214.

642 Grundsätzlich – ohne Prüfung der Zulässigkeit einer Verdachtskündigung – für die Zulässigkeit einer Suspendierung bei bestehendem Verdacht *Luckey*, NZA 1992, 873, 875: Suspendierung nur bis zur Klärung des Verdachts.

643 *Molitor*, SAE 1957, 5, 6, 7; *Mohnen*, RdA 1957, 405, 409; *Heilmann*, S. 67 ff., 71, 114 f.; *Schütte*, NZA 1991, Beil. 2, 17, 22, 23. Ähnlich wohl neuerdings auch *Deinert*, AuR 2005, 285, 296 f. *Wank* hält anstelle einer außerordentlichen Kündigung eine mit einer Suspendierung verbundene ordentliche Kündigung für möglich (in: MünchHandbArbR II^2, § 120 Rn. 79).

644 *Reinhardt*, RdA 1950, 85, 88: aufgrund Befehl der Militärregierung ergangene sog. Entnazifizierungskündigung nichts anderes als eine „vorläufige Unterbrechung“ des Arbeitsverhältnisses.

645 *Heilmann*, S. 84.

646 *Isele*, in: Festschrift für Molitor, S. 117; *Moritz*, NJW 1978, 402, 404 f.

c) Gleichbehandlung, Betriebliche Übung

Das Prinzip der Gleichbehandlung und die Grundsätze zur Betrieblichen Übung können nur insofern herangezogen werden, als das dazu erforderliche vinculum iuris besteht. Dieses rechtliche Band wird aber mit der Entlassung gerade zerschnitten.[647] Zwar wurde vereinzelt ein Wiedereinstellungsanspruch auf die genannten Grundsätze gestützt.[648] Indes kann das getrost mit den Besonderheiten des Einzelfalls erklärt werden.[649] Die Nichtanwendbarkeit gilt auch bei zwei Arbeitnehmern, die der Mittäterschaft verdächtigt und daher entlassen werden, und von denen nach der Rehabilitierung nur einer wieder eingestellt wird. Ein vinculum iuris fehlt nicht nur zwischen Arbeitgeber und den Rehabilitierten, sondern es fehlt auch eine Gemeinschaftsbindung der Entlassenen untereinander.[650] Eine nachwirkende Gleichbehandlung ist allenfalls im Rahmen von Ruhestandsverhältnissen anzuerkennen.[651]

Die Betriebliche Übung wird teilweise zur Wiedereinstellung von mit befristeten Arbeitsverträgen ausgestatteten Saisonarbeitern herangezogen, soweit diese auch zuvor – ohne einen entsprechenden Vorbehalt des Arbeitgebers – nach jeweiligem Ablauf mehrfach bereits wiedereingestellt wurden.[652] Zugrunde liegen wiederholt vorgenommene Einstellungen in sog. Saison- und Kampagnebetrieben. Aus dieser besonderen Fallgestaltung lässt sich indes aufgrund der völlig verschiedenen Ausgangslagen keine Grundlage für einen Wiedereinstellungsanspruch bei feststehender Unschuld nach Ausspruch einer Verdachtskündigung herleiten.

3. Wiedereinstellungsanspruch ohne Vereinbarung

Ein Wiedereinstellungsanspruch entsteht jedoch auch ohne gesonderte vertragliche Absprachen.

a) § 242 BGB

Die dogmatische Grundlage für den Wiedereinstellungsanspruch liegt nach Ansicht des *BAG* in der nachwirkenden Fürsorgepflicht[653] des Arbeitgebers. Nach anderer

---

647 *Vom Stein*, RdA 1991, 85, 92.

648 *LAG Hamburg*, Urt. v. 14.5.1949 – 20 Sa 57/49 (ArbG Hamburg), RdA 1950, 113 (m. Anm. *Reinhardt*).

649 Im Zuge der Entnazifizierung stellte die beklagte Behörde jahrelang politisch entlastete Beamte und Angestellte wieder ein, rückte im Einzelfall dann jedoch von dieser Praxis ab.

650 *Vom Stein*, RdA 1991, 85, 90.

651 *Zöllner/Loritz*, S. 197, 200.

652 *BAG*, Urt. v. 29.1.1987 – 2 AZR 109/86 (LAG Hamm), AP § 620 BGB -Saisonarbeit- Nr. 1 = NZA 1987, 627 = EzA § 620 BGB Nr. 87 = SAE 1988, 75 (m. zust. Anm. *Eich*) = ArbuR 1988, 258 = RzK I 9a Nr. 21 = AR-Blattei ES 1390 Nr. 1: obiter dictum.

653 *BAG*, Urt. v. 14.12.1956 – 1 AZR 29/55 (LAG Hamburg), BAGE 3, 332 = AP § 611 BGB -Fürsorgepflicht- Nr. 3 = DB 1957, 192. Kritisch, aber im Ergebnis zustimmend *Mohnen* (RdA 1957, 405 ff.) und *Larenz* (AP § 611 BGB -Fürsorgepflicht- Nr. 3 und Nr. 4), dagegen lehnt *Molitor* (AR-Blattei, Arbeitsvertrag-Arbeitsverhältnis X, Entscheidung 2) eine Pflicht zur

Ansicht[654] ist § 242 BGB einschlägig in Anlehnung an die Fallgruppe des venire contra factum proprium. Auch der *BGH* begründet den Wiedereinstellungsanspruch mit (Nachwirkungen aus) § 242 BGB.[655]

aa) Beurteilung

Für beide Ansichten sprechen zunächst jeweils gute Gründe. Der Arbeitgeber hat eine Verdachtskündigung erklärt, die entweder nicht zur rechtlichen Überprüfung gestellt oder rechtskräftig für wirksam befunden wurde. Nach Eintritt der Rechtskraft stellt sich nunmehr die Unschuld des Arbeitnehmers heraus. Der wirksamen Verdachtskündigung lag eine Vertrauensenttäuschung beziehungsweise Vertrauenszerrüttung zugrunde, welche nun ihre objektive Grundlage verloren hat. Im Nachhinein wäre eine Verdachtskündigung also nicht mehr zu rechtfertigen. In dieser Situation ist es folglich angemessen, den Arbeitgeber – in einem noch näher zu bestimmenden Umfang – auf seine ursprünglichen Vertragspflichten zu verweisen, wozu die Beschäftigung des Arbeitnehmers gehört.

Meines Erachtens lässt sich das Ziel grundsätzlich sowohl über eine nachwirkende Fürsorgepflicht als auch über das Verbot des venire contra factum proprium erreichen.[656] Verweigert der Arbeitgeber unter Hinweis auf die Wirksamkeit der Kündigung die Wiedereinstellung, setzt er sich in Widerspruch zum eigenen Handeln. Die Nichtwiedereinstellung des zu Unrecht in Verdacht Geratenen ist unbillig und verstößt gegen Treu und Glauben.[657] Denn die Kündigung wäre nach nunmehr festgestellter Unschuld des Arbeitnehmers nicht mehr möglich, und dass sich die Unschuld erst nach Abschluss des Kündigungsschutzprozesses herausgestellt hat, führt – selbst nach Ansicht des *BAG* – zwar dazu, dass die Kündigung wirksam bleibt. Damit ist aber keineswegs gesagt, dass der Arbeitgeber die Beschäftigung des Arbeitnehmers auch weiterhin verweigern darf. Im Gegenteil ist doch der Zeitpunkt, zu dem sich die Unschuld des gekündigten Arbeitnehmers herausstellt, oft dem reinen Zufall überlassen. Steht die Unschuld – möglicherweise ohne Wissen des Arbeitgebers – schon bei Kündigungsausspruch fest, ist die Verdachtskündigung mangels objektiver Tatsachenbasis unwirksam[658], der Arbeitnehmer ist – bei entsprechendem Antrag – weiter zu beschäftigen. Stellt sich die Unschuld erst später heraus, etwa

---

Wiedereinstellung überhaupt ab. Zustimmend *H. Weber*, RdA 1980, 289, 291; *Edenfeld*, JA 1996, 379, 381; *Dorndorf*, in: HeidelbergKomm-KSchG, § 1 Rn. 849; *Löwisch*, in: Löwisch/Spinner, § 1 Rn. 231; *Etzel*, in: KR[7], § 1 KSchG Rn. 509; *Eisemann*, in: Küttner, S. 2248.

654 *Larenz*, AP § 611 BGB -Fürsorgepflicht- Nr. 3 und Nr. 4.

655 *BGH*, Urt. v. 13.7.1956 – VI ZR 88/55 (OLG Schleswig), AP § 611 BGB -Fürsorgepflicht- Nr. 2 = AP § 626 BGB -Verdacht strafbarer Handlung- Nr. 4 = NJW 1956, 1513 = DB 1956, 944 = LM § 626 BGB Nr. 8.

656 Nach *Heilmann* ist eine Abgrenzung „sehr schwer“ (S. 95).

657 *A. Hueck*, AP § 611 BGB -Fürsorgepflicht- Nr. 2; *Diekhoff*, DB 1958, 869, 871.

658 Voraussetzung ist dafür selbstverständlich aber Kenntnis des Gerichts von den fehlenden objektiven Tatsachen; Grenzen sind folglich Kenntnis und Beweisbarkeit dieser Tatsachen.

während[659] oder nach Abschluss des Kündigungsschutzprozesses, ist der Arbeitnehmer trotz wirksamer Kündigung in gleicher Weise schutzwürdig. Das vormals berechtigte Interesse des Arbeitgebers, sich von diesem Arbeitnehmer zu trennen, tritt hinter die Interessen des Arbeitnehmers zurück. Folglich ist dem Arbeitgeber eine Berufung auf die Wirksamkeit der Verdachtskündigung verwehrt. Dadurch wird die wirksame Verdachtskündigung für den Arbeitgeber auch nicht wertlos, da der Wiedereinstellungsanspruch immerhin nicht uneingeschränkt gewährt wird. So ist der Arbeitgeber hinsichtlich in gutem Glauben vorgenommener Dispositionen bezüglich des Arbeitsplatzes geschützt.[660] Einerseits ist dem Arbeitgeber eine Berufung auf die Wirksamkeit der Kündigung bei nachträglich erwiesener Kündigung wegen Verstoßes gegen das Verbot des venire contra factum proprium verwehrt, zum anderen entspricht es dem Idealbild eines vernünftig und gerecht denkenden, durchschnittlichen Arbeitgebers, einen rehabilitierten Arbeitnehmer wieder im Betrieb aufzunehmen. Dieses Idealbild hat sich rechtlich verfestigt in der personalen Pflicht des Arbeitgebers zur Fürsorge für seine Arbeitnehmer. Die Fürsorgepflicht ergibt sich aus dem besonderen Näheverhältnis zwischen Arbeitgeber und Arbeitnehmer nicht zuletzt durch die Weisungsgebundenheit und Einbindung des Arbeitnehmers in die Arbeitsorganisation des Arbeitgebers. Die Fürsorgepflicht kann auch nach Beendigung des Arbeitsverhältnisses Wirkungen entfalten.[661] Insbesondere bei der Verdachtskündigung wird die nachwirkende Fürsorgepflicht bemüht.[662] Teilweise wird die Fürsorgepflicht auch als Interessenwahrungspflicht bezeichnet; danach komme Wiedereinstellung nur im Extremfall der Verdachtskündigung in Betracht.[663]

bb) Kritik

Diese Begründungsansätze begegnen indes durchgreifenden Bedenken. Selbst wenn man grundsätzlich eine einklagbare Nebenpflicht annehmen würde, ist als weitere Voraussetzung erforderlich, dass anderenfalls interessengerechte Ergebnisse nicht erzielbar sind.[664] Vorrangig ist folglich die Untersuchung, ob die Rechtsordnung

---

659 Stellt sich die Unschuld noch während des Kündigungsschutzprozesses heraus, argumentiert das *BAG* damit, aufgrund der nachträglich erwiesenen Unschuld hätten die Voraussetzungen für eine Verdachtskündigung von vornherein nicht vorgelegen.

660 Siehe dazu 3. Teil, A VI.

661 Vgl. dazu *Emmermann*.

662 *Hambitzer*, Wiedereinstellungsanspruch, S. 58 ff., 68, 69; *ders.*, NJW 1985, 2239, 2240; *Weller/Dorndorf*, in: HeidelbergKomm-KSchG, § 1 Rn. 946; *Walker*, SAE 1998, 103, 106; *Boewer*, NZA 1999, 1121, 1128; *Strathmann*, S. 62.

663 *BAG*, Urt. v. 28.6.2000 – 7 AZR 904/98 (LAG Köln), BAGE 95, 171 = AP § 1 KSchG 1969 -Wiedereinstellung- Nr. 6 = ZIP 2000, 1781 = DB 2000, 2171 = NZA 2000, 1097 = BuW 2000, 983 = MDR 2000, 1440 = EzA § 1 KSchG -Wiedereinstellungsanspruch- Nr. 5 = BB 2001, 573 = NJW 2001, 1297 = SAE 2001, 125 = RdA 2001, 243: unter II B 3 c aa aaa der Gründe. *Oetker*, ZIP 2000, 643, 648, 649; im Anschluss daran *Krüll*, S. 127 ff., 133.

664 *Stürner*, JZ 1976, 384, 386; *Larenz*, SchuldR I, § 2 I, S. 11.

anderweit interessengerechte Ergebnisse ermöglicht. An dieser Stelle kann vorweg genommen werden, dass die Rechtsordnung eine interessengerechte Lösung parat hält; dazu unten (3. Teil, A III). Darauf kommt es indes nicht mehr an. Die mit der Wiedereinstellung neu begründeten Hauptpflichten müssen nämlich aus einer Nebenpflicht (§ 242 BGB) herleitbar sein.

Gegen die Begründung eines Wiedereinstellungsanspruchs aus einer nachwirkenden Fürsorgepflicht[665] wird jedoch vor allem zu Recht vorgebracht, dass nachwirkende Vertragspflichten nur Nebenpflichten sind, die keine Hauptpflichten eines neuen Schuldverhältnisses entstehen lassen können.[666] Nachwirkende Nebenpflichten sind endbezogene Restbestände des Schuldverhältnisses, die mit dem Zeitablauf immer schwächer werden, bis sie schließlich ganz aufhören.[667] Nachwirkende Nebenpflichten sind z. B. die Zeugniserteilungspflicht (§ 630 BGB)[668] oder die Gewährung von Freizeit zur Stellungssuche (§ 629 BGB).[669] Sie dienen regelmäßig ausschließlich der Abwicklung des (Haupt-)Schuldverhältnisses.[670] Ausnahme ist z. B. die Gewährung eines betrieblichen Ruhegeldanspruchs als Ausfluss einer nachwirkenden Fürsorgepflicht.[671]

Die Endbezogenheit der Nebenpflichten lässt sich mit der Begründung neuer Hauptleistungspflichten nicht vereinbaren, so dass Nebenpflichten daher keine Grundlage eines Wiedereinstellungsanspruchs darstellen können.[672] Nunmehr hat selbst das

---

665 *H. Weber*, RdA 1980, 289, 298; *Kaiser*, ZfA 2000, 205, 220: „Fürsorge" kein subsumtionsfähiger Obersatz. *Brors* (S. 59 f.): auf § 242 BGB begründete Fürsorgepflicht ohne Anbindung an gesetzliche Regelungen oder Rechtsprinzipien entwickelt, da sie auf Begrifflichkeiten der – unter dem Einfluss der von 1934 bis 1945 geltenden AOG geprägten – allgemeinen Fürsorgepflicht beruht.

666 *A. Hueck*, AP § 611 BGB -Fürsorgepflicht- Nr. 2; *ders.*, in: Festschrift für Hedemann, S. 142; *Larenz*, AP § 611 BGB -Fürsorgepflicht- Nr. 3 und Nr. 4; *Molitor*, SAE 1957, 5 ff.; *Mohnen*, RdA 1957, 405; *Diekhoff*, DB 1958, 869; *Moos*, RdA 1962, 301, 303; *Isele*, in: Festschrift für Molitor, S. 107, 117, 120; *Moritz*, NJW 1978, 402, 404; *von Bar*, AcP 179 (1979), 452, 472 f.; *von Stebut*, Sozialer Schutz, S. 126; *Müller-Glöge*, in: MünchKomm-BGB[3], § 611 Rn. 405; *Berkowsky*, Personen- und verhaltensbedingte Kündigung, Rn. 414; *Eich*, SAE 1988, 78, 80; *Adam*, ZTR 1999, 113, 114; *Strathmann*, S. 60; *Bülow*, S. 172, 173; *Pflüger*, S. 78. *Monjau* (DB 1960, 1067, 1070; BB 1962, 1439, 1442) stützt den Wiedereinstellungsanspruch nur bei der Verdachtskündigung auf die nachwirkende Fürsorgepflicht.

667 So schon *Larenz*, AP § 611 BGB -Fürsorgepflicht- Nr. 3 und Nr. 4; *Moos*, RdA 1962, 301, 303; *vom Stein*, RdA 1991, 85, 90; *Honstetter*, S. 176; *Pflüger*, S. 81.

668 Seit 1.1.2003 findet auf alle Arbeitnehmer gemäß § 630 S. 4 BGB die Vorschrift des § 109 GewO (BGBl. I 2002, S. 3412) Anwendung. § 630 S. 1 bis S. 3 BGB gelten nur noch für Dauerschuldverhältnisse, die keine Arbeitsverhältnisse sind.

669 Die Zuständigkeit der Arbeitsgerichte für Ansprüche aus Nachwirkungen ergibt sich aus § 2 Abs. 1 Nr. 3c ArbGG.

670 § 629 BGB greift streng genommen noch vor (ordentlicher) Beendigung des Dienstverhältnisses, ist aber ebenfalls auf dessen Abwicklung gerichtet.

671 *Mavridis*, ArbuR 1957, 225, 228; *H. Weber*, RdA 1980, 289, 291.

672 *Larenz*, AP § 611 BGB -Fürsorgepflicht- Nr. 3 und Nr. 4 (für den Fall des politisch Entlasteten); *Diekhoff*, DB 1958, 869; *Preis*, LAGE § 611 BGB -Einstellungsanspruch- Nr. 1; *vom*

BAG anerkannt, dass sich ein Wiedereinstellungsanspruch des Arbeitnehmers nicht aus einer nachwirkenden Fürsorgepflicht des Arbeitgebers ergeben kann,[673] bzw. den Anwendungsbereich auf Ausnahmefälle[674] beschränkt. Abgesehen davon ist die Annahme einer Fürsorgepflicht auf Arbeitsverhältnisse beschränkt; eine abweichende Regelung für freie Dienstverhältnisse ist wegen der weitgehend gleichen Interessenlage nicht nachvollziehbar.[675]

Darüber hinaus kann § 242 BGB auf der Rechtsfolgenseite grundsätzlich selbst kein Schuldverhältnis begründen, da § 242 BGB den Charakter einer rechtshindernden bzw. rechtsvernichtenden Einwendung[676] hat; Voraussetzung ist vielmehr ein schon bestehendes Schuldverhältnis.[677] Eine Ausnahme macht die herrschende Meinung für die Fallgruppe des Vertrauensschutzes.[678] Das Verbot des venire contra factum proprium ist Ausfluss des Vertrauensschutzes.[679] Eine sogenannte „Erwirkung"[680] kommt in Betracht, wenn der Arbeitgeber beim Arbeitnehmer das berechtigte Vertrauen erzeugt, dass er sich in bestimmter Art und Weise verhalten werde. Voraus-

---

Stein, RdA 1991, 85, 90; *Kaiser*, ZfA 2000, 205, 219; *Strathmann*, S. 58; *Krüll*, S. 124 ff.; *Feuerborn*, S. 241.

673 *BAG*, Urt. v. 6.8.1997 – 7 AZR 557/96 (LAG Köln), BAGE 86, 194 = EzA § 1 KSchG - Wiedereinstellungsanspruch- Nr. 2 = AP § 1 KSchG 1969 -Wiedereinstellung- Nr. 2 = DB 1998, 423 = RzK I 15 Nr. 10 = MDR 1998, 422 = BB 1998, 538 = NZA 1998, 254 = AR-Blattei ES 1010.10 Nr. 3 = SAE 1998, 317: betriebsbedingte Kündigung.

674 *BAG*, Urt. v. 28.6.2000 – 7 AZR 904/98 (LAG Köln), BAGE 95, 171 = AP § 1 KSchG 1969 - Wiedereinstellung- Nr. 6 = RzK I 15 Nr. 21 = ZIP 2000, 1781 = DB 2000, 2171 = NZA 2000, 1097, 1100 = BuW 2000, 983 = MDR 2000, 1440 = EzA § 1 KSchG - Wiedereinstellungsanspruch- Nr. 5 = AR-Blattei ES 1010.10 Nr. 5 = BB 2001, 573 = NJW 2001, 1297 = SAE 2001, 125 = RdA 2001, 243.

675 *Molitor*, SAE 1957, 5, 6; *Grünhage*, S. 146.

676 *Heilmann*, S. 106; *Langer*, NZA 1991, Beil. 3, 23, 26; *Adam*, ZTR 1999, 113, 114; *Oetker*, ZIP 2000, 643, 648; *Krüll*, S. 102; *Bülow*, S. 100.

677 *Molitor* (ARBl. Blattreihe D, Arbeitsvertrag-Arbeitsverhältnis X, Entscheidung 2) lehnt damit einen Wiedereinstellungsanspruch des durch Entnazifizierungsverfahren politisch entlasteten Arbeitnehmers ab. Ebenso: *LAG Hamburg*, Urt. v. 20.5.1949 – 20 Sa 178/49 (ArbG Hamburg), AP 1950 Nr. 153; *LAG Hamm*, Urt. v. 5.4.1949 – 1 Sa 147/49 (ArbG Bochum), AP 1950, Nr. 50 (mit zustimmender Anmerkung von *Neumann-Duesberg*).

678 *BAG*, Urt. v. 27.2.1997 – 2 AZR 160/96 (LAG Düsseldorf), BAGE 85, 194 = AP § 1 KSchG 1969 -Wiedereinstellung- Nr. 1 = NZA 1997, 757, 759 = NJW 1997, 2257, 2258 = DB 1997, 1414 = MDR 1997, 749 = EzA § 1 KSchG -Wiedereinstellungsanspruch- Nr. 1 = BB 1997, 1953 = AiB 1997, 612 = SAE 1998, 98; *Preis*, Prinzipien, S. 351 f.; *Belling*, in: Erman[11], § 626 Rn. 35; *Berkowsky*, in: MünchHandbArbR II[2], § 134 Rn. 84; *Boewer*, NZA 1999, 1121, 1128; *Pflüger*, S. 94 ff.

679 *BGH*, Urt. v. 28.1.1993 – IX ZR 259/91 (KG Berlin), BGHZ 121, 224, 234 = NJW 1993, 1126, 1128; *Canaris*, Vertrauenshaftung, S. 287 ff.; *Teichmann*, in: Soergel[12], § 242 Rn. 312 ff.; *Kaiser*, ZfA 2000, 205, 221 (Fn. 61).

680 Als Gegenbegriff zur „Verwirkung". Vgl. dazu *Canaris*, Vertrauenshaftung, S. 287 ff.; *J. Schmidt*, in: Staudinger, § 242 Rn. 582: „Spiegelbild der rechtsvernichtenden Verwirkung".

setzung ist dafür ein vom Arbeitgeber zurechenbar erzeugter Vertrauenstatbestand; eine Vertrauensinvestition muss sich manifestiert haben. Der subjektive Erwartungshorizont des Arbeitnehmers allein ist nicht ausschlaggebend, vielmehr muss ihn der Arbeitgeber objektiv in dieser Annahme bestärkt haben.[681] Der bloße Ausspruch einer – zudem wirksamen – Kündigung erzeugt nach überwiegend vertretener Ansicht[682] noch keinen derartigen Vertrauenstatbestand. Der Arbeitnehmer ist nicht schutzwürdig im Vertrauen darauf, der Arbeitgeber habe die Kündigung nur aus den angegebenen Gründen ausgesprochen.[683] Mit Ausspruch einer Kündigung erzeugt der Arbeitgeber sogar das genaue Gegenteil eines auf Wiedereinstellung gerichteten Vertrauenstatbestandes. Ganz abgesehen davon könnte ein derartiges Vertrauen nur auf der Angabe von Gründen durch den Arbeitgeber beruhen. Da der Arbeitgeber zur Angabe von Gründen jedoch nicht verpflichtet ist und der Arbeitnehmer bei Nichtangabe von Gründen keinerlei objektiven Bezugspunkt für ein auf Wiedereinstellung gerichtetes Vertrauen haben kann, wäre der Arbeitgeber, der auf die Angabe von Gründen verzichtet, ohne nachvollziehbaren sachlichen Grund besser gestellt als ein die Gründe anführender Arbeitgeber.[684]

Unter dem Gesichtspunkt des Vertrauensschutzes lässt sich ein Wiedereinstellungsanspruch nicht begründen. Umgekehrt darf der Arbeitgeber unter dem Vertrauensschutzaspekt auf den Bestand seiner rechtmäßigen Kündigung vertrauen.[685]

cc) Zwischenergebnis

Mit *Grünhage* entspricht die Wiedereinstellung des zu Unrecht verdächtigten Arbeitnehmers zwar Treu und Glauben, jedoch ist die Begründung mit § 242 BGB zu allgemein und damit nicht tragfähig.[686] § 242 BGB kann jedenfalls nicht als Anspruchsgrundlage herangezogen werden.

---

681 *BAG*, Urt. v. 16.3.1989 – 2 AZR 325/88 (LAG Hamm), BB 1989, 1823 = NZA 1989, 719 = DB 1989, 1728 = EzA § 1 BeschFG 1985 Nr. 7 = RzK I 9a Nr. 38 = AiB 1990, 39 = AP § 1 BeschFG 1985 Nr. 8 = NJW 1989, 3173; *Kaiser*, ZfA 2000, 205, 223.

682 *Heilmann*, S. 112; *Bram/Rühl*, NZA 1990, 753, 757; *Langer*, NZA 1991, Beil. 3, 23, 28; *Zwanziger*, BB 1997, 42; *Ricken*, NZA 1998, 460, 461; *Adam*, ZTR 1999, 113, 114; *Langenbucher*, ZfA 1999, 299, 305, 307; *Nicolai/Noack*, ZfA 2000, 87, 94; *Kaiser*, ZfA 2000, 205, 222; *Kort*, SAE 2001, 131, 133 f.; *Strathmann*, S. 51 ff., 54; *Pflüger*, S. 101. Differenzierend *vom Stein*, RdA 1991, 85, 87, 91: Ausnahme bei der Verdachtskündigung, da der Arbeitnehmer, der seine eigene Unschuld kennt, darauf vertrauen dürfe, wiedereingestellt zu werden. Ähnlich *Kontusch*, S. 33, 34: Selbstbindung des Arbeitgebers bei Verdachtskündigung.

683 Anders aber *Hueck/von Hoyningen-Huene*, § 1 Rn. 156b.

684 *Bram/Rühl*, NZA 1990, 753, 757; *Ricken*, NZA 1998, 460, 462; *Raab*, RdA 2000, 147, 151; *Pflüger*, S. 103.

685 *Raab*, RdA 2000, 147, 152; *Kort*, SAE 2001, 131, 134.

686 *Grünhage*, S. 146.

b) Lehre vom Betriebsrisiko

Grünhage wählt daher als Ansatzpunkt für die Begründung eines Wiedereinstellungsanspruchs die Lehre vom Betriebsrisiko.[687] Diese wurde entwickelt für Fallgestaltungen, in denen keiner Seite ein Verschulden anzulasten ist. Im Rahmen der Verdachtskündigung sei es vergleichbar: es handele sich um ein von keiner Seite zu vertretendes Verschulden, da der Verdacht regelmäßig durch unglückliche, unabwendbare Umstände eintreten werde. Die Risikoverteilung wird nach Sphären vorgenommen. Bei einem begründeten Verdacht muss der Arbeitnehmer die Kündigung in Kauf nehmen (Arbeitnehmer-Risiko); bei Nachweis der Unschuld fällt die Beseitigung der Folgen der Entlassung in die Sphäre des Arbeitgebers (Arbeitgeber-Risiko). Grundsätzlich begrüßenswert ist die Berücksichtigung, aus wessen Sphäre der Kündigungsgrund stammt. Jedoch wird nach der Lehre vom Betriebsrisiko zum einen eine angemessene Risikoverteilung lediglich im Rahmen der Unmöglichkeit der Arbeitsleistung vorgenommen; eine Anspruchsgrundlage liefert die Lehre vom Betriebsrisiko nicht.[688] Zum anderen ist die Problematik der Wiedereinstellung nach Verdachtskündigung nicht nur im Rahmen von Arbeitsverhältnissen virulent, sondern auch bei freien Dienstverträgen. Zudem kann den Gekündigten durchaus ein (Mit-)Verschulden an der Verdachtsentstehung treffen.

c) Systemimmanente Rechtsfortbildung

Nach Ansicht von *Raab*[689] lässt sich der Wiedereinstellungsanspruch aus einer systemimmanenten Rechtsfortbildung[690] herleiten. Dem hat sich *Kort*[691] trotz Bedenken hinsichtlich der erforderlichen Gesetzeslücke im Ergebnis angeschlossen. Diese Überlegungen lassen sich nicht ohne weiteres auf die Situation einer Verdachtskündigung übertragen, da sie einerseits im Zusammenhang mit der betriebsbedingten Kündigung angestellt wurden. Andererseits kommt eine Rechtsfortbildung nicht in Betracht, solange nicht feststeht, ob die erforderliche Lücke vorliegt und ein Wiedereinstellungsanspruch nicht – auf anderem Wege – nach geltender Gesetzes- bzw. Rechtslage schon besteht. Dies gilt es vorrangig zu überprüfen.

d) Erweiternde Auslegung von § 1 Abs. 3 KSchG

Teilweise wird ein Wiedereinstellungsanspruch auf eine erweiternde Auslegung von § 1 Abs. 3 KSchG gestützt. Danach ist bei Kündigung aus dringenden betrieblichen Erfordernissen im Sinne des § 1 Abs. 2 KSchG die Kündigung trotzdem sozial ungerechtfertigt, wenn der Arbeitgeber bei der Auswahl der Arbeitnehmer soziale Ge-

---

687 *Grünhage*, S. 146.

688 *Strobel*, S. 253; *vom Stein*, Fehleinschätzungen, S. 116; *Honstetter*, S. 174; *Hoefs*, S. 290; *Krüll*, S. 74.

689 *Raab*, RdA 2000, 147, 152.

690 Gegen eine Rechtsfortbildung: *Nicolai/Noack*, ZfA 2000, 87, 89.

691 *Kort*, SAE 2001, 131, 134: „Die Auffassung *Raabs* verdient Sympathie".

sichtspunkte nicht ausreichend berücksichtigt hat.[692] In dieser Situation ist die Kündigung jedoch aufgrund fehlerhafter Sozialauswahl von vornherein unwirksam. Hier wird nicht aufgrund nachträglich bekannt gewordener bzw. entstandener Unschuldstatsachen eine zunächst wirksame Kündigung unwirksam. Daher fehlt es bereits an einer vergleichbaren Ausgangssituation. Diese mit Blick auf die betriebsbedingte Kündigung entwickelte Ansicht kann einen Wiedereinstellungsanspruch nach wirksamer Verdachtskündigung jedenfalls nicht begründen.

e) Gefährdungshaftung?

Die Wiedereinstellung kann nicht auf eine Gefährdungshaftung[693] gestützt werden, da die Gefährdungshaftung über die gesetzlich geregelten Tatbestände hinaus nicht analogiefähig ist.[694]

f) Aufopferungsanspruch

Teilweise wird ein Aufopferungsanspruch[695] als Anspruchsgrundlage herangezogen.[696] Nach *Zwanziger* verzichtet der Arbeitnehmer aus höherrangigen Interessen gegenüber dem Arbeitgeber auf seinen Arbeitsplatz, was mit der Situation des § 904 BGB vergleichbar sei und einen auf Wiedereinstellung gerichteten Schadensersatzanspruch nach sich ziehe.[697] Das Recht am Arbeitsplatz stelle zwar kein absolutes, aber doch ein besonders geschütztes Rechtsgut dar.

Ein Aufopferungsanspruch kommt zur Begründung eines Wiedereinstellungsanspruches jedoch nicht in Betracht. Für den Aufopferungsanspruch ist charakteristisch die Erbringung eines Sonderopfers auf der Primärebene, wodurch eine Entschädigungspflicht auf der Sekundärebene ausgelöst wird. § 904 S. 2 BGB setzt gerade die Nichtdurchsetzbarkeit eines Primäranspruchs voraus, der auf der Sekundärebene einen Entschädigungsanspruch nach sich zieht. Beim Wiedereinstellungsanspruch handelt es sich aber ausschließlich um einen auf der Primärebene angesiedelten Rechtsanspruch.

g) Schadensersatzanspruch

Mohnen[698] möchte dem Arbeitnehmer eine Wiedereinstellung über einen Schadensersatzanspruch im Wege der Naturalrestitution ermöglichen. Da der Arbeitgeber in der Regel nur zur Suspension des Arbeitsverhältnisses berechtigt sei[699], liege in ei-

---

692 So *Zwanziger*, BB 1997, 42, 43; *Etzel*, in: KR^7, § 1 KSchG Rn. 729. Dagegen *H. Otto*, in: Festschrift für Kraft, S. 451, 461 f.; *Kort*, SAE 2001, 131, 134.

693 So etwa *Söllner/Meyer*, in: AR-Blattei D Arbeitsvertrag-Arbeitsverhältnis X, Nachwirkung des Arbeitsvertrags, A III 3.

694 *Vom Stein*, RdA 1991, 85, 93; *Boewer*, NZA 1999, 1121, 1129; *Kontusch*, S. 25.

695 Allgemein zum Aufopferungsanspruch siehe unten (3. Teil, B II 2 a).

696 *Zwanziger*, BB 1997, 42, 45.

697 *Zwanziger*, BB 1997, 42, 45.

698 *Mohnen*, RdA 1957, 405, 409.

699 Diese Ausführungen stehen im Zusammenhang mit der Fallgruppe der politisch belasteten

ner fristlosen Kündigung eine Vertragsverletzung.[700] *Reinhardt*[701] will die Kündigung in eine Suspension umdeuten, so dass der Arbeitnehmer nach politischer Entlastung nicht die Wiedereinstellung, sondern nur die Wiederbeschäftigung verlangen brauch(t)e. Jedoch setzt eine Umdeutung eine nichtige Kündigung voraus. Nach dem hier gefundenen Lösungsansatz ist die Verdachtskündigung nicht nichtig, sondern wirksam.

In der Ablehnung eines vom Arbeitnehmer abgegebenen Angebots auf Wiedereinstellung könnte ein zu einer Haftung aus culpa in contrahendo (§§ 280 Abs. 1, 311 Abs. 2, 249 Abs. 1 BGB) führender Abbruch von Verhandlungen liegen.[702] Dann müsste der Arbeitgeber in zurechenbarer Weise einen qualifizierten Vertrauenstatbestand geschaffen haben. Nach Ausspruch einer wirksamen Verdachtskündigung wird man das regelmäßig nicht annehmen können. *Krüll* zieht zudem einen Anspruch aus dem nunmehr gesetzlich in den §§ 280 Abs. 1, 241 Abs. 2, 249 Abs. 1 BGB geregelten Rechtsinstitut der positiven Forderungsverletzung in Betracht.[703] Da eine Verdachtskündigung jedoch regelmäßig als außerordentliche Kündigung erklärt werden wird, fehlt nach wirksamer Verdachtskündigung das zur Anspruchsbegründung erforderliche Schuldverhältnis. Das *BAG* erkennt einen auf Wiedereinstellung gerichteten Schadensersatzanspruch an, soweit der Arbeitgeber in Kenntnis des Wiedereinstellungsverlangens einen freien geeigneten Arbeitsplatz anderweitig besetzt. Der Schadensersatzanspruch komme „sowohl nach den Grundsätzen der positiven Vertragsverletzung als auch wegen zu vertretender Unmöglichkeit“[704] in Betracht. Hier ergeben sich dieselben Bedenken. Festzuhalten bleibt aber, dass das *BAG* jedenfalls einen auf Wiedereinstellung gerichteten Schadensersatzanspruch grundsätzlich anerkennt.

Das Ergebnis wird bestätigt durch einen Blick in das Mietrecht, wo der Vermieter verpflichtet ist, den Mieter auf den nachträglichen Wegfall des Eigenbedarfs hinzuweisen (vgl. unter 3. Teil, A IV 1 a). Dem Mieter wird anderenfalls ein Schadenser-

---

Arbeitnehmer im Zuge der Entnazifizierung. *Deinert* (AuR 2005, 285, 291 ff., 297) hält die Verdachtskündigung – wegen Unvereinbarkeit mit der Unschuldsvermutung – für unzulässig und räumt dem Arbeitgeber lediglich die Möglichkeit einer Suspendierung ein.

700 Kritisch *Diekhoff*, DB 1958, 869, 870: im Ergebnis wäre dann Entlassungsbefehl der Militärregierung kein wichtiger Grund und fristlose Kündigung somit unwirksam, so dass Wiedereinstellung gar nicht erforderlich; vgl. *Grünhage*, S. 132.

701 *Reinhardt*, RdA 1950, 85, 88: auf Entlassungsbefehl der Militärregierung gestützte Kündigung „nichts anderes als eine vorläufige Unterbrechung der Tätigkeit“.

702 Das zieht *Krüll* (S. 74 ff.) in Erwägung.

703 *Krüll*, S. 82.

704 *BAG*, Urt. v. 23.2.2000 – 7 AZR 891/98 (LAG Hamburg), AP § 62 MTL II Nr. 1 = NZA 2000, 894 = RzK I 15 Nr. 20 = ZTR 2000, 462 = EzA § 4 TVG -Wiedereinstellungsanspruch-Nr. 1 = AR-Blattei ES 1000 Nr. 200 = DB 2000, 2613: unter B II 5 b der Gründe.

satzanspruch aus positiver Vertragsverletzung eingeräumt.[705] Der Anspruch ist beschränkt bis zum Auszug des Mieters aus der Wohnung; in dieser Situation bestehen also noch schuldrechtliche Beziehungen.

h) § 1004 BGB analog

Vereinzelt wird der Wiedereinstellungsanspruch auf eine Analogie zu § 1004 BGB gestützt.[706]

Fraglich ist bereits das in Betracht kommende Rechtsgut. Zwar wird teilweise ein Recht am Arbeitsplatz[707] bejaht. Dies ist jedoch sehr umstritten und wird von der h. M. wohl zu Recht abgelehnt. Darauf kommt es indes nicht mehr an, da § 1004 BGB einen rechtswidrigen Eingriff voraussetzt, der durch wirksame Kündigung geschaffene Rechtszustand dagegen grundsätzlich rechtmäßig und eben nicht rechtswidrig ist.[708] Aber auch wenn man von einem geänderten Anknüpfungspunkt für die Beurteilung der Rechtswidrigkeit ausgeht (siehe 3. Teil, A IV 3 a cc), scheidet ein Anspruch gemäß § 1004 BGB aus, da § 1004 BGB eine Anspruchsgrundlage voraussetzt. Nur wenn ein Anspruch besteht, kann die Unterlassung des rechtswidrigen Zustands verlangt werden. § 1004 BGB begründet selbst also keinen Anspruch, dient vielmehr dessen Durchsetzung und setzt folglich einen bestehenden Anspruch voraus.[709] Ansonsten liegt ein Zirkelschluss vor.

i) Allgemeiner Wiedereinstellungsanspruch nach Wegfall des Kündigungsgrundes

Einerseits wird vertreten, de lege lata sei überhaupt kein Wiedereinstellungsanspruch gegeben,[710] sondern vielmehr Sache des Gesetzgebers.[711] Andererseits wird nach Wegfall des Kündigungsgrundes sogar ein allgemeiner Wiedereinstellungsanspruch[712] befürwortet. Zudem existiert eine Initiative des Bundesrates, wonach gemäß § 126 ArbVGE[713] ein allgemeiner Wiedereinstellungsanspruch bei Wegfall

---

[705] *OLG Karlsruhe*, Rechtsentscheid vom 7.10.1981 – 3 REMiet 6/81, OLGZ 1982, 117 = NJW 1982, 54 = ZMR 1982, 50 = WuM 1982, 11; *Seier*, NJW 1988, 1617, 1622: Anspruch auf Abschluss eines Kündigungsbeseitigungsvertrages.

[706] *Gaul*, NZA 1993, 865, 872.

[707] *Hedemann*, RdA 1953, 121, 124, 125; *Nipperdey*, in: Festschrift für Sitzler, S. 79, 92; *Bulla*, in: Festschrift für Alfred Hueck, S. 25, 40; *Herschel*, RdA 1960, 121 ff.; *Fabricius*, AcP 160 (1961), 273, 305 ff., 315; *Deinert*, AiB 1999, 113; *Schleusener*, NZA 1999, 1078, 1080 f.

[708] *Vom Stein*, RdA 1991, 85, 92; *Kontusch*, S. 22.

[709] Nach *Bassenge* kann sich der Anspruch aus § 1004 BGB auf Beseitigung fortdauernder Beeinträchtigung inhaltlich mit der Naturalrestitution des § 249 BGB decken (in: Palandt[62], § 1004 Rn. 1).

[710] *Kaiser*, ZfA 2000, 205, 235. Ebenso *Naujok* (ArbuR 1998, 398, 402), der daraus aber lediglich auf die Unwirksamkeit der Verdachtskündigung schließt.

[711] Vgl. hierzu die Alternativlösung (3. Teil, A IV 3 c).

[712] *Nägele*, BB 1998, 1686, 1687.

[713] § 126 ArbVGE 1992: Fällt „bei einer betriebs- oder personenbedingten Kündigung der Grund

des Kündigungsgrundes gegeben sein soll. Einem allgemeinen Wiedereinstellungsanspruch ist indes mit Skepsis zu begegnen.[714] Eine Wiedereinstellung ist vielmehr im Wege einer angemessenen Risikoverteilung mit Blick auf Rechtssicherheit und Rechtsklarheit nur in Ausnahmefällen zuzulassen.[715] Der Streit muss jedoch nicht entschieden werden, da auch nach der abweichenden herrschenden Ansicht jedenfalls bei der Verdachtskündigung eine Ausnahme gelten soll.[716]

IV. Eigene Lösung

Die von der Rechtsprechung und der Literatur gelieferten Lösungsansätze können einen Wiedereinstellungsanspruch nach einer – wirksamen – Verdachtskündigung nicht begründen. Daher ist ein eigener Lösungsansatz zu entwickeln.

1. Grundsatz

Zunächst ist die grundsätzliche Anerkennung eines Wiedereinstellungsanspruchs zu untersuchen.

a) Wiedereinstellung nach Verdachtskündigung

Die Kündigungsfreiheit des Arbeitgebers besteht nicht ohne Einschränkungen. Die Kündigungsmöglichkeit stellt keine endgültige gesetzliche Risikoverteilung dar, die es anzuerkennen gilt.[717] Ohne Korrekturen einer sich nachträglich als falsch erweisenden Prognose drohen im Gegenteil verfassungsrechtlich bedenkliche Ungleichgewichte bei der Risikoverteilung, die vom Gesetz so nicht vorgesehen sind.[718] Die auf der Prognoseentscheidung beruhende Kündigung des Arbeitgebers und das Bestandsschutzinteresse des Arbeitnehmers stehen sich gegenüber.[719] Art. 12 GG bietet dem Arbeitnehmer Schutz vor grundlosem Verlust seines Arbeitsplatzes und damit seines sozialen Besitzstandes.[720] Der Arbeitnehmer darf seinen Arbeitsplatz gegen

---

vor Ablauf der Kündigungsfrist durch die Änderung tatsächlicher Umstände weg(...), [hat] der Arbeitnehmer einen Anspruch auf Fortsetzung des Arbeitsverhältnisses zu den bisherigen Bedingungen, soweit nicht erhebliche betriebliche Interessen entgegenstehen" (abgedruckt bei *Hromadka*, in: Festschrift für Gaul, S. 357, 390).

714 *Molitor*, SAE 1957, 5, 6; *Hanau*, in: Erman[8], § 626 Rn. 32: ein allgemeiner Wiedereinstellungsanspruch würde „Kündigung illusorisch machen". *Ricken*, NZA 1998, 460, 463.

715 *A. Hueck*, in: Festschrift für Hedemann, S. 133, 140 f.; *Gentges*, S. 356 f., 377 f.; *Oetker*, ZIP 2000, 643, 644; *Feuerborn*, S. 244.

716 Vgl. nur *Ricken*, der einen Wiedereinstellungsanspruch in anderen Fallgestaltungen nicht für begründbar hält (NZA 1998, 460, 464); *Nicolai/Noack*, ZfA 2000, 87, 96, 113.

717 *Boewer*, NZA 1999, 1121, 1128. Anders (im Zusammenhang mit einem allgemeinen Wiedereinstellungsanspruch) *Ricken*, AP § 1 KSchG 1969 -Wiedereinstellung- Nr. 10; *Nicolai/Noack*, ZfA 2000, 87, 91.

718 *Elz*, S. 62; *Germakowski*, S. 76; *Kontusch*, S. 52. *Wank* (in: MünchHandbArbR II[2], § 121 Rn. 117) warnt in diesem Zusammenhang vor einem „institutionellen Rechtsmißbrauch" durch den Arbeitgeber.

719 *Feuerborn*, S. 198 f.

720 *BVerfG*, Beschl. v. 27.1.1998 – 1 BvL 15/87, BVerfGE 97, 169, 177 = ZIP 1998, 705 = WM

seinen Willen nicht ohne sachbezogene und als billig und gerecht anerkennenswerte Gründe verlieren.[721] Dem Grundrecht des Arbeitnehmers aus Art. 12 GG kann der Arbeitgeber seinerseits ein eigenes Grundrecht aus Art. 12 GG, nicht zu einem erneuten Vertragsschluss mit einem wirksam gekündigten Arbeitnehmer gezwungen zu werden, entgegenhalten. Diese widerstreitenden Interessen sind im Zuge einer praktischen Konkordanz weitest möglich in Einklang zu bringen.[722]

Erweist sich die im Rahmen der Kündigung anzustellende Prognose als falsch, ist die durch die Kündigung aufgrund der Prognose (zunächst) erzielte Rechtssicherheit dem Bestands- bzw. Wiedererlangungsinteresse gegenüberzustellen. Dabei kann keineswegs a priori von einem Vorrang der Rechtssicherheit ausgegangen werden.[723] Nach vorangegangener wirksamer Kündigung muss ein Wiedereinstellunganspruch nach ganz überwiegend vertretener zutreffender Ansicht aber auf Einzelfälle beschränkt bleiben.[724] Im Rahmen der Verdachtskündigung genügt nicht jede Verdachtsentkräftung, auch wenn eine Verdachtskündigung infolgedessen nicht mehr begründet wäre. Das Gebot der Rechtssicherheit und Rechtsklarheit gebieten eine Beschränkung auf Sachverhalte, in denen anderenfalls ein greifbarer Widerspruch zwischen den tatsächlichen Gegebenheiten und der formellen Rechtslage entstehen würde. Im Falle erwiesener Unschuld nach Ausspruch einer (wirksamen) Verdachtskündigung überwiegt jedenfalls – praktisch unbestritten[725] – das Interesse des Arbeitnehmers an einer Wiedereinstellung. Allein im Hinblick auf die Prüfung der Rechtmäßigkeit der Kündigung liegt das Prognoserisiko beim Arbeitnehmer; außerhalb dieses Bereichs erfolgt ein spiegelbildlicher Ausgleich der Risikovertei-

---

1998, 890 = DB 1998, 826 = NJW 1998, 1475 = NZA 1998, 470 = ArbuR 1998, 207 = BB 1998, 1058 = MDR 1998, 658 = AR-Blattei ES 1020 Nr. 346 = EzA § 23 KSchG Nr. 17 = AP § 23 KSchG 1969 Nr. 17 = JZ 1998, 848 = RzK I 4c Nr. 31; *Dieterich*, in: ErfurtKomm[5], Art. 12 GG Rn. 34 ff.; *Hanau*, in: Festschrift für Dieterich, S. 201, 207; *Oetker*, ZIP 2000, 643, 646.

721 *Aussem*, S. 212 f.; *Neuner*, S. 253.

722 *BVerfG*, Beschl. v. 27.1.1998 – 1 BvL 15/87, BVerfGE 97, 169, 177 = ZIP 1998, 705 = WM 1998, 890 = DB 1998, 826 = NJW 1998, 1475 = NZA 1998, 470 = ArbuR 1998, 207 = BB 1998, 1058 = MDR 1998, 658 = AR-Blattei ES 1020 Nr. 346 = EzA § 23 KSchG Nr. 17 = AP § 23 KSchG 1969 Nr. 17 = JZ 1998, 848 = RzK I 4c Nr. 31: vgl. Orientierungssatz 1b.

723 *Belling*, RdA 1996, 223, 233: Prinzip der Rechtssicherheit darf nicht „gnadenlos" durchgesetzt werden.

724 Vgl. nur *BAG*, Urt. v. 28.6.2000 – 7 AZR 904/98 (LAG Köln), BAGE 95, 171 = AP § 1 KSchG 1969 -Wiedereinstellung- Nr. 6 = ZIP 2000, 1781 = DB 2000, 2171 = NZA 2000, 1097 = BuW 2000, 983 = MDR 2000, 1440 = EzA § 1 KSchG -Wiedereinstellungsanspruch- Nr. 5 = BB 2001, 573 = NJW 2001, 1297 = SAE 2001, 125 = RdA 2001, 243; *Oetker*, ZIP 2000, 643, 644; *Germakowski*, S. 73: „(...) gibt es *„den"* Wiedereinstellungsanspruch nicht".

725 Soweit ersichtlich einzige Ausnahmen: *Kaiser* (ZfA 2000, 205, 228), die den Verdacht zum allgemeinen Lebensrisiko zählt, und *Naujok* (ArbuR 1998, 398, 402), der einen Wiedereinstellungsanspruch per se ablehnt, um damit die Unzulässigkeit der Verdachtskündigung zu belegen.

lung durch Anerkennung eines Wiedereinstellungsanspruchs.[726] Mit der Zulässigkeit der Verdachtskündigung ist notwendigerweise der Wiedereinstellungsanspruch für den Fall verknüpft, dass der Verdacht unbegründet sein sollte.[727] Ein unschuldiger Arbeitnehmer darf darauf vertrauen, dass der Arbeitgeber bei Kenntnis der Unschuld des Arbeitnehmers die Verdachtskündigung revidiert. Begründet wird dies einmal mit einer vorzunehmenden Korrektur einer zu weit gehenden Prognose, die wegen des ihr zugrundeliegenden beschränkten Erfahrungshorizontes für Fehler anfällig[728] ist, und dem „zwingenden Gebot sozialstaatlicher Erwägungen" gerade bei der Verdachtskündigung.[729] Bei Beachtung rechtsethischer Mindeststandards ist die Rehabilitation des unschuldigen Arbeitnehmers unumgänglich.

Das Sozialstaatsprinzip gemäß Art. 20 Abs. 1 S. 1 GG, Art. 28 Abs. 1 S. 1 GG gewährleistet eine interessengerechte Ausgestaltung der existenziellen Grunderfordernisse menschlichen Lebens; dazu zählen Arbeit und Wohnung.[730] Sowohl der Arbeitsplatz als auch die Wohnung zählen zu den notwendigen Voraussetzungen menschlicher Selbsterhaltung und Selbstentfaltung.[731] Gesichert werden sollen die Mindestanforderungen an ein menschenwürdiges Dasein, also ein Existenzminimum[732]: der Arbeitnehmer lebt regelmäßig ausschließlich von der Verwertung seiner Arbeitskraft, so dass seine wirtschaftliche Existenz über den Schutz seines Arbeitsverhältnisses gesichert werden kann.[733] Zwar verleiht das Sozialstaatsprinzip dem Einzelnen grundsätzlich keine einklagbaren, subjektiven Rechte.[734] Das Sozialstaatsprinzip konkretisiert sich jedoch einmal in einfach-gesetzlichen Regelungen und zum anderen sind zugunsten dieses Verfassungsgrundsatzes Ausnahmen anerkannt. Das wird z. B. deutlich bei einem Blick in das Mietrecht.

Dort wird eine außerordentliche Kündigung bei nachträglicher Entrichtung des Mietzinses gemäß der Ausnahmeregelung des § 569 Abs. 3 Nr. 2 S. 1 BGB n. F. (= § 543 Abs. 2 S. 3 BGB a. F.) nachträglich unwirksam. Des Weiteren ist für die rechtliche Beurteilung einer außerordentlichen Kündigung grundsätzlich zwar auf den Zeitpunkt der Erklärung bzw. des Zugangs der Kündigungserklärung abzustellen. Aufgrund der sozialen Schutzbedürftigkeit des Mieters in erster Linie vor unge-

---

726 *Bram/Rühl*, NZA 1990, 753, 754; *Germakowski*, S. 77.

727 *Gamillscheg*, AcP 164 (1964), 384, 438: gegebenes Mittel ist Kündigung unter gleichzeitigem Angebot der Wiedereinstellung für den Fall, dass der Verdacht entkräftet wird und der verlorene oder ein gleichwertiger Arbeitsplatz verfügbar ist.

728 *Kontusch*, S. 1, 109; *Feuerborn*, S. 237.

729 *Belling*, in: Erman[11], § 626 BGB Rn. 35.

730 *Neuner*, S. 102, 233, 248, 261.

731 *Neuner*, S. 261.

732 *Gamillscheg*, AcP 164 (1964), 385, 389; *Post*, ZfA 1978, 421, 435; *Neuner*, S. 100.

733 *Peter*, S. 43.

734 *Gamillscheg*, ArbR I[7], S. 78 f.; *Heinze*, in: Festschrift für Dieterich, S. 215, 219; *Neuner*, S. 102.

rechtfertigtem Verlust der Wohnung folgert die Rechtsprechung in dieser Konstellation jedoch die Pflicht des Vermieters, das Mietverhältnis fortzusetzen, wenn der Eigenbedarf (§ 573 Abs. 1 und Abs. 2 Nr. 2 BGB) bis zum Abschluss des Räumungsprozesses wegfällt.[735] Die Verletzung dieser Garantenpflicht wird als Betrug durch Unterlassen (§§ 263, 13 StGB) strafrechtlich relevant.[736]

In diesem existenziellen Bereich unterliegen die Grundsätze der Rechtssicherheit und Rechtsklarheit hinnehmbaren Einschränkungen. Kündigungsschutz ist eine Ausprägung des Sozialstaatsgedankens;[737] der Wiedereinstellungsanspruch ist gewissermaßen eine Form nachträglich gewährten (restitutiven) Bestandsschutzes. Hierbei handelt es sich keineswegs um bloß sozialfürsorgerische Erwägungen,[738] sondern der Staat wird vielmehr seinen aus dem Sozialstaatsprinzip erwachsenden Schutzpflichten in einem existenziellen Kernbereich gerecht. Ist eine exakte abschließende begriffliche Festlegung der Sozialstaatlichkeit aufgrund sich stetig verändernder gesellschaftlicher und wirtschaftlicher Rahmenbedingungen auch grundsätzlich nicht möglich,[739] besteht im Falle sich nachträglich erweisender Unschuld nach Ausspruch einer Verdachtskündigung doch Einigkeit im Hinblick auf die Revisionsbedürftigkeit der Sachlage durch Einräumung eines Wiedereinstellungsanspruchs.

Das Vertrauen wurde vom Arbeitgeber zurechenbar hervorgerufen, indem er durch Ausspruch einer Verdachtskündigung bewusst darauf verzichtete, dem Arbeitnehmer eine Pflichtverletzung oder gar Straftat nachzuweisen. Dadurch wurde vom Arbeitgeber im Rahmen des Prognoserisikos die Möglichkeit geschaffen, dass unter Umständen ein völlig unschuldiger Arbeitnehmer seinen Arbeitsplatz verlieren kann. Entspricht die Möglichkeit einer Verdachtskündigung den Interessen des Arbeitgebers, so müssen bei feststehender Unschuld die Interessen des Arbeitnehmers überwiegen.[740]

---

[735] *OLG Karlsruhe*, Rechtsentscheid vom 7.10.1981 – 3 REMiet 6/81, OLGZ 1982, 117 = NJW 1982, 54 = ZMR 1982, 50 = WuM 1982, 11; *OLG Karlsruhe*, Urt. v. 22.4.1993 – 11 U 60/92 (LG Karlsruhe), NJW-RR 1994, 80 = ZMR 1993, 335 = WuM 1993, 405.

[736] *OLG Zweibrücken*, Beschl. v. 15.7.1982 – 2 Ss 159/82 (AG Kaiserslautern), NJW 1983, 694 = ZMR 1983, 237 = WuM 1983, 209 = JurBüro 1983, 1854; *BayObLG*, Urt. v. 5.2.1987 – RReg. 3 St 174/86 (LG München I), NJW 1987, 1654: Betrug durch Unterlassen. Eingehend zum Kündigungsbetrug *Seier*, JA 1983, 337 f.; *ders.*, Kündigungsbetrug, S. 242 ff.; *ders.*, NJW 1988, 1617 ff.

[737] *Falkenberg*, DB 1991, 2486, 2487; *Trappehl/Lambrich*, RdA 1999, 243, 244; *Etzel*, in: KR[6], § 1 KSchG Rn. 17; *Hergenröder*, ZfA 2002, 355, 359 f.

[738] So kritisch *Kaiser* (ZfA 2000, 205, 220) zu einem Wiedereinstellungsanspruch auf Grundlage einer Fürsorgepflicht.

[739] *Post*, ZfA 1978, 421, 436; *Gamillscheg*, ArbR I[7], S. 78.

[740] *Vom Stein*, RdA 1991, 85, 92.

Darüber hinaus wird durch Ausspruch einer Verdachtskündigung gegenüber einem tatsächlich unschuldigen Arbeitnehmer in dessen im allgemeinen Persönlichkeitsrecht verankerte Menschenwürde (Art. 1 Abs. 1 GG i. V. m. Art. 2 Abs. 1 GG) nicht nur unerheblich, sondern massiv eingegriffen.[741] Ob ein Eingriff in die Berufsfreiheit (Art. 12 GG) des Arbeitnehmers nach Wegfall der Kündigungsgründe allein einen Wiedereinstellungsanspruch zu begründen vermag,[742] kann hier folglich dahin stehen.[743]

Der unschuldige, gleichwohl aus Gründen der Rechtssicherheit wirksam verdachtsgekündigte Arbeitnehmer ist jedenfalls ganz erheblich in seinem allgemeinen Persönlichkeitsrecht verletzt. Stellt sich nach wirksamer Verdachtskündigung die Unschuld des Gekündigten heraus, erfordert eine wirkungsvolle Rehabilitation bereits unter dem Gesichtspunkt der Verletzung des allgemeinen Persönlichkeitsrechts[744] eine Wiedereinsetzung in alte Rechte oder gegebenenfalls eine Neubegründung alter, bereits innegehabter Rechtspositionen.[745]

b) Wiedereinstellungsanspruch nach Tatkündigung

Im Übrigen lassen sich derartige Überlegungen auch im Rahmen der Tatkündigung anstellen.

Überwiegend wird zwar vertreten, dass nach einer verhaltensbedingten Kündigung eine Widerlegung der Prognose – praktisch – nicht möglich sei und deshalb ein Wiedereinstellungsanspruch ausscheide.[746] Ein Wiedereinstellungsanspruch kann nach einer anderen Ansicht in Ausnahmefällen jedoch auch nach einer verhaltensbedingten Kündigung in Betracht kommen.[747]

---

741 *Hergenröder*, ZfA 2002, 355, 381; *Lepke*, NZA-RR 2002, 617, 622; *Bülow*, S. 183, 184.

742 So *Gamillscheg*, ArbR I^8, S. 580.

743 Der zu diesem Punkt geführten Diskussion kann sich die vorliegende Arbeit entziehen, weil im Rahmen der Verdachtskündigung der zusätzlich vorliegende massive Eingriff in das allgemeine Persönlichkeitsrecht bei Nichtbeseitigung der Kündigungsfolgen zu einem greifbaren materiellen Unrecht führen würde.

744 *Larenz*, AP § 611 BGB -Fürsorgepflicht- Nr. 3 und Nr. 4: Wiedereinstellungsanspruch als „Genugtuungs- und Ehrenrettungsanspruch“.

745 Geänderter Anknüpfungspunkt führt auch in anderen Situationen zur Haftung, vgl. *OLG Koblenz*, Beschl. v. 23.1.2003 – 5 U 13/03 (LG Trier), OLGR 2003, 128 = NZA 2003, 438 = EWiR 2003, 267 = NJW 2003, 1673 = MDR 2003, 457 = DB 2003, 670: bei zunächst – tatbestandlich – nicht gegebener falscher Verdächtigung (§ 164 StGB) durch Fälschung von Unterlagen durch einen schädigenden Dritten haftet dieser trotzdem wegen Unterlassen gemäß § 823 Abs. 2 BGB i. V. m. §§ 187, 13 StGB, soweit Tatverdacht gegen den stattdessen zu Unrecht beschuldigten und daraufhin gekündigten Arbeitnehmer nicht unverzüglich ausgeräumt wird.

746 *Hambitzer*, Wiedereinstellungsanspruch, S. 100 f.; *Preis*, LAGE § 611 BGB -Einstellungsanspruch- Nr. 1; *Meinel/Bauer*, NZA 1999, 575, 577; *Raab*, RdA 2000, 147, 153; *Strathmann*, S. 38, 39; *Nädler*, S. 108.

747 *Berkowsky*, in: MünchHandbArbR II^2, § 134 Rn. 93; *vom Stein*, RdA 1991, 85, 89; *Nägele*, BB 1998, 1686, 1687; *Schönfeld*, NZA 1999, 299, 301; *Boewer*, NZA 1999, 1121, 1123;

Dazu ist auszuführen, dass zum einen die Verdachtskündigung je nach Fallgestaltung als personenbedingte Kündigung, bei zurechenbar verursachter Verdachtsentstehung aber auch als verhaltensbedingte Kündigung denkbar ist.[748] Zum anderen ist die Interessenlage bei der sonstigen Tatkündigung, die regelmäßig eine verhaltensbedingte Kündigung darstellen wird, ohnehin vergleichbar: stellt sich im Nachhinein die Unschuld des Gekündigten heraus, ist der Gekündigte wie bei der Verdachtskündigung in seinen Rechten verletzt.[749] Der Eingriff in das allgemeine Persönlichkeitsrecht des unschuldigen Arbeitnehmers ist bei der Tatkündigung sogar von noch größerem Gewicht als bei der Verdachtskündigung. Dem wirksam tatgekündigten Arbeitnehmer haftet nämlich nicht nur das Stigma eines Verdachts, sondern darüber hinaus gehend das Stigma einer Tatbegehung in der stärksten Form, der Gewissheit, an. Dabei ist es völlig unerheblich, ob man den Sanktionscharakter[750] der verhaltensbedingten Kündigung für bestimmend hält oder – wie zunehmend und zu Recht vertreten – das Prognoseprinzip[751]. Gleichgültig welches Prinzip man zugrundelegt, die frühere Beurteilungsgrundlage ist mit Feststehen der Unschuld jedenfalls entfallen.[752] Die das Gegenteil vertretende Ansicht scheint ausschließlich Fallgestaltungen vor Augen zu haben, in denen der Arbeitnehmer nach Ausspruch der verhaltensbedingten Kündigung sein objektiv gegebenes Fehlverhalten ändert und ein Wohlverhalten zeigt, wobei die der Kündigung zugrunde liegenden Fakten gerade nicht in

---

Westera, S. 48 f.; *Strathmann*, S. 62; *Germakowski*, S. 115, 116; *Pflüger*, S. 14.

[748] Vgl. unter ´Verdachtskündigung als ordentliche Kündigung´ (2. Teil, B V).

[749] *Schönfeld*, NZA 1999, 299, 302.

[750] So *Wank*, AP § 1 KSchG 1969 -Soziale Auswahl- Nr. 2; *ders.*, RdA 1993, 79, 83 f.; *Kraft*, ZfA 1994, 463, 475 f.; *Fromm*, S. 441 ff., 445: Sanktionscharakter aus generalpräventiver Reaktion auf Verstöße gegen die betriebliche Ordnung; *Rüthers*, NJW 1998, 1433, 1435: Prognoseprinzip per se bedenklich; *Rüthers/Müller*, EzA § 1 KSchG -Verhaltensbedingte Kündigung- Nr. 41; *Löwisch*, BB 1998, 1793, 1795; *Zöllner/Loritz*, S. 262: (verhaltensbedingte) Kündigung in erster Linie Sanktion für vergangenes Fehlverhalten.

[751] *Herschel*, in: Festschrift für Gerhard Müller, S. 191, 202 f. Zustimmend *BAG*, Urt. v. 10.11.1988 – 2 AZR 215/88 (LAG Köln), AP § 1 KSchG 1969 -Abmahnung- Nr. 3 = DB 1989, 1427 = BB 1989, 1483 = NZA 1989, 633 = NJW 1989, 2493 = EzA § 611 BGB -Abmahnung- Nr. 18 = ZIP 1989, 1005 = EzBAT § 53 BAT -Verhaltensbedingte Kündigung- Nr. 19: unter II 2 d bb der Gründe; *Berkowsky*, in: MünchHandbArbR II², § 134 Rn. 69: durchgängiges Prinzip des Kündigungsrechts; *Fromm*, S. 412 ff., 518 ff.; *C. Weber*, SAE 1996, 57, 58; *Adam*, NZA 1998, 284, 285: je schwerer das Fehlverhalten, umso geringer sind die an Negativprognose zu stellenden Anforderungen; *Nägele*, BB 1998, 1686, 1687; *Boewer*, NZA 1999, 1121, 1123; *Rost*, in: Henssler/Moll, B Rn. 15; *Westera*, S. 24, 25, 138; *Strathmann*, S. 27, 28; *Nädler*, S. 22 f.; *Kontusch*, S. 1, 11; *Kappelhoff*, in: Tschöpe, 3 E Rn. 25; *Bülow*, S. 218 ff.; *Pflüger*, S. 46 ff.; *Feuerborn*, S. 224, 235. Einschränkend *Preis*: Ineinandergreifen von Prognose- und Verschuldensprinzip (Prinzipien, S. 336), wobei jeder Sühne- oder Strafcharakter strikt abzulehnen ist (Prinzipien, S. 328, 337).

[752] Das übersehen *Germakowski* (S. 115) und *Strathmann* (S. 38, 117), wenn sie die vom Sanktionscharakter ausgehende Ansicht für folgerichtig halten.

Frage stehen.[753] Es geht im Rahmen der Tatkündigung bei nachträglich feststehender Unschuld des verhaltensbedingt gekündigten Arbeitnehmers allerdings eben nicht darum, feststehendes vergangenes Fehlverhalten ungeschehen zu machen.[754] Aufgrund der Vergleichbarkeit der Interessenlagen erscheint es vernünftig nicht begründbar, dem unschuldigen Arbeitnehmer im Falle einer Tatkündigung einen Wiedereinstellungsanspruch zu versagen.[755]

2. Rechtliche Fixierung

Die Naturalrestitution gemäß § 249 S. 1 BGB a. F. (heute: § 249 Abs. 1 BGB) wurde bereits von *Alfred Hueck* – freilich ohne Nennung einer Anspruchsgrundlage – ins Feld geführt.[756]

Unter Naturalrestitution versteht man die Wiederherstellung des früheren Zustandes oder doch einer zumindest vergleichbaren Lage.[757] Daran ist zunächst problematisch, dass eine rechtswirksame Kündigung weder rechtswidrig noch schuldhaft ist. Gegen diese Bedenken hilft indes ein Hinweis auf die Änderung des anknüpfungsrelevanten Verhaltens: nicht der Ausspruch der Verdachtskündigung, sondern die Weigerung des Arbeitgebers, den Arbeitnehmer trotz bekannt gewordener Unschuld nicht wiedereinzustellen, ist Anknüpfungspunkt für einen Anspruch. Mit bekannt werdender Unschuld unterliegt der Arbeitgeber einem Kontrahierungszwang – er muss dem Arbeitnehmer die Wiedereinstellung anbieten bzw. einen entsprechenden Antrag des Arbeitnehmers annehmen. In der Verweigerung der Wiedereinstellung liegt dann ein rechtswidriger und schuldhafter Verstoß gegen Grundrechte – das allgemeines Persönlichkeitsrecht und die Berufsfreiheit – des Arbeitnehmers.

Der Grundsatz der Naturalrestitution in § 249 Abs. 1 BGB (§ 249 S. 1 BGB a. F.) hat für sich indes keinen anspruchsbegründenden Charakter.[758] Mag zwar rechtstechnisch die Wiedereinstellung auch aus diesem Grundsatz folgen, muss doch zuvor auf eine Anspruchsgrundlage zurückgegriffen werden, da die §§ 249 ff. BGB lediglich auf der Rechtsfolgenseite zur Anwendung kommen. In der vorliegenden Sachlage kommen nur vertragliche und deliktische Anspruchsgrundlagen in Betracht. Wie oben gezeigt, scheiden vertragliche Grundlagen aus, so dass sich ein Wiedereinstellungsanspruch nurmehr aus den §§ 823 ff. BGB ergeben kann.

---

753 Exemplarisch für diese verkürzte Sichtweise *Westera* (S. 62) und *Nädler* (S. 106).

754 Das übersehen die Vertreter der abweichenden Ansicht: *Wank*, AP § 1 KSchG 1969 -Soziale Auswahl- Nr. 2; *Gentges*, S. 340 ff., 343; *Strathmann*, S. 38. Einschränkend *Hambitzer*, Wiedereinstellungsanspruch, S. 101: „in aller Regel" Fehlverhalten des Arbeitnehmers.

755 *Schönfeld*, NZA 1999, 299, 301; *Berkowsky*, in: MünchHandb-ArbR II², § 134 Rn. 93: Wiederherstellung der verhaltensbedingt zerstörten Grundlage „nur in Ausnahmefällen denkbar".

756 *A. Hueck*, in: Festschrift für Hedemann, S. 131, 136. So auch *Medicus*, SchuldR I, Rn. 85.

757 *Dreier*, S. 15 f., 217; *Prien*, S. 31.

758 *Busche*, S. 220 ff.; *Oetker*, ZIP 2000, 643, 648.

3. Anspruchsgrundlage

Sodann ist nach einer geeigneten Anspruchsgrundlage zu suchen.

a) § 823 Abs. 1 i. V. m. § 249 Abs. 1 BGB

In Betracht kommt § 823 Abs. 1 i. V. m. § 249 Abs. 1 BGB.

aa) Zum Kontrahierungszwang

Ist die Ablehnung des Vertragsschlusses eine unerlaubte Handlung, ergibt sich für den Schädiger aus dem Deliktsrecht eine Abschlusspflicht.[759] Dieser Grundsatz wurde von der Rechtsprechung ursprünglich für den Anwendungsbereich des § 826 BGB entwickelt.[760] Bei Rechtsbeziehungen zwischen Unternehmen hat inzwischen das Kartellrecht den § 826 BGB verdrängt. Dem Grundsatz nach unterliegen marktbeherrschende bzw. marktstarke Unternehmen einem Abschlusszwang, soweit die Ablehnung des Vertragsschlusses gegen das Diskriminierungsverbot des § 26 Abs. 2 GWB a. F. (heute: § 20 Abs. 2 GWB n. F.) verstößt.[761] Die Rechtsprechung stützt den Kontrahierungszwang konstruktiv auf die Verpflichtung zur Naturalrestitution, § 249 Abs. 1 BGB[762].[763]

Im Ergebnis wird in diesen Fällen jedenfalls ein Kontrahierungszwang angenommen. Es genügt ein objektiver Verstoß, ein Verschulden ist nicht erforderlich.[764] In diesen Fallgestaltungen wird ein Kontrahierungszwang bejaht und damit eine Möglichkeit zum Vertragsschluss zwischen Parteien geschaffen, die zuvor in keinerlei vertraglicher Beziehung standen. Es wird ein Zustand hergestellt, der vor Schadenseintritt noch nicht bestanden hat.[765] Nach herrschender Ansicht ist die Naturalrestitution nicht notwendig auf die Herstellung eines bereits vor Schadenseintritt bestehenden Zustandes beschränkt, sondern auf die Herstellung des Zustandes, den

---

759 Zum Kontrahierungszwang eingehend *Bydlinski*, AcP 180 (1980), 1 ff.; *Kilian*, AcP 180 (1980), 47 ff.; *Busche*.

760 *RG*, Urt. v. 19.11.1926 – II 108/26 (KG Berlin), RGZ 115, 253, 258: Monopolverwaltung für Branntwein; *RG*, Urt. v. 24.3.1931 – VII 322/30 (KG Berlin), RGZ 132, 273, 276: Elektrizitätswerk; *RG*, Urt. v. 7.11.1931 – V 106/31 (OLG Hamm), RGZ 133, 388, 391: städtisches Theater; *RG*, Urt. v. 13.9.1935 – II 37/35 (OLG Naumburg), RGZ 148, 326, 334: Wasserwerk.

761 *BGH*, Urt. v. 26.10.1961 – KZR 1/61 (OLG Frankfurt), BGHZ 36, 91, 94 f. = BB 1961, 1339 = VersR 1962, 65 = NJW 1962, 196 = MDR 1962, 195 = JZ 1962, 176 = DÖV 1962, 24 = DVBl. 1962, 298; *BGH*, Urt. v. 9.11.1967 – KZR 7/66 (OLG Celle), BGHZ 49, 90, 98 = NJW 1968, 400 = MDR 1968, 213 [„Jägermeister"].

762 *BGH*, Urt. v. 25.5.1956 – VI ZR 66/55 (OLG Hamburg), BGHZ 21, 1, 8: Aufnahmepflicht in Wirtschaftsverband; *BGH*, Urt. v. 24.6.1965 – KZR 7/64 (OLG Celle), BGHZ 44, 279, 283 [„Brotkrieg"].

763 Nach Ansicht von *Heinrichs* liegt darin ein überflüssiger Umweg; denn ist der Nichtabschluss verboten, so sei zugleich der Abschluss geboten (in: Palandt[62], Einf v § 145 Rn. 7). Da beides aber gleichzeitig festgestellt wird, ergibt sich der Anspruch bereits aus § 249 Abs. 1 BGB (*Larenz*, SchuldR I, § 4 I a, S. 44; *Medicus*, SchuldR I, Rn. 85).

764 *Bydlinski*, AcP 180 (1980), 1, 13.

765 Also rein semantisch *Kon*stitution statt *Re*stitution.

der Schädiger herzustellen verpflichtet ist.[766] Bei der Wiedereinstellung nach vorangegangener wirksamer Verdachtskündigung bestand im Gegensatz dazu vorher zwischen Arbeitgeber und unschuldigem Arbeitnehmer sogar ein rechtliches Band in Gestalt eines Dienstverhältnisses bzw. Arbeitsverhältnisses, so dass in dieser Fallgestaltung die Annahme eines Kontrahierungszwangs einen Eingriff von geringerer Intensität bedeutet. Fehl geht dabei die Annahme, beim Kontrahierungszwang gehe es um etwas anderes als bei der Naturalrestitution, die – anders als ein Kontrahierungszwang – nicht zukunftsorientiert sei.[767] Der Kontrahierungszwang ist vielmehr nur eine besondere Ausgestaltung der Schadenskompensation. Beim Kontrahierungszwang geht es um den Zustand, der ohne Rechtsverletzung bestehen würde. Ein anderes Verständnis des Prinzips der Naturalrestitution reduzierte den Schadensausgleich von vornherein auf den Geldausgleich im Sinne des § 251 Abs. 1 BGB. § 249 Abs. 1 BGB liefe dann regelmäßig leer.

Eine besondere Ausprägung des Kontrahierungszwangs findet sich im Mietrecht bei nachträglich eingetretenem Wegfall des Eigenbedarfs, auf den eine Kündigung gestützt wurde. Der Vermieter ist hier verpflichtet, den Mieter auf den Wegfall des Eigenbedarfs hinzuweisen (vgl. 3. Teil, A III 1 a). Dem Mieter wird dann ein Anspruch auf Abschluss eines Kündigungsbeseitigungsvertrages eingeräumt.[768] Einen gesetzlich geregelten Kontrahierungszwang sehen außerdem die §§ 9, 10 AÜG, § 78a BetrVG und § 9 BPersVG vor.

bb) Recht am Arbeitsplatz?

Die Verletzung seiner Grundrechte kann der unschuldige Arbeitnehmer über § 823 BGB geltend machen. Als Rechtsgut bzw. „sonstiges Recht" i. S. d. § 823 Abs. 1 BGB kommt zunächst ein Recht am Arbeitsplatz in Betracht. Ein Recht am Arbeitsplatz wird vereinzelt[769] gefordert, von der h. M. aber wohl zu Recht abgelehnt, weil angesichts bloßer Bündelung schuldrechtlicher Beziehungen der Arbeitsvertragsparteien die für die Annahme eines absoluten Rechts erforderliche Ausschlussfunktion gegenüber jedermann fehlt.[770] Die Schutzwirkungen des Arbeitsverhältnisses bezie-

---

[766] *Grunsky*, in: MünchKomm-BGB[3], § 249 Rn. 3; *Grüneklee*, S. 153 ff.

[767] *Krüll* hält Naturalrestitution und Kontrahierungszwang für nicht miteinander vereinbar (S. 83 f., 85).

[768] So *Seier*, NJW 1988, 1617, 1622. *OLG Karlsruhe*, Rechtsentscheid vom 7.10.1981 – 3 RE-Miet 6/81, OLGZ 1982, 117 = NJW 1982, 54 = ZMR 1982, 50 = WuM 1982, 11: Schadensersatz aus positiver Vertragsverletzung.

[769] *Hedemann*, RdA 1953, 121, 124, 125: kein „Eigentum" am Arbeitsplatz, aber Parallele zum Besitz; *Nipperdey*, in: Festschrift für Sitzler, S. 79, 92; *Bulla*, in: Festschrift für Alfred Hueck, S. 25, 40; *Herschel*, RdA 1960, 121 ff.; *Fabricius*, AcP 160 (1961), 273, 305, 310; *Schleusener*, NZA 1999, 1078, 1080, 1081; *Engels/Schmidt/Trebinger/Linsenmaier*, § 104 Rn. 11; *Schlochauer*, in: Hess/Schlochauer/Glaubitz, § 104 Rn. 16; *Etzel*, in: KR[6], § 104 Rn. 69, 74.

[770] *A. Hueck*, in: Festschrift für Hedemann, S. 131, 138; *Papier*, RdA 1989, 137, 138; *C. Ebert*, S. 152; *vom Stein*, RdA 1991, 85, 92; *Thomas*, in: Palandt[62], § 823 Rn. 27; *Mertens*, in:

hen sich ausschließlich auf die Beziehung zum Arbeitgeber. Sie sind damit relativ und nicht – wie erforderlich – absolut.[771] Siehe dazu unten (3. Teil, B II 2 c). Eine Entscheidung kann letztlich offen bleiben, da sich ein Wiedereinstellungsanspruch bereits unter einem anderen rechtlichen Aspekt ergibt.

cc) Verletzung des allgemeinen Persönlichkeitsrechts

Der unschuldige Arbeitnehmer könnte die Verletzung seines allgemeinen Persönlichkeitsrechts über § 823 BGB geltend machen.[772] Das allgemeine Persönlichkeitsrecht hat sich unter dem Einfluss der Wertentscheidung in Art. 1 Abs. 1 und Art. 2 Abs. 1 GG herausgebildet und ist heute ganz überwiegend[773] als „sonstiges Recht" i. S. des § 823 Abs. 1 BGB anerkannt.[774] Der wirksam gekündigte, tatsächlich aber unschuldige Arbeitnehmer ist in seinem allgemeinen Persönlichkeitsrecht verletzt.[775] Die Rechtswidrigkeit wird nach überzeugend für das Recht am eingerichteten und ausgeübten Gewerbebetrieb begründeter Rechtsprechung auch beim allgemeinen Persönlichkeitsrecht nicht bereits durch den Verletzungserfolg indiziert, sondern die

---

MünchKomm-BGB[4], § 823 Rn. 130 und 515 ff.; *Zöllner/Loritz*, S. 181; *Riesenhuber*, JZ 1999, 711, 715; *Krüll*, S. 66; *Pflüger*, S. 85. So auch *OLG Koblenz*, Beschl. v. 23.1.2003 – 5 U 13/03 (LG Trier), OLGR 2003, 128 = NZA 2003, 438 = EWiR 2003, 267 = NJW 2003, 1673 = MDR 2003, 457 = DB 2003, 670.

771 Vgl. dazu *Riesenhuber*, JZ 1999, 711, 715, 716. Anders wohl *Görg*, S. 168.

772 *Herschel*, ArbuR 1980, 94: Widerrufsanspruch bei Aushang im Betrieb, dass Arbeitnehmer wegen eines – tatsächlich nicht nachgewiesenen – Diebstahls fristlos entlassen worden ist, nicht aus § 1004 BGB, sondern aus § 823 Abs. 1 BGB oder aus § 823 Abs. 2 BGB i. V. mit §§ 186 ff. StGB. *Luckey*, NZA 1992, 873, 876: Beseitigungsanspruch bei Verletzung des Persönlichkeitsrechts analog §§ 823 Abs. 1, 1004 Abs. 1 S. 1 BGB.

773 Vgl. nur *BVerfG*, Urt. v. 15.1.1958 – 1 BvR 400/51, BVerfGE 7, 198 = NJW 1958, 257 = JZ 1958, 208 = MDR 1958, 146 = DVBl 1958, 425; *BGH*, Urt. v. 25.5.1954 – I ZR 211/53 (OLG Hamburg), BGHZ 13, 334, 337 f.; *BAG*, Beschl. v. 20.3.2003 – 8 AZN 27/03 (LAG Berlin), JR 2004, 218; *BAG*, Urt. v. 27.3.2003 – 2 AZR 51/02 (LAG Schleswig-Holstein), AP § 87 BetrVG 1972 -Überwachung- Nr. 36 = NZA 2003, 1193 = NJW 2003, 3436 = DB 2003, 2230 = BB 2003, 2578 = JZ 2004, 366; *LAG Thüringen*, Urt. v. 10.4.2001 – 5 Sa 403/2000 (ArbG Gera), LAGE Art. 2 GG -Persönlichkeitsrecht- Nr. 2 = DB 2001, 1204 = AuA 2001, 280 = BB 2001, 1358 = NZA-RR 2001, 347 = ArbuR 2001, 274 = EzBAT § 8 BAT -Persönlichkeitsrecht- Nr. 19: unter III 3 b aa der Gründe; *Prien*, S. 49 ff.; *Thomas*, in: Palandt[62], § 823 Rn. 175 ff.; *G. Müller*, VersR 2000, 797, 798.

774 Damit liegt eine Anspruchsgrundlage vor, die teilweise vermisst wird, vgl. nur *vom Stein* (Fehleinschätzungen, S. 114) und *Nädler* (S. 101). Entgegen deren Ansicht lässt sich der Wiedereinstellungsanspruch nicht nur auf allgemeine Billigkeitserwägungen und damit im Ergebnis auf § 242 BGB stützen.

775 *Larenz*, AP § 611 BGB -Fürsorgepflicht- Nr. 3 und Nr. 4: Kündigung wegen Verdacht einer unerlaubten Handlung als „Kränkung" des Arbeitnehmers. *Langer*, NZA 1991, Beil. 3, 23, 27; *Ricken*, NZA 1998, 460, 464; *Nicolai/Noack*, ZfA 2000, 87, 101; *Linck*, FA 2000, 334, 337; *G. Müller*, VersR 2000, 797, 798; *Etzel*, in: KR[6], § 1 KSchG Rn. 741; *Zwanziger*, in: Kittner/Däubler/Zwanziger, Einl. Rn. 390g; *Lepke*, NZA-RR 2002, 617, 622; *Bülow*, S. 173, 178, 183 f.

Rechtswidrigkeit ergibt sich erst aus der konkret zu missbilligenden Art der Schädigung.[776] Der zu Unrecht beschuldigte – und wirksam verdachtsgekündigte – Arbeitnehmer musste einen ganz massiven Eingriff in seinen persönlichen Ehr- und Geltungsanspruch hinnehmen. Dieser Eingriff war gerechtfertigt, solange ein ganz konkreter, durch Tatsachen abgestützter Verdacht vorgelegen hat, weil insoweit das berechtigte Beendigungsinteresse des Arbeitgebers bis zum Nachweis der Unschuld überwiegt bzw. überwog. Die Kündigung ist als Anpassungsinstrument wegen der Eigenschaft des Arbeitsverhältnisses als Dauerrechtsverhältnis nötig, da wegen der Dauer ein besonderer Anpassungs- und Flexibilisierungsbedarf besteht.[777] Die Rechtfertigung entfällt jedoch in dem Moment, in dem die Unschuld des Arbeitnehmers positiv feststeht.

Problematisch könnte zudem die Annahme des erforderlichen Verschuldens des Arbeitgebers sein: der Arbeitgeber hat sich bisher ja rechtstreu verhalten. Er wird lediglich durch eine nachträgliche Entwicklung, auf die er in der Regel keinen Einfluss haben wird, ins Unrecht gesetzt. Man könnte annehmen, die Anwendung des Deliktsrechts und der darin implizierte sittlich motivierte Vorwurf eines Fehlverhaltens sei dieser Situation nicht angemessen.

Dabei darf man nicht übersehen, dass der Arbeitgeber mit Ausspruch einer Verdachtskündigung eine objektiv gefährliche Lage für den Arbeitnehmer geschaffen hat, da die Unschuld des Arbeitnehmers auch bei Annahme der Wirksamkeit der Verdachtskündigung nie ausgeschlossen werden kann.[778] Der Arbeitgeber schafft auch bei Beachtung der an die Verdachtskündigung gestellten Anforderungen in rechtlich wirksamer Weise eine Gefährdungssituation für den Arbeitnehmer.[779] Stellt sich dann nachträglich die Unschuld heraus, realisiert sich die Gefahr und es entsteht ein Schaden, der aufgrund der Schutzbedürftigkeit des Gekündigten zu kompensieren ist. Die Situation ist demnach wertungsmäßig vergleichbar mit Konstellationen, in denen eine gefährliche Anlage rechtmäßigerweise betrieben wird. Auch hier ist Ersatz zu leisten, soweit sich eine typische Gefahr der Anlage realisiert. Der Heranziehung dieser Parallele steht nicht etwa der numerus clausus und –

---

[776] *BGH*, Urt. v. 21.6.1966 – VI ZR 261/64 (OLG Hamburg), BGHZ 45, 296, 306 = NJW 1966, 1617 = MDR 1966, 831 = JZ 1967, 174 = BB 1966, 874; *BGH*, Urt. v. 13.3.1979 – VI ZR 117/77 (OLG Celle), BGHZ 74, 9, 14 = NJW 1979, 1351 = VersR 1979, 544 = DB 1979, 1271 = MDR 1979, 659 = JuS 1979, 743 = JR 1979, 460.

[777] *Fastrich*, in: Festschrift für Wiedemann, S. 252, 254 f.

[778] So schon *Larenz*, AP § 611 BGB -Fürsorgepflicht- Nr. 3 und Nr. 4.

[779] Das Strafrecht kennt die Garantenpflicht aus vorangegangenem gefährlichen Tun (sog. Ingerenz). Wenn in diesen Fällen auch an ein pflichtwidriges Verhalten angeknüpft wird, so lässt sich der Gedanke der Gefahrschaffung und -erhöhung doch zumindest wertend für das Zivilrecht heranziehen. Die erhöhten Anforderungen des Strafrechts tragen lediglich dem Umstand Rechnung, dass in den Fällen der Ingerenz nicht nur eine zivilrechtliche Haftung, sondern sogar eine – für den Betroffenen regelmäßig eingriffsintensivere – Strafbarkeit begründet wird.

daraus resultierend – die mangelnde Analogiefähigkeit der Gefährdungshaftung entgegen. Denn zum einen werden nur Wertungsgesichtspunkte herangezogen und nicht etwa eine eigene Anspruchsgrundlage kreiert.[780] Zum anderen zieht die Gefährdungshaftung regelmäßig einen verschuldensunabhängigen Anspruch nach sich, der lediglich bei höherer Gewalt ausscheidet. In der Situation der Verdachtskündigung führt die Schaffung der Gefährdungslage lediglich zu einer Vermutung des Verschuldens des Arbeitgebers. Diesem bleibt dabei grundsätzlich der Nachweis fehlenden Verschuldens unbenommen. Darüber hinaus sind die Rechtsfolgen dieses verschuldensabhängigen Anspruchs durch eine (zusätzliche) Berücksichtigung der Zumutbarkeit der Wiedereinstellung[781] abgemildert. Der Anspruch scheidet aus, wenn die Wiedereinstellung unzumutbar ist; eine derartige Berücksichtigung ist den gesetzlich geregelten Gefährdungstatbeständen fremd. Jedenfalls durch die Berücksichtigung einer möglicherweise vorliegenden Unzumutbarkeit der Wiedereinstellung ist meines Erachtens die Rechtsposition des Arbeitgebers hinreichend geschützt.[782]

Grundsätzlich unterliegt ein Arbeitgeber zwar keinem Kontrahierungszwang in Gestalt eines Anspruchs des Arbeitnehmers auf Vertragsabschluss.[783] Bei positiv feststehender Unschuld kann der wirksam gekündigte Arbeitnehmer jedoch ausnahmsweise gemäß § 823 Abs. 1 i. V. mit § 249 Abs. 1 BGB Wiedereinstellung verlangen. Im Ergebnis besteht in dieser Konstellation ausnahmsweise ein Kontrahierungszwang.

b) § 826 i. V. mit § 249 Abs. 1 BGB

Offen bleiben kann, ob der Wiedereinstellungsanspruch konstruktiv auch auf § 826 BGB gestützt werden kann.[784] Nach *von Bar* ist ein Anspruch gemäß § 826 BGB i. V. mit § 249 Abs. 1 BGB wegen sittenwidriger Nichtwiedereinstellung gegeben, wenn der Arbeitsplatz noch frei ist.[785] Gute Sitten stellen nach allgemeinem Verständnis auf das Anstandsgefühl aller sittlich und gerecht Denkenden ab. Ein verbindliches sittliches Gebot erfordert dabei allgemeine, ethisch fundierte Verhaltensnormen.[786]

Im Falle nachträglich erwiesener Unschuld nach Ausspruch einer Verdachtskündigung stellt sich die Situation anders dar. Denn die Verdachtskündigung ist – und bleibt – wirksam und bloßes Verharren in Rechtspositionen stellt grundsätzlich noch

---

[780] Das ist der entscheidende Unterschied zur oben (siehe 3. Teil, A III 3 e) angeführten möglichen bereits anspruchsbegründenden Wirkung einer Gefährdungshaftung.

[781] Siehe unten (3. Teil, A VI).

[782] Gegen die Annahme von Rechtswidrigkeit und Verschulden: *Strobel*, S. 226; *Honstetter*, S. 173; *B. M. Schmidt*, S. 74.

[783] *Boemke*, NJW 1993, 2083, 2084; *ders.*, NZA 1993, 532, 535.

[784] *Busche*, S. 220 ff.: (allgemeiner) Kontrahierungszwang allein nach § 826 BGB (S. 235), (besonderer) Kontrahierungszwang sowohl nach § 826 BGB als auch § 823 Abs. 2 BGB (S. 297).

[785] *Von Bar*, AcP 179 (1979), 452, 474.

[786] *Sack*, NJW 1985, 765; *Bülow*, S. 173.

keinen Verstoß gegen ethische Verhaltensnormen dar. Im Einzelfall ist zwar ein sittenwidriges Ausnutzen einer Rechtsposition denkbar, unterliegt aber hohen Anforderungen. Im Ergebnis ist sehr fraglich, ob trotz nunmehr erwiesener Unschuld eine Weigerung der Wiedereinstellung per se derart sittenwidrig ist. Nach gefestigter Rechtsprechung begründet allein ein vorsätzliches Ausnutzen von materiell rechtswidrigen Titeln noch keine Sittenwidrigkeit. Hinzukommen müssen vielmehr Umstände, nach denen es in hohem Maße unbillig und geradezu unerträglich wäre, die Ausnutzung der Rechtsposition zuzulassen.[787]
In der Situation einer Nichtwiedereinstellung nach wirksamer Verdachtskündigung wird man das wohl nur in extrem gelagerten Ausnahmefällen annehmen können[788].[789] Eine verallgemeinerungs- und dogmatisch tragfähige Grundlage lässt sich dem wohl jedenfalls nicht abgewinnen. Im Ergebnis kann diese Frage jedoch offen bleiben.

c) Alternativlösung

Hält man trotz obiger Ausführungen einen Wiedereinstellungsanspruch de lege lata für nicht gegeben, soll im Rahmen der Alternativlösung ein Vorschlag unterbreitet werden, wie das Problem de lege ferenda zu beheben ist.
Denkbar ist de lege ferenda eine gedankliche Ergänzung des § 626 BGB um einen Abs. 3 mit dem bisher ungeschriebenen Wiedereinstellungsanspruch.[790] Das böte den Vorteil einer gleichzeitigen gesetzlichen Legitimierung der Verdachtskündigung. Die Formulierung könnte sich an bereits gesetzlich geregelten Wiedereinstellungsansprüchen, z. B. § 91 Abs. 6 SGB IX, anlehnen:

§ 626 Abs. 3 BGBE:

Dienstverpflichtete, denen lediglich auf der Grundlage eines Verdachtes fristlos gekündigt worden ist, werden wieder eingestellt, soweit sich der Verdacht als unbegründet herausstellt.

oder

Dienstverpflichtete, denen lediglich auf der Grundlage eines Verdachtes fristlos gekündigt worden ist, werden wieder eingestellt, soweit sich deren Unschuld herausstellt.

---

787 Vgl. nur *BGH*, Urt. v. 19.2.1986 – IVb ZR 71/84 (OLG Düsseldorf), NJW 1986, 1751, 1753 = LM § 826 BGB (Fa) Nr. 27 = FamRZ 1986, 450 = MDR 1986, 655 = NJW-RR 1986, 749. Vgl. auch *Klados*, JuS 1997, 705 ff.

788 Kritisch *Busche*, S. 295; *Bülow*, S. 108.

789 Gänzlich ablehnend *Boewer*, NZA 1999, 1121, 1129; *Strathmann*, S. 45; *Kontusch*, S. 24.

790 *H. Otto*, AP § 1 KSchG -Wiedereinstellung- Nr. 6.

V. Zeitliche Grenzen

Fraglich ist, ob der Entstehung des Wiedereinstellungsanspruchs zeitliche Grenzen gesetzt sind.

Da eine Verdachtskündigung regelmäßig als außerordentliche Kündigung ausgesprochen werden wird, kann die Wiedereinstellung nicht – wie z. B. bei der (ordentlichen) betriebsbedingten Kündigung – auf den Zeitraum bis Ablauf der Kündigungsfrist begrenzt werden.[791]

Auch eine fiktive ordentliche Kündigungsfrist unter Orientierung an § 622 BGB kommt im Rahmen des Wiedereinstellungsanspruchs nach Verdachtskündigung nicht anspruchsbegrenzend in Betracht.[792] Die Unschuld kann sich auch noch nach Ablauf dieser mitunter nur kurzen Frist herausstellen. Das Rehabilitationsinteresse des unschuldigen Arbeitnehmers überwiegt auch nach Ablauf dieser Frist das Interesse des Arbeitgebers an Erlangung von Rechtssicherheit.

Als äußere temporale Grenze wird der Zeitpunkt des rechtskräftigen Abschlusses des Kündigungsschutzprozesses in Betracht gezogen.[793] Auf den Abschluss eines Kündigungsschutzprozesses kann aber genauso wenig abgestellt werden. Zum einen zieht nicht jede Verdachtskündigung zwangsläufig einen Kündigungsschutzprozess nach sich. Somit würde ein sachwidriger Anreiz zur Klageerhebung und zur Verzögerung des Prozesses geschaffen.[794] Zum anderen können die zu einer Rehabilitierung führenden Umstände auch noch nach Abschluss eines Prozesses eintreten.

Im Ergebnis sind zeitliche Grenzen für das Entstehen des Wiedereinstellungsanspruchs bei der Verdachtskündigung abzulehnen.[795] Einzig nach den allgemeinen Grundsätzen der Verwirkung (§ 242 BGB)[796], Verjährung und tariflichen Ausschlussfristen kann sich eine zeitliche Begrenzung im Rahmen der Geltendmachung eines Wiedereinstellungsanspruchs ergeben.[797]

---

[791] *Vom Stein*, RdA 1991, 85, 91; *H. Otto*, in: Festschrift für Kraft, S. 451, 460; *Walker*, SAE 1998, 103, 106; *Germakowski*, S. 130.

[792] *Pflüger*, S. 195.

[793] *Hueck/von Hoyningen-Huene*, § 1 Rn. 156d; *Linck*, FA 2000, 334, 337; *Westera*, S. 76; *Kontusch*, S. 100.

[794] *Bram/Rühl*, NZA 1990, 753, 756, 757; *Zwanziger*, BB 1997, 42, 45; *Manske*, FA 1998, 143, 145; *Nädler*, S. 131; *Kontusch*, S. 84; *Pflüger*, S. 192 f.

[795] *BGH*, Urt. v. 13.7.1956 – VI ZR 88/55 (OLG Schleswig), AP § 611 BGB -Fürsorgepflicht- Nr. 2 = AP § 626 BGB -Verdacht strafbarer Handlung- Nr. 4 = NJW 1956, 1513 = DB 1956, 944; *BAG*, Urt. v. 14.12.1956 – 1 AZR 29/55 (LAG Hamburg), BAGE 3, 332 = AP § 611 BGB -Fürsorgepflicht- Nr. 3 = DB 1957, 192; *Preis*, LAGE § 611 BGB -Einstellungsanspruch- Nr. 1; *vom Stein*, RdA 1991, 85, 91; *Zwanziger*, BB 1997, 42, 45; *ders.*, in: Kittner/Däubler/Zwanziger, Einl. Rn. 390h; *Meinel/Bauer*, NZA 1999, 575, 581; *Oetker*, ZIP 2000, 643, 651; *Kappelhoff*, in: Tschöpe, 3 E Rn. 40; *Fischermeier*, in: KR^6, § 626 BGB Rn. 234; *Etzel*, in: KR^7, § 1 KSchG Rn. 741; *Hoefs*, S. 302; *B. M. Schmidt*, S. 160; *Nädler*, S. 132.

[796] *Bram/Rühl*, NZA 1990, 753, 757; *Hoefs*, S. 302.

[797] *Zwanziger*, BB 1997, 42, 45; *Raab*, RdA 2000, 147, 154; *Oetker*, ZIP 2000, 643, 651; *Etzel*,

VI. Zumutbarkeit der Wiedereinstellung

Im Rahmen des Wiedereinstellungsanspruchs stellt sich das Problem, dass bis zum Abschluss des Ermittlungs- beziehungsweise Strafverfahrens sowie Kündigungsschutzverfahrens unter Umständen längere Zeit vergeht. Der Arbeitnehmer wird bei einer fristlosen Kündigung in der Regel von der Arbeitspflicht suspendiert und damit dem Betrieb in gewisser Hinsicht „entfremdet". Der Entfremdungseffekt wird umso stärker, je länger der Arbeitnehmer tatsächlich nicht im Betrieb beschäftigt ist. Folglich ist für den Arbeitgeber die Unzumutbarkeit der Weiterbeschäftigung umso größer, je länger der Arbeitnehmer abwesend ist.

Der zunächst entstandene Wiedereinstellungsanspruch unterliegt hinnehmbaren Einschränkungen. Insoweit sind die Interessen des Arbeitgebers angemessen zu berücksichtigen – immerhin kann sich der Arbeitgeber seinerseits auf die grundrechtlich abgesicherte Unternehmerfreiheit (Artt. 12, 14 GG) stützen.

1. Neubesetzung des alten Arbeitsplatzes

Die Wiedereinstellung (beziehungsweise Weiterbeschäftigung) ist in der Regel unzumutbar, wenn die Stelle des Arbeitnehmers bereits anderweitig besetzt ist.[798] Der Arbeitgeber kann sich – unter Anwendung des in § 162 BGB normierten allgemeinen Rechtsgedankens – des verdächtigten Arbeitnehmers jedoch nicht einfach dadurch entledigen, dass er diesen suspendiert und dessen Arbeitsplatz neu besetzt.[799] Schutzwürdig sind nur in gutem Glauben vorgenommene Dispositionen des Arbeitgebers.[800] Wenig ergiebig ist dabei die Heranziehung der Gut-Glaubens-

---

in: KR[7], § 1 KSchG Rn. 742.

[798] *BAG*, Urt. v. 27.2.1997 – 2 AZR 160/96 (LAG Düsseldorf), BAGE 85, 194 = AP § 1 KSchG 1969 -Wiedereinstellung- Nr. 1 = NZA 1997, 757 = NJW 1997, 2257 = DB 1997, 1414 = MDR 1997, 749 = EzA § 1 KSchG -Wiedereinstellungsanspruch- Nr. 1 = BB 1997, 1953 = AiB 1997, 612 = SAE 1998, 98, 102; *BAG*, Urt. v. 28.6.2000 – 7 AZR 904/98 (LAG Köln), BAGE 95, 171 = AP § 1 KSchG 1969 -Wiedereinstellung- Nr. 6 = RzK I 15 Nr. 21 = ZIP 2000, 1781 = DB 2000, 2171 = NZA 2000, 1097 = BuW 2000, 983 = MDR 2000, 1440 = EzA § 1 KSchG -Wiedereinstellungsanspruch- Nr. 5 = AR-Blattei ES 1010.10 Nr. 5 = BB 2001, 573 = NJW 2001, 1297 = SAE 2001, 125 = RdA 2001, 243; *Nägele*, BB 1998, 1686, 1688; *Boewer*, NZA 1999, 1121, 1131; *Meinel/Bauer*, NZA 1999, 575, 578; *Oetker*, ZIP 2000, 643, 647; *Raab*, RdA 2000, 147, 152 ff.

[799] Ständige Rechtsprechung, vgl. nur *BAG*, Urt. v. 28.6.2000 – 7 AZR 904/98 (LAG Köln), BAGE 95, 171 = AP § 1 KSchG 1969 -Wiedereinstellung- Nr. 6 = DB 2000, 2171 = NZA 2000, 1097 = MDR 2000, 1440 = EzA § 1 KSchG -Wiedereinstellungsanspruch- Nr. 5 = AR-Blattei ES 1010.10 Nr. 5 = BB 2001, 573 = NJW 2001, 1297 = SAE 2001, 125 = RzK I 15 Nr. 21 = ZIP 2000, 1781 = BuW 2000, 983 = RdA 2001, 243: unter II B 3 c aa der Gründe. Anders *Meisel* (in: KölnPK-KSchG[2], § 1 Rn. 470): grds. jede Disposition über den gekündigten Arbeitsplatz führt zur Unzumutbarkeit der Wiedereinstellung.

[800] *BAG*, Urt. v. 27.2.1997 – 2 AZR 160/96 (LAG Düsseldorf), SAE 1998, 98, 102; *BAG*, Urt. v. 28.6.2000 – 7 AZR 904/98 (LAG Köln), ZIP 2000, 1781, 1785. *Kappelhoff* schließt dagegen ohne weiteres einen Wiedereinstellungsanspruch aus, sofern die Beschäftigungsmöglichkeit nicht mehr besteht (in: Tschöpe, 3 E Rn. 40a).

Vorschriften der § 122 Abs. 2, § 932 Abs. 2 und § 892 BGB. Trotz Verwendung des Begriffs der 'Gutgläubigkeit' durch das *BAG* ist hier trotz allem ein Abstellen auf den allgemeinen Maßstab des § 276 BGB nahe liegender, da die oben angeführten Vorschriften speziell auf andere Situationen zugeschnitten sind.[801] Der Arbeitgeber ist demzufolge nicht gutgläubig bzw. schutzwürdig bei positiver Kenntnis oder fahrlässiger Nichtkenntnis der die Unschuld und damit den Wiedereinstellungsanspruch begründenden Tatsachen.[802]

Außerdem bestehen zeitliche Abstufungen. So muss der Arbeitgeber beispielsweise den Abschluss eines möglichen Kündigungsschutzprozesses – zumindest in 1. Instanz – abwarten.[803] Vorher darf der Arbeitgeber noch nicht damit rechnen, den Arbeitnehmer nicht weiter beschäftigen zu müssen. Bis zu einer erstinstanzlichen Entscheidung handelt der Arbeitgeber auf eigenes Risiko.[804]
Das gilt jedenfalls dann, wenn sich die Verdachtskündigung als unwirksam herausstellt, zumal dann schon begrifflich keine Wiedereinstellung, sondern Weiterbeschäftigung geschuldet ist. Nach einer wirksamen Verdachtskündigung ist bei anderweitiger Besetzung des Arbeitsplatzes eine Wiedereinstellung in aller Regel dann unzumutbar, wenn die Wiedereinstellung in einem nachträglichen, nach rechtskräftigem Abschluss des Kündigungsschutzprozesses stattfindenden, gesonderten Prozess geltend gemacht wird. Eine äußere Zumutbarkeitsgrenze[805] bildet in temporaler Hinsicht folglich der Zeitpunkt des rechtskräftigen Abschlusses des Kündigungsschutzprozesses.[806]
Die Zumutbarkeit bis zu dieser äußeren zeitlichen Grenze unterliegt einer Modifizierung. Hat der Arbeitgeber treuwidrig einen anderen Arbeitnehmer ersatzweise eingestellt, müssen notfalls beide Arbeitnehmer beschäftigt werden.[807] Keineswegs kann der verdachtsgekündigte Arbeitnehmer hier von vornherein auf Sekundäransprüche verwiesen werden,[808] da der Arbeitgeber ansonsten treuwidrig eine Wiedereinstellung verhindern könnte. Erforderlich ist vielmehr eine Freikündigung des Ar-

---

[801] So im Ansatz auch *Kontusch*, S. 126.

[802] Im Ergebnis anders *Kontusch*, S. 128: fehlende Unzumutbarkeit nur bei positiver Kenntnis.

[803] *Pflüger* lässt die sofortige Neubesetzung zu, macht aber eine Ausnahme für den Fall, dass sich in der Sphäre des Arbeitgebers Anhaltspunkte für die Unschuld des Arbeitnehmers ergeben (S. 177).

[804] *Corts*, in: Schliemann, § 626 Rn. 183: bis zu erstinstanzlicher Entscheidung Risiko des Arbeitgebers.

[805] Ebenso *Belling*, RdA 1996, 223, 238; *Hoefs*, S. 299. *Corts* (in: Schliemann, § 626 Rn. 183) genügt bereits eine – noch nicht rechtskräftige – erstinstanzliche Entscheidung.

[806] *Linck* (FA 2000, 334, 337) und *Kontusch* (S. 100) schließen unabhängig von der Frage der Zumutbarkeit etwa durch Neueinstellung ab Rechtskraft einen Wiedereinstellungsanspruch per se aus.

[807] *Kontusch*, S. 131 m. w. N.

[808] So aber *Meisel*, in: KölnPK-KSchG^2, § 1 Rn. 470: Höhe des Schadensersatzes dabei auf drei Monatsverdienste beschränkt.

beitsplatzes.[809] Da auch der ersatzweise eingestellte Arbeitnehmer auf der Grundlage eines wirksamen Arbeitsvertrages einen Rechtsanspruch auf den Arbeitsplatz hat, kann eine Freikündigung nur im Wege einer betriebsbedingten Kündigung erfolgen. Hierfür ist eine Sozialauswahl zwischen den Arbeitnehmern vorzunehmen.[810] Die Sozialauswahl wird aber in aller Regel zugunsten des verdachtsgekündigten Arbeitnehmers ausgehen: soweit der ersatzweise eingestellte Arbeitnehmer überhaupt schon Kündigungsschutz genießt, liegt er insbesondere bei der Frage der Betriebszugehörigkeit im Hintertreffen. Mag er das im Einzelfall auch ausgleichen können, bleibt festzuhalten, dass bis zum Erreichen der äußeren zeitlichen Grenze vermutlich der gekündigte Arbeitnehmer seine Wiedereinstellung durchsetzen können wird. Im Ergebnis geht die Wiedereinstellung dann zwar zu Lasten des ersatzweise eingestellten Arbeitnehmers, jedoch kann das dem Wiedereinstellung begehrenden Arbeitnehmer nicht entgegengehalten werden. Der ersatzweise eingestellte Arbeitnehmer kann sich bei dem treuwidrig handelnden Arbeitgeber schadlos halten.

2. Wegfall des alten Arbeitsplatzes

Im Rahmen der Zumutbarkeit ist ein weiterer Gesichtspunkt zu berücksichtigen. Besetzt der Arbeitgeber die Stellung nicht neu, sondern nutzt er die Gelegenheit und rationalisiert den Arbeitsplatz weg, kann er nicht besser stehen als bei Ausspruch einer betriebsbedingten Kündigung. Das bedeutet, er muss sich im Rahmen der Zumutbarkeitsprüfung behandeln lassen, als habe er eine betriebsbedingte Kündigung ausgesprochen. Die Zumutbarkeit der Wiedereinstellung hängt folglich, soweit vergleichbare Arbeitsplätze existieren, vom Ergebnis einer vorzunehmenden Sozialauswahl ab. Ob diese Sozialauswahl analog § 1 Abs. 3 KSchG oder gemäß §§ 315, 242 BGB vorzunehmen ist, kann an dieser Stelle offen bleiben. Fällt die Sozialauswahl zuungunsten des wirksam verdachtsgekündigten Arbeitnehmers aus, ist die Wiedereinstellung unzumutbar. Hätte der Arbeitgeber unter betriebsbedingten Gesichtspunkten einen anderen Arbeitnehmer kündigen müssen, so muss er den gekündigten Arbeitnehmer dagegen wiedereinstellen. Hat der Arbeitgeber in der Folge einen Arbeitnehmer überzählig, den er nicht angemessen beschäftigen und bezahlen kann, kommt aber grundsätzlich eine betriebsbedingte Kündigung in Betracht, die dann – wie soeben festgestellt – zuungunsten des zunächst im Betrieb verbliebenen Arbeitnehmers ausgeht.

3. Sekundäre Zumutbarkeitskriterien

Daneben werden noch sog. sekundäre Zumutbarkeitskriterien diskutiert. Sekundäre Kriterien sind den primären nachrangig, d. h. sie führen nicht etwa doch zu einem Wiedereinstellungsanspruch, wenn der Arbeitgeber schutzwürdige Dispositionen

[809] *Etzel*, in: KR[7], § 1 KSchG Rn. 742. *Kontusch* hält eine Freikündigung der Ersatzkraft nicht für möglich (S. 132, 133).

[810] Eine Freikündigung des Arbeitsplatzes ist also nur möglich, soweit die Sozialauswahl zugunsten des verdachtsgekündigten Arbeitnehmers ausgeht.

vorgenommen hat.[811] Sie sind allenfalls dann heranzuziehen, soweit primäre Kriterien nicht einschlägig sind. So soll z. B. der Verlust von Anwartschaften in der betrieblichen Altersversorgung zu berücksichtigen sein.[812]

4. Rechtliche Konsequenz der Unzumutbarkeit

Unzumutbarkeit der Wiedereinstellung führt nicht etwa zum Entfallen des Tatbestandes und damit zur Unbegründetheit des Anspruchs, sondern der Wiedereinstellungsanspruch ist lediglich nicht mehr durchsetzbar. Dem Arbeitnehmer stehen bei etwaiger Unzumutbarkeit lediglich Sekundäransprüche zu (siehe 3. Teil, B).

VII. Ausgestaltung des Wiedereinstellungsanspruchs

Fraglich ist die rechtliche Ausgestaltung des Wiedereinstellungsanspruchs.

1. Anspruchsinhalt

Der Wiedereinstellungsanspruch ist inhaltlich auf Neubegründung eines Arbeitsverhältnisses zu den alten Bedingungen gerichtet.[813] Der Arbeitgeber ist verpflichtet, das in der Geltendmachung der Wiedereinstellung liegende Angebot des Arbeitnehmers anzunehmen.[814] Ist das Arbeitsverhältnis – z. B. bei einer ordentlichen Verdachtskündigung – noch nicht beendet, richtet sich der Wiedereinstellungsanspruch auf Verurteilung des Arbeitgebers, das Angebot des Arbeitnehmers auf einvernehmliche Aufhebung der Kündigung anzunehmen.[815] Es dürfte aber gleichgültig sein, ob man den Arbeitgeber konstruktiv zur Annahme verpflichtet sieht oder ihn zur seinerseitigen Abgabe eines Angebots verpflichtet, wobei man in der Geltendmachung durch den Arbeitnehmer eine invitatio ad offerendum erblicken könnte. Im Einzelfall kann auch in bestimmten Verhaltensweisen des Arbeitgebers ein Angebot liegen, z. B. bei Mitteilung, dass sich die Diebstahlsserie, deretwegen die Verdachtkündigung ausgesprochen wurde, nunmehr innerbetrieblich zulasten eines anderen

---

[811] *Kontusch*, S. 134: „Randkriterien".

[812] *Monjau*, DB 1960, 1067, 1070; ähnlich *Kontusch*, S. 133.

[813] *BAG*, Urt. v. 6.9.1978 – 4 AZR 84/77 (LAG Schleswig-Holstein), AP § 1 KSchG 1969 Nr. 4 = DB 1979, 118 = BB 1979, 424 = EzA § 1 KSchG -Betriebsbedingte Kündigung- Nr. 9 = BlStSozArbR 1979, 168 = AR-Blattei ES 1020 Nr. 185; *Grünhage*, S. 5; *Hambitzer*, Wiedereinstellung, S. 151; *Bram/Rühl*, NZA 1990, 753, 757, 758; *vom Stein*, RdA 1991, 85, 88; *Gentges*, S. 365; *Zwanziger*, BB 1997, 42, 45; *Beckschulze*, DB 1998, 417, 419; *Walker*, SAE 1998, 103, 107; *Boewer*, NZA 1999, 1177, 1181 f.; *Müller-Glöge*, NZA 1999, 449, 455; *Oetker*, ZIP 2000, 643, 650; *Berkowsky*, in: MünchHandbArbR II², § 134 Rn. 94, § 144 Rn. 17; *K. M. Dörner*, in: Dörner/Luczak/Wildschütz, D Rn. 846; *ders.*, in: Ascheid/Preis/Schmidt, § 626 BGB Rn. 370; *Hoefs*, S. 303; *Lisec*, S. 125; *Westera*, S. 92; *Krüll*, S. 229.

[814] *Boewer*, NZA 1999, 1177, 1182; *Oetker*, ZIP 2000, 643, 650 ff.; *Linck*, FA 2000, 334, 338; *Zwanziger*, in: Kittner/Däubler/Zwanziger, Einl. Rn. 390o, 390s, 390t; *Krüll*, S. 308; *Pflüger*, S. 227.

[815] *Berkowsky*, in: MünchHandbArbR II², § 134 Rn. 84, 87, 94; *Dörner*, in: Dörner/Luczak/Wildschütz, D Rn. 849; *Lepke*, NZA-RR 2002, 617, 622.

aufgeklärt hat. Im Ergebnis kann man neutral formulieren, dass der Arbeitgeber bei entsprechendem Interesse des Arbeitnehmers zur Herbeiführung einer Einigung verpflichtet ist.

2. Rechtlicher Charakter

Die Wiedereinstellung ist einklagbar im Wege einer Leistungsklage, die auf Abgabe einer Willenserklärung gerichtet ist.[816] Eine Feststellungsklage kommt wegen des erforderlichen Feststellungsinteresses (§ 256 ZPO) nur dann in Betracht, wenn sich der Arbeitgeber im Voraus der Vollstreckung der Feststellungsklage unterwirft.[817] Die Einwilligung des Arbeitgebers wird gemäß § 894 ZPO i. V. mit § 62 Abs. 2 ArbGG fingiert und damit das Anschlussarbeitsverhältnis begründet.[818] Wegen des Fixschuldcharakters der Arbeitsleistung kann das Arbeitsverhältnis nicht rückwirkend begründet werden, sondern lediglich ex nunc ab Rechtskraft des Urteils.[819] Eine Vollstreckung aus dem Arbeitsverhältnis ist damit aber noch nicht möglich, da ein Wiedereinstellungsanspruch allein noch nicht zur Entstehung eines neuen Arbeitsverhältnisses führt.[820] Erforderlich ist vielmehr grundsätzlich eine weitere Klage aus dem Arbeitsverhältnis auf Beschäftigung.[821]

Diese Situation ist vergleichbar mit dem im Bereich des § 465 BGB a. F. angesiedelten Problem der Zustimmungserklärung des Verkäufers zur Wandelung[822], so dass nach Ansicht des *BAG* der Arbeitnehmer den unwilligen Arbeitgeber sogar ohne den Umweg über die Erklärungsfiktion direkt auf Beschäftigung bzw. Leistung aus dem Vertrag in Anspruch nehmen kann.[823] Andere halten das unter Hinweis auf

---

[816] *BAG*, Urt. v. 6.8.1997 – 7 AZR 557/96 (LAG Köln), BAGE 86, 194 = AP § 1 KSchG 1969 -Wiedereinstellung- Nr. 2 = EzA § 1 KSchG -Wiedereinstellung- Nr. 2 = NZA 1998, 254 = SAE 1998, 317 = DB 1998, 423 = MDR 1998, 422 = BB 1998, 538; *Preis*, LAGE § 611 BGB -Einstellungsanspruch- Nr. 1; *Bram/Rühl*, NZA 1990, 753, 758; *H. Otto*, in: Festschrift für Kraft, S. 451, 475; *Nägele*, BB 1998, 1686, 1689; *Ziemann*, MDR 1999, 716, 720; *Boewer*, NZA 1999, 1177, 1182; *Raab*, RdA 2000, 147, 158; *Oetker*, ZIP 2000, 643, 652; *Hoefs*, S. 302 f.; *Zwanziger*, in: Kittner/Däubler/Zwanziger, Einl. Rn. 390t; *Westera*, S. 123; *Lepke*, NZA-RR 2002, 617, 623; *Pflüger*, S. 231.

[817] *BAG*, Urt. v. 27.2.1997 – 2 AZR 160/96 (LAG Düsseldorf), BAGE 85, 194 = AP § 1 KSchG 1969 -Wiedereinstellung- Nr. 1 = NZA 1997, 757 = NJW 1997, 2257 = DB 1997, 1414 = MDR 1997, 749 = EzA § 1 KSchG -Wiedereinstellungsanspruch- Nr. 1 = BB 1997, 1953 = AiB 1997, 612 = SAE 1998, 98; *Boewer*, NZA 1999, 1177, 1182; *Pflüger*, S. 231.

[818] So schon *Heilmann*, S. 106.

[819] *Hambitzer*, Wiedereinstellungsanspruch, S. 155; *Meinel/Bauer*, NZA 1999, 575, 581; *Zwanziger*, in: Kittner/Däubler/Zwanziger, Einl. Rn. 390t; *Boewer*, in: Henssler/Moll, J Rn. 120; *Lepke*, NZA-RR 2002, 617, 623.

[820] *Lepke*, NZA-RR 2002, 617, 623.

[821] *Boewer*, in: Henssler/Moll, J Rn. 119.

[822] *Vom Stein*, RdA, 1991, 85, 88; *Meinel/Bauer*, NZA 1999, 575, 581.

[823] *BAG*, Urt. v. 27.2.1997 – 2 AZR 160/96 (LAG Düsseldorf), BAGE 85, 194 = AP § 1 KSchG 1969 -Wiedereinstellung- Nr. 1 = NZA 1997, 757 = NJW 1997, 2257 = DB 1997, 1414 = MDR 1997, 749 = EzA § 1 KSchG -Wiedereinstellungsanspruch- Nr. 1 = BB 1997, 1953 =

die Verschiedenartigkeit der Streitgegenstände für bedenklich, räumen dem Arbeitnehmer indes die Möglichkeit ein, im Rahmen der Geltendmachung des Wiedereinstellungsanspruchs gleichzeitig auf Beschäftigung zu klagen.[824]

3. Verhältnis der Wiedereinstellungsklage zur Kündigungsschutzklage

Teilweise wird vertreten, der Antrag auf Weiterbeschäftigung[825] bzw. Wiedereinstellung sei als geringeres Begehren in der Kündigungsschutzklage mitenthalten.[826] Wird ein Weiterbeschäftigungsantrag gestellt, ist nach Ansicht des *BAG* ein gesonderter Wiedereinstellungsanspruch entbehrlich.[827] Dagegen wird zu Recht ein gesonderter Antrag auf Wiedereinstellung verlangt, da unterschiedliche Streitgegenstände vorliegen.[828] Wiedereinstellung setzt gerade eine wirksame Kündigung voraus. Zudem bezwecken Arbeitnehmer mit Erhebung der Kündigungsschutzklage häufig gar keine Weiterbeschäftigung.[829]

Die Erhebung einer Kündigungsschutzklage und Durchführung eines Kündigungsschutzprozesses kann keine Voraussetzung für die Geltendmachung eines Wiedereinstellungsanspruchs sein, da man auf diesem Wege den Arbeitnehmer zwingen würde, angesichts der zu diesem Zeitpunkt bestehenden Beweislage sinnlose Prozesse zu führen.[830] Umgekehrt bedeutet es jedoch ein Risiko, auf die Kündigungsschutzklage zu verzichten und ausschließlich den Wiedereinstellungsanspruch „isoliert" geltend zu machen. Einmal könnte der Arbeitgeber – schutzwürdig – über den Arbeitsplatz disponieren. Ist die Verdachtskündigung bereits unwirksam, läuft der Arbeitnehmer dann zudem Gefahr, den Wiedereinstellungsprozess zu verlieren.

AiB 1997, 612 = SAE 1998, 98. So auch *Weller/Dorndorf*, in: HeidelbergKomm-KSchG, § 1 Rn. 947a; *Oetker*, ZIP 2000, 643, 652.

824 *Boewer*, NZA 1999, 1177, 1182; *Pflüger*, S. 235.

825 Vgl. *Wank* (MünchHandbArbR II², § 121 Rn. 116), der den 'Wiedereinstellungsanspruch' ausdrücklich als 'Weiterbeschäftigungsanspruch' behandelt. Auch *Berkowsky* (in: MünchHandbArbR II², § 134 Rn. 79) und *Henssler* (in: MünchKomm-BGB⁴, § 626 Rn. 252) nehmen keine Differenzierung vor.

826 *Hillebrecht*, in: KR⁴, § 626 BGB Rn. 182; *Strobel*, S. 309; *Zwanziger*, BB 1997, 42, 45; *Mathern*, NJW 1996, 818, 820.

827 *BAG*, Urt. v. 27.2.1997 – 2 AZR 160/96 (LAG Düsseldorf), BAGE 85, 194 = AP § 1 KSchG 1969 -Wiedereinstellung- Nr. 1 = NZA 1997, 757 = NJW 1997, 2257 = DB 1997, 1414 = MDR 1997, 749 = EzA § 1 KSchG -Wiedereinstellungsanspruch- Nr. 1 = BB 1997, 1953 = AiB 1997, 612 = SAE 1998, 98. Ebenso *Zwanziger*, in: Kittner/Däubler/Zwanziger, Einl. Rn. 390w.

828 *Vom Stein*, Fehleinschätzungen, S. 164; *ders.*, RdA 1991, 85, 88; *Preis*, LAGE § 611 BGB -Einstellungsanspruch- Nr. 1; *Belling*, RdA 1996, 223, 239, 240; *Walker*, SAE 1998, 103; *Kleinebrink*, FA 1999, 138, 141; *Hoefs*, S. 302 f.; *Zwanziger*, in: Kittner/Däubler/Zwanziger, Einl. Rn. 390v; *Kontusch*, S. 84, 167; *Bülow*, S. 24.

829 *Preis*, Prinzipien, S. 348; *Hoefs*, S. 302.

830 *Vom Stein*, RdA 1991, 85, 88; *Boewer*, NZA 1999, 1121, 1130; *Berkowsky*, in: MünchHandbArbR II², § 134 Rn. 84; *Kiel*, in: Ascheid/Preis/Schmidt, § 1 KSchG Rn. 819; *Bülow*, S. 51.

Wiedereinstellung kommt eben nur nach (wirksamer) Beendigung eines Arbeitsverhältnisses in Betracht. Etwas anderes kann allenfalls bei Anwendbarkeit des KSchG gelten. Wird nämlich nicht rechtzeitig Klage erhoben, gilt die Klage gemäß § 7 KSchG als von Anfang an rechtswirksam. In dieser Situation könnte man sich folglich auf einen Antrag auf Wiedereinstellung beschränken.[831] Es wird daher jedenfalls empfohlen, Kündigungsschutzklage gegen die Verdachtskündigung zu erheben und im Wege der Eventualklagenhäufung (§ 260 ZPO) hilfsweise Wiedereinstellung geltend zu machen.[832]

VIII. Form der Geltendmachung

Teilweise wird vertreten, die außergerichtliche Geltendmachung des Wiedereinstellungsanspruchs reiche nicht, erforderlich sei vielmehr die gerichtliche Geltendmachung.[833] Das ist abzulehnen. Es ist kein vernünftiger Grund ersichtlich, den Arbeitnehmer in einen Prozess zu zwingen.[834] Die nötige Klarheit, ob Wiedereinstellung begehrt wird oder nicht, lässt sich nicht nur über eine gerichtliche Geltendmachung herbeiführen. Außerdem müsste selbst bei Einigkeit über die Berechtigung eines Wiedereinstellungsanspruchs ein Prozess geführt werden.

IX. Ausschlussfrist?

Wird eine zeitliche Begrenzung für die Entstehung eines Wiedereinstellungsanspruchs auch weitgehend abgelehnt, so wird doch unabhängig davon die Anwendung einer Ausschlussfrist – mit der Folge materieller Präklusion – diskutiert.

1. § 4 KSchG analog

Teilweise wird vertreten, im Rahmen der Geltendmachung eines – materiell entstandenen – Wiedereinstellungsanspruchs gelte die Drei-Wochen-Frist des § 4 KSchG analog.[835] Der Arbeitgeber habe ein berechtigtes Interesse, möglichst rasch zu erfahren, ob er mit einer Wiedereinstellung des unschuldigen Arbeitnehmers rechnen

---

[831] *Bülow* erachtet ein solches Vorgehen als „nicht denkbar", da der Kündigungsgrund faktisch nicht besteht, sondern nur fingiert wird (S. 46 f.). Ähnlich zuvor schon *Boewer*, NZA 1999, 1121, 1131.

[832] *Bram/Rühl*, NZA 1990, 753, 757; *vom Stein*, RdA 1991, 85, 88; *Walker*, SAE 1998, 103; *Nägele*, BB 1998, 1686, 1689; *Welslau*, BuW 1998, 953, 958; *Boewer*, NZA 1999, 1177, 1183; *Ziemann*, MDR 1999, 716, 720; *B. M. Schmidt*, S. 189; *Pflüger*, S. 233.

[833] *Meinel/Bauer*, NZA 1999, 575, 580; *Elz*, S. 218; *Kontusch*, S. 184.

[834] *Fischermeier*, in: KR[6], § 626 BGB Rn. 234.

[835] *ArbG Frankfurt/M.*, Urt. v. 20.7.1999 – 5 Ca 7905/97, NZA-RR 1999, 580 = ZInsO 2000, 56 = RzK I 15 Nr. 15: betriebsbedingte Kündigung; *Hambitzer*, NJW 1985, 2239, 2242; *ders.*, Wiedereinstellungsanspruch, S. 165 ff.; *Meinel/Bauer*, NZA 1999, 575, 581; *Kleinebrink*, FA 1999, 138, 140; *Westera*, S. 131; *Kiel*, in: Ascheid/Preis/Schmidt, § 1 KSchG Rn. 819a; *Kontusch*, S. 176: Zweckrichtung von Kündigungsschutz- und Wiedereinstellungsklage identisch.

muss.[836] Das *BAG* wendet die §§ 4, 7 KSchG zwar entsprechend im Bereich der betriebsbedingten Kündigung bei unvorhergesehenem Betriebsübergang auf die Geltendmachung eines Fortsetzungsverlangens (Widerspruchs) gegen den Betriebserwerber an.[837] Diese Überlegung ist auf den Fall des Wiedereinstellungsanspruchs nach Verdachtskündigung jedoch nicht übertragbar.[838] Einmal handelt es sich beim Wiedereinstellungsanspruch nicht um eine Klage i. S. d. § 4 KSchG. Es besteht ein qualitativer Unterschied zwischen der Beseitigung der Rechtswirkungen einer Kündigung, die ein Gestaltungsrecht darstellt, und Geltendmachung eines – neuen – Vertragsabschlusses.[839] Schon unter diesem Aspekt scheint eine Analogie ausgeschlossen. Zudem bedürfte es einer mehrfachen Analogie, wenn auf den unschuldigen Arbeitnehmer das KSchG nicht anwendbar ist. Soweit das KSchG dann im Einzelfall nicht auf den unschuldigen Arbeitnehmer anwendbar sein sollte, gelangte man zu dem mehr als fragwürdigen Ergebnis, dass das Kündigungsschutzgesetz mangels Anwendbarkeit keinen Schutz bieten, aber zum Nachteil des Arbeitnehmers sogar einen Anspruch abschneiden soll. Das Ergebnis wird zusätzlich von der Erkenntnis gestützt, dass es sich bei § 4 KSchG um eine restriktiv zu handhabende Ausnahmevorschrift handelt. Abgesehen davon dürften Beweisprobleme entstehen, wenn der Fristbeginn – was bei der Verdachtskündigung durchaus nicht selten vorkommt – zeitlich nicht eindeutig fixierbar ist.[840]

2. § 124 BGB

Auch die Ein-Jahres-Frist des § 124 BGB kann nicht, auch nicht wertend, herangezogen werden.[841] Die Situation nach einer arglistigen Täuschung ist nicht mit der Lage vergleichbar, in der sich der unschuldige Arbeitnehmer nach Ausspruch einer wirksamen Verdachtskündigung befindet.

---

836 *Linck*, FA 2000, 334, 337: Dauer des Kündigungsschutzverfahrens als zeitliche Grenze.

837 *BAG*, Urt. v. 19.3.1998 – 8 AZR 139/97 (LAG Köln), BAGE 88, 196 = AP § 613a BGB Nr. 177 = SAE 1998, 319 = ZIP 1998, 1080 = BB 1998, 1421 = DB 1998, 1416 = BuW 1998, 559 = NZA 1998, 750 = RzK I 5e Nr. 86 = MDR 1998, 1035 = NJW 1998, 3138 = EzA § 613a BGB Nr. 163 = AR-Blattei ES 500 Nr. 143; *BAG*, Urt. v. 12.11.1998 – 8 AZR 265/97 (LAG Köln), BAGE 90, 153 = AP § 1 KSchG 1969 -Wiedereinstellung- Nr. 5 = NJW 1999, 1132 = DB 1999, 485 = BB 1999, 589 = ZIP 1999, 670 = NZA 1999, 311 = MDR 1999, 551 = EzA § 613a BGB Nr. 171.

838 *Lepke*, NZA-RR 2002, 617, 623.

839 *Bram/Rühl*, NZA 1990, 753, 757; *Weller/Dorndorf*, in: HeidelbergKomm-KSchG, § 1 Rn. 947b; *Zwanziger*, BB 1997, 42, 45; *ders.*, in: Kittner/Däubler/Zwanziger, Einl. Rn. 390h; *Etzel*, in: KR[7], § 1 KSchG Rn. 742; *Oetker*, ZIP 2000, 643, 651; *Raab*, RdA 2000, 147, 154; *Strathmann*, S. 107; *Krüll*, S. 296 f.

840 *Bram/Rühl*, NZA 1990, 753, 757; *Honstetter*, S. 167; *Zwanziger*, BB 1997, 42, 45; *Rahmstorf*, S. 113; *Hoefs*, S. 302; *Krüll*, S. 297; *Pflüger*, S. 235, 236; *Kontusch*, S. 175.

841 So aber *Pflüger*, S. 197, 198.

3. Schlussfolgerung

Die Geltendmachung des Wiedereinstellungsanspruchs unterliegt in zeitlicher Hinsicht nur allgemeinen Grenzen.[842] Im Einzelfall kann ein Wiedereinstellungsanspruch verwirkt (§ 242 BGB) sein.[843] Zudem gilt die regelmäßige Verjährungsfrist der §§ 195, 199 BGB: der Wiedereinstellungsanspruch verjährt demnach nach drei Jahren ab Schluss des Jahres der Anspruchsentstehung. Daneben sind etwaige tarifliche Ausschlussfristen zu beachten.

X. Beteiligung des Betriebsrats gemäß § 99 BetrVG

Grundsätzlich denkbar ist eine Mitbestimmung des Betriebsrates gemäß § 99 BetrVG. Auch in Umsetzung eines Wiedereinstellungsanspruches erfolgt grundsätzlich eine Eingliederung in den Betrieb. Ein Mitbestimmungsrecht setzt jedoch eine Gestaltungsmöglichkeit des Arbeitgebers voraus. Es scheidet folglich aus, soweit der Arbeitgeber keinerlei Ermessen ausüben kann.[844] Ein Kontrahierungszwang schaltet jegliches Ermessen aus, so dass grundsätzlich keine mitbestimmungspflichtige Einstellung vorliegt.[845] Ein Zustimmungsverweigerungsgrund nach § 99 Abs. 2 Nr. 6 BetrVG ist auch nicht denkbar für den Fall, dass der Verdacht nicht vollständig entkräftet wurde,[846] da in dieser Konstellation bereits kein Wiedereinstellungsanspruch gegeben ist.

Eine Wiedereinstellung ist im Ergebnis nur dann mitbestimmungspflichtig im Sinne des § 99 Abs. 1 BetrVG, wenn sie auf einem anderen[847] als dem ursprünglichen Arbeitsplatz erfolgen soll oder eine Sozialauswahl zwischen mehreren[848] wiedereinzustellenden Arbeitnehmern vorzunehmen ist.[849]

---

[842] *Berkowsky*, in: MünchHandbArbR II², § 144 Rn. 18; *Boewer*, NZA 1999, 1177, 1183; *Zwanziger*, in: Kittner/Däubler/Zwanziger, Einl. Rn. 390h; *Fischermeier*, in: KR⁶, § 626 BGB Rn. 234; *Etzel*, in: KR⁷, § 1 KSchG Rn. 742.

[843] *Bram/Rühl*, NZA 1990, 753, 757; *Zwanziger*, BB 1997, 42, 45; *Meinel/Bauer*, NZA 1999, 575, 581; *Boewer*, NZA 1999, 1177, 1183; *Oetker*, ZIP 2000, 643, 651; *Raab*, RdA 2000, 147, 154; *Hoefs*, S. 302; *Lepke*, NZA-RR 2002, 617, 623; *Strathmann*, S. 108, 118; *B. M. Schmidt*, S. 163; *Krüll*, S. 298 ff., 305.

[844] *BAG*, Beschl. v. 7.11.1975 – 1 ABR 78/74 (LAG Bremen), BAGE 27, 322 = BB 1976, 134 = DB 1976, 152 = AP § 99 BetrVG 1972 Nr. 3 = MDR 1976, 346 = WM 1976, 167 = EzA § 118 BetrVG 1972 Nr. 7 = ARSt 1977, 36 = SAE 1977, 35 = AR-Blattei ES 500 Nr. 12: Betriebsübergang; *Hambitzer*, Wiedereinstellungsanspruch, S. 145, 146; *Beckschulze*, DB 1998, 417, 420; *Pflüger*, S. 228.

[845] *Herschel*, BlStSozArbR 1977, 13, 16; *Hambitzer*, Wiedereinstellungsanspruch, S. 145, 146; *Boewer*, NZA 1999, 1177, 1181; *Kleinebrink*, FA 1999, 138, 140; *Oetker*, ZIP 2000, 643, 652; *Strathmann*, S. 99; *Kontusch*, S. 201 ff.; *Pflüger*, S. 229; a. A. *Langer*, NZA 1991, Beil. 3, 23, 29; *Nägele*, BB 1998, 1686, 1689; *Kaiser*, in: Löwisch/Kaiser, § 99 Rn. 4.

[846] So aber *Hoefs*, S. 300.

[847] *Kontusch*, S. 204

[848] Beispielsweise bei Ausspruch von Verdachtskündigungen gegenüber mehreren Arbeitnehmern, deren Arbeitsplätze nicht mehr sämtlich zur Verfügung stehen.

[849] *Boewer*, NZA 1999, 1177, 1182; *Strathmann*, S. 96 ff., 100, 118; *Nädler*, S. 161; *Kontusch*, S.

XI. Folgen eines rechtskräftig festgestellten Wiedereinstellungsanspruchs

Nunmehr gilt es die Folgen eines rechtskräftig festgestellten Wiedereinstellungsanspruchs zu beleuchten.

1. Zur Anrechnung der Fehlzeiten

Wird das Arbeitsverhältnis neu begründet, ist fraglich, ob das Arbeitsverhältnis als unterbrochen gilt oder ob die nicht gearbeitete Zeit angerechnet wird.
Der Arbeitnehmer ist – wie bei einer einverständlichen Rücknahme der Kündigung – zur Wahrung seines Besitzstandes im Wege einer gesetzlichen Fiktion so zu stellen, als habe das Arbeitsverhältnis nahtlos fortbestanden.[850] Der Wiedereinstellungsanspruch bezweckt die Korrektur der Kündigung, so dass ein Anknüpfen an die im alten Arbeitsverhältnis erworbene Position gerechtfertigt ist[851] – der status quo ante ist herzustellen.[852] Das gilt jedenfalls im Rahmen innerbetrieblicher Rechte und Ansprüche, etwa bei Anwartschaftszeiten für eine Betriebsrente oder gesetzlichen Wartezeiten (vgl. § 1 Abs. 1 KSchG, § 3 Abs. 3 EFZG, § 4 BUrlG, § 8 Abs. 1 BetrVG).[853] Insoweit können die Regelungen des § 6 ArbPlSchG und des § 10 Abs. 2 MuSchG wertend herangezogen werden.

Problematisch ist dies im Hinblick auf sozialrechtliche Folgen der Wiedereinstellung. Welche Auswirkungen hat beispielsweise die Unterbrechung auf Wartezeiten, z. B. für den Anspruch auf Arbeitslosengeld gemäß §§ 117, 123 SGB III?
Es darf nicht ohne weiteres ein Fortbestehen ohne Unterbrechung fingiert werden, denn die Fiktion würde hier nicht dem Arbeitgeber zum Nachteil gereichen, sondern zulasten Dritter gehen. Infolgedessen können nur solche sozialrechtliche Nachteile Gegenstand der Betrachtung sein, welche der Arbeitnehmer aufgrund zurechenbaren Verhaltens des Arbeitgebers erlitten hat und die folglich vom Arbeitgeber auszugleichen sind. So ist eine Ersatzpflicht des Arbeitgebers anzunehmen, wenn der Arbeitnehmer nur deswegen die erforderliche Wartezeit nicht vorweisen kann, weil ihn der Arbeitgeber trotz entsprechender Geltendmachung nicht sofort wieder eingestellt hat.[854]

203.

850 *BAG*, Urt. v. 13.11.1997 – 8 AZR 295/95 (LAG Hamm), BAGE 87, 115 = AP § 613a BGB Nr. 169 = DB 1997, 2388 = SAE 1998, 143 = ZIP 1998, 167 = BB 1998, 319 = MDR 1998, 420 = NZA 1998, 251 = EuroAS 1998, 33 = EzA § 613a BGB Nr. 154 = NJW 1998, 1885; *Bram/Rühl*, NZA 1990, 753, 757; *Boewer*, NZA 1999, 1177, 1182; *Müller-Glöge*, NZA 1999, 449, 455; *Kleinebrink*, FA 1999, 138, 140; *Hoefs*, S. 304; *Raab*, RdA 2001, 248, 249; *Westera*, S. 94.

851 *Von Stebut*, Sozialer Schutz, S. 126, 127; *Walker*, SAE 1998, 103, 107; *Nädler*, S. 137.

852 *Pflüger*, S. 221; *Kontusch*, S. 132, 158.

853 *Hambitzer*, Wiedereinstellung, S. 151; *Bram/Rühl*, NZA 1990, 753, 757; *Walker*, SAE 1998, 103, 107; *Krüll*, S. 231 ff.; *Pflüger*, S. 221.

854 *Oetker*, ZIP 2000, 1787; *Nädler*, S. 137.

Die Nichtgeltendmachung eines Wiedereinstellungsanspruchs zieht keine Sperrfrist analog § 144 SGB III nach sich, da sich der Gesetzgeber auf die Gesetz gewordenenen Sperrzeittatbestände beschränkt hat und die Sperrzeit wegen Arbeitsaufgabe an aktives Verhalten des Versicherten anknüpft, so dass folglich die bloße Hinnahme einer rechtswidrigen Kündigung nicht ausreicht.[855] Dies muss auch bei Nichtgeltendmachung eines bestehenden Wiedereinstellungsanspruchs gelten.[856]

2. Weigerung nach rechtskräftig festgestelltem Wiedereinstellungsanspruch

Stellt der Arbeitgeber trotz rechtskräftig festgestelltem Wiedereinstellungsanspruch den Arbeitnehmer nicht wieder ein, besteht ein verschuldensabhängiger Anspruch aus Schuldnerverzug gemäß §§ 280, 286 BGB, der – im Ergebnis – auf den Arbeitslohn gerichtet ist. Lässt man ohne den konstruktiven Umweg über die Erklärungsfiktion eine direkte Inanspruchnahme zu, besteht ein verschuldensunabhängiger Anspruch aus Annahmeverzug gemäß § 615 BGB.[857]

Hat der Arbeitgeber unberechtigterweise, etwa zu früh[858] oder zu spät[859], einen anderen Arbeitnehmer ersatzweise eingestellt, kann sich der Arbeitgeber diesem Ersatzarbeitnehmer gegenüber gemäß §§ 280 Abs. 1, 241 Abs. 2, 311 Abs. 2 BGB schadensersatzpflichtig machen. Dies dann, wenn er mit dem wiedereinzustellenden Arbeitnehmer einen Arbeitnehmer überzählig hat und den Ersatzarbeitnehmer, zu dessen Ungunsten die Sozialauswahl ausgeht, gegebenenfalls betriebsbedingt kündigen muss.[860] Verhindert der Arbeitgeber (sonst) treuwidrig die Wiedereinstellung, kommen zusätzlich Ansprüche gemäß §§ 823, 826 BGB in Betracht.

XII. Darlegungs- und Beweislast

Dem Arbeitnehmer obliegt grundsätzlich die Darlegungs- und Beweislast der anspruchsbegründenden Voraussetzungen, er muss also seine Unschuld nachweisen.[861] Der Arbeitgeber muss dagegen sämtliche, einer Wiedereinstellung entgegenstehende Umstände darlegen und beweisen, z. B. die Unzumutbarkeit der Wiedereinstellung belegende Tatsachen etc.[862]

---

[855] *BSG*, Urt. v. 25.4.2002 – B 11 AL 89/01 R (LSG Hessen), BSGE 89, 250 = AP § 119 AFG Nr. 8 = NZA-RR 2003, 162 = SuP 2003, 460.

[856] *Boewer*, NZA 1999, 1177, 1181; *Kontusch*, S. 208, 209.

[857] So z. B. *Däubler*, in: Kittner/Däubler/Zwanziger, § 626 BGB Rn. 157.

[858] Vgl. 3. Teil, A VI 1: Arbeitgeber muss den Kündigungsschutzprozess abwarten.

[859] Zum Beispiel nach Kenntniserlangung von der Unschuld des Gekündigten.

[860] *Pflüger*, S. 181.

[861] *Bram/Rühl*, NZA 1990, 753, 758; *Oetker*, ZIP 2000, 643, 653; *Zwanziger*, in: Kittner/Däubler/Zwanziger, Einl. Rn. 390x.

[862] *Ziemann*, MDR 1999, 716, 721; *Boewer*, NZA 1999, 1177, 1183; *ders.*, in: Henssler/Moll, J Rn. 120; *Oetker*, ZIP 2000, 643, 653.

XIII. Streitwert des Wiedereinstellungsantrags

Kündigungsschutzklage und Antrag auf Wiedereinstellung stellen unterschiedliche Streitgegenstände dar. Daraus folgt, dass nach § 19 Abs. 1 S. 2 GKG eine Streitwertaddition vorzunehmen ist.[863] Fraglich ist, in welchem Maße der Wiedereinstellungsanspruch zu berücksichtigen ist.
Vereinzelt wird der Streitwert um einen Monatsverdienst erhöht.[864] Nach anderer Ansicht wird der Streitwert gemäß § 3 ZPO nach freiem Ermessen festgesetzt.[865] Aufgrund der identischen Schutzrichtung von Kündigungsschutzklage und Klage auf Wiedereinstellung ist allerdings die Orientierung an der Regelung des § 12 Abs. 7 ArbGG, nunmehr geregelt in § 42 Abs. 4 GKG, vorzugswürdig.[866] Danach sind für den Antrag auf Wiedereinstellung – zusätzlich – drei Monatsgehälter zugrunde zu legen.

B. Entschädigungsanspruch

Als Kompensation für den Verlust des Arbeitsplatzes kommt ein Entschädigungsanspruch in Betracht.

I. Grundsatz

Ist die Wiedereinstellung für den Arbeitgeber unzumutbar, steht dem wirksam gekündigten, aber tatsächlich unschuldigen Arbeitnehmer ein Entschädigungsanspruch zu.[867] Darüber hinaus ist es denkbar, dass der Arbeitnehmer kein Interesse an einer Rückkehr auf den alten Arbeitsplatz hat; auch dem Arbeitnehmer kann eine grundsätzlich mögliche Wiedereinstellung unzumutbar sein.[868] Auch in dieser Fallgestaltung ist ein Entschädigungsanspruch des unschuldigen Arbeitnehmers anzuerkennen.[869] Hier gilt es zu berücksichtigen, dass die Kündigung zwar wirksam ist und bleibt, da im Zeitpunkt der Kündigung beziehungsweise deren Zugang die Voraus-

---

[863] *LAG Hamm*, Urt. v. 19.6.2001 – 4 Sa 1623/99 (ArbG Bocholt), [nicht veröffentlicht]: unter 5.2 der Gründe; *LAG Hamm*, Urt. v. 24.6.1999 – 8 Sa 2071/98 (ArbG Herne), LAGE § 1 KSchG -Krankheit- Nr. 29 = NZA 2000, 320 = BuW 2000, 122 = RzK I 5g Nr. 74: unter III der Gründe; *Ziemann*, MDR 1999, 716, 721; *Boewer*, NZA 1999, 1177, 1184; *Kontusch*, S. 196; a. A. *Heimann*, JurBüro 2001, 287.

[864] *LAG Hamm*, Urt. v. 24.6.1999 – 8 Sa 2071/98 (ArbG Herne), LAGE § 1 KSchG -Krankheit- Nr. 29 = NZA 2000, 320 = BuW 2000, 122 = RzK I 5g Nr. 74: unter III der Gründe; *ArbG Regensburg*, Urt. v. 6.10.2000 – 3 Ca 1624/00, JurBüro 2001, 310: Wiedereinstellungszusage.

[865] *Heimann*, JurBüro 2001, 287, 288.

[866] *LAG Hamm*, Urt. v. 19.6.2001 – 4 Sa 1623/99 (ArbG Bocholt), [nicht veröffentlicht]: unter 5.2 der Gründe; *Ziemann*, MDR 1999, 716, 721; *Boewer*, NZA 1999, 1177, 1184; *ders.*, in: Henssler/Moll, J Rn. 127; *Kontusch*, S. 196. Ebenso *ArbG Regensburg*, Urt. v. 6.10.2000 – 3 Ca 1624/00, JurBüro 2001, 310: bei Wiedereinstellungszusage jedoch Berücksichtigung von lediglich einem Monatsverdienst angemessen und ausreichend.

[867] *Görg*, S. 172.

[868] Ein Auflösungsantrag des unschuldigen Arbeitnehmers kommt nach § 9 Abs. 1 S. 3 KSchG nur bis zum Schluss der letzten mündlichen Verhandlung in der Berufungsinstanz in Betracht.

[869] *Hwang* verweist auf die vorangegangene Kränkung des Arbeitnehmers (S. 126).

setzungen der Verdachtskündigung erfüllt waren, der Arbeitnehmer tatsächlich aber unschuldig ist. Da bisher bei der rechtlichen Betrachtung aus Gründen der Rechtssicherheit und Rechtsklarheit vorrangig den Interessen des Arbeitgebers entsprochen werden musste (Verdachtskündigung wirksam, Wiedereinstellung unzumutbar), ist der Arbeitnehmer nunmehr zum Ausgleich mit wirkungsvollen Gegenrechten auszustatten. Die Entschädigungshöhe ist dabei durchaus großzügig zu bemessen, selbst wenn es Einzelfälle geben mag, in denen ein wirksam gekündigter Arbeitnehmer damit ein „gutes Geschäft“ machen sollte, was sich in Einzelfällen ohnehin nicht ausschließen lässt.

II. Anspruchsgrundlage

Fraglich ist die Anspruchsgrundlage für einen Entschädigungsanspruch.

1. §§ 9, 10 KSchG analog

Als Anspruchsgrundlage wird teilweise eine Analogie zu den §§ 9 Abs. 1 S. 2, 10 KSchG befürwortet.[870] Durch § 9 Abs. 1 S. 2 KSchG wird der Arbeitgeber bei Undienlichkeit einer weiteren Zusammenarbeit mit dem Arbeitnehmer von der ihm obliegenden Pflicht zur (Weiter-)Beschäftigung entbunden. Damit sei es vergleichbar, wenn der Arbeitgeber wegen Unzumutbarkeit der Wiedereinstellung von der Pflicht, ein neues Arbeitsverhältnis zu begründen, befreit wird.[871]

Dafür spricht, dass der Arbeitgeber selbst bei einer unwirksamen Kündigung das Arbeitsverhältnis lösen kann, wodurch dann eine Ersatzpflicht ausgelöst wird. Ist der Arbeitgeber nach wirksamer Kündigung zur Wiedereinstellung verpflichtet, erscheint diese Fallkonstellation vergleichbar: trotz grundsätzlich bestehender rechtlicher Verpflichtung wird das Arbeitsverhältnis vom Arbeitgeber nicht fortgesetzt. Dagegen wird zu Recht auf die mangelnde Vergleichbarkeit der Interessenlagen verwiesen, da § 9 KSchG ein wirksames Arbeitsverhältnis voraussetzt.[872] Außerdem handelt auch der Arbeitgeber – entgegen der Grundintention des § 9 KSchG – rechtmäßig, der die Wiedereinstellung mangels Zumutbarkeit ablehnt.[873] Zusätzlich unterscheidet sich der Sachverhalt bei Unzumutbarkeit der Wiedereinstellung nach wirksamer Verdachtskündigung von dem der §§ 9, 10 KSchG dadurch, dass die Verdachtskündigung regelmäßig[874] als außerordentliche Kündigung ausgesprochen werden wird. Wie sich aus einem Umkehrschluss aus § 13 Abs. 1 S. 3 KSchG er-

---

870 *Gamillscheg*, ArbR I[7], S. 433; *Belling*, RdA 1996, 223, 239; *Zwanziger*, BB 1997, 42, 45; *Welslau*, BuW 1998, 953, 954; *Isenhardt*, in: KasselHandbArbR, 6.3 Rn. 370; *Nädler*, S. 145 ff., 148. Für den Fall der Druckkündigung: *Blaese*, DB 1988, 178, 181; *Schwerdtner*, in: MünchKomm-BGB[3], § 626 Rn. 181.

871 So *Belling* (RdA, 1996, 223, 239) und *Hoefs* (S. 306 f.): beide Fälle wertungsmäßig gleichzusetzen.

872 *Bram/Rühl*, NZA 1990, 753, 758; *vom Stein*, Fehleinschätzungen, S. 169.

873 *Hambitzer*, Wiedereinstellungsanspruch, S. 161.

874 Vgl. 2. Teil, B V: Verdachtskündigung grundsätzlich auch als ordentliche Kündigung denkbar.

gibt, kann bei einer außerordentlichen Kündigung der Arbeitgeber den Auflösungsantrag nicht stellen, die Undienlichkeit einer weiteren Zusammenarbeit gerade nicht selbst geltend machen.[875] Eine Analogie kommt angesichts des klaren Wortlauts nicht in Betracht.[876] Die Auflösung nach unwirksamer außerordentlicher Kündigung kommt vielmehr ausschließlich in Betracht, wenn die Fortsetzung des Arbeitsverhältnisses dem Arbeitnehmer nicht zuzumuten ist; nach wirksamer Verdachtskündigung ist im Gegensatz dazu dem Arbeitgeber die Wiedereinstellung unzumutbar.[877] Der Wiedereinstellung begehrende Arbeitnehmer stellt jedoch gerade keinen Auflösungsantrag, sondern das genaue Gegenteil davon.[878] Darüber hinaus enthält die Unzumutbarkeit im Verhältnis zur Undienlichkeit ein Plus.[879] Auch Umstände, die eine Kündigung nicht zu rechtfertigen vermögen, kommen als Auflösungsgründe in Betracht.[880] Die Undienlichkeit unterliegt folglich geringeren Anforderungen, so dass auf Rechtspositionen des Arbeitnehmers leichter eingewirkt werden kann.[881] Der Gesetzgeber hat indes nur für diesen Fall einen normierten Ausgleichsanspruch für erforderlich gehalten hat. Dem Arbeitgeber auf diesem Wege auch bei – unter erschwerten Voraussetzungen vorliegender – Unzumutbarkeit eine Ersatzpflicht aufzuerlegen, ist jedenfalls keineswegs selbstverständlich.[882]

Die §§ 9, 10 KSchG analog scheiden als Anspruchsgrundlage aus, soweit die Wiedereinstellung lediglich daran scheitert, dass sie dem Arbeitgeber nicht zumutbar

---

875 BT-Drs. 1/2090, S. 15; *BAG*, Urt. v. 26.10.1979 – 7 AZR 752/77 (LAG Baden-Württemberg, Kammern Freiburg), AP § 9 KSchG 1969 Nr. 5 = SAE 1980, 57 = BlStSozArbR 1980, 137 = DB 1980, 356 = BB 1980, 315 = NJW 1980, 1484 = EzA § 9 KSchG nF Nr. 7 = AR-Blattei ES 1020 Nr. 195, *BAG*, Urt. v. 21.9.2000 – 2 AZN 576/00 (LAG Baden-Württemberg), BAGE 95, 348 = AP § 9 KSchG 1969 Nr. 35 = DB 2001, 48 = BB 2001, 103 = NZA 2001, 102 = NJW 2001, 771 = MDR 2001, 457 = EzA § 9 KSchG nF Nr. 44 = SAE 2001, 200; *LAG Hamm*, Urt. v. 18.10.1990 – 17 Sa 600/90 (ArbG Münster), LAGE § 9 KSchG Nr. 19 = DB 1991, 1336 = ZTR 1991, 127 = ArbuR 1991, 249 = RzK I 11a Nr. 19; *Herschel*, BlStSozArbR 1977, 113, 115; *Junker*, EWiR 2001, 179; *H. M. Schäfer*, BB 2001, 1102; *Schaub*, ArbRHandb[8], § 138 I 4 (S. 1234); *S. Müller*, S. 10; *Hergenröder*, in: MünchKomm-BGB[4], § 9 KSchG Rn. 32 und § 13 KSchG Rn. 35; a. A. *J. Schäfer*, BB 1985, 1994 ff., 1997: Änderung de lege ferenda. Kritisch zur bestehenden gesetzlichen Lage *Trappehl/Lambrich*, RdA 1999, 243, 251.

876 *Hergenröder*, in: MünchKomm-BGB[4], § 13 KSchG Rn. 35: Analogie „ verbietet sich".

877 Anders nur, soweit der Arbeitnehmer trotz grundsätzlich möglicher Wiedereinstellung daran kein Interesse hat.

878 So auch *Pflüger*, S. 179.

879 *Hueck/von Hoyningen-Huene*, § 9 Rn. 37; *Spilger*, in: KR[6], § 9 KSchG Rn. 58.

880 *Spilger*, in: KR[6], § 9 KSchG Rn. 58.

881 Das übersieht *Nädler*, die Undienlichkeit und Unzumutbarkeit gleichsetzt (S. 146). Ebenso *Kontusch*, S. 191.

882 *Krüll* hält den Wertungsunterschied für „fundamental" und lässt eine Analogie daran scheitern (S. 146).

ist.[883] Im Ergebnis kann sich ein Anspruch aus §§ 9, 10 KSchG analog nur ergeben, wenn der Arbeitnehmer trotz grundsätzlich bestehender Möglichkeit kein Interesse an einer Wiedereinstellung hat.[884]

2. § 904 S. 2 BGB analog

Scheitert die Wiedereinstellung an der Unzumutbarkeit für den Arbeitgeber, kommt ein allgemeiner Aufopferungsanspruch in Betracht.

a) Zum Aufopferungsanspruch

Nach gefestigter Rechtsprechung[885] ist für rechtswidrige, aber schuldlose Eingriffe der Staatsgewalt, die in ihrer Wirkung einer – rechtmäßigen – Enteignung gleichkommen, Entschädigung zu gewähren. Danach sei es geboten, unrechtmäßige Eingriffe der Staatsgewalt in die Rechtssphäre eines Einzelnen dann wie eine Enteignung zu behandeln, wenn sie sich für den Fall ihrer gesetzlichen Zulässigkeit sowohl nach ihrem Inhalt wie nach ihrer tatsächlichen Wirkung als eine Enteignung darstellen würden und wenn sie in ihrer tatsächlichen Wirkung dem Betroffenen ein besonderes Opfer auferlegt haben. Der entscheidende Grundgedanke für die Zubilligung eines Entschädigungsanspruchs sei bei einem unrechtmäßigen Staatseingriff, der in seiner Wirkung für den Betroffenen einer Enteignung gleichsteht, mindestens in dem gleichen Maße gegeben wie bei einer rechtmäßigen, also gesetzlich zulässigen Enteignung. Aber auch rechtmäßige Eingriffe können eine Entschädigungspflicht begründen. Beim sogenannten enteignenden Eingriff[886] ergeben sich im Verhältnis des Bürgers zum Staat mit einer rechtmäßigen hoheitlichen Maßnahme wie der Enteignung einhergehende unbeabsichtigte oder atypische Belastungen, die dem Bürger ein Sonderopfer abverlangen und eine Entschädigungspflicht auslösen.[887] Der Sonderopfer-Gedanke findet sich auch im Verhältnis zwischen reinen Privatrechtssubjekten. § 904 BGB erlaubt die Einwirkung auf eine fremde Sache, von der die Gefahr nicht ausgeht, wenn die Einwirkung zur Abwendung einer gegenwärtigen Gefahr notwendig und der drohende Schaden gegenüber dem aus der Einwirkung dem Eigentümer entstehenden Schaden unverhältnismäßig groß ist. § 228 BGB erlaubt die entsprechende Einwirkung auf die gefahrbringende Sache selbst.

---

[883] *Bram/Rühl*, NZA 1990, 753, 758; *vom Stein*, Fehleinschätzungen, S. 170; *Gentges*, S. 371; *Westera*, S. 120; *Krüll*, S. 147; *Fischermeier*, in: KR^7, § 626 BGB Rn. 234.

[884] Anders *Bram/Rühl*, NZA 1990, 753, 758; *Kontusch*, S. 193.

[885] Vgl. nur *BGH*, Beschl. v. 10.6.1952 – GSZ 2/52 (vorgelegt vom III. ZS), BGHZ 6, 270, 290.

[886] *BGH*, Urt. v. 10.12.1987 – III ZR 220/86 (OLG Stuttgart), BGHZ 102, 350 = NJW 1988, 478: Herleitung des Anspruchs aus §§ 74, 75 EinlPrALR:

§ 74: Einzelne Rechte und Vorteile der Mitglieder des Staates müssen den Rechten und Pflichten zur Beförderung des gemeinschaftlichen Wohls, wenn zwischen beiden ein wirklicher Widerspruch (Kollision) eintritt, nachstehen.

§ 75: Dagegen ist der Staat denjenigen, welcher seine besonderen Rechte und Vorteile dem Wohl des gemeinen Wesens aufzuopfern genötigt wird, zu entschädigen gehalten.

[887] Zu den sog. Impf-Fällen vgl. *Schiwy*.

Verletzt jemand in einer vergleichbaren Notstandssituation nicht das Eigentum, sondern den Körper oder die Gesundheit eines anderen, der seinerseits an der Herbeiführung der Gefahrensituation nicht beteiligt ist, dann muss der Verletzte auch dann, wenn das Handeln des Verletzers nach § 34 StGB gerechtfertigt war, Ersatz seines Schadens verlangen können; denn wenn schon der Inhaber von bloßen Sachwerten als Ausgleich für die Verpflichtung, einen Eingriff zu dulden, einen Ersatzanspruch gegen den Begünstigten hat, muss dies mindestens in gleichem Maße gelten, wenn jemand den Eingriff in ein persönliches Rechtsgut hinnehmen muss.[888] Ebenso muss er Ersatz verlangen können, wenn das Handeln des Verletzers nicht gerechtfertigt, sondern nur nach § 35 StGB entschuldigt war; denn wenn schon ein Anspruch bei einem rechtmäßigen Eingriff aufgrund einer Notstandslage besteht, so muss dies erst recht bei rechtswidrigem, aber schuldlosem Handeln gelten.[889] Infolgedessen wird aus § 904 S. 2 BGB das allgemeine Prinzip hergeleitet, dass ein Unbeteiligter Ersatz von Schäden verlangen kann, die ihm durch das Zurückstehen eigener Rechtspositionen hinter höherrangigen schutzwerten Interessen entstehen.[890] Dabei geht es keineswegs um den Ausgleich „alltäglicher" Interessenkollisionen im Privatrecht[891], was sich nicht zuletzt in dem äußerst begrenzten Anwendungsbereich ausdrückt. Als schutzwerte eigene Interessen kommen zwar über das Eigentum hinaus sämtliche absoluten Rechte in Betracht,[892] aber eben nur absolute Rechte. Der Aufopferungsanspruch bleibt somit von vornherein auf besonders eingriffsintensive Fallgestaltungen beschränkt. Im Fall der Druckkündigung wird dem Arbeitnehmer überwiegend[893] ein Anspruch analog § 904 BGB eingeräumt, da er seinen Arbeitsplatz regelmäßig ohne eigenes Zutun durch Druck von außen verliert. Ähnlich verhält es sich bei der Verdachtskündigung. Der Arbeitnehmer ist ein Unbeteiligter, soweit er unschuldig ist.

b) Abgrenzung zu § 228 BGB

Dem kann auch nicht entgegen gehalten werden, der Arbeitnehmer sei kein unbeteiligter Dritter.[894] Insbesondere wäre in der vorliegenden Situation nicht vielmehr eine Rechtfertigung im Wege einer entsprechenden Anwendung des § 228 BGB vorzuziehen.

---

888 *Larenz/Canaris*, S. 209.

889 *Larenz/Canaris*, S. 209; *Schiwy*, S. 19.

890 *Schiwy*, S. 18 ff.; *Säcker*, in: MünchKomm-BGB[4], § 904 BGB Rn. 24.

891 Damit tut *Krüll* (S. 147, 148) lapidar einen Anspruch entsprechend § 904 S. 2 BGB ab.

892 *Baur*, in: Soergel[13], § 904 Rn. 3; *Säcker*, in: MünchKomm-BGB[4], § 904 BGB Rn. 2; *Bassenge*, in: Palandt[64], § 904 Rn. 1; *Pflüger*, S. 87.

893 *Herschel*, RdA 1953, 41, 42; *Däubler*, in: Kittner/Däubler/Zwanziger, § 626 BGB Rn. 174; *K. M. Dörner*, in: Ascheid/Preis/Schmidt, § 626 BGB Rn. 344; *Hillebrecht*, in: KR[4], § 626 BGB Rn. 152; *Fischermeier*, in: KR[6], § 626 Rn. 209; a. A. *Bulla*, in: Festschrift für Alfred Hueck, S. 25, 40, 41; *Schwerdtner*, in MünchKomm-BGB[3], § 626 Rn. 181: analog §§ 9, 10 KSchG; *Rahmstorf*, S. 125, 130; *Henssler*, in: MünchKomm-BGB[4], § 626 Rn. 257.

894 So aber *Pflüger*, S. 87.

In der Situation des § 228 BGB ist das Handeln des Verteidigers gerechtfertigt, wenn er dadurch eine drohende Gefahr abwendet; Rechtsgüter des Angreifers genießen nur sehr eingeschränkten Schutz. Damit lassen sich Sachverhalte nicht erfassen, in denen diverse Handlungsweisen verschiedene Anknüpfungspunkte darstellen können. In der Situation der Verdachtskündigung handelt der Arbeitgeber zunächst ja rechtmäßig – gerechtfertigt entweder gemäß § 904 BGB oder gemäß § 228 BGB – was durch die Beurteilung der Verdachtskündigung als wirksam deutlich wird. Soweit die Wiedereinstellung unzumutbar ist, handelt der Arbeitgeber wiederum rechtmäßig, wenn er eben diese verweigert. Nach § 228 S. 2 BGB schiede mangels Verschulden folglich ein Ersatzanspruch aus.

Zwar ist es möglich, dass lediglich die beiden Parteien, der Arbeitgeber und der Arbeitnehmer, in den Sachverhaltskomplex involviert sind, so dass ein Dritter im Wortsinne gar nicht existiert. Das ist im Hinblick auf § 904 BGB aber auch gar nicht nötig. Zum einen ist von einem „Dritten" dort gar nicht die Rede, sondern lediglich vom „Eigentümer". Zum anderen ist diese Vorschrift und der daraus abgeleitete allgemeine Rechtsgedanke lediglich so zu verstehen, dass einem „Unbeteiligten" ein Ersatzanspruch zukommen soll. Ein unschuldiger Arbeitnehmer ist unter Berücksichtigung der Interessenlagen aber in jedem Fall ein Unbeteiligter. Und das selbst dann, wenn er an der Entstehung des Verdachts möglicherweise schuldhaft mitgewirkt haben sollte. In diesem Fall scheidet ein Ersatzanspruch daher nicht von vornherein aus. Ein etwaiges Mitverschulden ist erst bei der Anspruchshöhe zu berücksichtigen und kann im Einzelfall zu einer Anspruchskürzung bis auf Null führen; siehe dazu unten (3. Teil, B IV).

Mit Ausspruch einer – wenn auch wirksamen – Verdachtskündigung wird in Rechtspositionen des unschuldigen Arbeitnehmers intensiv eingegriffen (siehe oben zum Wiedereinstellungsanspruch). Anführen lassen sich hier – grundrechtlich abgesichert – die Berufsfreiheit und das allgemeine Persönlichkeitsrecht des unschuldigen Arbeitnehmers. Dieser Eingriff wird perpetuiert, wenn die Wiedereinstellung des unschuldigen Arbeitnehmers an der Unzumutbarkeit für den Arbeitgeber scheitert. Scheitert letztlich die Rehabilitierung des unschuldigen Arbeitnehmers, weil dem Arbeitgeber die Wiedereinstellung nicht zumutbar ist, so sind diese Grundrechtspositionen – auf der Primärebene – nicht mehr durchsetzbar. Es besteht dann (zumindest) eine § 904 BGB vergleichbare Interessenlage. Im Übrigen ist nicht recht ersichtlich, wie – jedenfalls aus der ex-post-Betrachtung heraus – ein tatsächlich unschuldiger Arbeitnehmer im Zeitpunkt der Kündigung eine Gefahr darstellen kann. Die Grundsätze der Putativnotwehr lassen sich nicht heranziehen, weil der Arbeitgeber als Verteidiger eigener Rechtspositionen nicht über Tatsachen irrt, die seine Rechtfertigung betreffen, denn die Verdachtskündigung war und bleibt ja unter Berücksichtigung des entscheidungserheblichen Zeitpunktes wirksam.

Es bleibt festzuhalten, dass § 228 BGB keineswegs auf die vorliegende Sachverhaltskonstellation anwendbar ist. Ist die Wiedereinstellung des unschuldigen Arbeitnehmers dem Arbeitgeber nicht zuzumuten, kann daher nur auf den allgemeinen Aufopferungsgedanken (§ 904 S. 2 BGB analog) zurückgegriffen werden.

c) Anwendung

Mit Ausspruch einer Verdachtskündigung macht der Arbeitgeber von einem ihm zustehenden Recht Gebrauch. Der Arbeitgeber handelt somit rechtmäßig, was nicht zuletzt durch die – hier angenommene – Wirksamkeit der Verdachtskündigung verdeutlicht wird. Dem Arbeitgeber wird das Kündigungsrecht eingeräumt, da dem Arbeitsverhältnis beziehungsweise Dienstverhältnis als Dauerschuldverhältnis durch die Verdachtstatsachen das erforderliche Vertrauen entzogen wurde. Das Lösungsrecht wird in dieser Fallgestaltung stärker gewichtet als das Interesse des Arbeitnehmers am Erhalt seines Arbeitsplatzes.

Stellt sich dann die Unschuld des gekündigten Arbeitnehmers heraus, kann dieser Wiedereinstellung verlangen. Die Weigerung des Arbeitgebers, den tatsächlich unschuldigen Arbeitnehmer wiedereinzustellen, greift wiederum in Rechtspositionen des Arbeitnehmers ein; sie ist nur dann zulässig, wenn die Wiedereinstellung unzumutbar ist. Soweit die Wiedereinstellung unzumutbar ist, ist die diesbezügliche Weigerung des Arbeitgebers wiederum rechtmäßig. Dieses Ergebnis wird beim Blick auf die jeweiligen – widerstreitenden – Grundrechtspositionen bestätigt. Stehen sich in der Ausgangssituation die Berufsfreiheit des Arbeitgebers in Gestalt der Unternehmerfreiheit und die Berufsfreiheit des Arbeitnehmers gleichgewichtig beziehungsweise gleichwertig gegenüber, so verschiebt sich das Gewicht im Falle eines Verdachts zugunsten der Unternehmerfreiheit. Stellt sich danach aber die Unschuld des Arbeitnehmers heraus, überwiegen nunmehr eindeutig dessen Grundrechtspositionen, zumal durch einen falschen Verdacht zusätzlich das allgemeine Persönlichkeitsrecht betroffen ist.

Das Arbeitsverhältnis (oder die Betriebszugehörigkeit) lässt sich zwar nicht unmittelbar unter die oben angeführten Schutzgüter wie Eigentum oder Körper und Gesundheit subsumieren – im Hinblick auf den Eigentumsbegriff wird nicht der Bestand tangiert, sondern nur der zukünftige Erwerb. Der Anspruch auf Arbeitslohn für sich betrachtet ist der unmittelbare vermögensrechtliche Ausfluss[895] aus dem Arbeitsverhältnis. Er ist eine Forderung, welche als eigentumsähnliches Recht dem Eigentumsbegriff unterfällt. Dies gilt uneingeschränkt für die Lohnforderungen, die durch Erbringen der Arbeitsleistung bereits entstanden sind.

---

[895] Die für den Arbeitnehmer in der Regel ausschlaggebende Folge aus dem Arbeitsverhältnis; eine noch so interessante Tätigkeit büßt schnell ihre Attraktivität ein, wenn daraus der Lebensunterhalt nicht bestritten werden kann.

Zukünftige Forderungen sind ebenfalls umfasst, soweit man jedenfalls ein Recht am Arbeitsplatz[896] annimmt. Das *BAG* merkte dazu zunächst – in einem obiter dictum – zwar an, es spreche einiges für die Annahme, das Recht des Arbeitnehmers auf den Arbeitsplatz sei ein sonstiges Recht i. S. von § 823 Abs. 1 BGB.[897] In der Folge hat das *BAG* diese Frage aber offen gelassen.[898] Es hat dabei anklingen lassen, weder ein „Recht am Arbeitsplatz" noch ein „Recht am Arbeitsverhältnis" wegen fehlender Ausschlussfunktion gegenüber jedermann als absolutes Recht i. S. des § 823 Abs. 1 BGB anerkennen zu wollen. Einem aus dem Arbeitsverhältnis resultierenden „Recht am Arbeitsplatz" ermangele es angesichts bloßer Bündelung schuldrechtlicher Beziehungen der Arbeitsvertragsparteien der für die Annahme eines absoluten Rechts erforderlichen Ausschlussfunktion.[899] Die Schutzwirkungen des Arbeitsverhältnisses beziehen sich ausschließlich auf die Beziehung zum Arbeitgeber und sind damit relativ, also gerade nicht absolut.[900] Ob ein Recht am Arbeitsplatz anzuerkennen ist, kann hier jedoch offen bleiben. Das Arbeitsverhältnis muss nicht als absolutes Recht, sondern lediglich als aufopferungsfähiges Rechtsgut einzustufen sein.[901] Die Aufopferungsfähigkeit des Rechtsguts ´Arbeitsverhältnis´ ergibt sich aber bereits unter anderen Gesichtspunkten.
Das Gesetz über die Entschädigung für Strafverfolgungsmaßnahmen (StrEG) gewährt Entschädigung für rechtmäßige Akte der Strafrechtspflege. § 7 StrEG beinhaltet dabei einen besonderen Aufopferungsanspruch.[902] Der Verlust des Arbeitsplatzes

---

[896] Dafür *Hedemann*, RdA 1953, 121, 124; *Nipperdey*, in: Festschrift für Sitzler, S. 79, 92; *Bulla*, in: Festschrift für Alfred Hueck, S. 25, 40, 41; *Herschel*, RdA 1960, 121 ff.; *Fabricius*, AcP 160 (1961), 273, 305 ff., 315; *Gamillscheg*, AcP 164 (1964), 385, 391; *Leipold*, ArbuR 1971, 161, 165; *Coen*, S. 50, 59 f.; *Migsch*, S. 114 ff., 128 f.; *Etzel*, in: KR[6], § 104 BetrVG Rn. 69, 74; *Schleusener*, NZA 1999, 1078, 1080, 1081; *Engels/Schmidt/Trebinger/Linsenmaier*, § 104 Rn. 11; *Schlochauer*, in: Hess/Schlochauer/Glaubitz, § 104 Rn. 16; *Kittner*, in: Däubler/Kittner/Klebe, § 104 Rn. 10.

[897] *BAG*, Urt. v. 30.9.1970 – 1 AZR 535/69 (LAG Hamm), AP § 70 BAT Nr. 2 = NJW 1971, 480 = DB 1971, 101.

[898] *BAG*, Urt. v. 4.6.1998 – 8 AZR 786/96 (LAG Niedersachsen), BAGE 89, 80 = AP § 823 BGB Nr. 7 = NJW 1999, 164 = EWiR 1998, 1027 (m. zust. Anm. *Oetker*) = EzA § 823 BGB Nr. 9 = DB 1998, 2617 = AiB 1999, 112 = BB 1999, 746 = JZ 1999, 733 = AR-Blattei ES 1010.12 Nr. 6.

[899] *A. Hueck*, in: Festschrift für Hedemann, S. 131, 138; *Schwerdtner*, in: MünchKomm-BGB[3], § 626 Rn. 181; *C. Ebert*, S. 107, 111, 137. So auch *OLG Koblenz*, Beschl. v. 23.1.2003 – 5 U 13/03 (LG Trier), OLGR 2003, 128 = NZA 2003, 438 = EWiR 2003, 267 (m. Anm. *Schaub*) = NJW 2003, 1673 = MDR 2003, 457 = DB 2003, 670; *Papier*, RdA 1989, 137, 138; *vom Stein*, RdA 1991, 85, 92; *Thomas*, in: Palandt[62], § 823 Rn. 27; *Mertens*, in: MünchKomm-BGB[4], § 823 Rn. 130 und 515 ff.; *Zöllner/Loritz*, S. 181; *Riesenhuber*, JZ 1999, 711, 715; *Krüll*, S. 66; *Kontusch*, S. 21 ff., 23; *Pflüger*, S. 85.

[900] Vgl. dazu *Riesenhuber*, JZ 1999, 711, 715, 716.

[901] *Görg*, S. 174: bei unverschuldetem Verlust des Arbeitsplatzes wird Sonderopfer erbracht, das nach Aufopferungsgrundsätzen zu entschädigen ist.

[902] So schon die amtliche Begründung: BT-Drs. 6/1512, S. 1; ebenso *BGH*, Urt. v. 21.1.1988 – III

ist in diesem Zusammenhang kompensationsfähig.[903] Daraus ergibt sich, dass dem Arbeitsplatz beziehungsweise dem Arbeitsverhältnis jenseits der Diskussion um ein etwaiges Recht am Arbeitsplatz der Charakter eines aufopferungsfähigen Rechtsguts eingeräumt wird. Wie dieses Beispiel zeigt, setzt die Aufopferungsfähigkeit eines Rechtsguts nämlich nicht voraus, dass es ein Rechtsgut i. S. d. § 823 Abs. 1 BGB ist. Darüber hinaus lassen sich zur Absicherung dieses Ergebnisses die Vorschriften der § 1a KSchG und § 9 KSchG anführen, wonach bei klageloser Hinnahme einer betriebsbedingten Kündigung und Auflösung des Arbeitsverhältnisses jeweils ein Ersatzanspruch des Arbeitnehmers entsteht; auch hier wird dem Arbeitsverhältnis ein Vermögenswert beigemessen. Eine Abfindung ist eine kompensatorische Leistung für den Verlust des Arbeitsplatzes[904] bzw. eine Gegenleistung für die Aufopferung des Arbeitsplatzes zugunsten der ungestörten Weiterarbeit im Betrieb[905]. Der Arbeitsplatz hat also einen entschädigungspflichtigen Wert.
Der Arbeitgeber ist nicht schutzwürdig dergestalt, dass einseitig nur seine Interessen berücksichtigt werden. Stellt sich im Nachhinein die Unschuld des Arbeitnehmers heraus, liegt eine Ausnahmesituation vor, in der sich naturgemäß beiderlei Interessen nicht mehr vollständig verwirklichen lassen. Die für den Kündigungszeitpunkt vorzunehmende Prognose, in welchem Maße sich die objektiven Verdachtstatsachen zukünftig auf das Vertrauensverhältnis auswirken werden, ist mit gewissen Unwägbarkeiten behaftet; fehlende letzte Sicherheit oder gar Ungewissheit sind der Prognose eigen. Dementsprechend ist eine Prognosekorrektur vorzunehmen. Da im Nachhinein die Wirksamkeit der Kündigung nicht mehr in Frage gestellt werden kann,[906] müssen die tatsächlichen Auswirkungen für den unschuldigen Arbeitnehmer möglichst gering gehalten werden. So muss es sich auch auf den Arbeitgeber auswirken, wenn der – wirksam – gekündigte Arbeitnehmer tatsächlich unschuldig ist. Der Wiedereinstellungsanspruch dient hier als notwendiges Korrektiv.[907] Ist eine

---

ZR 157/86 (OLG Nürnberg), BGHZ 103, 113 = AP § 7 StrEG Nr. 1 = VersR 1988, 717 = MDR 1988, 385 = NJW 1988, 1141; *BGH*, Urt. v. 26.1.1989 – III ZR 192/87 (OLG Frankfurt), BGHZ 106, 313 = ZIP 1989, 715 = LM StrEG Nr. 14 = NJW 1989, 2127 = MDR 1989, 798 = WM 1989, 1063: unter II 5 a der Gründe; *Kunz*, in: Schätzler/Kunz, Einleitung Rn. 31; *Baumann*, in: Festschrift für Heinitz, S. 705, 707; *Meyer-Goßner*, Vorbem. § 1 StrEG Rn. 1.

[903] *BGH*, Urt. v. 21.1.1988 – III ZR 157/86 (OLG Nürnberg), BGHZ 103, 113 = AP § 7 StrEG Nr. 1 = VersR 1988, 717 = MDR 1988, 385 = NJW 1988, 1141; *BGH*, Urt. v. 26.1.1989 – III ZR 192/87 (OLG Frankfurt), BGHZ 106, 313 = ZIP 1989, 715 = LM StrEG Nr. 14 = NJW 1989, 2127 = MDR 1989, 798 = WM 1989, 1063: unter II 5 a der Gründe; *Kunz*, in: Schätzler/Kunz, § 7 Rn. 8, 9; *D. Meyer*, § 7 II, S. 232.

[904] So *Ohl*, AuR 1980, 108, 111.

[905] So *Gamillscheg*, ArbR I⁸, S. 682.

[906] Eine Ausnahme besteht in der Möglichkeit eines Wiederaufnahmeverfahrens gemäß §§ 580 ff. ZPO i. V. m. § 79 ArbGG.

[907] Vgl. *BAG*, Urt. v. 28.6.2000 – 7 AZR 904/98 (LAG Köln), BAGE 95, 171 = AP § 1 KSchG 1969 -Wiedereinstellung- Nr. 6 = ZIP 2000, 1781 = DB 2000, 2171 = NZA 2000, 1097 = BuW 2000, 983 = MDR 2000, 1440 = EzA § 1 KSchG -Wiedereinstellungsanspruch- Nr. 5 = BB 2001, 573 = NJW 2001, 1297 = SAE 2001, 125 = RdA 2001, 243; *Kort*, SAE 2001, 131,

Rehabilitation auf der Primärebene nicht möglich, so ist dem Arbeitnehmer (wenigstens) über einen Ersatzanspruch Kompensation zu gewähren. Dies ist im Rahmen einer Abwägung beider Vertragsinteressen der Beitrag, den der Arbeitgeber für die Beurteilung der Wirksamkeit im Zugangszeitpunkt ohne Berücksichtigung nachträglicher Entlastungstatsachen zu erbringen hat. Die Ausübung einer überschießenden Rechtsmacht ist ihrerseits mit Risiken behaftet.[908] Bei Ausspruch einer Verdachtskündigung muss es jedem Arbeitgeber klar sein, dass der Verdacht unbegründet sein kann, denn diese Möglichkeit ist jedem Verdacht immanent.[909] Das Risiko wird bis zum Gegenbeweis der Unschuld nur vorläufig zugewiesen.[910] Dem Arbeitgeber kommt insoweit lediglich ein graduelles faktisches Minus hinsichtlich des Tatnachweises bei Ausspruch einer Verdachtskündigung im Vergleich zur Tatkündigung zugute. Der Tatkündigung ist die Möglichkeit der Unschuld des Arbeitnehmers zwar ebenso immanent, denn auch bei Ausspruch einer Tatkündigung muss der Arbeitgeber schließlich immer damit rechnen, die vorgeworfene Pflichtverletzung nicht oder nicht mehr nachweisen zu können.[911] Bei der Verdachtskündigung muss der Arbeitgeber aber lediglich die objektiven Tatsachen nachweisen, die zum Zeitpunkt der Kündigungserklärung zu einem Vertrauensverlust geführt haben. Danach entstandene Entlastungstatsachen muss er sich nicht mehr entgegen halten lassen, so dass er insofern besser steht als bei Ausspruch einer Tatkündigung; bei einer Tatkündigung wirkt sich die erst während des Kündigungsschutzprozesses erwiesene Unschuld[912] auf die Wirksamkeit der Kündigung aus.
Des Weiteren steht es dem Arbeitgeber ja frei, den Gekündigten weiter zu beschäftigen oder wiedereinzustellen, sofern er Entschädigung nicht leisten kann oder will. Dagegen kann der Arbeitgeber nicht darauf vertrauen, bei Vorliegen eines Verdachts sofort und für alle Zeiten von sämtlichen Verpflichtungen befreit zu werden.[913] Auf der Sekundärebene ist vielmehr dann ein Ausgleich zu schaffen, wenn auf der Primärebene – mit guten Gründen – zunächst einseitig den Interessen

---

135; *Bülow*, S. 183, 184.

908 *Seier*, Kündigungsbetrug, S. 368; *Kaiser*, ZfA 2000, 205, 212, 225; *Strathmann*, S. 40; *Germakowski*, S. 80; *Bülow*, S. 183 f., 243.

909 Vgl. *Ascheid*, Beweislastfragen, S. 139; *Schütte*, NZA 1991, Beil. 2, 17, 22.

910 So auch *Bülow*, S. 232.

911 Der Begriff „Tatnachweis" im Rahmen der Tatkündigung ist relativ: auch bei der Tatkündigung steht die vorgeworfene Pflichtverletzung trotz „Tatnachweis" niemals 100%-ig fest. Auch hier besteht immer die Möglichkeit der Unschuld des Arbeitnehmers; eine Begrenzung erfolgt aber über die Beweisbarkeit im Prozess und die Rechtskraft.

912 Die nachträglich festgestellte Unschuld des Arbeitnehmers ist nicht einmal erforderlich; es genügt, wenn die Tat nicht (mehr) beweisbar ist.

913 In dieser Situation haben sich die Vorzeichen geändert: Reichte zunächst ein auf objektive Tatsachen gestützter Verdacht aus, eine Kündigung mit sämtlichen Konsequenzen zu rechtfertigen, so muss dieser Eingriff in Rechtspositionen des Arbeitnehmers bei festgestellter Unschuld ausgeglichen werden. Wurde aus der Sicht eines laienhaften Dritten zunächst der Arbeitgeber bevorzugt, kehrt sich das später zugunsten des unschuldigen Arbeitnehmers um.

einer Vertragspartei entsprochen wurde beziehungsweise werden musste, etwa bei Einräumung einer überschießenden Rechtsmacht[914] bzw. einem „Mehr an Gestaltungsmacht“[915].

Der Verlust des Arbeitsplatzes bedeutet den Wegfall des Erwerbseinkommens, auf das – bis auf vernachlässigbare Ausnahmen – jeder Arbeitnehmer angewiesen ist. Einem tatsächlich unschuldigen Arbeitnehmer, der aufgrund einer wirksamen Verdachtskündigung den Arbeitsplatz verliert und dessen Wiedereinstellung dem Arbeitgeber unzumutbar ist, wird ein weit über das Normalmaß des Zumutbaren hinausgehendes Sonderopfer abverlangt. Ohne Kompensation muss der Arbeitnehmer hier das Vertrauen in die Gerechtigkeit verlieren. Der Arbeitgeber fordert dieses Sonderopfer ein, so dass es interessengerecht ist, ihm zum Ausgleich für das Sonderopfer eine Ersatzpflicht aufzuerlegen. Der einzige Unterschied zu den Sachverhalten, in denen ein ausgleichspflichtiges Sonderopfer bisher angenommen wurde, liegt hier darin, dass anders als dort den Geschädigten eine Mitverantwortung an der Entstehung der Verdachtssituation treffen kann. In den anderen Sachverhalten, in denen bisher ein solches Sonderopfer bejaht wurde, spielte eine irgendwie geartete Mitverantwortung des zur Duldung verpflichteten Geschädigten keine Rolle. Eine Mitverantwortung wäre aber auch in diesen Fällen denkbar, ohne dass dadurch von vornherein ein Entschädigungsanspruch ausgeschlossen wäre. In diesen Fällen ließe sich eine Anspruchsbeschränkung über § 254 BGB erreichen.

3. § 700 Abs. 2 HGB analog?

Nach *Herschel* kommt eine Ersatzpflicht analog § 700 Abs. 2 HGB in Betracht.[916] § 700 Abs. 2 HGB begründet Ersatzpflichten im Rahmen einer sog. großen Haverei. Die Haverei bezeichnet in der Schifffahrt die vermögensrechtliche Abwicklung einer Havarie.[917] Nach § 700 Abs. 1 HGB sind alle Schäden, die dem Schiff oder der Ladung oder beiden zum Zwecke der Errettung beider aus einer gemeinsamen Gefahr von dem Kapitän oder auf dessen Geheiß vorsätzlich zugefügt werden, sowie auch die durch solche Maßregeln ferner verursachten Schäden, sowie die Kosten, die zu demselben Zweck aufgewendet werden, große Haverei. Nach § 700 Abs. 2 HGB wird die große Haverei von Schiff, Fracht und Ladung gemeinschaftlich getragen.

§ 700 HGB ist demzufolge ganz speziell auf das Seerecht zugeschnitten und kann für die Situation nunmehr feststehender Unschuld nach wirksamer Verdachtskündigung nicht herangezogen werden. Im Übrigen führt *Herschel* selbst die Vorschrift des § 700 Abs. 2 HGB weniger als eigenständige Anspruchsgrundlage denn als ar-

---

914 *Seier*, Kündigungsbetrug, S. 368; *Bülow*, S. 232.

915 *Seier*, Kündigungsbetrug, S. 369; *Kaiser*, ZfA 2000, 205, 212, 225; *Strathmann*, S. 40; *Germakowski*, S. 80.

916 *Herschel*, in: Festschrift für Lehmann, Bd. II, S. 662, 668; *ders.*, BlStSozArbR 1977, 113, 115.

917 Siehe *Creifelds*, S. 647.

gumentum a minore ad maius an und räumt an anderer Stelle dem Arbeitnehmer bei Verlust des Arbeitsplatzes infolge Druckkündigung einen Aufopferungsanspruch entsprechend § 904 BGB ein.[918]

4. § 251 Abs. 1 BGB

Möglicherweise lässt sich der Entschädigungsanspruch auf eine weitere Grundlage stützen. Die an sich gebotene Wiedereinstellung scheitert lediglich an der Unzumutbarkeit für den Arbeitgeber. Es können zunächst also dieselben Rechtsgüter herangezogen werden, die bereits den Wiedereinstellungsanspruch begründet haben. Gebieten Rechtspositionen des Arbeitnehmers, ihn wiedereinzustellen, so entsteht bei Unzumutbarkeit der Wiedereinstellung eine Entschädigungspflicht: ist die Wiedereinstellung als anzustrebende Naturalrestitution (§ 249 Abs. 1 BGB) nicht möglich, so ist Ersatz in Geld (§ 251 Abs. 1 BGB) zu leisten. Anders stellt sich die Lage dann dar, wenn man die Verfügbarkeit des alten Arbeitsplatzes bzw. Zumutbarkeit der Wiedereinstellung als Tatbestandsmerkmal versteht, z. B. die Nichtwiedereinstellung nur als sittenwidrig einstuft, solange der Arbeitsplatz noch frei ist.[919] In dieser Konstellation ließe sich nicht auf § 251 Abs. 1 BGB zurückgreifen, da ein Anspruch schon auf Tatbestandsebene ausschiede und die §§ 249 ff. BGB folglich nicht anwendbar wären. Da § 251 Abs. 1 BGB[920] nur die Schadensfolge und deren Abwicklung betrifft, ist eine eigentliche Anspruchsgrundlage, zum Beispiel die §§ 823, 826 BGB, heranzuziehen.[921]

III. Verhältnis der Anspruchsgrundlagen

Die Herleitung aus der Schadensrechtsnorm erscheint in rechtlicher Hinsicht frappierend einfacher als die Begründung des Ausgleichsanspruchs mit dem Sonderopfer-Gedanken. Fraglich ist daher das Verhältnis der Anspruchsgrundlagen zueinander.

Die §§ 249 ff. BGB geben ein allgemeines zivilrechtliches Prinzip des Schadensausgleiches wieder. § 249 Abs. 1 BGB enthält den Grundgedanken der Schadenswiedergutmachung in Gestalt der Naturalrestitution. § 251 Abs. 1 BGB enthält den allgemeinen Surrogat-Gedanken, soweit Naturalrestitution ausscheidet. Zur Anspruchsbegründung ist in der Regel ein Verschulden erforderlich, beim Schadensausgleich aufgrund Aufopferung fehlt es dagegen regelmäßig an einem

---

[918] *Herschel*, RdA 1953, 41, 42: wenn schon Schadensausgleich gemäß § 700 Abs. 2 HGB i. R. d. großen Haverei, dann erst recht bei Verlust des Rechtsguts der Betriebszugehörigkeit. *Schwerdtner* (in: MünchKomm-BGB³, § 626 Rn. 181) empfiehlt im Fall der Druckkündigung einen Anspruch analog §§ 9, 10 KSchG.

[919] So beispielsweise *von Bar*, AcP 179 (1979), 452, 474: Nichtwiedereinstellung sittenwidrig i. S. v. § 826 BGB i. V. mit § 249 S. 1 BGB a. F. (heute: § 249 Abs. 1 BGB), solange Arbeitsplatz noch frei.

[920] Vgl. § 249 S. 2 BGB a. F.

[921] Siehe hierzu die Ausführungen zum Wiedereinstellungsanspruch (3. Teil, A IV 2).

Verschulden. Stellt sich nach wirksamer Verdachtskündigung die Unschuld des Arbeitnehmers heraus, liegt eine besondere Situation vor. Diese Besonderheit ist darauf zurückzuführen, dass es bei der Verdachtskündigung zwei verschiedene Anknüpfungspunkte gibt, nämlich zum einen den Ausspruch bzw. Zugang einer – wirksamen – Verdachtskündigung und zum anderen das Verhalten nach Feststehen der Unschuld. Diese verschiedenen Anknüpfungspunkte wiederum resultieren aus dem zugrundeliegenden Rechtsverhältnis, dem Arbeits- bzw. Dienstverhältnis. Im Rahmen einer Verdachtskündigung kann der geschädigte Arbeitnehmer nach Feststehen der Unschuld die Wiedereinstellung verlangen und dadurch bereits naturalrestituiert werden. Ansprüche dieser Art bestehen in sonstigen Aufopferungslagen aber gerade nicht; ein Wiedereinsetzen in alte Rechte ist dort regelmäßig nicht möglich. Darüber hinaus fehlt es bei den herkömmlichen Aufopferungslagen gewöhnlich am Verschulden des Schädigers, so dass dort ein Schadensausgleich nach allgemeinen Grundsätzen ausscheidet.[922]

Der aus § 251 Abs. 1 BGB resultierende Ersatzanspruch stützt sich auf § 823 Abs. 1 BGB wegen Verletzung des allgemeinen Persönlichkeitsrechts. Auf der Primärebene kann Wiedereinstellung erst wegen der Verletzung des allgemeinen Persönlichkeitsrechts des unschuldigen Arbeitnehmers, wohl nicht etwa schon wegen Verletzung der Berufsfreiheit (Art. 12 GG) verlangt werden. Im Rahmen des Entschädigungsanspruchs auf der Sekundärebene genügt zur Anspruchsbegründung bereits der Verlust des Arbeitsplatzes, der dem Schutz von Art. 12 GG unterliegt; die Verletzung des allgemeinen Persönlichkeitsrechts ist zur Anspruchsbegründung nicht mehr erforderlich und gewissermaßen nur ein anspruchserhöhender Gesichtspunkt. Der Entschädigungs- bzw. Aufopferungsanspruch existiert überhaupt nur auf der Sekundärebene.
Auf der Sekundärebene sind beide Ansprüche deckungsgleich. Stellt sich nach wirksamer Verdachtskündigung die Unschuld des gekündigten Arbeitnehmers heraus, fallen § 251 Abs. 1 BGB und der Aufopferungsanspruch – zufällig – zusammen. Ausnahmsweise liegt in einem Sachverhalt des § 251 Abs. 1 BGB zusätzlich eine Sonderopfersituation vor. Daher scheint es gerechtfertigt, die für die Analogie erforderliche Regelungslücke trotz Deckungsgleichheit in den Rechtsfolgen zu bejahen. Folglich stehen dem unschuldigen Arbeitnehmer die Ansprüche aus Aufopferung (analog § 904 S. 2 BGB) und aus § 251 Abs. 1 i. V. m. § 823 Abs. 1 BGB nebeneinander zu.

IV. Kriterien für die Höhe des Anspruchs

Grundsätzlich sind zunächst die einschlägigen Kriterien wie Alter, Dauer der Betriebszugehörigkeit und Unterhaltsverpflichtungen des wirksam gekündigten Arbeitnehmers heranzuziehen. Darüber hinaus ergeben sich Besonderheiten für die

[922] *Oetker*, in: MünchKomm-BGB[4], § 249 Rn. 7: §§ 249 ff. BGB grds. nicht anwendbar für die Bemessung der Entschädigung wegen Aufopferung.

Entschädigung eines Arbeitnehmers, der aufgrund nachträglich herausgestellter Unschuld zwar grundsätzlich einen Anspruch auf Wiedereinstellung hat, bei welchem dem Arbeitgeber die Wiedereinstellung jedoch nicht zumutbar ist.
Zunächst ist das Verhalten des Arbeitnehmers bei der Entstehung des Verdachts sehr wichtig. Hat der Arbeitnehmer den Verdacht schuldhaft erregt oder war er etwa völlig unschuldig an der Entstehung des Verdachts? Ist ein Verschulden auch keine Voraussetzung für die Wirksamkeit einer Verdachtskündigung, lässt es sich doch als taugliches Kriterium für die Bemessung des Entschädigungsanspruchs heranziehen. Es liegt auf der Hand, dass ein unschuldiger Arbeitnehmer, der zudem auch nichts zur Verdachtsentstehung beigetragen hat, schutzwürdiger ist als einer, der schuldhaft den Verdacht erregt hat.
Relevant ist außerdem das Verhalten des Arbeitnehmers im Rahmen der Aufklärung des Verdachts. So muss der Arbeitnehmer, der uneingeschränkt an der Sachverhaltsaufklärung mitwirkt und keine Entlastungstatsachen zurückhält, besser stehen als der, der an der Aufklärung nicht mitgewirkt oder diese gar verhindert hat, etwa durch falsche Angaben oder ein falsches Geständnis et cetera. Letzterer setzt sich mit Geltendmachung eines Entschädigungsanspruchs in voller Höhe in Widerspruch zum eigenen vorangegangenen Verhalten und muss sich seinen Entschädigungsanspruch nach dem aus § 242 BGB hergeleiteten Verbot des venire contra factum proprium[923] im Einzelfall bis auf Null kürzen lassen.

C. Entgangener Arbeitslohn

Der unschuldige Arbeitnehmer könnte einen Anspruch auf Zahlung des entgangenen Arbeitslohns haben.

I. § 615 BGB analog?

Als Folge der Wirksamkeit der Verdachtskündigung ist das nach § 615 BGB erforderliche[924] Dienstverhältnis (§ 611 BGB) entfallen und demzufolge liegt ein Annahmeverzug nicht vor.[925] Wegen des Fixschuldcharakters der Arbeitsleistung kommt eine rückwirkende Begründung des Arbeitsverhältnisses nicht in Betracht, so dass ein Verzugslohn in direkter Anwendung dieser Vorschrift ausscheidet.[926]
In Betracht zu ziehen ist eine entsprechende Anwendung des § 615 BGB. Gegen eine Analogie des § 615 S. 1 BGB spricht einmal, dass kein Annahmeverzug vor-

---

923 *J. Schmidt*, in: Staudinger, § 242 Rn. 682.

924 *BAG*, Urt. v. 22.3.2001 – 8 AZR 536/00 (LAG München), AR-Blattei ES 250 Nr. 56 = Ez-BAT § 8 BAT -Schadensersatzpflicht des Arbeitgebers- Nr. 31 = ArztR 2002, 122 = FA 2001, 346; *Jacobs*, ZfA 2002, 679, 707.

925 Nicht zuletzt wegen dieser unerwünschten Folge berücksichtigt das *BAG* auch nachträglich entstandenes Entlastungsvorbringen bis zum Schluss der letzten mündlichen Verhandlung in der Tatsacheninstanz.

926 *Hambitzer*, Wiedereinstellungsanspruch, S. 155; *Boewer*, NZA 1999, 1177, 1181, 1182; a. A. *Kontusch*, S. 154 ff., 161 ff.

liegt und der Annahmeverzug gerade zentrale Tatbestandsvoraussetzung ist. Außerdem ist die Berücksichtigung eines etwaigen Verschuldens des Arbeitnehmers bei der Bemessung der Höhe des Anspruchs interessengerecht; vgl. dazu die Ausführungen zum Entschädigungsanspruch (3. Teil, B IV). Im Rahmen von § 615 BGB ist eine solche Berücksichtigung aber nicht vorgesehen.
Für eine Analogie spricht, dass der Arbeitnehmer seine Leistung anbieten muss (Rechtsgedanke der §§ 293 ff. BGB) und ein anderweitiger Erwerb anzurechnen ist (Rechtsgedanke des § 615 S. 2 BGB). Das zentrale Tatbestandsmerkmal des Verzugs aber durch entsprechende Anwendung zu überbrücken, erscheint doch sehr bedenklich, zumindest da das Vorliegen einer planwidrigen Regelungslücke sehr fraglich ist. Im Gegenteil sollte nach einer wirksamen Kündigung kein Verzug vorliegen. Durch die wirksame Kündigung wurde das erforderliche Dienstverhältnis gerade beseitigt. Es lässt sich allenfalls sagen, dass der Gesetzgeber des BGB nicht gesehen hatte, dass in bestimmten Fallgestaltungen trotz wirksamer Kündigung Ansprüche des Dienstverpflichteten berechtigt sein können – der Nachweis dafür wäre freilich erst noch zu erbringen.
Es besteht demzufolge kein Anspruch analog § 615 BGB. Aus den gleichen Gründen scheint ein Anspruch analog § 615 S. 3 BGB n. F. ebenfalls zu fernliegend. Einzig der Gedanke der Risikoverteilung ließe sich fruchtbar machen.

II. Lehre vom Betriebsrisiko

Grünhage zieht zur möglichen Anspruchsbegründung die Lehre vom Betriebsrisiko[927] heran. Er differenziert folglich nach Risikosphären, sieht den Lohnausfall jedoch in der Risikosphäre des Arbeitnehmers und verneint dementsprechend einen Anspruch auf entgangenen Arbeitslohn.[928]
Dem kann nicht gefolgt werden. Das Risiko ist zwar zutreffend nach Sphären zu verteilen. Die Lehre vom Betriebsrisiko ist jedoch zum einen ein für das Arbeitsrecht entwickeltes Rechtsinstitut und die vorliegende Problematik nicht auf Arbeitsverhältnisse beschränkt, sondern ebenso virulent bei freien Dienstverhältnissen. Zum anderen vermag auch die konkret vorgenommene Risikoverteilung nicht zu überzeugen.

III. Deliktsrecht?

Denkbar wäre ein Anspruch gemäß §§ 823, 249 Abs. 1 BGB in Verbindung mit Art. 2 Abs. 1 GG, Art. 1 Abs. 1 GG und Art. 12 GG. Dazu müsste die Naturalrestitution den entgangenen Arbeitslohn mit umfassen. Es ergeben sich durchgreifende dogmatische Bedenken, über deliktsrechtliche Normen reine Vermögensschäden zu ersetzen. Vorzugswürdig ist daher ein für derartige Vermögensschäden konzipierter Schadensersatzanspruch.

---

[927] Beachte § 615 S. 3 BGB n. F.
[928] *Grünhage*, S. 146, 151.

IV. §§ 280, 286 BGB

In Betracht kommt ein Schadensersatzanspruch gemäß §§ 280 Abs. 1, Abs. 2, 286 Abs. 2 BGB.[929] Voraussetzung ist eine Verpflichtung des Arbeitgebers, den unschuldigen Arbeitnehmer trotz wirksamer Verdachtskündigung zu beschäftigen. Zur Nachprüfung einer etwaigen Verpflichtung ist eine angemessene Risikoverteilung zwischen Arbeitgeber und Arbeitnehmer erforderlich.

1. Zur Beschäftigungsverpflichtung des Arbeitgebers

Ausschlaggebend für eine angemessene Risikoverteilung ist die Schutzwürdigkeit des Arbeitnehmers. Solange die Unschuld nach ausgesprochener – wirksamer – Verdachtskündigung nicht feststeht, überwiegen die Interessen des Arbeitgebers. Das Bild ändert sich, sobald dem Arbeitnehmer die Exkulpation bzw. Rehabilitation gelingt. Von nun an steht nämlich fest, dass eine objektive Grundlage für einen Vertrauensverlust jedenfalls jetzt nicht mehr besteht. Ohne den Ausspruch der – in der Regel fristlosen[930] – Verdachtskündigung hätte der Arbeitnehmer ohne die für einen Vertrauensverlust erforderliche objektive Grundlage einen Lohnanspruch gegen den Arbeitgeber gemäß dem Arbeitsvertrag erworben.

Der Arbeitgeber wird dadurch nicht unzulässig belastet. Er hat zwar eine wirksame Kündigung ausgesprochen, dabei aber von einer überschießenden Rechtsmacht Gebrauch gemacht. Er musste ernsthaft in Betracht ziehen, dass der Arbeitnehmer entgegen eigener Ansicht unschuldig ist, da diese Möglichkeit nie ganz auszuschließen ist. Hier verwirklicht sich lediglich das auch für den Arbeitgeber mit der Verdachtskündigung verbundene Risiko. Ein idealer, gerecht denkender Arbeitgeber verfolgt nach Ausspruch einer Verdachtskündigung ohnehin weiter den Sachverhalt und rehabilitiert den Arbeitnehmer, weil er diesem – wie jetzt feststeht – Unrecht getan hat, sobald die Unschuld erwiesen ist. Dem sind lediglich in zeitlicher Hinsicht Grenzen gesetzt. Hat der Arbeitgeber in rechtlich erheblicher Weise Kenntnis von sämtlichen die Unschuld begründenden Umständen, ist er zur Beschäftigung und vor allem Lohnzahlung verpflichtet. Mit Eintritt bzw. Feststehen der Fehlprognose entsteht der Anspruch auf Wiedereinstellung, der auf Abschluss eines neuen Vertrages gerichtet ist – er wird fällig. Beschäftigt also der Arbeitgeber trotz bestehendem Wiedereinstellungsanspruch den Arbeitnehmer nicht, entsteht grundsätzlich eine Schadensersatzpflicht.

---

[929] So auch *BAG*, Urt. v. 28.6.2000 – 7 AZR 904/98 (LAG Köln), AP § 1 KSchG 1969 -Wiedereinstellung- Nr. 6 (m. zust. Anm. *H. Otto*) = SAE 2001, 125 (m. zust. Anm. *Kort*); *BAG*, Urt. v. 27.6.2001 – 7 AZR 662/99 (LAG Hamm), BAGE 98, 141 = AP § 1 KSchG 1969 -Wiedereinstellung- Nr. 10 = NJW 2001, 3429 = DB 2001, 2201 = NZA 2001, 1135 = AuA 2001, 567 = MDR 2001, 1414 = EzA § 1 KSchG -Wiedereinstellungsanspruch- Nr. 6 = ZTR 2002, 91; *BAG*, Urt. v. 21.2.2002 – 2 AZR 749/00 (LAG Hessen), NZA 2002, 1416 = EzA § 1 KSchG -Wiedereinstellungsanspruch- Nr. 7 = BB 2002, 2335 = DB 2002, 2172 = SAE 2003, 40 = AuA 2003, 54.

[930] Vgl. dazu unter 'Verdachtskündigung als ordentliche Kündigung?' (2. Teil, B V).

2. Verschulden

Im Gegensatz zum Annahmeverzug gemäß §§ 615 ff. BGB ist hier beim Schuldnerverzug gemäß § 286 Abs. 4 BGB ein Verschulden erforderlich.[931] Macht der Arbeitnehmer unter Darlegung der Tatsachen, aus denen sich die Unschuld ergibt, Wiedereinstellung geltend, setzt er den Arbeitgeber durch Mahnung in Verzug (§ 286 Abs. 1 S. 1 BGB).

Fraglich ist der zeitliche Anknüpfungspunkt für ein Verschulden des Arbeitgebers.[932] In Betracht kommen verschiedene Zeitpunkte: die eigene Kenntnis von der Unschuld des Arbeitnehmers und damit dem entstandenen Wiedereinstellungsanspruch, die Geltendmachung des Wiedereinstellungsanspruchs durch den Arbeitnehmer oder aber erst die gerichtliche Geltendmachung. Frühestmöglicher Anknüpfungspunkt ist die eigene Kenntnis der Unschuld. Da der Arbeitgeber von der Unschuld vorher nichts wissen konnte, fehlt es für diesen Zeitraum am erforderlichen Verschulden.[933] Eine Rückwirkung des Wiedereinstellungsanspruchs und damit etwaiger Schadensersatzansprüche auf davor gelegene Zeiträume – etwa bis zum Kündigungsausspruch – scheidet daher aus. Allerdings weiß der Arbeitgeber auch bei Kenntnis der Unschuld noch nicht, ob der Wiedereinstellungsanspruch überhaupt geltend gemacht werden wird; möglicherweise hat der unschuldige Arbeitnehmer kein Interesse mehr am alten Arbeitsplatz. Somit ist die Geltendmachung des Wiedereinstellungsanspruchs erforderlich. Ohne Geltendmachung fehlt zudem bereits eine Mahnung, die nicht gemäß § 286 Abs. 2 BGB entbehrlich ist. Dabei genügt die einfache Geltendmachung.[934] Der Arbeitgeber kennt ab diesem Zeitpunkt sämtliche anspruchsbegründenden Tatsachen. Verlangte man eine gerichtliche Geltendmachung[935], würde man die Anforderungen an den Schuldnerverzug überspannen und den Arbeitnehmer unangemessen benachteiligen.

Ein Verschulden scheidet aus, soweit dem Arbeitgeber die Wiedereinstellung nicht zumutbar ist. Der Schadensersatzanspruch gemäß §§ 280 Abs. 1 und Abs. 2, 286 BGB ist folglich begrenzt auf Fälle, in denen dem Arbeitgeber die Wiedereinstellung zumutbar ist.

V. Rechtslage bei Unzumutbarkeit der Wiedereinstellung

Fraglich ist, ob ein Anspruch auf den entgangenen Arbeitslohn auch bei Unzumutbarkeit der Wiedereinstellung besteht.

---

[931] Darauf geht das *BAG* (vgl. die vorvorhergehende Fußnote) nicht ein.

[932] Soweit eine erforderliche Mahnung nicht vorliegt, scheitert der Anspruch bereits daran; auf ein Verschulden kommt es dann nicht mehr an.

[933] Fraglich ist, ob die Kenntnis des Arbeitgebers auf Tatbestandsebene oder erst i. R. des Verschuldens zu prüfen ist. Hier werden beide Ansätze als grds. gleichwertig angesehen. Das kann auch nicht verwundern, denn der Tatbestand wurde ja aus einer angemessenen Risikoverteilung, die auch die Reaktionsmöglichkeit des Arbeitgebers mitberücksichtigt, gewonnen. Bei fehlender Kenntnis lässt sich formulieren, dass es „jedenfalls am Verschulden fehle“.

[934] So zutreffend *Pflüger*, S. 219, 220.

[935] So *Meinel/Bauer*, NZA 1999, 575, 580; *Elz*, S. 218; *Kontusch*, S. 184.

Zunächst ist nicht recht ersichtlich, weshalb der unschuldige Arbeitnehmer im Falle der Unzumutbarkeit der Wiedereinstellung schlechter stehen soll, da er im Gegenteil sogar härter getroffen wird und damit schutzwürdiger erscheint.
Durch die rechtliche Behandlung der Verdachtskündigung als wirksam, soweit deren Voraussetzungen im Kündigungszeitpunkt vorliegen, wird dem unschuldigen Arbeitnehmer eine ein Sonderopfer begründende Duldungspflicht unabhängig davon, ob die Wiedereinstellung zumutbar ist, auferlegt. Durch den Ausspruch einer Verdachtskündigung bürdet der Arbeitgeber dem unschuldigen Arbeitnehmer ein Sonderopfer auf – dieser verliert die Lohnzahlungsansprüche gegen den Arbeitgeber. Die Verdachtskündigung ist zwar aufgrund des allein entscheidungserheblichen Zeitpunktes des Zugangs der Kündigung wirksam und der Arbeitgeber handelt insoweit rechtmäßig. Dem Arbeitnehmer wird dadurch die Ausübung seiner Berufsausübungsfreiheit (Art. 12 GG) und damit das vertraglich geschuldete Erwerbseinkommen verwehrt – der Arbeitnehmer muss den Eingriff in sein Grundrecht aber dulden. Insoweit besteht eine Parallele zur Situation des § 906 BGB – dort hat der Berechtigte Einwirkungen und Störungen hinzunehmen, soweit die diesen zugrundeliegenden Interessen überwiegen. Wird ein bestimmtes Maß aber überschritten, besteht nach § 906 Abs. 2 S. 2 BGB eine Entschädigungspflicht. Mit dieser Interessenlage ist die des unschuldigen Arbeitnehmers vergleichbar. Bei feststehender Unschuld überwiegen nunmehr die Interessen des Arbeitnehmers, so dass er nach dem Rechtsgedanken des § 906 Abs. 2 S. 2 BGB für die Duldung Ersatz verlangen kann.
Der Anspruch besteht verschuldensunabhängig.[936] Im Gegensatz zum Anspruch auf entgangenen Arbeitslohn bei zumutbarer Wiedereinstellung (siehe 3. Teil, C IV 2) muss der Arbeitnehmer hier nicht zunächst Wiedereinstellung begehren. Da es auf ein Verschulden nicht ankommt, ist auch die vorherige Kenntnis des Arbeitgebers, ob der Arbeitnehmer auf seinen alten Arbeitsplatz zurückkehren möchte, ohne tatsächliche und rechtliche Relevanz. Es macht für den Arbeitgeber keinen Unterschied, ob der Arbeitnehmer Wiedereinstellung begehrt oder nicht, da die Wiedereinstellung in jedem Fall unzumutbar ist. Ausgleichspflichtig ist einzig das Sonderopfer, welches der unschuldige Arbeitnehmer bei Unzumutbarkeit der Wiedereinstellung hinsichtlich des Lohnanspruchs erleidet. Folglich kann der Arbeitnehmer diesen Anspruch unmittelbar geltend machen.
Aus § 906 Abs. 2 S. 2 BGB ergibt sich gleichzeitig eine Begrenzung des Anspruchs. Der Anspruch besteht nur, soweit eine Beeinträchtigung über das normale Maß hinaus vorliegt. Der Anspruch ist auf „einen angemessenen Ausgleich in Geld" gerichtet.[937] Der Anspruch wird sich regelmäßig daran orientieren, welche Ansprüche im Falle der Zumutbarkeit der Wiedereinstellung bestünden. Das bedeutet, dass für den Anspruch bei Unzumutbarkeit der Wiedereinstellung die Ansprüche in gleicher Höhe entstehen, auf der anderen Seite jedoch auch dieselben Einschränkungen gelten.

[936] *Säcker*, in: MünchKomm-BGB^4, § 906 Rn. 141.
[937] *Säcker*, in: MünchKomm-BGB^4, § 906 Rn. 138.

Da sich das Sonderopfer daraus ergibt, dass der Anspruch an der Unzumutbarkeit der Wiedereinstellung scheitert, kann der Sonderopfer-Anspruch nicht weiter gehen als der ansonsten bei Zumutbarkeit der Wiedereinstellung gegebene Anspruch. Der Arbeitnehmer kann also nur das verlangen, was er bei Zumutbarkeit der Wiedereinstellung hätte beanspruchen können. Dadurch ist eine etwaige sinnwidrige Besserstellung des Arbeitnehmers bei Unzumutbarkeit der Wiedereinstellung ausgeschlossen.

VI. Anspruchsbemessung

Für die Bemessung des Anspruchs auf entgangenen Arbeitslohn gelten dieselben Grundsätze und Einschränkungen wie für den Entschädigungsanspruch bei Unzumutbarkeit der Wiedereinstellung.[938]

Auch der entgangene Arbeitslohn kann also – unter Berücksichtigung eines Eigenverschuldens des Arbeitnehmers an der Entstehung des Verdachts – gekürzt werden. Hierin liegt ein entscheidender Vorteil gegenüber einer Herleitung des Anspruchs über § 615 BGB, da der Anspruch dort nach dem Alles-oder-nichts-Prinzip nur ganz oder gar nicht gewährt werden kann. Bei der Entstehung eines Verdachts wird den Arbeitnehmer aber in aller Regel eine Mitverantwortung treffen; nur ausnahmsweise wird der Arbeitnehmer ohne jedes Zutun in Verdacht geraten. Auf der anderen Seite sind auch die Interessen des Arbeitgebers zu berücksichtigen. Mit Ausspruch einer wirksamen Kündigung hat der Arbeitgeber eigene Grundrechtspositionen im Rahmen der Privatautonomie geltend gemacht. Dieses rechtmäßige Verhalten kann nur dann zu einer Entschädigungspflicht (in voller Höhe) führen, wenn den Arbeitnehmer überhaupt keine Verantwortung an der Entstehung der Situation trifft. Eine Abwägung beider Rechtspositionen ergibt, dass nur der tatsächlich unschuldige Arbeitnehmer, dem auch an der Entstehung des Verdachts keinerlei Mitverantwortung angelastet werden kann, hier in voller Höhe liquidieren können soll. Denn nur dann hat der Arbeitnehmer ein Sonderopfer (in voller Höhe) erlitten. Anderenfalls überwiegen die Interessen des Arbeitgebers, der immerhin eine wirksame Kündigung ausgesprochen hat.

Für den entgangenen Arbeitslohn ergibt sich danach, dass der Arbeitnehmer grundsätzlich den Betrag verlangen kann, den er im entsprechenden Zeitraum regulär als Arbeitslohn verdient hätte. Das gilt zumindest, soweit der Arbeitnehmer in diesem Zeitraum tatsächlich hätte arbeiten können und wollen, und soweit der Arbeitnehmer keinen anderweitigen Erwerb zu verzeichnen hatte. Ist dies nicht der Fall, hat der Arbeitnehmer auch kein Sonderopfer erbracht. Nicht zuletzt dadurch erübrigt sich eine Analogie zu § 615 BGB vollends,[939] denn dessen für erforderlich gehaltene

---

[938] Vgl. 3. Teil, B IV.

[939] Eine solche Analogie wäre nicht erforderlich. Sofern man in der dem Sonderopfer-Gedanken zugrundeliegenden Regelung der §§ 74, 75 EinlPrALR eine ausdrückliche gesetzliche Grundlage für Fälle dieser Art sieht, fehlt es bereits an der für eine Analogie erforderlichen Regelungslücke.

Voraussetzungen des Angebots der Arbeitsleistung und der Anrechnung eines anderweitigen Erwerbs sind bereits für die Feststellung eines Sonderopfers unerlässlich. Ein Sonderopfer hat der Arbeitnehmer beispielsweise dann nicht erbracht, wenn er nach Ausspruch der Verdachtskündigung unmissverständlich erklärt hat, er wolle nie wieder für diesen Arbeitgeber arbeiten, oder wenn der Arbeitnehmer anderweitig Arbeitseinkommen erlangen konnte (Rechtsgedanke des § 615 S. 2 BGB).

D. Schadensersatzansprüche

Dem unschuldigen Arbeitnehmer könnten zusätzlich unter verschiedenen rechtlichen Aspekten Schadensersatzansprüche zustehen.

I. Anspruch gemäß § 823 BGB

In Betracht kommen Ansprüche gemäß § 823 BGB.

1. § 823 Abs. 1 BGB i. V. m. Art. 1 Abs. 1 GG und Art. 2 Abs. 1 GG

Der Ausspruch einer Verdachtskündigung verletzt den Arbeitnehmer in seinem allgemeinen Persönlichkeitsrecht, vgl. dazu die obigen Ausführungen i. R. d. Wiedereinstellungsanspruchs (3. Teil, A IV 3 a). Bei Beachtung der Voraussetzungen einer Verdachtskündigung ist diese jedoch wirksam und jedenfalls – wohl nach § 904 BGB – gerechtfertigt.

Bei nunmehr feststehender Unschuld liegt zwar ein rechtswidriger Eingriff in das allgemeine Persönlichkeitsrecht des Arbeitnehmers vor. Ein etwaiger Schadensausgleich beschränkt sich indes auf Wiedereinstellung (3. Teil, A IV 3 a) oder aber auf der Sekundärebene auf den Entschädigungsanspruch (3. Teil, B). Eine darüber hinaus gehende Verletzung des allgemeinen Persönlichkeitsrechts ist jedenfalls nicht ersatzfähig. Mit Anerkennung der beiden genannten Ansprüche ist den Interessen des Arbeitnehmers hinreichend Genüge getan. Der Gesichtspunkt der Gewährung eines Schmerzensgeldes etwa ist bereits bei den beiden genannten Ansprüchen berücksichtigt und kann nicht noch einmal gesondert geltend gemacht werden.

Ein Anspruch besteht jedoch grundsätzlich, soweit die Verdachtskündigung unwirksam ist. Ansprüche auf Wiedereinstellung und gegebenenfalls den Entschädigungsanspruch bestehen nach unwirksamer Verdachtskündigung eben nicht, geschuldet ist hier lediglich Weiterbeschäftigung. Für diese Konstellation wird Kompensation für den rechtswidrigen und – je nach Einzelfall – schuldhaften Eingriff in das allgemeine Persönlichkeitsrecht (noch) nicht gewährt, so dass für die Beeinträchtigung ein Anspruch gemäß § 823 Abs. 1 BGB in Verbindung mit Art. 1 Abs. 1 und Art. 2 Abs. 1 GG grundsätzlich zu bejahen ist.

Indes ist auch in dieser Konstellation ein Anspruch auf besonders gravierende Fallgestaltungen beschränkt, da der zivilrechtlichen Sanktionierung einer – wenn auch unwirksamen – Kündigung mit äußerster Zurückhaltung zu begegnen ist. Ein Anspruch kommt demzufolge nur in Betracht, sofern die Voraussetzungen einer Verdachtskündigung offensichtlich nicht gegeben waren oder dem Kündigenden ansonsten etwa ein bewusst treuwidriges Verhalten zur Last gelegt werden kann. Zusätzlich erforderlich sind erhebliche immaterielle Folgen für den Arbeitnehmer, wie z. B. Ansehensverlust, Verunsicherung, Schamgefühle wegen des Gangs zum Sozialamt, Angstgefühle oder etwa Schlafstörungen.[940] So besteht nach Ansicht des *BAG* zwar ein Anspruch auf Widerruf, wenn der Arbeitgeber in einem Aushang bekannt gibt, dass ein Arbeitnehmer wegen eines Diebstahls fristlos entlassen worden sei,[941] nicht jedoch ein Schmerzensgeldanspruch.[942] Ein Schmerzensgeldanspruch aufgrund Verletzung des allgemeinen Persönlichkeitsrechts wurde ausnahmsweise in einem Fall angenommen, in dem der Arbeitgeber die Unwirksamkeit der Kündigung wegen mehrerer formeller und materieller Mängel der Kündigung zumindest hätte kennen müssen.[943]

2. § 823 Abs. 2 BGB i. V. m. §§ 185 bis 187 StGB

In Betracht kommt ein Anspruch wegen Verletzung eines Schutzgesetzes i. S. d. § 823 Abs. 2 BGB. Geht man so weit und sieht bei Ausspruch einer Verdachtskündigung den Tatbestand der §§ 185 bis 187 StGB als erfüllt an[944], so können dem jedenfalls bei einer wirksamen Verdachtskündigung gemäß § 193 StGB berechtigte Interessen des Arbeitgebers entgegenstehen. § 193 StGB greift jedoch nur dann ein, wenn der eingeschlagene Weg billigerweise als notwendiges und angemessenes Mittel zur Wahrnehmung der Interessen angesehen werden kann. Grundsätzlich sind Fälle denkbar, in denen die Mitteilung eines Verdachts als Kündigungsgrund dem Interesse des Arbeitnehmers sowie des Arbeitgebers zuwiderläuft. Im Einzelfall kann es unter dem Gesichtspunkt der Fürsorgepflicht geboten sein, über den Verdacht als wahren Kündigungsgrund zu schweigen. Schweigt der Arbeitgeber[945] dann nicht, scheidet eine Berufung auf § 193 StGB aus und er macht sich strafbar.[946] Zudem wird im jeweiligen Einzelfall schon der erforderliche Vorsatz jedenfalls bei einer wirksamen Verdachtkündigung nicht ohne weiteres bejaht werden können. Aber auch eine unwirksame Verdachtskündigung kann unter die Wahrnehmung berechtigter Interessen fallen. Den Ausspruch einer – wenn auch unwirksamen – Kündigung zu pönalisieren, erscheint doch sehr bedenklich. Eine Wahrnehmung berechtigter Interessen scheidet hier nur dann aus, wenn Form und Umstände der Äuße-

940 *Kittner*, ArbuR 2000, 474; *Appel*, in: Kittner/Zwanziger, § 96 Rn. 40.
941 Die Entscheidung betraf eine Tatkündigung.
942 *BAG*, Urt. v. 21.2.1979 – 5 AZR 568/77 (LAG Baden-Württemberg, Kammern Mannheim), AP § 847 BGB Nr. 13 (m. zust. Anm. *Wiese*) = NJW 1979, 2532 = DB 1979, 1513 = BB 1979, 1558 = VersR 1979, 1019 = BlStSozArbR 1979, 339 = EzA § 847 BGB Nr. 3 = ArbuR 1980, 92 (m. zust. Anm. *Herschel*) = SAE 1981, 69.
943 *ArbG Köln*, Urt. v. 3.2.2000 – 1 Ca 8005/99, ArbuR 2000, 473 = EzA-SD 2001, Nr. 1, 9. Zustimmend *Kittner*, ArbuR 2000, 474.
944 So *Bollmann*, BB 1961, 936 ff.; *Joachim*, ArbuR 1964, 33, 35.
945 Umgekehrt gilt das auch für den Arbeitnehmer, etwa im Zusammenhang mit Anzeigen gegenüber der Staatsanwaltschaft (zum Problem eingehend *Deiseroth*, AuR 2002, 161 ff.).
946 *Joachim*, ArbuR 1964, 33, 35.

rung beleidigenden Charakter aufweisen. Dieser Anspruch wird auf extrem gelagerte Einzelfälle beschränkt bleiben (müssen). Außerdem könnten die beleidigenden Umstände dann für sich allein eine deliktische Haftung begründen, ohne dass es überhaupt noch auf die Verdachtskündigung ankäme. Bei einer wirksamen Verdachtskündigung fehlt es zudem regelmäßig am erforderlichen Verschulden des Arbeitgebers. Dieser Anspruch kommt folglich überhaupt nur bei unwirksamen Verdachtskündigungen in Betracht. Daran ändert auch der geänderte Anknüpfungspunkt nichts. Mit Feststehen der Unschuld käme allenfalls eine Tatbestandserfüllung durch Unterlassen (§ 13 StGB) in Betracht. Die dazu erforderliche Garantenstellung wird man jedoch – bis auf extrem gelagerte Ausnahmefälle – nicht annehmen können.

II. § 826 BGB

Nach § 826 BGB ist eine vorsätzliche sittenwidrige Schädigung des Arbeitgebers erforderlich. An diesen Anspruch werden hohe Anforderungen gestellt, siehe oben die entsprechenden Ausführungen im Rahmen des Wiedereinstellungsanspruchs (3. Teil, A IV 3 b).

Der Ausspruch der Verdachtskündigung kommt als Anknüpfungspunkt nicht in Betracht, da die Verdachtskündigung wirksam und damit rechtmäßig und ein Eingriff jedenfalls gerechtfertigt ist. Eine vorsätzliche sittenwidrige Schädigung des Arbeitgebers wird aber auch unter Berücksichtigung des veränderten Anknüpfungspunktes regelmäßig ausscheiden. Allenfalls in wirklich extrem gelagerten Fällen mag eine vorsätzliche sittenwidrige Schädigung denkbar sein. Etwa dann, wenn der Arbeitgeber den unschuldigen Arbeitnehmer trotz bestehendem und geltend gemachtem Wiedereinstellungsanspruch nicht wiedereinstellt. Hier gewährt jedoch bereits § 823 Abs. 1 BGB einen Schadensersatzanspruch, so dass man in dieser Situation noch zusätzliche eine sittenwidrige Schädigung begründende Umstände wird verlangen müssen. Diese könnten ausnahmsweise vorliegen, sofern dem Arbeitnehmer durch die Nichtbeschäftigung trotz Lohnersatz ein weitergehender Schaden gerade durch die Nichtbeschäftigung droht und der Arbeitgeber eben darauf abzielt. Zu denken wäre z. B. an einen Arbeitgeber, der erklärt, er werde den Arbeitnehmer „fertigmachen“ und diesen, z. B. einen Piloten, nicht wiedereinstellt, damit dieser mangels der erforderlichen Praxisnachweise seine Lizenz verliert.[947] Abgesehen von Extremfällen wird ein Anspruch gemäß § 826 BGB regelmäßig ausscheiden.

III. Prozessuale Geltendmachung

Der Arbeitgeber und ein etwaiger Schädiger (Denunziant) haften als Gesamtschuldner gemäß § 426 BGB beziehungsweise § 840 BGB. Der Arbeitgeber kann sich je nach Einzelfall bei diesem schadlos halten, §§ 426 Abs. 2, 840 Abs. 2 BGB. Dem Arbeitgeber ist dabei die Möglichkeit einzuräumen, den Schädiger in den Kündigungsschutzprozess beziehungsweise bei nachträglich festgestellter Unschuld des

[947] *Brors*, S. 225, 231: Beschäftigung erforderlich zur Erhaltung der Marktfähigkeit der Arbeitskraft.

Arbeitnehmers in den Prozess hinsichtlich eines Wiedereinstellungsanspruchs über eine Streitverkündung gemäß § 72 ZPO i. V. m. §§ 2 Abs. 3, 46 Abs. 2 ArbGG einzubeziehen.

IV. § 628 Abs. 1 und Abs. 2 i. V. m. § 626 BGB

Der Arbeitnehmer kann seinerseits gemäß § 626 BGB außerordentlich kündigen, soweit ihm die Fortsetzung des Arbeitsverhältnisses unzumutbar ist, und Schadensersatz nach § 628 Abs. 2 BGB verlangen.[948] Das (Eigen-)Kündigungsrecht des Arbeitnehmers mag in der Praxis wohl eher von geringerer Bedeutung sein, da in der Mehrzahl der Fälle ohnehin der Arbeitgeber den Arbeitnehmer „loswerden" möchte. Nach § 628 Abs. 2 BGB besteht ein Vergütungsanspruch, falls die Kündigung vom Arbeitgeber veranlasst, d. h. verschuldet wurde.[949] Ein derartiges Verschulden liegt z. B. vor bei rechtswidriger Drohung mit einer Kündigung.[950] Verdächtigt ein Arbeitgeber den Arbeitnehmer zu Unrecht einer Unredlichkeit, so kann – je nach Art und Anlass des Verdachts und nach den gesamten Umständen des Einzelfalles – der Arbeitnehmer seinerseits das Arbeitsverhältnis fristlos kündigen.[951] Der Arbeitgeber darf den Verdacht folglich nicht wahllos allen anderen Arbeitnehmern gegenüber mitteilen, sondern wohl nur gegenüber leitenden Mitarbeitern, wie z. B. dem Personalchef; ansonsten droht ein Eigenkündigungsrecht des Arbeitnehmers nebst Schadensersatzpflicht des Arbeitgebers.§ 628 Abs. 2 BGB ist für materielle Schadensersatzansprüche wegen Auflösungsverschulden infolge einer nicht ordnungsgemäßen Beendigung des Arbeitsverhältnisses eine Spezialregelung, hinter die andere Anspruchsgrundlagen aus Vertrag oder unerlaubter Handlung zurücktreten.[952] Der Anspruch gemäß § 628 Abs. 2 BGB ist in temporaler Hinsicht auf den Zeitraum der fiktiven Kündigungsfrist begrenzt.[953] Ersatzfähig ist also das Arbeitsentgelt, welches der Arbeitnehmer ohne die Eigenkündigung verdient hätte.[954] Nach der neueren Rechtsprechung des *BAG* beinhaltet der Schadensersatzanspruch nach §

---

948 *Ascheid*, in: ErfurtKomm[5], § 9 KSchG Rn. 17; *Spilger*, in: KR[6], § 9 KSchG Rn. 42.

949 *Gamillscheg*, ArbR I[8], S. 586.

950 *BAG*, Urt. v. 27.11.2003 – 2 AZR 135/03 (LAG Mecklenburg-Vorpommern), NZA 2004, 597 = BAGReport 2004, 220 = DB 2004, 1208 = NJW 2004, 2401 = ZTR 2004, 429 = ZIP 2004, 1561 = MDR 2004, 948 = BB 2004, 1852 = EzA § 312 BGB 2002 Nr. 1.

951 *BAG*, Urt. v. 24.2.1964 – 5 AZR 201/63 (LAG München), AP § 607 BGB Nr. 1 = EzA BGB § 626 Nr. 1 = SAE 1964, 201 = DB 1964, 702 = AR-Blattei Kündigung VIII Entsch. 11 = AR-Blattei ES 1010.8 Nr. 11; *Schwerdtner*, in: MünchKomm-BGB[3], § 626 Rn. 163.

952 *BAG*, Urt. v. 26.7.2001 – 8 AZR 739/00 (LAG Baden-Württemberg), BAGE 98, 275 = AP § 628 BGB Nr. 13 = DB 2002, 539 = NZA 2002, 325 = MDR 2002, 462 = NJW 2002, 1593 = BB 2002, 832 = EzA § 628 BGB Nr. 19 = SAE 2002, 117 = VersR 2002, 1509; *BAG*, Urt. v. 22.4.2004 – 8 AZR 269/03 (LAG Baden-Württemberg), EzA-SD 2004, Nr. 16, 5 = DB 2004, 1784: unter II 2 c der Gründe; *Müller-Glöge*, in: ErfurtKomm[5], § 628 BGB Rn. 114.

953 *BAG*, Urt. v. 22.4.2004 – 8 AZR 269/03 (LAG Baden-Württemberg), EzA-SD 2004, Nr. 16, 5 = DB 2004, 1784: unter II 2 a der Gründe.

954 *Hergenröder*, in: MünchKomm-BGB[4], § 9 KSchG Rn. 49.

628 Abs. 2 BGB einen angemessenen Ausgleich für den Verlust des durch das KSchG vermittelten Bestandsschutzes. Die Bemessung dieses Ausgleichs orientiert sich dabei an der Abfindungsregelung der §§ 9, 10 KSchG.[955]

V. §§ 9, 10 KSchG

Bei Ausspruch einer unwirksamen Verdachtskündigung durch den Arbeitgeber kann sich der Arbeitnehmer statt der Eigenkündigung gemäß § 626 BGB – bei Anwendbarkeit des KSchG – auch für eine Auflösung des Arbeitsverhältnisses gemäß § 9 KSchG und die daran anknüpfende Abfindung nach § 10 KSchG entscheiden. An den Begriff der Unzumutbarkeit werden in § 626 Abs. 1 BGB strengere Anforderungen gestellt als an den Unzumutbarkeitsbegriff in § 9 Abs. 1 S. 1 KSchG. Folglich kann der Arbeitnehmer immer dann auch die Auflösung verlangen, wenn eine außerordentliche Kündigung möglich wäre. In dieser Konstellation steht dem Arbeitnehmer ein Wahlrecht zu.[956] Der Ausspruch einer – zudem wirksamen – Verdachtskündigung stellt per se noch keinen Auflösungsgrund dar. Hinzukommen müssen besondere Umstände, z. B. das Aufstellen wahrheitswidriger Behauptungen oder persönliche Angriffe gegen den Arbeitnehmer. Treuwidrig selbst oder durch Dritte herbeigeführte Auflösungsgründe scheiden nach dem allgemeinen Rechtsgrundsatz des § 162 BGB aus.[957] Bei Vorliegen der Voraussetzungen kann ein Anspruch gemäß den §§ 9, 10 KSchG bestehen.

VI. Ehrenerklärung zugunsten des Arbeitnehmers

Dem unschuldigen Arbeitnehmer wird zudem ein Anspruch auf Abgabe einer Ehrenerklärung zugestanden.[958] Das *BAG* hat einen Anspruch auf Widerruf bei einem Aushang durch den Arbeitgeber im Betrieb, dass ein Arbeitnehmer wegen eines – tatsächlich nicht nachgewiesenen – Diebstahls fristlos entlassen worden ist, anerkannt.[959] Entgegen der Ansicht des *BAG* ist der Anspruch aber nicht aus § 1004 BGB[960], sondern aus § 823 Abs. 1 BGB oder aus § 823 Abs. 2 BGB i. V. mit den §§ 186 ff. StGB herzuleiten.[961]

---

955 *BAG*, Urt. v. 20.11.2003 – 8 AZR 608/02 (LAG Köln), EzA § 628 BGB 2002 Nr. 3 = EzBAT § 8 BAT -Schadensersatzpflicht des Arbeitgebers- Nr. 34 = DB 2004, 1272 = BAGReport 2004, 212.

956 *Berkowsky*, in: MünchHandbArbR II², § 144 Rn. 19; *Hergenröder*, in: MünchKomm-BGB⁴, § 9 KSchG Rn. 49.

957 *Hergenröder*, in: MünchKomm-BGB⁴, § 9 KSchG Rn. 60.

958 *Heilmann*, S. 76, 79; *von Bar*, AcP 179 (1979), 452, 473; *Belling*, RdA 1996, 223, 239.

959 *BAG*, Urt. v. 21.2.1979 – 5 AZR 568/77 (LAG Baden-Württemberg, Kammern Mannheim), AP § 847 BGB Nr. 13 = SAE 1981, 69 = NJW 1979, 2532 = DB 1979, 1513 = BB 1979, 1558 = VersR 1979, 1019 = BlStSozArbR 1979, 339 = EzA § 847 BGB Nr. 3.

960 *BAG*, Urt. v. 21.2.1979 – 5 AZR 568/77 (LAG Baden-Württemberg, Kammern Mannheim), AP § 847 BGB Nr. 13 = SAE 1981, 69 = NJW 1979, 2532 = DB 1979, 1513 = BB 1979, 1558 = VersR 1979, 1019 = BlStSozArbR 1979, 339 = EzA § 847 BGB Nr. 3.

961 *BGH*, Beschl. v. 19.12.1960 – GSZ 1/60, BGHZ 34, 99, 102 = BB 1961, 266 = NJW 1961,

Für den Anspruch auf Abgabe einer Ehrenerklärung ist danach zu differenzieren, ob die Unschuld erwiesen oder der Verdacht lediglich nicht mehr nachweisbar ist. Gegenansprüche stehen nur dem erwiesenermaßen unschuldigen Arbeitnehmer zu (vgl. dazu schon 3. Teil, A I). Die oben angeführte Entscheidung des *BAG* betraf eine Tatkündigung, bei der bereits bei Nichterweislichkeit des Tatvorwurfs ein Widerrufsanspruch gerechtfertigt ist.

Ein unschuldiger Arbeitnehmer hat im Rahmen seiner Rehabilitierung einen Anspruch auf eine Ehrenerklärung des Arbeitgebers zu seinen Gunsten. Dies erscheint umso wichtiger, wenn die Wiedereinstellung scheitert.[962] Der Arbeitnehmer ist hier besonders schutzwürdig zumal er sich eine neue Arbeitsstelle suchen muss und für Dritte die Unschuld ansonsten nicht ohne weiteres ersichtlich ist. Der Anspruch auf Abgabe einer Ehrenerklärung wird auf Fälle beschränkt, in denen die Wiedereinstellung scheitert.[963] Dem ist insofern zuzustimmen, als bei Wiedereinstellung bereits eine Rehabilitation in angemessener Weise erfolgt. Ein Anspruch auf Abgabe einer Ehrenerklärung ist dem unschuldigen Arbeitnehmer aber grundsätzlich einzuräumen, wenn es zu keiner Neuauflage des Arbeitsverhältnisses kommt. An wessen Interessen letztlich eine Wiedereinstellung scheitert, spielt keine Rolle. Der Anspruch besteht folglich auch dann, wenn dem Arbeitnehmer die Wiedereinstellung unzumutbar ist.[964]

Der Inhalt der Ehrenerklärung orientiert sich an den jeweiligen Umständen des Einzelfalls. Ausnahmsweise kann sogar eine Erklärung in der Presse bzw. anderen verbreiteten Medien jedenfalls mit der entsprechenden Außenwirkung geboten sein.[965]

---

658 = MDR 1961, 292 = JZ 1961, 508 = DVBl 1961, 284 = DÖV 1961, 751: unter III der Gründe; *Herschel*, ArbuR 1980, 94.

962 *Heilmann*, S. 76, 79; *Belling*, RdA 1996, 223, 239; *Bülow*, S. 191.

963 *Heilmann*, S. 76, 79; *Herschel*, BlStSozArbR 1977, 113, 115; *Gamillscheg*, ArbR I[7], S. 433; *Hoffmans*, S. 204; *vom Stein*, Fehleinschätzungen, S. 176; *Belling*, RdA 1996, 223, 239; *ders.*, in: Erman[11], § 626 Rn. 35 a. E.; *Bülow*, S. 191, 192.

964 *Bülow*, S. 191. Noch weitergehend *Hoefs*, der neben einem Wiedereinstellungsanspruch einen Anspruch auf Abgabe einer Ehrenerklärung – ohne weitere Einschränkungen – einräumt (S. 305).

965 *Herschel*, BlStSozArbR 1977, 113, 115; *vom Stein*, Fehleinschätzungen, S. 176 f.; *Hoefs*, S. 306.

Resümee

Abschließend möchte ich noch einmal auf die in den einführenden Bemerkungen geäußerten grundsätzlichen Bedenken zurückkommen. Hierzu bleibt folgendes festzustellen: Ja, der Verdacht tötet tatsächlich den Mann![966]

Im Rahmen von Dauerschuldverhältnissen wird zuvor allerdings das Vertrauensverhältnis eliminiert und damit die für Dauerrechtsverhältnisse mit personalem Bezug unverzichtbare Grundlage entzogen. Entsteht ein Verdacht, welcher zum Vertrauensverlust führt, entsteht gleichzeitig eine Situation, die eine vollumfassende Durchsetzung der dann diametral entgegenstehenden, kollidierenden Rechtspositionen auf beiden Seiten unmöglich macht. Insofern ist der Aussage beizupflichten, dass die Verdachtskündigung zu den Fällen gehört, in denen sich erfahrungsgemäß die Gerechtigkeit nicht voll realisieren lässt und in denen gewissermaßen die Rechnung nicht ganz aufgeht.[967]

Letztlich bleibt nur, das allgemeine Lebensrisiko angemessen und damit möglichst gerecht zu verteilen. Das Institut der Verdachtskündigung stellt einen in der praktischen Anwendung zwar oft problematischen, trotzdem gelungenen Ansatz zur Lösung der Konfliktlage dar. Gerechte Ergebnisse lassen sich indes nur erzielen, wenn man das Institut der Verdachtskündigung eng mit den Gegenrechten des unschuldigen Arbeitnehmers, in erster Linie dem Wiedereinstellungsanspruch, verbindet.

---

[966] *Schwerdtner*, in: MünchKomm-BGB², § 626 Rn. 151.
[967] *Herschel*, AP § 1 KSchG Nr. 39.

Literaturverzeichnis

Adam, **Roman F.**
– Sanktion, Prognoseprinzip und Vertragsstörung bei der verhaltensbedingten Kündigung im Arbeitsrecht, NZA 1998, 284-287
– Die zweifelhafte Wirkung der Prognose im Kündigungsrechtsstreit, ZTR 1999, 113-115

Appel, **Clemens/** *Gerken*, **Doris**
– Pro und Contra Verdachtskündigung, ArbuR 1995, 201-206

Ascheid, **Reiner**
– Beweislastfragen im Kündigungsschutzprozeß, Diss. Gießen, Pfaffenweiler 1989 (zitiert: *Ascheid*, Beweislastfragen)
– Kündigungsschutzrecht - Die Kündigung des Arbeitsverhältnisses, Stuttgart u. a. 1993 (zitiert: *Ascheid*, KSchR)

Ascheid, **Reiner/** *Preis*, **Ulrich/** *Schmidt*, **Ingrid**
– Großkommentar zum gesamten Recht der Beendigung von Arbeitsverhältnissen, 2. Auflage, München 2004 (zitiert: *Bearbeiter*, in: Ascheid/Preis/Schmidt)

Aussem, **Uwe**
– Die Ausstrahlungswirkung der Grundrechte auf das Arbeitsrecht, Diss. Köln 1994

Bamberger, **Heinz Georg/** *Roth*, **Herbert**
– Kommentar zum Bürgerlichen Gesetzbuch, Band 2, §§ 611-1296, ErbbauVO, WEG, München 2001 (zitiert: *Bearbeiter*, in: Bamberger/Roth)

Bar, **Christian von**
– „Nachwirkende" Vertragspflichten, AcP 179 (1979), 453-474

Bartenbach, **Kurt/** *Gennen*, **Klaus**
– Patentlizenz- und Know-how-Vertrag, begründet von Dieter Gaul und Kurt Bartenbach, fortgeführt von Kurt Bartenbach und Klaus Gennen, 5. Auflage, Köln 2001

Baumann, **Jürgen**
– Kritische Bemerkungen zum Gesetz über die Entschädigung für Strafverfolgungsmaßnahmen, in: Festschrift für Ernst Heinitz zum 70. Geburtstag, herausgegeben von Hans Lüttger in Verbindung mit Hermann Blei und Peter Hanau, Berlin 1972, S. 705-714 (zitiert: *Baumann*, in: Festschrift für Heinitz)

***Baumbach*, Adolf/ *Hopt*, Klaus J.**
– Handelsgesetzbuch, mit GmbH & Co., Handelsklauseln, Bank- und Börsenrecht, Transportrecht (ohne Seerecht), 31. Auflage, München 2003

***Baumbach*, Adolf/ *Lauterbach*, Wolfgang/ *Albers*, Jan/ *Hartmann*, Peter**
– Zivilprozessordnung, 61. Auflage, München 2003 (zitiert: *Bearbeiter*, in: Baumbach/Lauterbach/Albers/Hartmann)

***Bayer*, Hanns Christian**
– Anforderungen an den Arbeitgeber bei der Anhörung des Betriebsrats zu einer Kündigung, DB 1992, 782-786

***Becker*, Friedemann**
– Detektive zur Überwachung von Arbeitnehmern?, Wiesbaden u. a. 1981

***Beckschulze*, Martin**
– Der Wiedereinstellungsanspruch nach betriebsbedingter Kündigung, DB 1998, 417-422

***Belling*, Detlev W.**
– Die Verdachtskündigung, in: Arbeitsrecht in der Bewährung, Festschrift für Otto Rudolf Kissel zum 65. Geburtstag, herausgegeben von Meinhard Heinze und Alfred Söllner, München 1994, S. 11-50 (zitiert: *Belling*, in: Festschrift für Kissel)
– Anmerkung zu BAG, Urt. v. 29.7.1993 – 2 AZR 90/ 93, SAE 1994, 210-217
– Die Kündigung wegen verdachtsbedingten Vertrauenswegfalls, RdA 1996, 223-240

***Belling*, Detlev W./ *Künster*, Marion**
– Anmerkung zu BAG, Urt. v. 14.9.1994 – 2 AZR 164/94, AP § 626 BGB - Verdacht strafbarer Handlung- Nr. 24, Bl.5-8

***Bengelsdorf*, Peter**
– Die Verdachtskündigung, AuA 1995, 196-199

***Berkowsky*, Wilfried**
– Die personen- und verhaltensbedingte Kündigung, eine umfassende Darstellung unter Berücksichtigung des Betriebsverfassungsrechts und des Arbeitsgerichtsverfahrens, München 1986 (zitiert: *Berkowsky*, Personen- und verhaltensbedingte Kündigung)

Bernstein, **Rainer**
– Anmerkung zu BAG, Urt. v. 5.4.2001 – 2 AZR 217/00, AP § 626 BGB -Verdacht strafbarer Handlung- Nr. 34

Birk, **Rolf**
– Anmerkung zu BAG, Urt. v. 17.8.1972 – 2 AZR 415/71, AP § 626 BGB Nr. 65

Blaese, **Dietrich**
– Die arbeitsrechtliche Druckkündigung, DB 1988, 178-181

Boecken, **Winfried**
– Anmerkung zu BAG, Urt. v. 22.9.1994 – 2 AZR 31/94, SAE 1996, 28-32

Boemke, **Burkhard**
– Kontrahierungszwang im Arbeitsrecht wegen Grundrechtsverletzung? - Zugleich eine kritische Auseinandersetzung mit BVerfG, NJW 1992, 2409ff, NJW 1993, 2083-2085
– Privatautonomie im Arbeitsvertragsrecht, NZA 1993, 532-538

Boewer, **Dietrich**
– Der Wiedereinstellungsanspruch – Teil 1, NZA 1999, 1121-1132
– Der Wiedereinstellungsanspruch – Teil 2, NZA 1999, 1177-1184

Bollmann, **Lotte**
– Diebstahl und Diebstahlsverdacht im Betrieb, BB 1961, 936-939

Bram, **Rainer/** *Rühl*, **Werner**
– Praktische Probleme des Wiedereinstellungsanspruchs nach wirksamer Kündigung, NZA 1990, 753-758

Brill, **Werner**
– Die Zwei-Wochen-Frist des § 626 Abs. 2 BGB n. F. für die außerordentliche Kündigung, ArbuR 1971, 167-172

Brors, **Christiane**
– Die Abschaffung der Fürsorgepflicht. Versuch einer vertragstheoretischen Neubegründung der Nebenpflichten des Arbeitgebers, Habil. Münster 2001, Tübingen 2002

Brunner, **Andreas B.**
– Die außerordentliche Kündigung des Arbeitsvertrages nach schweizerischem im Vergleich zum deutschen Recht, Diss. Zürich, Bern 1979

Büchmann, **Georg**
– Geflügelte Worte - Der klassische Zitatenschatz, gesammelt von erläutert von Georg Büchmann (1864), fortgesetzt von Walter Robert-tornow, Konrad Weidling, Eduard Ippel, Bogdan Krieger, Gunther Haupt, Werner Rust, Alfred Grunow, neu bearbeitet von Winfried Hofmann, Frankfurt am Main u. a. 1994 (zitiert: *Hofmann*, in: Büchmann)

Bulla, **Gustav-Adolf**
– Die Kündigung des Arbeitsverhältnisses unter Druck, in: Beiträge zum Handels- und Wirtschaftsrecht, Festschrift für Alfred Hueck zum 70. Geburtstag am 7. Juli 1959, herausgegeben von Rolf Dietz, Hans Carl Nipperdey und Eugen Ulmer, München und Berlin 1959, S. 25-41 (zitiert: *Bulla*, in: Festschrift für Alfred Hueck)

Bülow, **Kim-Thorben**
– Funktion des Wiedereinstellungsanspruchs im Kündigungsschutzrecht, Diss. Hamburg 2004, Berlin 2004

Busch, **Mathias**
– Die Verdachtskündigung im Arbeitsrecht, MDR 1995, 217-223

Busche, **Jan**
– Privatautonomie und Kontrahierungszwang, Habil. Berlin (FU) 1998, Tübingen 1999

Bydlinski, **Franz**
– Zu den dogmatischen Grundfragen des Kontrahierungszwanges, AcP 180 (1980), 1-46

Canaris, **Claus-Wilhelm**
– Die Vertrauenshaftung im deutschen Privatrecht, Habil. München, München 1971
– Grundrechte und Privatrecht, AcP 184 (1984), 201-246

Carl, **Oliver**
– Die Abberufung des Gesamtvollstreckungsverwalters – Zugleich eine Besprechung der Entscheidung des LG Halle vom 22.10.1993 – 2 T 247/ 93, DZWiR 1994, 78-82

Coen, **Martin**
– Das Recht auf Arbeit und der Bestandsschutz des gekündigten Arbeitsverhältnisses: materiellrechtl. und vollstreckungsrechtl. Probleme des Beschäftigungsrechts, Diss. Bielefeld 1978, Köln 1979

Creifelds, **Carl**
– Rechtswörterbuch, begründet von Carl Creifelds, herausgegeben von Klaus Weber, 16. Auflage, München 2000

Däubler, **Wolfgang**
– Das soziale Ideal des Bundesarbeitsgerichts, Überarbeitete Neuauflage des Beitrags in „Streik und Aussperrung“, Nördlingen 1975 (zitiert: *Däubler*, Das soziale Ideal)
– Arbeitsrecht 2, Leitfaden für Arbeitnehmer, 4. Auflage, Reinbek bei Hamburg 1986 (zitiert: *Däubler*, ArbR 2)
– Arbeitsrecht, Ratgeber für Beruf, Praxis und Studium, 5. Auflage, Frankfurt a. M. 2005 (zitiert: *Däubler*, ArbR)

Däubler, **Wolfgang/** *Kittner*, **Michael/** *Klebe*, **Thomas**
– BetrVG - Betriebsverfassungsgesetz, mit Wahlordnung, §§ 321-325 UmwG, §§ 121-128 InsO und EBR-Gesetz, Kommentar für die Praxis, 7. Auflage, Frankfurt am Main 2000 (zitiert: *Bearbeiter*, in: Däubler/Kittner/Klebe)

Deinert, **Olaf**
– Die Verdachtskündigung – Neues zu einem alten Thema?, AuR 2005, 285-298

Deiseroth, **Dieter**
– Verfassungsgerichtliche Vorgaben für das Kündigungsschutzrecht – Grundrechtsschutz bei Anzeigen gegenüber der StA, AuR 2002, 161-167

Diekhoff, **Ludwig**
– Zur Wiedereinstellungspflicht nach beendetem Arbeitsverhältnis, DB 1958, 869-871

Dörner, **Klemens Maria**
– Praktisches Arbeitsrecht, Köln 1990 (zitiert: *K. M. Dörner*, PraktArbR)
– Die Verdachtskündigung im Spiegel der Methoden zur Auslegung von Gesetzen, NZA 1992, 865-873
– Abschied von der Verdachtskündigung?, NZA 1993, 873-877
– Bestandsaufnahme und Kritik eines überkommenen Rechtsinstituts, AiB 1993, 147-174

Dörner, **Klemens Maria/** *Luczak*, **Stefan/** *Wildschütz*, **Martin**
– Handbuch Arbeitsrecht, 4. Auflage, Neuwied u. a. 2004 (zitiert: *Bearbeiter*, in: Dörner/Luczak/Wildschütz)

Dreier, **Thomas**
– Kompensation und Prävention: Rechtsfolgen unerlaubter Handlung im Bürgerlichen, Immaterialgüter- und Wettbewerbsrecht, Habil. München 2000, Tübingen 2002

Ebert, **Christoph**
– Das „Recht am Arbeitsplatz" - Ein sonstiges Recht im Sinne des § 823 Abs. 1 BGB?, Diss. Marburg 1989, Pfaffenweiler 1990

Edenfeld, **Stefan**
– Die außerordentliche Verdachtskündigung – Strafe für den Arbeitnehmer?, JA 1996, 379-382

Egli, **Daniel**
– Die Verdachtskündigung nach schweizerischem und deutschem Recht, Diss. Zürich, Bern 2000

Eich, **Rolf-Achim**
– Wiederholte befristete Arbeitsverträge in Saisonbetrieben – Wiedereinstellungsanspruch, Anmerkung zu BAG, Urt. v. 29.1.1987 – 2 AZR 109/86, SAE 1988, 78-81

Elz, **Dirk**
– Der Wiedereinstellungsanspruch des Arbeitnehmers nach Wegfall des Kündigungsgrundes, Diss. Köln 2001, Köln 2002

Emmermann, **Axel**
– Die Nachwirkung des Arbeitsverhältnisses, Diss. Hamburg 1973

Enderlein, **Wolfgang**
– Das erschütterte Arbeitgebervertrauen im Recht der verhaltensbedingten Kündigung, RdA 2000, 325-330

Engels, **Gerd/** *Schmidt*, **Ingrid/** *Trebinger*, **Yvonne/** *Linsenmaier*, **Wolfgang**
– Betriebsverfassungsgesetz mit Wahlordnung – Handkommentar, begründet von Karl Fitting, 22. Auflage, München 2004 (zitiert: *Bearbeiter*, in: Engels/Schmidt/Trebinger/Linsenmaier)

Erfurter Kommentar zum Arbeitsrecht
begründet von Thomas Dieterich, Peter Hanau und Günter Schaub
herausgegeben von Thomas Dieterich, Rudi Müller-Glöge, Ulrich Preis und Günter Schaub
– 5. Auflage, München 2005

– 6. Auflage, München 2006
(zitiert: *Bearbeiter*, in: ErfurtKomm)

Erman
Handkommentar zum Bürgerlichen Gesetzbuch, begründet von Walter Erman, herausgegeben von Harm-Peter Westermann
– 8. Auflage, Münster 1989
– 10. Auflage, Köln 2000
– 11. Auflage, Köln 2004
(zitiert: *Bearbeiter*, in: Erman)

***Eschke*, Christina**
– Die Geltung der Unschuldsvermutung im Zivil- und Zivilverfahrensrecht, Diss. Potsdam 2002, Hamburg 2003

***Eylert*, Mario/ *Friedrichs*, Anne**
– Die Anhörung des Arbeitnehmers zur Verdachtskündigung, DB 2007, 2203-2206

***Fabricius*, Fritz**
– Zur Dogmatik des „sonstigen Rechts" gemäß § 823 Abs. 1 BGB - Unter Berücksichtigung des sogenannten "Rechts am Arbeitsplatz" und des sogenannten "Rechts auf den ungestörten Bestand der ehelichen Lebensgemeinschaft", AcP 160 (1961), 273-327

***Falkenberg*, Rolf-Dieter**
– "Unsinn" des allgemeinen Kündigungsschutzes in Deutschland? - Erwiderung auf Rühle, DB 1991, S 1378ff - mit Replik von Hans Gottlob Rühle, DB 1991, 2486-2488

***Fastrich*, Lorenz**
– Bestandsschutz und Vertragsinhaltsschutz im Arbeitsrecht, in: Festschrift für Herbert Wiedemann zum 70. Geburtstag, herausgegeben von Rolf Wank, Heribert Hirte, Kaspar Frey, Holger Fleischer und Gregor Thüsing, München 2002, S. 251-268
(zitiert: *Fastrich*, in: Festschrift für Wiedemann)

***Feuerborn*, Andreas**
– Sachliche Gründe im Arbeitsrecht - Konkretisierung eines normativen Rechtsbegriffs zwischen Vertragsfreiheit und Arbeitnehmerschutz, Habil. Münster, München 2003

Fischer, **Ulrich**
– Prozessuales Verwertungsverbot für mitbestimmungswidrig erlangte Beweismittel, BB 1999, 154-157
– Die Anhörung des Arbeitnehmers vor der Verdachtskündigung, BB 2003, 522-525

Frankfurter Kommentar zur Insolvenzordnung
herausgegeben von Klaus Wimmer
3. Auflage, Neuwied u. a. 2002
(zitiert: *Bearbeiter*, in: FrankfurtKomm-InsO)

Frey, **Erich**
– Der Beurteilungszeitpunkt tatsächlicher Umstände beim Kündigungsschutz, ArbuR 1955, 140-143

Fromm, **Erwin**
– Die arbeitnehmerbedingten Kündigungsgründe, Diss. Saarbrücken 1994, Berlin 1995

Frowein, **Jochen/** *Peukert*, **Wolfgang**
– EMRK-Kommentar, 2. Auflage, Kehl u. a. 1996 (zitiert: *Frowein/Peukert*)

Führich, **Ernst**
– Reiserecht, Handbuch des Reisevertrags-, Reiseversicherungs- und Individualreiserechts, 4. Auflage, Heidelberg 2002

Galperin, **Hans**
– Der wichtige Grund zur außerordentlichen Kündigung, DB 1964, 1114-1118

Gamillscheg, **Franz**
– Die Grundrechte im Arbeitsrecht, AcP 164 (1964), 384-445
– Arbeitsrecht I - Individualarbeitsrecht, 7. Auflage, München 1987, und 8. Auflage, München 2000 (zitiert: *Gamillscheg*, ArbR I)

Gamillscheg, **Katharina**
– Anmerkung zu BAG, Urt. v. 18.11.1999 – 2 AZR 743/98, SAE 2001, 182-185

Gaul, **Dieter**
– Mißbrauch einer krankheitsbedingten Arbeitsunfähigkeit, NZA 1993, 865-873

Gemeinschaftskommentar zum Kündigungsschutzgesetz und sonstigen kündigungsschutzrechtlichen Vorschriften
mitbegründet von Friedrich Becker und Wilfried Hillebrecht, herausgegeben von Peter Bader, Gerhard Etzel, Ernst Fischermeier, Hans-Wolf Friedrich, Gert-Albert Lipke, Thomas Pfeiffer, Friedhelm Rost, Andreas Michael Spilger, Norbert Vogt, Horst Weigand und Ingeborg Wolf
– 3. Auflage, Neuwied u. a. 1989
– 4. Auflage, Neuwied u. a. 1994
– 6. Auflage, Neuwied u. a. 2002
– 7. Auflage, Neuwied u. a. 2004
(zitiert: *Bearbeiter*, in: KR)

***Gentges*, Peter**
– Prognoseprobleme im Kündigungsschutzrecht, Diss. Bochum 1994, Baden-Baden 1995

***Germakowski*, Gudrun**
– Der allgemeine Wiedereinstellungsanspruch, Diss. Bochum, Frankfurt am Main u. a. 2004

***Görg*, Axel**
– Entschädigung bei unverschuldetem Verlust des Arbeitsplatzes, Diss. Berlin (FU) 1978, Königstein/Taunus 1979

***Griese*, Thomas**
– Neuere Tendenzen bei der Anhörung des Betriebsrats vor der Kündigung, BB 1990, 1899-1904

***Grosjean*, Sascha R.**
– Anmerkung zu BAG, Urt. v. 27.3.2003 – 2 AZR 51/02, DB 2003, 2650-2654

***Grüneklee*, Stefan**
– Der Kontrahierungszwang für Girokonten bei Banken und Sparkassen, Diss. Göttingen 2000, Baden-Baden 2001

***Grünhage*, Jochen**
– Die Pflicht des Arbeitgebers zur Einstellung und Wiedereinstellung von Arbeitnehmern, Diss. Göttingen 1965

***Grunsky*, Wolfgang**
– Das Nachschieben von Gestaltungsgründen – *BAG*, NJW 1963, 1276, JuS 1964, 97-102

– Anmerkung zu BAG, Urt. v. 27.1.1972 – 2 AZR 157/71, AP § 626 BGB - Ausschlußfrist- Nr. 2, Bl. 4-6
– Die Verdachtskündigung, ZfA 1977, 167-186

***Hahn*, Marius**
– Die Verdachtskündigung unter Berücksichtigung einer gesetzlichen Regelung, Diss. Gießen, Hamburg 2004

***Hambitzer*, Ulrich Max**
– Wiedereinstellungsanspruch nach wirksamer betriebsbedingter Kündigung?, NJW 1985, 2239-2242
– Der Wiedereinstellungsanspruch des Arbeitnehmers nach wirksamer Kündigung, Diss. Bonn 1987

***Hanau*, Peter**
– Verfassungsrechtlicher Kündigungsschutz, in: Richterliches Arbeitsrecht, Festschrift für Thomas Dieterich zum 65. Geburtstag, herausgegeben von Peter Hanau, Friedrich Heither und Jürgen Kühling, München 1999, S. 201-214 (zitiert: *Hanau*, in: Festschrift für Dieterich)

***Hase*, Karl von**
– Fristlose Kündigung und Abmahnung nach neuem Recht, NJW 2002, 2278-2283

***Hedemann*, Justus Wilhelm**
– Der Arbeitsplatz als Rechtsgut, RdA 1953, 121-125

Heidelberger Kommentar zum Kündigungsschutzgesetz
herausgegeben von Eberhard Dorndorf, Bernhard Weller, Friedrich Hauck, Armin Höland, Volkhart Kriebel, Klaus Neef
4. Auflage, Heidelberg 2001
(zitiert: *Bearbeiter*, in: HeidelbergKomm-KSchG)

Heidelberger Kommentar zur Insolvenzordnung
von Dieter Eickmann, Axel Flessner, Friedrich Irschlinger, Hans-Peter Kirchhof, Gerhart Kreft, Hans-Georg Landfermann, Wolfgang Marotzke, Guido Stephan
3. Auflage, Heidelberg 2003
(zitiert: *Bearbeiter*, in: HeidelbergKomm-InsO)

***Heilmann*, Aribert**
– Verdachtskündigung und Wiedereinstellung nach Rehabilitierung, Diss. Heidelberg, Heidelberg 1964

Heimann, **Marko**
– Der Streitwert der Wiedereinstellungszusage – Zugleich Besprechung des Beschlusses des ArbG Regensburg vom 6.10.2000 – 3 Ca 1624/00, JurBüro 2001, 287-289

Heinze, **Meinhard**
– Gefahren für die sozialen Grundrechte in Deutschland, in: Festschrift für Thomas Dieterich zum 65. Geburtstag, herausgegeben von Peter Hanau, Friedrich Heither und Jürgen Kühling, München 1999, S. 215-229 (zitiert: *Heinze*, in: Festschrift für Dieterich)

Henssler, **Martin**
– Anmerkung zu LAG Köln, Urt. v. 16.1.1990 – 11 Sa 853/89, LAGE § 1 KSchG - verhaltensbedingte Kündigung- Nr. 27

Henssler, **Martin/** *Moll*, **Wilhelm**
– Kölner Tage des Arbeitsrechts - Kündigung und Kündigungsschutz in der betrieblichen Praxis, herausgegeben von Martin Henssler und Wilhelm Moll, mit Beiträgen von Reiner Ascheid, Jobst-Hubertus Bauer, Dietrich Boewer, Martin Henssler, Detlev Joost, Wolfdieter Küttner, Wilhelm Moll, Ulrich Preis, Friedhelm Rost und Ulrich Tschöpe, Köln 2000 (zitiert: *Bearbeiter*, in: Henssler/Moll)

Henssler, **Martin/** *Willemsen*, **Heinz-Josef/** *Kalb*, **Heinz-Jürgen**
– Arbeitsrecht Kommentar, Köln 2004 (zitiert: *Bearbeiter*, in: Henssler/Willemsen/Kalb)

Hergenröder, **Curt Wolfgang**
– Kündigung und Kündigungsschutz im Lichte der Verfassung, ZfA 2002, 355-382

Herschel, **Wilhelm**
– Druckkündigung und Schadensausgleich, RdA 1953, 41-42
– Druckkündigung und Schadensausgleich, in: Festschrift für Heinrich Lehmann zum 80. Geburtstag, herausgegeben in Gemeinschaft mit den Mitarbeitern von Hans Carl Nipperdey, II. Band, Berlin, Tübingen und Frankfurt am Main 1956, S. 663-669 (zitiert: *Herschel*, in: Festschrift für Lehmann, Bd. II)
– Anmerkung zu BAG, Urt. v. 4.11.1957 – 2 AZR 57/56, AP § 1 KSchG Nr. 39
– Die Betriebszugehörigkeit als geschütztes Rechtsgut, RdA 1960, 121-127
– Neue Tatsachen nach Verdachtskündigung des Arbeitsvertrages, BlStSozArbR 1977, 113-116
– Anmerkung zu BAG, Urt. v. 21.2.1979 – 5 AZR 568/77, ArbuR 1980, 94-96
– Gedanken zur Theorie des arbeitsrechtlichen Kündigungsgrundes, in: Arbeitsleben und Rechtspflege, Festschrift für Gerhard Müller, herausgegeben von Theo Mayer-

Maly, Reinhard Richardi, Herbert Schambeck und Wolfgang Zöllner, Berlin 1981, S. 191-207 (zitiert: *Herschel*, in: Festschrift für Gerhard Müller)
– Unmöglichkeit der Dienstleistung und Kündigung, insbesondere bei Kündigung, BB 1982, 253-254

***Hess*, Harald/ *Schlochauer*, Ursula/ *Glaubitz*, Werner**
– BetrVG, 5. Auflage, Neuwied u. a. 1997 (zitiert: *Bearbeiter*, in: Hess/Schlochauer/Glaubitz)

***Hilger*, Marie-Luise**
– Verdachtskündigung und Wiedereinstellungsanspruch, MuA 1960, 181-182

***Hoefs*, Christian**
– Die Verdachtskündigung, Diss. Göttingen 2000, Berlin 2001

***Hoffmans*, Helmut**
– Nachwirkende Nebenpflichten von Schuldverhältnissen, Diss. Köln 1986

***Höland*, Armin**
– Zur Problematik des Nachschiebens von Kündigungsgründen aus rechtstatsächlicher Sicht, ZIP 1982, 143-151
– Anmerkung zu BAG, Urt. v. 13.9.1995 – 2 AZR 587/94, AP § 626 BGB - Verdacht strafbarer Handlung- Nr. 25

***Honstetter*, Johannes A.**
– Die Prognoseentscheidung des Arbeitgebers im Kündigungsrecht, Diss. Konstanz, Frankfurt am Main u. a. 1994

***Hoß*, Axel**
– Die verhaltensbedingte Kündigung, MDR 1998, 869-882

***Hoyningen-Huene*, Gerrick von**
– Betriebsverfassungsrecht, 4. Auflage, München 1998

***Hoyningen-Huene*, Gerrick von/ *Linck*, Rüdiger**
– Kündigungsschutzgesetz, begründet von Alfred Hueck, 13. Auflage, München 2002

Hromadka, **Wolfgang**
– Ein Arbeitsvertragsgesetz für Deutschland - Der Entwurf des Arbeitskreises „Deutsche Rechtseinheit im Arbeitsrecht“, in: Festschrift für Dieter Gaul zum 70. Geburtstag, herausgegeben von Dietrich Boewer und Björn Gaul, Neuwied u. a. 1992, S. 357-396, (zitiert: *Hromadka*, in: Festschrift für Gaul)

Hubmann, **Heinrich**
– Der bürgerlichrechtliche Aufopferungsanspruch, JZ 1958, 489-493

Hueck, **Alfred**
– Anmerkung zu RAG, Urt. v. 23.6.1934 – RAG. 318/33, ARS Bd. 21, S. 147-148
– Anmerkung zu BAG, Urt. v. 12.5.1955 – 2 AZR 77/53, AP § 626 BGB -Verdacht strafbarer Handlung- Nr. 1
– Anmerkung zu BAG, Urt. v. 3.11.1955 – 2 AZR 86/54, AP § 626 BGB Nr. 5
– Anmerkung zu BAG, Urt. v. 17.4.1956 – 2 AZR 340/55, AP § 626 BGB Nr. 8
– Anmerkung zu BGH, Urt. v. 13.7.1956 – VI ZR 88/55, AP § 611 BGB -Fürsorgepflicht- Nr. 2
– Die Pflicht des Arbeitgebers zur Wiedereinstellung entlassener Arbeitnehmer, in: Recht und Wissenschaft, Festschrift für Justus Wilhelm Hedemann zu seinem 80. Geburtstag am 24. April 1958, herausgegeben in Gemeinschaft mit den Mitarbeitern von Heinrich Lehmann und Hans Carl Nipperdey, Berlin 1958, S. 131-150 (zitiert: *A. Hueck*, in: Festschrift für Hedemann)
– Anmerkung zu BGH, Urt. v. 28.4.1960 – VII ZR 218/59, AP § 626 BGB Nr. 41
– Anmerkung zu BAG, Urt. v. 23.2.1961 – 2 AZR 187/59, AP § 626 BGB -Verdacht strafbarer Handlung- Nr. 9
– Anmerkung zu BAG, Urt. v. 30.1.1963 – 2 AZR 143/62, AP § 626 BGB Nr. 50
– Anmerkung zu BAG, Urt. v. 4.6.1964 – 2 AZR 310/63, AP § 626 BGB -Verdacht strafbarer Handlung- Nr. 13

Hueck, **Götz/** *Hoyningen-Huene*, **Gerrick von**
– Kündigungsschutzgesetz, begründet von Alfred Hueck, 12. Auflage, München 1997

Hwang, **Cheng-Guan**
– Der maßgebliche Zeitpunkt für die Beurteilung der Wirksamkeit der Kündigung des Arbeitgebers, Diss. Göttingen 1988

Isele, **Hellmut Georg**
– Das suspendierte Arbeitsverhältnis, in: Festschrift für Erich Molitor zum 75. Geburtstag, herausgegeben im Auftrag der Mitarbeiter von Hans Carl Nipperdey, München und Berlin 1962, S. 107-122 (zitiert: *Isele*, in: Festschrift für Molitor)

Jacobs, **Matthias**
– Die Entwicklung der höchstrichterlichen Rechtsprechung im Arbeitsrecht im Jahr 2001, ZfA 2002, 679-788

Jakobs, **Horst Heinrich/** ***Schubert*****, Werner**
– Die Beratung des Bürgerlichen Gesetzbuchs in systematischer Zusammenstellung der unveröffentlichten Quellen, Recht der Schuldverhältnisse II (§§ 433 bis 651), Berlin u. a. 1980

Joachim, **Hans G.**
– Zur Problematik der Verdachtskündigung, ArbuR 1964, 33-39

Kaiser, **Dagmar**
– Wegfall des Kündigungsgrundes - Weder Unwirksamkeit der Kündigung noch Wiedereinstellungsanspruch, ZfA 2000, 205-235

Karlsruher Kommentar
zur Strafprozessordnung und zum Gerichtsverfassungsgesetz, herausgegeben von Gerd Pfeiffer, 5. Auflage, München 2003
(zitiert: *Bearbeiter*, in: KarlsruheKomm-StPO)

Kasseler Handbuch zum Arbeitsrecht
herausgegeben von Wolfgang Leinemann
2. Auflage, Neuwied 2000
(zitiert: *Bearbeiter*, in: KasselHandbArbR)

Kilian, **Wolfgang**
– Kontrahierungszwang und Zivilrechtssystem, AcP 180 (1980), 47-83

Kittner, **Michael**
– Anmerkung zu ArbG Köln, Urt. v. 3.2.2000 – 1 Ca 8005/99, ArbuR 2000, 474

Kittner, **Michael/** ***Däubler*****, Wolfgang/** ***Zwanziger*****, Bertram**
– Kündigungsschutzrecht - Kommentar für die Praxis zu Kündigungen und anderen Formen der Beendigung des Arbeitsverhältnisses, 6. Auflage, Köln 2004 (zitiert: *Bearbeiter*, in: Kittner/Däubler/Zwanziger)

Kittner, **Michael/** ***Trittin*****, Wolfgang**
– Kündigungsschutzrecht, Kommentar für die Praxis zum Kündigungsschutzgesetz und zu den anderen Kündigungsvorschriften, 2. Auflage, Köln 1995 (zitiert: *Bearbeiter*, in: Kittner/Trittin)

***Kittner*, Michael/ *Zwanziger*, Bertram**
– Arbeitsrecht - Handbuch für die Praxis, Frankfurt am Main 2001 (zitiert: *Bearbeiter*, in: Kittner/Zwanziger)

***Klados*, Charalabos**
– § 826 BGB - Ein legitimes Mittel zur Durchbrechung der Rechtskraft?, JuS 1997, 705-710

***Knütel*, Rolf**
– Die Begründungspflicht bei Kündigungen, NJW 1970, 121-125

Kölner Praxiskommentar zum Kündigungsschutzgesetz
herausgegeben von Hans-Harald Sowka
– 1. Auflage, Köln 1996
– 2. Auflage, Köln 2000
(zitiert: *Bearbeiter*, in: KölnPK-KSchG)

***König*, Wilhelm**
– Zur näheren Bestimmung des wichtigen Grundes bei der außerordentlichen Kündigung durch den Arbeitgeber, RdA 1969, 8-16

***Kontusch*, Oliver**
– Der Wiedereinstellungsanspruch des Arbeitnehmers. Rechtsfortbildung im Spannungsfeld von Bestandsschutz und wirksamer Kündigung im Arbeitsverhältnis, Diss. Heidelberg, Berlin 2004

***Kort*, Michael**
– Anmerkung zu BAG, Urt. v. 28.6.2000 – 7 AZR 904/98, SAE 2001, 131-138

***Kraft*, Alfons**
– Bestandsschutz des Arbeitsverhältnisses; Lohn ohne Arbeit – Überlegungen zur Reduzierung der Regelungsdichte des Arbeitsrechts und zur Wiederherstellung der Äquivalenz im Arbeitsverhältnis, ZfA 1994, 463-485

***Krüll*, Armin**
– Der Wiedereinstellungsanspruch des Arbeitnehmers, Diss. Jena, Frankfurt am Main u. a. 2003

Kühl, **Kristian**
– Persönlichkeitsschutz des Tatverdächtigen durch die Unschuldsvermutung - Ein Beitrag zu den Grenzen der Kriminalberichterstattung, Festschrift für Heinrich Hubmann zum 70. Geburtstag, herausgegeben von Hans Forkel und Alfons Kraft, Frankfurt am Main 1985, S. 241-254 (zitiert: *Kühl*, Festschrift für Hubmann)

Kühne, **Hans-Heiner**
– Die Definition des Verdachts als Voraussetzung strafprozessualer Zwangsmaßnahmen, NJW 1979, 617-622

Kündigungsschutzgesetz Handkommentar
Stefan Fiebig, Inken Gallner, Jürgen Griebling, Wilhelm Mestwerdt, Stefan Nägele, Gerhard Pfeiffer
2. Auflage, Baden-Baden 2004
(zitiert: *Bearbeiter*, in: HandKomm-KSchG)

Küstner, **Wolfram/** *Thume*, **Karl-Heinz**
– Handbuch des gesamten Außendienstrechts, Band 1, Das Recht des Handelsvertreters (ohne Ausgleichsrecht), 3. Auflage, Heidelberg 2000

Langenbucher, **Katja**
– Der Wiedereinstellungsanspruch des Arbeitnehmers beim Betriebsübergang, ZfA 1999, 299-327

Langer, **Karl A.**
– Anspruch auf Wiedereinstellung?, NZA 1991, Beil. 3, 23-29
– Gesetzliche und vereinbarte Ausschlußfristen im Arbeitsrecht, München 1993 (zitiert: *Langer*, Ausschlußfristen)

Larenz, **Karl**
– Gemeinsame Anmerkung zu BAG, Urt. v. 14.12.1956 – 1 AZR 29/55, und BAG, Urt. v. 24.11.1956 – 2 AZR 345/56, AP § 611 BGB -Fürsorgepflicht- Nr. 3 und Nr. 4
– Lehrbuch des Schuldrechts, Erster Band – Allgemeiner Teil, 13. Auflage, München 1982 (zitiert: *Larenz*, SchuldR I)

Larenz, **Karl/** *Canaris*, **Claus-Wilhelm**
– Methodenlehre der Rechtswissenschaft, 3. Auflage, Berlin u. a. 1995

Leipold, **Dieter**
– Beweislastregeln und gesetzliche Vermutungen, Berlin 1966
– Einstellungsfragebögen und das Recht auf Arbeit, ArbuR 1971, 161-167

Lepke, **Achim**
– Kündigung bei Krankheit - Handbuch für die betriebliche, anwaltliche und gerichtliche Praxis, begründet von Dirk Neumann, 10. Auflage, Berlin 2000
– Detektivkosten als Schadensersatz im Arbeitsrecht, DB 1985, 1231-1238
– Zum Wiedereinstellungsanspruch nach krankheitsbedingter Kündigung, NZA-RR 2002, 617-624

***Linck*, Rüdiger**
– Der Wiedereinstellungsanspruch, FA 2000, 334-338

***Lingemann*, Stefan/ *Göpfert*, Burkhard**
– Der Einsatz von Detektiven im Arbeitsrecht, DB 1997, 374-377

***Lisec*, Anja**
– Der Wiedereinstellungsanspruch des Arbeitnehmers nach betriebsbedingter Kündigung und Betriebsübergang, Diss. Berlin (FU) 2001

***Lörcher*, Klaus**
– Anmerkung zu BAG, Urt. v. 14.9.1994 – 2 AZR 164/94, EuroAS 1995, Nr. 2, 37-38

Löwe-Rosenberg
– Die Strafprozessordnung und das Gerichtsverfassungsgesetz, 25. Auflage, Berlin Stand: 1.5.2001 (zitiert: *Bearbeiter*, in: Löwe-Rosenberg)

***Löwisch*, Manfred**
– Kommentar zum Kündigungsschutzgesetz, 8. Auflage, Heidelberg 2000
– Wilhelm Herschel und die Wurzeln von Ultima-ratio-Grundsatz und Prognoseprinzip, BB 1998, 1793-1795

***Löwisch*, Manfred/ *Kaiser*, Dagmar**
– Betriebsverfassungsgesetz Kommentar, 5. Auflage, Heidelberg 2002 (zitiert: *Bearbeiter*, in: Löwisch/Kaiser)

***Löwisch*, Manfred/ *Spinner*, Günter**
– Kommentar zum Kündigungsschutzgesetz, 9. Auflage, Heidelberg 2004 (zitiert: *Bearbeiter*, in: Löwisch/Spinner)

***Lücke*, Oliver**
– Unter Verdacht: Die Verdachtskündigung, BB 1997, 1842-1848
– Die Verdachtskündigung - Fragen aus der Praxis, BB 1998, 2259-2263

Luckey, **Andreas**
– Suspendierung und Schmerzensgeldanspruch des Arbeitnehmers, NZA 1992, 873-877

Manske, **Wolfgang**
– Wiedereinstellungsanspruch in der Rechtsprechung des BAG, FA 1998, 143-147

Marxen, **Klaus**
– Medienfreiheit und Unschuldsvermutung, GA 1980, 365-381

Mathern, **Friedrich W.**
– Die krankheitsbedingte Kündigung, NJW 1996, 818-821

Mavridis, **Vassili**
– Vor- und Nachwirkungen der Fürsorgepflicht im Arbeitsrecht, ArbuR 1957, 225-230

Medicus, **Dieter**
– Schuldrecht I, Allgemeiner Teil, 15. Auflage, München 2004

Meinel, **Gernod/** *Bauer*, **Thorsten**
– Der Wiedereinstellungsanspruch, NZA 1999, 575-581

Meyer, **Dieter**
– Strafrechtsentschädigung, Kommentar zum Gesetz über die Entschädigung für Strafverfolgungsmaßnahmen (StrEG) mit Erläuterungen der Entschädigung für Verfolgungsmaßnahmen nach dem OWiG und für Freiheitsentzug nach der ERK, 6. Auflage, Neuwied u. a. 2005

Meyer, **Karlheinz**
– Grenzen der Unschuldsvermutung, in: Festschrift für Herbert Tröndle zum 70. Geburtstag, Berlin u. a. 1989, S. 61-75 (zitiert: *K. Meyer*, in: Festschrift für Tröndle)

Meyer, **Uwe**
– Die Kündigung des Arbeitsverhältnisses wegen Sicherheitsbedenken, Diss. Berlin (FU) 1996, Berlin 1997

Meyer-Goßner, **Lutz**
– Strafprozessordnung, Gerichtsverfassungsgesetz, Nebengesetze und ergänzende Bestimmungen, begründet von Otto Schwarz, in der 23. bis 35. Auflage bearbeitet von Theodor Kleinknecht und in der 36. bis 39. Auflage von Karlheinz Meyer, 48. Auflage, München 2005

Migsch, **Erwin**
– Die absolut geschützte Rechtsstellung des Arbeitnehmers, Salzburg u. a. 1972

Mohnen, **Heinz**
– Nachwirkungen des Arbeitsverhältnisses, RdA 1957, 361-368 und 405-411

Molitor, **Erich**
– Die Kündigung: unter besonderer Berücksichtigung der Kündigung des Arbeitsvertrages, 2. Auflage, Mannheim 1951 (zitiert: *Molitor*, Die Kündigung)
– Anmerkung zu BAG, Urt. v. 3.5.1956 – 2 AZR 388/54, AP § 626 BGB Nr. 9
– Anmerkung zu BGH, Urt. v. 13.7.1956 – VI ZR 88/55, SAE 1957, 5-7
– Anmerkung zu BAG, Urt. v. 14.12.1956 – 1 AZR 29/55, AR-Blattei, Arbeitsvertrag-Arbeitsverhältnis X, Entscheidung 2

Monjau, **Herbert**
– Die Verdachtskündigung, DB 1960, 1067-1070
– Nachwirkende Treuepflichten, BB 1962, 1439-1442

Moos, **Peter**
– Nachwirkende Vertragspflichten aus Arbeitsverhältnissen, RdA 1962, 301-307

Moritz, **Klaus**
– Grenzen der Verdachtskündigung, NJW 1978, 402-406

Mugdan, **Benno**
– Die gesammten Materialien zum Bürgerlichen Gesetzbuch für das Deutsche Reich, herausgegeben und bearbeitet von Benno Mugdan, II. Band. Recht der Schuldverhältnisse, Berlin 1899

Müller, **Gerda**
– Möglichkeiten und Grenzen des Persönlichkeitsrechts, VersR 2000, 797-806

Müller, **Stefan**
– Der Auflösungsantrag des Arbeitgebers § 9 Abs.1 Satz 2 KSchG, Diss. Leipzig 2004

Müller-Glöge, **Rudi**
– Bestandsschutz beim Betriebsübergang nach § 613a BGB, NZA 1999, 449-457

Münch, **Ingo von/** ***Kunig***, **Philip**
– Grundgesetz-Kommentar, begründet von Ingo von Münch, herausgegeben von Philip Kunig, Band 1 (Präambel bis Art. 19), 5. Auflage, München 2000

Münchener Handbuch zum Arbeitsrecht
herausgegeben von Reinhard Richardi und Ottfried Wlotzke
– Band 2 - Individualarbeitsrecht II, 1. Auflage, München 1993
– Band 2 - Individualarbeitsrecht II, 2. Auflage, München 2000
(zitiert: *Bearbeiter*, in: MünchHandbArbR II)

Münchener Kommentar zum Bürgerlichen Gesetzbuch
herausgegeben von Kurt Rebmann, Franz Jürgen Säcker und Roland Rixecker
– Band 1, Allgemeiner Teil (§§ 1-240), 2. Auflage, München 1988
– Band 1, Allgemeiner Teil (§§ 1-240), 4. Auflage, München 2001
– Band 2a, Schuldrecht Allgemeiner Teil (§§ 241-432), 4. Auflage, München 2003
– Band 3, Schuldrecht Besonderer Teil (§§ 433-651k), 2. Auflage, München 1988
– Band 4, Schuldrecht Besonderer Teil III (§§ 607-704), 3. Auflage, München 1997
– Band 4, Schuldrecht Besonderer Teil II (§§ 611-704, EFZG, TzBfG, KSchG), 4. Auflage, München 2005
– Band 5, Schuldrecht Besonderer Teil III (§§ 705-853), 4. Auflage, München 2004
– Band 6, Sachenrecht (§§ 854-1296), 4. Auflage, München 2004
(zitiert: *Bearbeiter*, in: MünchKomm-BGB)

Münchener Kommentar zum Handelsgesetzbuch
herausgegeben von Karsten Schmidt
– Band 1, Erstes Buch. Handelsstand, §§ 1-104, München 1996
– Band 2, Zweites Buch. Handelsgesellschaften und stille Gesellschaft, München 2004 (zitiert: *Bearbeiter*, in: MünchKomm-HGB)

Münchener Kommentar zur Zivilprozessordnung
herausgegeben von Gerhard Lüke und Peter Wax
– Band 3 (§§ 803-1066, EGZPO, GVG, EGGVG, IZPR), 2. Auflage, München 2001
(zitiert: *Bearbeiter*, in: MünchKomm-ZPO)

***Nädler*, Simone**
– Der Wiedereinstellungsanspruch des Arbeitnehmers nach Wegfall des Kündigungsgrundes, Diss. Hannover 2003, Frankfurt am Main 2004

***Nägele*, Stefan**
– Die Renaissance des Wiedereinstellungsanspruchs, BB 1998, 1686-1689

***Naujok*, Volker**
– Das Spannungsverhältnis zwischen Verdachtskündigung und Unschuldsvermutung, ArbuR 1998, 398-402

Neuner, **Jörg**
– Privatrecht und Sozialstaat, Habil. München 1997, München 1999

Nicolai, **Andrea/** *Noack*, **Stefanie**
– Grundlagen und Grenzen des Wiedereinstellungsanspruchs nach wirksamer Kündigung des Arbeitsverhältnisses, ZfA 2000, 87-114

Nikisch, **Arthur**
– Arbeitsrecht, I. Band, Allgemeine Lehren und Arbeitsvertragsrecht, 2. Auflage, Tübingen 1955
– Anmerkung zu BAG, Urt. v. 4.6.1964 – 2 AZR 310/63, SAE 1965, 71-72

Nipperdey, **Hans Carl**
– Der Arbeitskampf als unerlaubte Handlung – Grundsätzliches zur Frage seiner Rechtswidrigkeit, in: Festschrift für Friedrich Sitzler zu seinem 75. Geburtstag, herausgegeben von Hans Constantin Paulssen, Willi Richter, Walter Freitag, Walter Raymond, Hans Carl Nipperdey und Hans-Albrecht Bischoff, Stuttgart 1956, S. 79-112 (zitiert: *Nipperdey*, in: Festschrift für Sitzler)

Oehmann, **Werner/** *Dieterich*, **Thomas**
– Arbeitsrecht-Blattei, Handbuch für die Praxis, Systematische Darstellungen, Rechtsprechung, Gesetzestexte, Aktuelle Kurzberichte
begründet von Friedrich Sitzler
Stuttgart, Stand: 10.1.1969
(zitiert: *Bearbeiter*, in AR-Blattei)

Oetker, **Hartmut**
– Anmerkung zu BAG, Urt. v. 8.9.1988 – 2 AZR 103/88, SAE 1989, 302-307
– Das Dauerschuldverhältnis und seine Beendigung, Bestandsaufnahme und kritische Würdigung einer tradierten Figur der Schuldrechtsdogmatik, Habil. Kiel 1993/94, Tübingen 1994 (zitiert: *Oetker*, Dauerschuldverhältnis)
– Der Wiedereinstellungsanspruch des Arbeitnehmers bei nachträglichem Wegfall des Kündigungsgrundes, ZIP 2000, 643-653
– Anmerkung zu BAG, Urt. v. 28.6.2000 – 7 AZR 904/98, ZIP 2000, 1787-1790

Ohl, **Heinrich**
– Zum Abfindungsrecht bei betriebsbedingtem Verlust des Arbeitsplatzes, AuR 1980, 108-113

Otto, **Alexander**
– Der Wegfall des Vertrauens in den Arbeitnehmer als wichtiger Grund zur Kündigung des Arbeitsverhältnisses, Diss. Potsdam 1998, Berlin 2000 (zitiert: *A. Otto*)

Otto, **Hansjörg**
– Grünes Licht für die Wiedereinstellung bei betriebsbedingten Entlassungen?, in: Festschrift für Alfons Kraft zum 70. Geburtstag, herausgegeben von Günther Hönn, Horst Konzen und Peter Kreutz, Neuwied u. a. 1998, S. 451-475 (zitiert: *H. Otto*, in: Festschrift für Kraft)
– Anmerkung zu BAG, Urt. v. 28.6.2000 – 7 AZR 904/98, AP § 1 KSchG - Wiedereinstellung- Nr. 6

Palandt
Bürgerliches Gesetzbuch mit Einführungsgesetz (Auszug), Unterlassungsklagengesetz, Produkthaftungsgesetz, Erbbaurechtsverordnung, Wohnungseigentumsgesetz, Hausratsverordnung, Lebenspartnerschaftsgesetz, Gewaltschutzgesetz (Auszug) begründet von Otto Palandt, bearbeitet von Peter Bassenge, Gerd Brudermüller, Uwe Diederichsen, Wolfgang Edenhofer, Helmut Heinrichs, Andreas Heldrich, Hans Putzo, Hartwig Sprau, Heinz Thomas und Walter Weidenkaff
– 62. Auflage, München 2003
– 64. Auflage, München 2005
(zitiert: *Bearbeiter*, in: Palandt)

Papier, **Hans-Jürgen**
– Der verfassungsrechtliche Rahmen für Privatautonomie im Arbeitsrecht, RdA 1989, 137-144

Paulus, **Rainer**
– Anmerkung zu BVerfG, Beschl. v. 29.5.1990 – 2 BvR 254 und 134/88, NStZ 1990, 600-601

Peter, **Karl Friedrich**
– Der Arbeitsplatz als absolut geschütztes Rechtsgut, Köln 1970

Pflüger, **Daniel**
– Der Wiedereinstellungsanspruch des Arbeitnehmers im kündigungsrechtlichen Bestandsschutz, Diss. Münster, Hamburg 2004

Pick, **Eckhart**
– Wohnungseigentumsgesetz, Gesetz über das Wohnungseigentum und das Dauerwohnrecht, begründet von Johannes Bärmann, 16. Auflage, München 2005

Post, **Erich E. R.**
– Zur Verwendung des Sozialstaatsarguments im Arbeitsrecht, ZfA 1978, 421-446

Preis, **Ulrich**
– Prinzipien des Kündigungsrechts bei Arbeitsverhältnissen - Eine Untersuchung zum Recht des materiellen Kündigungsschutzes, insbesondere zur Theorie der Kündigungsgründe, Diss. Köln 1985/86, München 1987 (zitiert: *Preis*, Prinzipien)
– Neuere Tendenzen im arbeitsrechtlichen Kündigungsschutz (II), DB 1988, 1444-1451
– Anmerkung zu LAG Köln, Urt. v. 10.1.1989 – 4/2 Sa 860/88, LAGE § 611 BGB -Einstellungsanspruch- Nr. 1

Prien, **Jochen**
– Naturalrestitution als Schadensersatz bei deliktischer Verletzung der Ehre, Frankfurt am Main u. a. 1985

Raab, **Thomas**
– Der Wiedereinstellungsanspruch des Arbeitnehmers bei Wegfall des Kündigungsgrundes, RdA 2000, 147-164
– Anmerkung zu BAG, Urt. v. 28.6.2000 – 7 AZR 904/98, RdA 2001, 248-252

Rahmstorf, **Frank**
– Die Druckkündigung des Arbeitsverhältnisses, Diss. München 1998

Reinhardt, **Rudolf**
– Grundsätzliches zum Recht auf Wiedereinstellung entnazifizierter Arbeitnehmer, RdA 1950, 85-88

Reuss, **Wilhelm**
– Die arbeitsrechtliche Kündigung ohne Grundangabe, ArbuR 1960, 1-5

Ricken, **Oliver**
– Grundlagen und Grenzen des Wiedereinstellungsanspruchs, NZA 1998, 460-465
– Anmerkung zu BAG, Urt. v. 18.11.1999 – 2 AZR 743/98, RdA 2001, 52-55
– Anmerkung zu BAG, Urt. v. 27.6.2001 – 7 AZR 662/99, AP § 1 KSchG 1969 -Wiedereinstellung- Nr. 10

Riesenhuber, **Karl**
– Die Rechtsbeziehungen zwischen Arbeitnehmern - Streit und Recht am Arbeitsplatz, JZ 1999, 711-718

Ruhnke, **Luzia**
– Die Entgeltfortzahlung im Krankheitsfall und die Möglichkeiten des Arbeitgebers gegen einen etwaigen Missbrauch dieses Rechts vorzugehen, Diss. Konstanz 2004

Rüthers, **Bernd**
– Anmerkung zu BAG, Urt. v. 24.4.1975 – 2 AZR 118/74, SAE 1977, 10-12
– Arbeitsrecht und ideologische Kontinuitäten? Am Beispiel des Kündigungsschutzrechts, NJW 1998, 1433-1440

Rüthers, **Bernd/** *Bakker*, **Rainer**
– Anmerkung zu BAG, Urt. v. 3.4.1986 – 2 AZR 324/85, EzA § 102 BetrVG 1972 Nr. 63

Rüthers, **Bernd/** *Henssler*, **Martin**
– Die Kündigung bei kumulativ vorliegenden und gemischten Kündigungssachverhalten, ZfA 1988, 31-48

Rüthers, **Bernd/** *Müller*, **Gregor**
– Anmerkung zu BAG, Urt. v. 16.8.1991 – 2 AZR 604/90, EzA § 1 KSchG - Verhaltensbedingte Kündigung- Nr. 41

Sack, **Rolf**
– Das Anstandsgefühl aller billig und gerecht Denkenden und die Moral als Bestimmungsfaktoren der guten Sitten, NJW 1985, 761-769

Schäfer, **Helmut M.**
– Anmerkung zu BAG, Urt. v. 21.9.2000 – 2 AZN 576/00, BB 2001, 1102

Schäfer, **Jürgen**
– Auflösungsanspruch des Arbeitgebers bei unwirksamer außerordentlicher Kündigung, BB 1985, 1994-1997

Schätzler, **Johann-Georg/** *Kunz*, **Karl-Heinz**
– Gesetz über die Entschädigung für Strafverfolgungsmaßnahmen, begründet und bis zur 2. Auflage fortgeführt von Johann Georg Schätzler, 3. Auflage, München 2003 (zitiert: *Bearbeiter*, in: Schätzler/Kunz)

Schaub, **Günter**
Arbeitsrechts-Handbuch, Systematische Darstellung und Nachschlagewerk für die Praxis
– 8. Auflage, München 1996
– 9. Auflage, München 2000
– 11. Auflage, München 2005
(zitiert: *Schaub*, ArbRHandb)

Schiwy, **Peter**
– Impfung und Aufopferungsentschädigung, Diss. Köln 1973, Berlin 1974

Schleusener, **Axel Aino**
– Rechtsschutzmöglichkeiten bei einer Druckkündigung gegenüber dem Druckausübenden - Zugleich zum Recht am Arbeitsplatz als sonstigem Recht i. S. des § 823 I BGB, NZA 1999, 1078-1083

Schliemann, **Harald**
– Das Arbeitsrecht im BGB, bearbeitet von Reiner Ascheid, Jochen Corts, Hans-Jürgen Dörner, Hans Eisemann, Hans-Wolf Friedrich, Heinrich Gehrig, Hans-Christoph Matthes, Waldemar Röhsler, Harald Schliemann (Hrsg.), 2. Auflage, Berlin u. a. 2002 (zitiert: *Bearbeiter*, in: Schliemann)

Schmidt, **Bettina M.**
– Der Wiedereinstellungsanspruch nach Beendigung des Arbeitsverhältnisses, Diss. Hannover 2002, Frankfurt am Main u. a. 2003 (zitiert: *B. M. Schmidt*)

Schnorr von Carolsfeld, **Ludwig**
– Anmerkung zu BAG, Urt. v. 4.8.1955 – 2 AZR 88/54, AP § 626 BGB Nr. 3

Schönfeld, **Friedrich-Wilhelm**
– Effektiver Rechtsschutz bei straftatbegründeter Kündigung?, NZA 1999, 299-303

Schrader, **Peter/** *Straube*, **Gunnar**
– Die arbeitsrechtliche (Wieder-)Einstellungszusage, NZA-RR 2003, 337-346

Schröder, **Georg**
– Recht der Handelsvertreter, 5. Auflage, München 1973

Schütte, **Reinhard**
– Die Verdachtskündigung, NZA 1991, Beil. 2, 17-23

Schwerdtner, **Peter**
– Anmerkung zu BAG, Urt. v. 6.7.1972 – 2 AZR 386/71, SAE 1973, 137-140
– Nachschieben von Kündigungsgründen, BlStSozArbR 1981, 145-154
– Betriebsverfassungsrechtliches Anhörungsverfahren und Nachschieben von Kündigungsgründen, ZIP 1981, 809-820
– Anmerkung zu BAG, Urt. v. 1.4.1981 – 7 AZR 1003/78, ZIP 1981, 1122-1125

Seier, **Jürgen**
– Betrug durch Verschweigen von Tatsachen im Räumungsprozeß - OLG Zweibrücken, Beschl. v. 15.7.1982 – 2 Ss 159/82, JA 1983, 337-338
– Der Kündigungsbetrug, Habil. Bochum 1987, Köln u. a. 1989 (zitiert: *Seier*, Kündigungsbetrug)
– Kündigungsbetrug durch Verschweigen des Wegfalls von Eigenbedarf, NJW 1988, 1617-1624

Soergel
Bürgerliches Gesetzbuch, begründet von Hans Theo Soergel, neu herausgegeben von Wolfgang Siebert
– Band 2, Schuldrecht I (§§ 241-432), 12. Auflage, Stuttgart u. a. 1990
– Band 14, Sachenrecht 1 (§§ 854-984), 13. Auflage, Stuttgart u. a. 2002
(zitiert: *Bearbeiter*, in: Soergel)

Söllner, **Alfred**
– Anmerkung zu BAG, Urt. v. 6.7.1972 – 2 AZR 386/71, AP § 626 BGB - Ausschlußfrist- Nr. 3

Söllner, **Alfred/** *Meyer*, **Jürgen A. E.**
– Nachwirkungen des Arbeitsverhältnisses, AR-Blattei D Arbeitsvertrag-Arbeitsverhältnis X, A III 3

Stahlhacke, **Eugen/** *Preis*, **Ulrich/** *Vossen*, **Reinhard**
Kündigung und Kündigungsschutz im Arbeitsverhältnis
– 7. Auflage, München 1999
– 8. Auflage, München 2002
(zitiert: *Bearbeiter*, in: Stahlhacke/Preis/Vossen)

Staudinger, **Julius von**
Kommentar zum Bürgerlichen Gesetzbuch mit Einführungsgesetz und Nebengesetzen
– Zweites Buch. Recht der Schuldverhältnisse, Einleitung zu §§ 241 ff.; §§ 241-243, 13. Bearbeitung, Berlin 1995
– Zweites Buch. Recht der Schuldverhältnisse §§ 535-563 (Mietrecht 1), 13. Bearbeitung, Berlin 1995
– Zweites Buch. Recht der Schuldverhältnisse §§ 620-630, 11. Bearbeitung, Berlin 1958
– Zweites Buch. Recht der Schuldverhältnisse §§ 620-630, 13. Bearbeitung, Berlin 1995
(zitiert: *Bearbeiter*, in: Staudinger)

***Stebut*, Dietrich von**
– Der soziale Schutz als Regelungsproblem des Vertragsrechts - Die Schutzbedürftigkeit von Arbeitnehmern und Wohnungsmietern, Habil. München 1977, Berlin 1982 (zitiert: *von Stebut*, Sozialer Schutz)
– Der Wegfall von Kündigungsgründen des Vermieters, NJW 1985, 289-296

Stein/Jonas
Kommentar zur Zivilprozeßordnung
– Band 2 (§§ 91 - 252), 21. Auflage, Tübingen 1994
(zitiert: *Bearbeiter*, in: Stein/Jonas)

***Stein*, Jürgen vom**
– Fehleinschätzungen bei der Kündigung von Arbeitsverhältnissen, Diss. Köln 1989 (zitiert: *vom Stein*, Fehleinschätzungen)
– Wiedereinstellungsanspruch des Arbeitnehmers bei Fehlprognose des Arbeitgebers?, RdA 1991, 85-94

***Strathmann*, Stephanie**
– Der Wiedereinstellungsanspruch eines wirksam gekündigten Arbeitnehmers, Diss. Bielefeld, Frankfurt am Main u. a. 2001

***Strobel*, Michael**
– Die Rechtsfigur der Verdachtskündigung: unter besonderer Berücksichtigung der Rechtslage nach späterer Entkräftung des Verdachts, Diss. Hamburg 1966(7)

***Stürner*, Rolf**
– Der Anspruch auf Erfüllung von Treue- und Sorgfaltspflichten, JZ 1976, 384-392

***Thau*, Jens Thomas**
– Verdachtskündigung - Anmerkung zu BAG, Urt. v. 5.4.2001 – 2 AZR 217/00, SAE 2002, 108-113

***Trappe*, Hermann**
– Kündigung und Kündigungsschutz im Arbeitsrecht, Rechtsprechung und Leitsätze, 2. Auflage, Herne/Berlin 1969

***Trappehl*, Bernhard/ *Lambrich*, Thomas**
– Auflösungsantrag des Arbeitgebers nach außerordentlicher Kündigung?, RdA 1999, 243-251

***Tschöpe*, Ulrich**
– Anwalts-Handbuch Arbeitsrecht (Hrsg.), 3. Auflage, Köln 2003 (zitiert: *Bearbeiter*, in: Tschöpe)

***Vollnhals*, Clemens**
– Entnazifizierung – Politische Säuberung und Rehabilitierung in den vier Besatzungszonen 1945-1949, herausgegeben von Clemens Vollnhals in Zusammenarbeit mit Thomas Schlemmer, München 1991

***Walker*, Wolf-Dietrich**
– Anmerkung zu BAG, Urt. v. 27.2.1997 – 2 AZR 160/96, SAE 1998, 103-107

***Weber*, Christoph**
– Gemeinsame Anmerkung zu BAG, Urt. v. 5.5.1994 – 2 AZR 799/93 und Urt. v. 14.9.1994 – 2 AZR 164/94, SAE 1996, 57-62

***Weber*, Hansjörg**
– Die Nebenpflichten des Arbeitgebers, RdA 1980, 289-299

***Weiss*, Manfred/ *Gagel*, Alexander**
– Handbuch des Arbeits- und Sozialrechts – HAS, 11. Lieferung, Baden-Baden 1993 (zitiert: *Bearbeiter*, in: HAS)

***Welslau*, Dietmar**
– Rechtsprobleme des Wiedereinstellungsanspruchs, BuW 1998, 953-959

***Westera*, Diane**
– Der Wiedereinstellungsanspruch nach wirksamer Kündigung, Diss. Göttingen, Frankfurt am Main u.a. 2001

***Westphal*, Bernd**
– Vertriebsrecht, Band 1, Handelsvertreter, Düsseldorf 1998

***Winterstein*, Heinz-Peter**
– Die Zulässigkeit des Nachschiebens von Kündigungsgründen im Kündigungsschutzprozeß, Diss. Gießen, Neuwied u. a. 1987

***Ziemann*, Werner**
– Die Klage auf Wiedereinstellung oder Fortsetzung des Arbeitsverhältnisses, MDR 1999, 716-721

Zöller
Zivilprozessordnung mit Gerichtsverfassungsgesetz und den Einführungsgesetzen, mit Internationalem Zivilprozessrecht, EG-Verordnungen, Kostenanmerkungen, Kommentar begründet von Richard Zöller, bearbeitet von Reinhold Geimer, Reinhard Greger, Peter Gummer, Kurt Herget, Hans-Joachim Heßler, Peter Philippi, Kurt Stöber und Max Vollkommer
– 25. Auflage, Köln 2005
(zitiert: *Bearbeiter*, in: Zöller)

***Zöllner*, Wolfgang/ *Loritz*, Karl-Georg**
– Arbeitsrecht, 5. Auflage, München 1998

***Zwanziger*, Bertram**
– Neue Tatsachen nach Zugang einer Kündigung, BB 1997, 42-46